インストラクショナルデザインの理論とモデル

共通知識基盤の構築に向けて

C・M・ライゲルース
A・A・カー＝シェルマン 編

鈴木克明
林　雄介 監訳

Instructional-Design
Theories and Models
〈Volume III〉:

Building
a Common Knowledge Base

Charles M. Reigeluth
Alison A. Carr-Chellman

北大路書房

INSTRUCTIONAL-DESIGN THEORIES AND MODELS, Volume III

by Charles M. Reigeluth and Alison A. Carr-Chellman

Copyright © 2009 Taylor & Francis

All Rights Reserved.

Authorized translation from English language edition published

by Routledge, part of Taylor & Francis Group LLC.

Japanese translation published by arrangement with Taylor & Francis Group LLC

through The English Agency (Japan) Ltd.

第 3 巻の日本語版に寄せて

　本書の日本語版への翻訳を鈴木克明教授が手がけてその努力をけん引してくれたことをとても嬉しく思います。日本はアルビン・トフラーが描いたように，工業社会から情報社会への転換を遂げましたが，教育や研修のシステムは同様の転換をまだ果たせていません。情報社会は日本でも教育や研修に新しいニーズをもたらしています。それに応えるためには，教師中心の授業で，時間に従って学習を進めるやり方は，効果的な方法とは言えません。

　私たちの教育・研修システムに対して断片的な変化を繰り返していても，この不足を補うことはできません。パラダイムそのものを変えて，時間に従って進めるやり方から習熟度に従って進めるコンピテンシー準拠のやり方へ，教師中心の授業から学習者中心の授業へ，標準的な一斉授業からカスタマイズされた授業へ，そしてトピック中心型から課題中心型の授業に変換することで，この問題に効果的に対応することができます。この求めに応じるためには，新しい教授法が必要です。それが本書の中心課題であり，本書に続いて近刊予定の第 4 巻でも中心課題として取り上げられています。

　学習を強力に進めることが，効果的な人材・組織・国家を創造していくための鍵となることは強い証拠で裏づけられています。日本はさまざまな点で世界をリードする国家です。本書が，日本の方々が教育を向上させるために役立つことを願っています。初等中等教育や高等教育のみならず，企業や政府の研修の文脈でも活用され，日本のリーダーシップを維持・発展させていく手助けとなることを期待しています。

　2015 年 11 月 8 日

編著者を代表して

チャールス・M・ライゲルース

謝　辞

　本書を将来の世代の学習者に捧げる。彼らを鼓舞させ，ガイドする教師たちに捧げる。彼らに刺激的で効果的な学習リソースを提供するインストラクショナルデザイナに捧げる。そして，教師やインストラクショナルデザイナを鼓舞させ，ガイドする教授理論家に，本書を捧げる。

　　　　　── チャールス・M・ライゲルース＆アリソン・A・カー＝シェルマン

　本書をまた，私の先導者である M・デイビッド・メリルに捧げる。私をとても鼓舞させてくれた聡明な思想家で，オープンマインドで，知的好奇心に満ちあふれたメンターに。

　　　　　　　　　　　　　── チャールス・M・ライゲルース

　本書をまた，私の先導者であるチャールス・モーガン・ライゲルースに捧げる。彼に従い，追いつこうとすることばかりだった私に知的能力を与えてくれたメンターに。彼の部屋のドアをいつも開けてくれて，私を共に働くことに誘ってくれたことにとても感謝している。それは，最も大きな知的な喜びの１つであった。

　　　　　　　　　　　　── アリソン・A・カー＝シェルマン

はじめに

　人々が学ぶことをどうやったら助けることができるか？　これが教授理論が扱うことそのものである。人間の学習と発達を支援するさまざまな方法，すなわち多様な教授方法を説明し，そのうちのどれをいつ使うか（あるいは使うべきでないか）を示す。

　『インストラクショナルデザインの理論とモデル（第1巻）』（1983年発刊）は，1980年代初頭時点の教授理論の状況についての「スナップショット」を描いたものであり，教授理論についての認識を高めることが主たる目的であった。第2巻（1999年発刊）では，情報時代のための教授理論の新しいパラダイムの中で1990年代後半に登場した多くの研究成果の短縮版要約を示した。多様な人間の学習と発達の領域すべてにおいてカスタマイズ化された学習者中心の学習経験をもたらすために提唱されていた多様な理論についての認識を高めることが主な目的であった。教授理論の価値が重要であることの認識を高めることにも貢献した。

　ところが，第2巻が発刊された後に，教授理論家たちが比較的互いに独立して仕事をしてきていることが気になり始めた。すでに存在する知識や同じことを意味する言葉として用いられてきた専門用語をふまえてインストラクションについての自分の考え方を発展させているとは思えなかった。学問領域が発展途上にあるときには，このような違いが目立つ時期があることを承知していた。また，学問領域が成熟し，第2段階に入ると，一貫性がある専門用語に基づいて共通の知識基盤の構築に貢献することに焦点が当たることも知っていた。学問領域を第2段階に性急に推し進めることは間違いであるが，教授理論はそのような転換期への準備ができた段階に来たと思った。

　そこで本書（第3巻）では，共通の用語を使ってインストラクションについての共通知識基盤を構築するための第一歩を踏み出すことを目的とした。本書の主たる想定読者は，前の2巻と同様に，教授理論家，研究者，そして大学院生である。さらに，インストラクショナルデザイナや教師，あるいはトレーナーなど高い品質のインストラクションを設計する方法に興味を持っている人も対象としている。

　第1部では，インストラクションの共通知識基盤について理解し，それを開発するための組織的な枠組みを示す。この第1部に収められている4つの章をすべて読んでからそれに続く各章の理論を読むことを強く勧める。第2部には，インストラクションについての5つの主要なアプローチのそれぞれについての章がある。それは，直接教授法，ディスカッション，経験，問題，そしてシミュレーションを用いたアプローチである。これらの章では，それぞれのアプローチについての知識の現状を統合する

ことで，共通知識基盤の構築に向けた一歩を踏み出している。第3部には，インスト
ラクションの主要な成果についての章がある。それは，スキル発達，理解，情意的発
達，そして統合的な学習成果である。それぞれの学習成果を目指すインストラクショ
ンについての現在の知識を統合している。そして最後に第4部ではインストラクショ
ンについての共通知識基盤を構築するために役立つと思う考え方を紹介する。

　本書にはかなりの経験者でないと消化することが難しいと思われる考え方が紹介さ
れている。そのため，第2巻で行ったように，他書ではあまり見られない形の編者の
はしがきを各章の冒頭につけることで読者の手助けとすることを試みた。編者のはし
がきでは，各章に登場する主な考え方を「本章の概要」として記した。これはハイパー
テキストのリンク機能のように働き，各章を概観して興味を持った箇所に直接リンク
して読むことができる。さらに，予習だけでなく復習にも役立てることができ，異な
る理論どうしを比較検討することを容易にしている。また，他の章で示されている基
本的な考え方と各章の要素を直結させるために編者注をほとんどの章に挿入した。そ
して，部ごとにも「はしがき」を設けて，その部にある各章を紹介した。

　編者の願いは，本書が教授理論を次なる発展の段階に移行する助けになり，本当の
意味での共通言語による共通の知識基盤構築に資することである。教授理論家や研究
者がインストラクションについての成長中の知識基盤に対して，これまでの研究成果
を認識し，それに積み重ねる形で貢献する手助けになることを願っている。そして，
インストラクショナルデザイナや大学院生たちがこれまでに累積されてきた人の学び
を助ける方法についての知識を理解し，それらを最大限に利用できる手助けになれば
よいと思っている。

もくじ

第3巻の日本語版に寄せて　*i*

謝辞　*ii*

はじめに　*iii*

第1部
教授理論を理解するためのフレームワーク　1

第1章　教授理論の理解——*3*

インストラクションの定義——*6*

インストラクションに関する理論の性質——*7*

ID理論——*9*

学習者評価設計理論——*11*

カリキュラム設計理論——*12*

学習理論——*12*

学習科学——*12*

相互関係——*13*

ID理論とデザインレイヤー——*13*

教育改革における教授理論の役割——*15*

学習者中心の教授との関係——*17*

教授理論の特質：構成概念と用語——*20*

第2章　インストラクションを理解する——*30*

インストラクションの構成概念の分類——*32*

文法規則と経験則——*37*

結論——*39*

第3章　IDの第一原理——*45*

例示の原理——*49*

応用の原理——*52*

課題中心の原理——54
活性化の原理——57
統合の原理——59
教授方略の尺度——61
結論——62

第4章 インストラクションにおける状況依存原理——64
状況依存原理——66
ヒューリスティクス——68
状況として重視するべきもの——69
教授方法の共通体系——71
第2部・第3部の構成——76

第2部
インストラクションへの異なるアプローチについての理論　77

第5章 直接教授法を用いたアプローチ——80
一般的な設計属性——83
直接教授法の一般モデル——86
直接教授法と台本に基づく授業——96
まとめと結論——100

第6章 ディスカッションを用いたアプローチ——104
ディスカッション授業の普遍的な原理——109
ディスカッション授業の実践——116
ディスカッション授業の状況依存ガイドライン——122
結論——124

第7章 経験を用いたアプローチ——127
基礎理論——132
普遍的原理——135
状況依存原理——142

結論——153

第8章　問題解決型学習を用いたアプローチ——155
PBI とは何か？——160
PBI に関する普遍的な方法・原則——164
PBI における状況依存原理と方法——174
まとめ——178

第9章　シミュレーションを用いたアプローチ——181
教育的シミュレーションの定義——186
マイクロワールドの定義——187
シミュレーションのアーキテクチャ——189
1. コンテンツ機能：モデルのコンテンツを供給する——189
2. 方略機能：教育的増強の実装——194
3. 制御機能：ユーザ制御の提供——200
4. メッセージ機能：個々のメッセージの生成——202
5. 表現機能：表現要素の生成と組み立て——204
6. メディア論理機能：表現と計算の実行——207
7. データ管理機能：相互作用から生じるデータの管理——208
結論——209

第3部
インストラクションの異なる成果についての理論　211

第10章　スキルの発達を促進する——214
基本概念と定義——218
ID プロセスにおける知識とスキルの区別の重要性——219
インストラクショナルデザインへのスキル分析アプローチ——220
スキル指導のための普遍的な原理と手法——224
特定の状況における教授方策——227
すべてを1つにつなぎあわせる——236

第11章 理解を促進する——*244*

「理解のための教育」への導入——*249*
「理解のための教育」フレームワークの普遍的な構成要素——*251*
「理解のための教育」とその他の教育フレームワーク——*258*
「理解のための教育」のための状況依存原理——*262*
「理解のための教育」と新しいテクノロジとの統合——*267*
結論——*269*

第12章 情意的な発達を促進する：感情的知能——*271*

情意領域について——*275*
感情的知能のための教授モデルについての概説——*279*
感情的知能のための普遍的教授原理——*282*
感情的知能発達のための状況依存原理——*287*
感情的知能の測定と評価——*294*
結論——*295*

第13章 複数の領域にわたる総合的学習を促進する——*297*

定義——*301*
重要性——*301*
理論的基盤——*302*
重要な前提条件——*305*
テーマ中心型教授の普遍的原理——*306*
テーマ中心型教授における状況依存原理——*313*
テーマ中心型教授の実施——*317*
結論——*322*

第4部
共通知識基盤を構築するためのツール　325

第14章 教授理論のアーキテクチャ——*328*

2種類の理論を区別する——*331*

設計理論 —— *333*

ドメイン理論 —— *334*

設計理論とドメイン理論を区分するための根拠 —— *335*

設計媒介物と ID 理論 —— *336*

設計のレイヤー化 —— *337*

設計のレイヤー化とインストラクショナルデザイン —— *340*

デザイン言語 —— *341*

動作原理と教授理論 —— *344*

レイヤー，言語，動作原理，そして教授理論 —— *345*

結論 —— *351*

第15章 教育のドメイン理論： 学習者中心教育を可能にする到達度マッピング —— *352*

ビジョン —— *356*

より優れた測定法はビジョン達成の手段となる —— *356*

量的ドメインマッピング —— *358*

量的ドメインマッピングの手法 —— *361*

インストラクショナルデザインとテクノロジへの合意 —— *374*

第16章 学習オブジェクトと教授理論 —— *376*

学習オブジェクトの歴史の概要 —— *379*

学習オブジェクトの分類と特性 —— *380*

結論 —— *393*

第17章 理論の構築 —— *394*

理論と研究の基礎 —— *398*

設計理論を構築するためのアプローチ —— *402*

設計理論に関する研究のアプローチ —— *407*

結論 —— *418*

第18章 情報時代の教育のための教授理論 —— *419*

教育システムとその上位システムからのニーズ —— *422*

教授システムとその上位システムからのニーズ —— *423*

情報時代の教育システムについてのビジョン —— *423*

人名索引　　433
事項索引　　438
監訳者あとがき　　447

【編集部注】原著の References につきましては，本書には掲載しておりません。
以下の URL からダウンロードしていただけます。
http://kitaohji.com/

本文中の◆のついた数字は原注の番号を，◇のついた数字は訳注の番号を
表します。原注，訳注は各章末に掲載しています。

第1部

教授理論を理解するためのフレームワーク

　第1部は，教授理論を共通理解するために必要な言語の共有化のための基盤を提供するものである。このはしがきでは，各章で述べられる主要な考え方を簡単に紹介し，インストラクションについての共通知識基盤を理解し，開発していくための組織的な枠組みとする。本書の他の章を読む前に，第1部を読むことを強く勧めたい。

　第1章では，教授理論を記述し理解するために用いられている概念や用語を点検する。まずインストラクションを学習を促進するために意図的になされることすべてであると定義する。この定義とインストラクショナルデザイン（ID）の全領域についての理解に基づいて，共通の知識基盤が必要であることを述べる。そしてそれらを設計理論，ID理論，学習者アセスメント設計理論，カリキュラム設計理論，学習理論，ならびに教授のための学習科学と関連づける。ID理論にはいくつかの側面があることを指摘する。それらは，ID理論の中の，事象，分析，計画，構築，実施，評価の側面である。次に，各側面をデザインレイヤー（第14章）の概念に関係づける。将来の変革の努力には根本的に新しいパラダイムが必要であることを主張し，そのパラダイムでは学習者が中心になる必要があることを述べる。小規模なデルファイ調査の結果を紹介し，我々の領域での共通言語の基礎をつくるためには，共通の用語についてのコンセンサスを得る必要があることを述べる。

　第1章では教授理論を扱う一方で，第2章ではインストラクションそのものが何を意味するかについての問題を扱う。教授理論を構成する主たる概念に関係する問題

を取り上げる。インストラクションに関連する概念の分類として，教授状況，方法，アプローチ，構成要素，内容の系列化があると提案する。英文法のルールを比喩に用いて，これらの概念が相互に連関しており，デザイナはそれらの分類間の関係性に細心の注意を払うべきであることを助言する。

　第3章では，すべてのインストラクションに共通する「よいインストラクションの原理」とは何かを論議する。それらを「IDの第一原理」と命名し，メリルは原理のリストに含めた理由を述べ，原理を1つずつ，簡単に，そして詳細に説明する。原理には，例示原理，応用原理，課題中心原理，活性化原理，そして統合原理が含まれる。この章では，それぞれの原理を精緻化すると同時に相互に関連づけるという難題に挑戦し，効果的で効率的なインストラクションを創造するために必要な原理としての完結性を主張する。

　第4章では，インストラクションの状況依存原理に焦点化する。つまり，状況ごとに異なる原理である。この章では，状況依存原理が何であるかを説明し，全宇宙と銀河系の比喩を用いて，普遍的原理と関係づける。我々の言語と知識基盤の精度を高めるためには，種類・部分・基準を精緻化することで教授方法をより精密にしていく努力が必要であることを述べる。ヒューリスティックス，すなわち経験則としての原理が，特に教授方法を精密に述べるために重要である。学習のタキソノミーをレビューすることで，第2部と第3部で用いている教授理論の枠組みに至ったことを述べる。

（編者）

第1章

教授理論の理解

チャールス・M・ライゲルース（インディアナ大学）
アリソン・A・カー＝シェルマン（ペンシルバニア州立大学）

チャールス・M・ライゲルース（Charles M. Reigeluth）はハーバード大学で経済学士を取得した。ブリンガム大学において教授心理学で博士号を取得する前の3年間は，高等学校の教員だった。1988年からブルーミントンにあるインディアナ大学教育学部の教授システム工学科で教授を務めている。1990年から1992年まで学科長の職にあった。彼の社会貢献・教育・研究における専門分野は，公立学校システムに学校群単位のパラダイム変化を促進するプロセスについてである。研究の主目的は，学校群が学習者中心のパラダイムに教育を変換する過程を成功裏に導く指針についての知見を前進させることにある。これまでに9冊の本と120を超える論文や書籍の章を出版している。そのうちの2冊は，米国教育コミュニケーション工学会（AECT）から「年間優秀書籍賞」を受けている。また，AECTの優秀貢献賞やブリンガム大学の優秀同窓生賞も受賞している。

アリソン・A・カー＝シェルマン（Alison A. Carr-Chellman）は，ペンシルバニア州立大学学習パフォーマンスシステム学科の教授システム学教授である。彼女はシラキュース大学から学士号と修士号を取得した。その後，小学校や地域教育機関で教鞭をとり，インディアナ大学に博士号取得のために戻る前にマクドネル・ダグラス社のインタラクションデザイナとして働いた。彼女は，2冊の書籍，多くの書籍の章，多様な査読付き・査
読なしの学術誌の論文を含めて100以上の業績の著者である。主たる研究関心は，イノベーション普及，システム全体に及ぶ学校改革，eラーニング，システム理論，そしてデザイン理論である。

4 　第1部　教授理論を理解するためのフレームワーク

本章の概要

ビジョン

- インストラクションに関する共通知識基盤と共通言語を構築する。

インストラクションの定義

- インストラクションは学習を意図的に促進するものすべて。

インストラクションに関連する理論の性質

- 設計理論は目的指向で規範的である。
- ID（instructional design）理論はインストラクションのさまざまな側面に関連する設計理論の集合であり，以下のものを含む。
    1. 教授事象設計理論
    2. 教授分析設計理論
    3. 教授計画設計理論
    4. 教授構築設計理論
    5. 教授実施設計理論
    6. 教授評価設計理論
- その他の関連する理論として以下のものがある。
    1. 学習者アセスメント設計理論
    2. カリキュラム設計理論
    3. 学習理論
    4. 学習科学
- これらすべての種類の理論の相互関係は強固なものであり，理論間を連携させるのに役立つ。
- ID 理論とデザインレイヤー
    1. 内容レイヤー
    2. 方略レイヤー
    3. メッセージレイヤー
    4. 制御レイヤー
    5. 表現レイヤー
    6. メディアレイヤー
    7. データ管理レイヤー

教育改革における教授理論の役割

- なぜ新しいパラダイムが必要なのか，そして，実現可能なのか
- 教育におけるパラダイム変化との関係
- 学習者中心の教授との関係
- 学習者中心の心理学的原理
- 学習の科学
- 教授理論の新しいパラダイム（本シリーズ第 2 巻）
- 認知的柔軟性理論，個人化学習，脳科学に基づく学習，分化型学習

教授理論の特質：構成概念と用語

- デルファイ調査の結果
- 推薦する構成概念と用語
  1. 教授メソッド
     1.1. 範囲（マイクロ・メゾ・マクロ）
     1.2. 一般性（普遍的か状況依存的か）
     1.3. 構成要素，種類，判断基準に基づく精密さ（あいまい・精密）
     1.4. 権限（低い・高い）
     1.5. 教授方法の一貫性
  2. 教授状況
     2.1. 価値観
        2.1.1. 学習目的について
        2.1.2. 優先順位について
        2.1.3. 教授方法について
        2.1.4. 権限について（学習者，教師，組織）
     2.2. 条件
        2.2.1 内容
        2.2.2 学習者
        2.2.3 学習環境
        2.2.4 教授開発制約

（編者）

教授理論（instructional theory）というものは，一見すると難解なものに見えるかもしれない。しかし，実はあなたが考えているよりもわかりやすいものである。さらに，これはあなたが行う教育や研修を改善するための核となりうる。教授理論の本質を理解しようとすることは，個々の理論の理解を助けるとともに，理論という知識基盤（knowledge base）の成長にあなたが貢献することにも役立つ。つまり，教授理論の本質を理解することは，あなた自身の成長とこの分野の成長の両方にとって重要なことである。

　あいまいで一貫性のない言語は，そのような成長の妨げになってしまう。理論によって同じ言葉を違う意味で利用したり，その逆に同じ意味で違う言葉を使っている。これは，大学院に入学したばかりの初学者からインストラクショナルデザイナや研究者のような専門家まで，すべての人にとって混乱の源となる。まだ若い学問分野であれば，そのような一貫性のない用語運用は無理もない。しかし，教授理論の分野は，今では一貫性を持った用語運用と知識の蓄積によって，この重要な分野の知識基盤をさらに発展させていくことができる段階に到達したと考えられる。

　本章は，まずインストラクションというものを定義することから始める。それから，インストラクションに関する共通知識基盤を構築する必要性について議論する。インストラクションに関連する他の種類の理論（例えば，学習者評価理論やカリキュラム理論，学習理論など）をあげ，それらとの比較をする。さらに，ギボンズ（Gibbons）とロジャース（Rogers）による「デザインレイヤー」の概念（第14章参照）と教授理論との関連性を論じる。次に，教育改革における教授理論の役割に注目し，特に学習者中心のインストラクションとこの本との関係を論じる。最後に，インストラクションに関する共通の知識基盤について，具体的な構成概念と用語を提案する。ここで提案する用語は，教授理論家や研究者のための基盤として役に立つだけではなく，実践家や研究者，大学院生にとっても学習をより効果的にするために参照可能な知識が何かを理解することの助けになると考えられる。

┃インストラクションの定義

　最近の文献によると，「インストラクション」と「構成（construction）」は，前者は学習者に対して行われるもの（つまり，学習者は受動的）であり，後者は学習者によって行われるもの（つまり，学習者は能動的）といった意味で区別されている。しかし，構成主義の主旨は，人々は自分自身の知識を構成することでのみ学ぶことができるということである。学習には学ぶ対象の能動的な操作が不可欠であり，学習は受

動的には起こらないとしている。我々の関心はどのように学習者が学ぶことを助けるかにあり，それは学習者が知識を構成することを助ける方法を明らかにすることを意味している。したがって，もしインストラクションが学習を促進することを意図するものであれば，それがいかなるものであっても知識の構成を促進することが必要である。つまり，知識の構成を促進するものでなければ，それはインストラクションではない，と言うことができる。さらに，知識の構成は学習者が行うことであるとすると，教師（もしくは他の主体）がそれを促進するために行うことを表すための他の言葉が必要となる。これまで，「インストラクション」という用語はこのような意味を表す言葉として，他のどの用語よりも広く使われてきた。よって，筆者らはインストラクションという用語を，目的をもって学習を促進させるために行うことすべて，と定義することにした。この定義は，構成主義的手法や自学自習，さらには講義や直接教授法といった伝統的な意味でのインストラクションも含んでいる。

◤ 必要性

『インストラクショナルデザインの理論とモデル（第 2 巻）』（Reigeluth, 1999）は，情報時代の ID（instructional design）理論として 1998 年までに幅広く提案された中から，いくつかを例示したものであった。この本は，多くの教授理論が先行理論をほとんど無視して構築されたことを明らかにした。理論家が互いの成果の上に積み上げ始めるまで，この分野はまだまだ初期段階にとどまったままになってしまうといえる。よって，この巻の主な目的は，インストラクションに関する理論家と研究者がインストラクションに関する共通知識基盤を構築することを助けることにある。

┃インストラクションに関する理論の性質

インストラクションに関する共通の知識基盤を構築（または理解）するためには，そのような知識基盤の性質が何かを理解することが役立つ。しかし，インストラクションについて知るために重要なことが数多くある。例えば，インストラクションの成果物がどうあるべきか，それをどう設計，構築するべきか，どう実施するべきか，どう評価するべきか，その効果（例えば，学習効果）をどう評価するべきか，どんな内容を教えるべきか，どのようにして人は学ぶか，といったものである。そして，このようなインストラクションに関する知識すべての相互関係について知ることが重要である。また，設計理論（design theory）と記述理論（descriptive theory）の違いを知

8　第1部　教授理論を理解するためのフレームワーク

ることも有効である。それぞれがどのようなものかを次節で述べる。

設計理論

　設計理論は，目的指向で規範的であるという点で記述的理論と異なる。つまり，設計理論は何らかの目的を達成するために適した方法を明らかにするものである。一方，記述的理論は因果関係を示しており，特に社会科学の分野ではその関係は確率的なもので，ある原因が必ずしもその因果関係で示される結果をもたらすわけではない。設計理論は，生成的成果の促進を目的としている。つまり，何かを生み出すことの支援を目指すものである。一方で，記述的理論は，すでに起こったことを記述することを目指している。筆者らは，ネルソンとストルターマン（Nelson & Stolerterman, 2003）による設計知識の概念に大いに同意している。彼らは，教授設計，工学，建築のように，設計知識について異なる専門分野があることを指摘している。しかし，それと同時に，すべての専門分野の設計者は，類似した設計経験を共有しているとも言う。

　　　もっと重要なことは，一定の評価を得ている設計者は皆，分野に限らず似たような専門性を持っているということである。言うまでもなく，すべての設計者は専門とする特定分野における素材や道具，手法，言語，伝統，スタイルなどに関する知識やスキルを必要とする。

　にもかかわらず，彼らの本『デザイン方法（*The Design Way*）』には，特定の知識やスキルについてではなく，インストラクショナルデザイナを含むすべての設計者に重要なことが書かれている。
　このような目的指向もしくは道具的な知識のことを，**理論**という言葉で表すのを好まない人もいる。その代わりに，**手法やモデル，テクノロジ，テクニック，方略，ガイダンス，経験的知識**といった言葉が好まれる。しかし，これらのどの用語もこのような知識のすべての面を捉えることはできない。モデルやテクニック，方略や経験的知識を含むだけではなく，いつそれを使うべきか，使うべきでないかまでをも含んでいるからである。方法とそれが使えるときの両方を表すためには，**設計理論**以外の適切な言葉は見つからない。次に，これら2つ（記述的知識と道具的知識）は知識の主要な分類として広く認識されており（例えば，サイモン（Simon, 1996）による自然科学とシステムの科学（the sciences of the artificial）の区別がある），「同位（coordinate）」概念である（双方とも，理論という概念の下位概念，もしくは一種で

ある）。3つ目として，理論という用語はここ数十年の間いくつかの分野で道具的な知識基盤を特徴づけるのに使われており，インストラクションの分野でもその利用は少なくともブルーナー（Bruner, 1966）やガニェ（Gagné, 1985）までさかのぼることができる。これら3つの理由から，筆者らは記述的と道具的という2つの基本的知識分類それぞれを理論と呼び，インストラクションに関するものを設計理論と呼ぶことがふさわしいと考えている。したがって，本書では以下に示す定義を提案する。

ID 理論

ID 理論（instructional design theory）は，インストラクションのさまざまな側面に関連する設計理論の集合である。それは，以下の側面から構成されると考えられる。

- インストラクションはどうあるべきか。これは教授事象（instructional-event）設計理論もしくは教授プログラム（instructional-program）設計理論，教材（instructional product）設計理論と呼ばれる。
- 教授計画の作成プロセスはどうあるべきか，これは教授計画（instructional-planning）設計理論と呼ばれる[1]。
- 教授資源の作成プロセスはどうあるべきか，これは教授構築（instructional-building）設計理論と呼ばれる[2]。
- インストラクションの実施準備プロセスはどうあるべきか，これは教授実施（instructional-implementation）設計理論と呼ばれる[3]。
- インストラクションの評価プロセスは（総括的評価と形成的評価の両面から）どうあるべきか。これは教授評価（instructional-evaluation）設計理論と呼ばれる。

これらの6つの用語は，我々の実践を伝えるためのさまざまな設計理論の呼び名の新しい提案であるが，これらがより直感的でよりあいまいではない呼び名として，採用する価値が十分にある用語であることを願っている。また，これら6つの用語についての議論を通して，より直感的かつ明確なものにしていくことも期待している。ただし，これらはすべて設計理論であるので，その名前から「設計」を取り除いてもかまわないだろう。おそらく図解（図1.1参照）が，この新しい言葉を表現するのに役に立つだろう。

上記のうち，教授事象理論がインストラクション自身の本質についてのガイダンスを提供する唯一のものであることに注目してもらいたい。他の5つすべては，一般

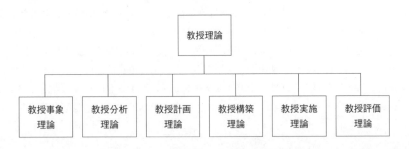

図1.1　6種類の主な教授設計理論

的に教授システム設計（もしくは開発）プロセス（instructional systems design（or development）process: ISD）と呼ばれるものについてのガイダンスを提供するものである。さらに，これら6種類の設計理論間に相互関係があることにも注目してほしい。明らかに，入出力関係を互いに持っている。しかし，分析理論と評価理論の2つは，他の種類の理論を連携させるためのかなり強い役割を担っている。例えば，分析理論は他の5種類の設計理論の利用において有用な情報を提供するのに使われるべきもので，それぞれと連携されるべきものである。例えば，教授事象の計画のために必要な一連の意思決定が行われる。これには，学習の範囲や流れについての意思決定，インストラクションのアプローチや方策，メディアの選択や利用などが含まれる。これらの意思決定それぞれには，計画プロセスの各時点で異なった種類の分析が必要となる。よって，教授分析理論は教授計画理論と連携されなければいけない。同様に，教授構築プロセスにおいてもさまざまな意思決定が行われ，それに対してそれぞれ異なった情報が必要とされる。したがって，教授分析理論は教授構築理論とも連携されなければならない。同様のことが，教授実施理論と教授評価理論にもいえる。

　同じように，評価も教授計画プロセスで行われるそれぞれの重要な意思決定に対して行われるべきである。したがって，教授評価理論は教授計画理論と連携されなければならない。同様に，教授評価理論は他の4種類の理論のそれぞれとも連携されなければならない。

　よって，これらのすべての異なる種類の設計理論が存在することを理解することは概念的には有用であるが，実践者向けの有用な指針とするためには，これらすべてを連携させる必要があることを理解することが重要である。

1 つの喩え話

　ここでは，住宅や会社，超高層ビル，病院，その他の建築物を構築するプロセスが
よい喩えになると考えられる。まず，建築学の理論体系が存在している。これらの理
論は建築物そのものについてのもの，つまり成果物についてのものである。例えば，
ガウディ研究として，日常的な建造物での彼の芸術的要素を調査したものがある。こ
れは，教授事象理論とほとんど同じものである。それから，建築プロセスの理論につ
いての文献がある。これには建築家が何をするか，どのようにして設計図をつくり，
価値を生み出すことに取り組むかについて書かれている。これは，教授計画理論とほ
とんど同じものである。建築家が設計図をつくり終えたら次に，それを建築業者が受
け取り，最終的にできあがる一軒家やマンション，ショッピングモールといった形の
物理表現に変換する。設計理論はこのプロセスも導くものであり，そのような理論は
教授構築理論とほとんど同じものである。こうして建物ができると，人々はそれを利
用する準備をする。家の所有者は，暖房や給湯器，オーブン，電気パネルなどの使い
方と簡単な点検の仕方を説明されることもあるだろう。そして，電気・水道・ガスな
どが供給される。これらの活動は，教授実施理論に似ている。最終的に，その建物が
住居や職場，あるいは店舗として利用され，我々もしくは他の誰かが，建物について
何らかの判定をする。空調設備は正常に動いているか，暑すぎる，または寒すぎる部
屋はないか？　これらの問題点が改善されると，形成的評価がなされたといえる。改
善されなければ，残念ながらこの建物の総括的評価を検討すべきかもしれない。もち
ろん，これは教授評価理論とほとんど同じである。
　ここからは，ID 理論ではない他の種類の理論についても議論してみよう。ここで
取り上げるのは，学習者評価理論，カリキュラム理論，学習理論，学習科学，そして
教授科学である。

学習者評価設計理論

　学習者評価設計理論は，学習者の学習活動を評価するためのガイダンスとなる。学
習者評価が教授に統合される限り，学習者評価理論が 6 種類すべての教授理論と組み
合わされるのは当然である。評価の本質についてのガイダンスと教授の本質について
のガイダンスの統合，評価のための分析プロセスのガイダンスと教授のための分析プ
ロセスのガイダンスとの統合，そして，計画，構築，実施，評価プロセスのガイダン
スについても同様である。

カリキュラム設計理論

　カリキュラム設計理論は何を学ぶべきか，つまり教授内容に関するものであり，高次の思考スキルやメタ認知スキルを含んでいる。これに対して，教授事象理論はその内容をどのように学ばせるべきかを扱っている点が異なる（Snelbecker, 1974; または，本シリーズの第2巻第1章（Reigeluth, 1999）を参照のこと）。例えば，カリキュラム設計理論ではアメリカの歴史の授業に民族や性別の多様性をより多く扱うかどうかを議論することもあるだろう。「何を教えるか」は「それをどう教えるか」と相互依存している限り，カリキュラム理論を6種すべての教授理論と結びつけることに意味はあるだろう。だから，アメリカの大学の教育学部において「カリキュラムと教授方法（curriculum and instruction）」という名称の学科が多いのも不思議なことではない。

学習理論

　学習理論は，設計（もしくは教授）理論というよりはむしろ記述的理論である。それは，学習プロセスについて記述しているからである。例えば，スキーマ理論（schema theory）や情報処理理論（information-processing theory）は，学習者の頭の中で起こると信じられているプロセスを記述している。これらの理論によってそのプロセスを発生させることを助ける手法を特定できるのであれば，これらは教授事象設計理論ともいえるが，学習理論はそのようなものではない。学習理論は，（ある教授事象設計理論が提唱する）ある教授法がうまく機能する理由，つまり，それが使える根拠を説明するものである。しかし，ある教授事象理論が（それを説明する）学習理論の開発を容易にするのと同様に，ある学習理論が（それを適用するための）教授事象理論の開発にもつながる。

学習科学

　学習科学は最近，普及が進んでいる用語である。**教授科学**（instructional science）という用語も従来から使われており，その名前を冠した論文誌も存在する。これらの名称から判断すると，学習科学は学習理論の開発への貢献，教授科学は教授理論の開発への貢献に専念していると想像するかもしれない。しかしながら，実際は，多くの

学習科学者は学習に関する知識（記述的理論）と教授事象に関する知識（設計理論）の両方の構築に興味を持っている。学習科学の操作的定義（operational definition）の1つとして，学習理論と教授事象理論を含む混合分野といえるかもしれない。一方で，多くの学習科学者は，教授計画理論や教授開発理論，教授実施理論，教授評価理論，カリキュラム理論には興味を持っていないようだ。学習者評価理論については，ある程度の関心があるといえる。学習科学の研究分野は，認知科学と類似している。意図的に複数の専門分野から構成された総合性があり，ある種の学習プロセスを明らかにするためのある種の教授方法（instructional methods）の利用方法といったことには，あまり関心を持っていないという点で似ている。

▌相互関係

　教授に関するすべての種類の理論の相互関係は，強力で全体的（systemic）なものである。前述したように，ある理論が複数の種類の理論を混合したものとなることが最も有益な場合が多い。このような理論の混合は，教授理論の初期の開拓者（例えば，デューイ（Dewey），スキナー（Skinner），ガニェ（Gagné），オーズベル（Ausubel）など）によるものから最近の理論家（ブランスフォードら（Bransford, Brown, & Cocking, 2000）やマコームズら（McCombs & Whisle, 1997））によるものまで共通している。

　すべての種類の理論とそれらの間の相互関係は重要であるが，この本では教授事象理論に注目する。これは単にすべてを十分に論じるには範囲が広すぎるからということではなく，教授事象理論にとって共通の知識基盤を緊急に用意することが必要であるという理由のほうがより重要だからである。**教授理論**という用語は，本書で「教授事象設計理論」と呼ぶものを指すときに一般的に使われている。以降では，多くの場合，この簡略化した用語のほうで記載することにする。

▌ID理論とデザインレイヤー

　教授に関する理論の本質のもう1つの側面は，ギボンズとロジャースによって第14章で述べられている「デザインレイヤー（layers of design）」の概念である。彼らの章は，教授システムの設計において各要素がさまざまな速度や方法で相互作用し合い，また消耗，進展，利用されていくことに相当な注意が必要であることを理解する

のに役立つだろう。ギボンズはその好例を最近の学会発表であげていた。それは，建設当時に多くの教室の天井に宙づりプロジェクタはなかったが，教室の「天井レイヤー」に容易に取り外しできるタイルを利用することで配信システムを変更することができるようにつくられていたということである。これは１つのレイヤーが消費される，もしくは他より早く不要になることの例である。そして，新しい配線が必要になるたびに建物全体の内装を変更することなく，１つのレイヤーだけを変更できる一例となっている。

第14章において，ギボンズとロジャースは教授を設計する際に重要と彼らが考える７つのレイヤーを示している。それはコンテンツ，方略，メッセージ，制御，表現，メディア論理，データ管理の７つである。それぞれについて，以下で簡単に説明する。

コンテンツレイヤーでは，設計者は教科内容（subject-matter）の要素構造を明確にする。このレイヤーで中心に扱うのは，内容を構造化する方法が多く存在するという点である。例えば，設計のコンテンツレイヤーに関連している教授理論は，教科内容を課題ごと，命題ごと，if-then ルールごと，あるいは個別の意味要素ごとの単位に分解して捉えるだろう。

方略レイヤーでは，設計者は学習事象の構成と属性を具体的にあげる。ここであげられるものは，参加者の役割や責任範囲，目的，所要時間，教授方略といったものである。したがって，方略レイヤーでの設計に関わる理論は，教授インタラクションの設定，社会的な構成，「立地（siting）」，方略を描き出す。

メッセージレイヤーでは，設計者は学習者に学習内容や他の情報を伝えるための個々のメッセージの使い方について記述する。要するに，方略レイヤーでは一般的で方略レベルの計画を記述するのに対して，メッセージレイヤーではそれを実行するための具体的で方策レベル（tactical）のメッセージ配信計画を記述することになる。例えば，設計者はあるメッセージ計画においてフィードバックメッセージの構成要素を定義する。この要素は，フィードバックメッセージを一般的に構成するメッセージ単位（正誤判断，間違いや処方の説明など）の観点から定義されるものである。最も典型的な教授インタラクションで使われるメッセージには，多くの種類がある。

制御レイヤーでは，設計者は学習者がどのように学習源（source of learning）にメッセージを返すかについて明確にする。制御レイヤーに関連する理論には，学習者が取りうる行動や質問，応答など，教授的やりとりのうちの学習者側で行われることが述べられている。例えば，ある理論では，コンピュータのようなインタラクティブなメディアで演習中に学習者が行える活動について明示している。

表現レイヤーでは，設計者はメッセージを学習者に知覚させる配信手法について記述する。利用するメディア経路の種類やメッセージをどのようにそのメディアと対応

第1章 教授理論の理解 15

づけるか，あるいは，複数のメディアを使ったメッセージをどう同期するかというこ
とが含まれている。したがって，表現レイヤーの設計で利用される理論では，各種メッ
セージをどう視覚化するか，異なるメディア間の連携をどう最大限に活かすか，効果
を最大化するために異なるメディアでのメッセージをどう同期させるかについて述べ
られている。

　メディア論理レイヤーで設計者が特定することは，表現を配信するためにどんな仕
組みをつくるか，どのように（メッセージや操作を通じた）コミュニケーションを実
現するか，どのように動的で予測できないインタラクションにおいて方略を実施する
か，教授中に役立つ方法でどのようにデータを集めて分析するかである。これは，教
授事象計画を実行するのにどのようにメディアを利用するかを我々に伝える設計の一
部である。例えば，メディア論理設計に関する理論では，美味しいスープの調理法
を教えるときに動的な視覚的表現と音声つき解説を同期させてマルチメディアコン
ピュータで配信する方法が述べられている。

　データ管理レイヤーで設計者が特定することは，そのシステムでどうデータを扱う
かということである。この作業は，データの取得や保存，分析，解釈，報告という観
点で行われる。データ管理レイヤーの設計に関する教授理論で述べられているのは，
以下の2つのようなものである。データのエラーを取り除けるように分数を足すプロ
セスの各ステップの結果を記録して，その正誤を分析できるようにすることや，後で
誤りの原因を同定できるように，学習者が扱いにくい手順を実行するときに特定の応
答パターンを注意深く観察しておくことなどである[4]。

　ギボンズとロジャースのレイヤーの概念（第14章参照）と，本章で定義した6種
類の教授理論（事象，分析，計画，構築，実施，評価）との間には，相互関係がある
と考えられる。例えば，教授事象理論を包括的にするためには，与えられた状況の性
質に応じて7つすべてのレイヤーがどのようにあるべきかについてのガイダンスを提
供する必要がある。同様に，教授計画理論も7つすべてのレイヤーの設計プロセスに
関するガイダンスを提供し，教授構築理論も7つすべてのレイヤーの開発プロセスに
関するガイダンスを提供する必要がある（他の理論も同様である）。

教育改革における教授理論の役割

　多くの教授理論の主な目的は，初等中等教育（P-12 schools：幼稚園から12年生ま
で）での学習を改善することである。しかし，教授理論は，他の多くの場面でも役に
立つものである。本シリーズ第2巻の第1章で提案したように，工業時代のパラダイ

ム（工場モデルとも呼ばれる）での学校教育は，時代遅れになった。今日の学習に対する要求には不適切なものとなっており，新しい教育のパラダイムが求められている。

なぜ新しいパラダイムが必要なのか？

　私たちは，学習者が異なった進度で学ぶことを知っている。しかし，現在の工業時代の教育パラダイムでは，すべての学習者が同じことを同時に，同じ進度で学ぶことを求めている。これでは，学ぶのに時間のかかる人には学習内容を習得する前に先に進むことを強要することになり，その後の学習がより困難になるような学習の遅れがだんだんと蓄積されていってしまう。一方，速く学べる人にとっても待つことを強いられ，動機づけとより多くのことを学ぶ機会の両方を失ってしまうことになる。すべての学習者に「一定」の時間を与え，達成度が異なる状況をつくり出すことに対して，達成度を（標準として定められたレベルで）一定にすることを目指す方法もある。これには所要時間がばらつくことを許容する必要がある。個々の標準レベルを達成するためにそれぞれの学習者が必要とする時間を与え，基準を達成したらすぐに次の内容に進めることを認めるようにしなければならない（Reigeluth, 1994）。このパラダイム変化なしでは，どんな改革をしても多くの子どもたちが取り残され続けることが必至であり，また，学校にいる多くの優れた才能を持つ子どもたちが実力を発揮させる機会を奪い続けることにもなってしまう。

新しいパラダイムは実現可能か？

　教育を，標準化された時間に基づく現在のパラダイムから上述の個別の達成度に基づくパラダイムに変化させる。このことを可能にする2つの発展がある。1つは新しいテクノロジが開発されたことであり，もう1つは学習者を中心とした心理学的な原理と教授法が発展したことである。後者の例としてはアクティブ・ラーニングや協調的問題解決型学習（collaborative problem-based learning）があげられる。この2つの発展は，インストラクションに真のパラダイム変化をもたらし，学習の大きな進歩をもたらす可能性がある（Banathy, 1991; Branson, 1987; Covington, 1996; Duffy, Rogerson, & Blick, 2000; Egol, 2003; Jenlink, Reigeluth, Carr, & Nelson, 1996; Reigeluth, 1994）。この効果は，多くの包括的学校改善プログラム（American Institutes for Research, 1999; Franceschini, 2002; Holdzkom, 2002; Ross et al., 1997; Wong, Nicotera, & Manning, 2003）のような典型的な断片的教育改善結果に見られたような，単なる5〜10%程度の向上にはとどまらないだろう。

教育改革を実現するために発展すべき知識の分野は何か？

　学習者中心の教授パラダイムについては，学ぶべきことがたくさん残されている（Bransford et al., 2000; McCombs & Whisler, 1997）。しかし，学習の劇的な改善を実現するにあたって我々に大きく不足している知識は，標準化された工業時代のパラダイムから学習者中心の情報時代のパラダイムの教育へと学校が自らを変化させる過程を促進する方法についてである。学習者中心のパラダイムへと変化させるための抜本的な教育改革の試みは，これまで学級単位や学校単位のものに限定されてきた。しかし，これらの変化は学級や学校を内包するより大きな枠組みである学校制度やコミュニティ，社会制度とは相容れないものであった。そのため，結果的には工業時代のモデルに戻そうとするこれらの包囲網によって，徐々に押さえつけられてしまった（Sarason, 1990, 1995; Tyack & Cuban, 1995）。抜本的な変化は，教師と生徒の間での学習を促進するための相互作用において求められる。しかし，それには教室レベルでの変化が必要であり，さらには，学校レベル，そして学区レベルの変化が必要になる。言い換えると，教育改革を成功させるには，学区レベル，学校レベル，学級レベルのいずれにおいても教育の抜本的変化を起こさなければならない（Duffy et al., 2000; Squire & Reigeluth, 2000）。さらに，州レベルの変化が，必須ではないにせよ，役に立つという研究成果もある（Fullan, 2003）。

　したがって，公立学校での大幅な改善には，2種類の知識の進歩が必要となる。1つは，学習者中心の教授法についての知識（例えば，Watson & Reigeluth, 2008）に概要が述べられている）であり，もう1つは学区レベルまでを含めた情報時代の教育パラダイムへの変革を支援するための知識（例えば Duffy & Reigeluth, 2008; Reigeluth & Duffy, 2008）である。本書は前者の，学習者中心の教授法についての知識を発展させることに焦点を当てている。学習者中心の教授法は，学校改革というより大きな課題を解決するためのみならず，意図的学習を成立させようとしているすべての組織の改革に対して，きわめて重要な役割を果たすものだと考えている。

学習者中心の教授との関係

　上述の知識に対して最大の成果をもたらすために，本書では効果的な教授についての現状の知識を統合的に扱うことで，教授に関する共通の知識基盤と用語集を系統立ててまとめることを目指す。この目標のためには，学習者中心の教授に関する知識の現状をここで簡単にまとめておくことが役に立つだろう（Watson & Reigeluth, 2008

18　第1部　教授理論を理解するためのフレームワーク

も参照のこと）。

◤ 学習者中心の心理学的原理

　現在の学習者中心の教授パラダイムについての知識は広く散在しているが，それらを統合・集約する試みがいくつか公表されている。1つ目としては，米国心理学会（American Psychological Association: APA）が行った大規模プロジェクトがあげられる。ここでは，研究に基づいた学習者中心の心理学的原理を明らかにすることを目標とした（American Psychological Association Presidential Task Force on Psychology in Education, 1993）。その報告書では，12の原理がそれを裏づける証拠とともに示されている。マコームズたち（Lambert & McCombs, 1998; McCombs & Whisler, 1997）は，学習者中心の教室や学校に固有な特徴について，学習者中心を実践する教師や学校の経験談と一緒にまとめている。彼らは，教えること（teaching）から学ぶことへ焦点が変化したことについて述べている。そこには，学習者の違いに合わせた学習のカスタマイズ化や，学習者が自分でより努力するように動機づける方法，あるいは自分自身で学習を主導する責任を徐々に引き受けるように支援する方法（生涯学習者になるためのよい準備となる）が含まれている。また，学習プロセスを管理し，進度が速い学習者は基準に達するとすぐに次の課題に進み，遅い学習者は基準に達するか上回るまで次に進むことを強制されないようにするための方法などが取り上げられている。テクノロジは学習者中心のパラダイムのすべての側面において，中心的な役割を果たしている。マコームズたちが述べているような手法には，学習者の能力がより高い水準に達するような著しい進歩があると報告されている（American Psychological Association Presidential Task Force on Psychology in Education, 1993; Lambert & McCombs, 1998; McCombs & Whisler, 1997）。しかし，マコームズとウィスラーは「学習者中心の教授は，（上記のような）方法のどれかを実行することでもあるし，1つのあり方・考え方でもある」（p. 100）と注意を促している。また，彼らは，学習者中心の授業をする教師に必要とされる資質について，その発達を支援するための方法とともに議論している。これらはすべて，学習者中心の教授のための包括的な設計理論にとって，重要な要素となる。

◤ 学習の科学

　2つ目の研究成果として，どのようにして人が学ぶかについての知識の現状をまとめた米国学術研究会議（National Research Council）によるものがある。この2年間

の研究の成果は，調査結果を包括的にまとめたものであり，「多くの人々が重要な内容領域についての理解を深めることを可能にする」（p. 6）ための新しい教授のアプローチを提案した。この発展中の知識体系のことを，著者らは「学習の科学（science of learning）」と呼んでいる。ここでは個々の学習者がすでに持っている知識に基づいて教授をカスタマイズしたり，学習者自身が自分の学習を制御することを助けたり，内容領域についての深い理解を発展させることの重要性を強調している。学習者中心，知識中心，評価中心，学習共同体中心の学習環境の設計に関する設計理論と記述的理論の両方が提案されている。テクノロジもそのような学習環境においても，そして，その構築を主導する設計理論においても中心的な役割を果たす。この研究と前述の APA による学習者中心の心理学的原理には，それぞれが提案している研究に基づいて示された設計理論という点で，重複する点が多い。

教授理論の新しいパラダイム

　3つ目の成果としては，本シリーズ第2巻としてライゲルース（Reigeluth）がまとめた，学習者中心の教授パラダイムに適した幅広い ID 理論の要約と比較がある（Reigeluth, 1999）。ここでは，人間の学習と発達を促進する設計理論が幅広く含まれている。つまり，認知，身体，感情に関する学習，そしてそれらを統合したものについてあげられている。また，手法についても幅広く取り上げられている。例えば，問題解決型，協調型，自己主導型，個別型，議論型などである。これについても同じように，先に紹介した2つの成果と大いに重複がある。

その他の研究

　筆者らが特に感銘を受けたものに，ランド・スピロ（Rand Spiro）による認知的柔軟性理論（cognitive flexibility theory）（Spiro et al., 1992）がある。彼の見解では，情報時代（グーテンベルグ後の時代）のテクノロジが予想的なスキーマ（スキーマの発達についてのスキーマ）を通じて，異なる世界観（思考の枠組み）と異なる思考の方法を要求し，促進しているということである。これは，我々が情報時代にさらに深く組み込まれていく中で，教育の目的，そして手法に劇的な変化が生じるという重要な示唆を与える考え方である。この他にも，個人化学習（personalized learning）（Clark, 2003; Keefe, 2007）や脳科学に基づく学習（brain-based learning）（Caine, 2005; Caine & Caine, 1997），分化型学習（differentiated learning）（Tomlison, 1999, 2001, 2003）といった知見がある。もちろん，他にも学習者中心の教授のための包括

的な設計理論の構成に貢献する多くの知見が研究者によって提案されているが，これらの多くはテクノロジの進歩によって実施が容易になったものである。本書では，教育者がすべての学習者の学びを改善するために使える知識として，このような新しい知見を整理し，統合していくことを目指している。

教授理論の特質：構成概念と用語

　教授理論間で，異なった用語で同じ構成概念（constructs）を表したり，同じ用語で異なった構成概念を表すことがよくある。これは研究者や実践者，大学院生にとっての混乱のもとであり，共通の知識基盤がないことを顕著に表している。したがって，教授理論の共通知識基盤を構築する一歩として，教授理論の本質をなす構成概念とそれを表す用語についての合意を形成することが役に立つだろう。

　この第一歩を踏み出すために，筆者らは数回にわたるデルファイ法による調査（Delphi process）を行った。この調査では，主要な教授理論研究者をサンプルとして，構成概念と用語のリストを送り合意形成を試みた。その調査への招待状を，全部で53名の研究者に電子メールで送った。その中には，『インストラクショナルデザインの理論とモデル』全3巻の全著者とその他の著名な教授理論研究者が含まれていた。その電子メールには，著者が最善と思う用語とその定義を整理した原案リストを読んでもらう依頼と，調査参加者が教授理論の分野にとって最善と考える概念と用語についての4つの質問にオンラインで回答してもらうためのリンクを用意した。回答にはインターネットの匿名性を確保することで，完全に率直な意見を述べてもらうことを奨励した。初回の回答率は低かった（16%）。筆者が考えるに，その理由の1つは電子メールに3ページにわたる原案の用語とその定義を添付したためだと思われる。招待状を受け取った人たちは，調査に回答する前に，それを開いて読み，内容を詳しく確認するのには，とても長く時間がかかると感じてしまったのだろう。

▼ デルファイ調査結果：1回目

　第1回目のデルファイ調査の結果では回答が多様であった。しかし，多くの（9名中6名）の回答者が教授理論を人間の学習と発達を促進するための手法に関する知識基盤を表す最もよい用語であると判断した。しかし，学習・パフォーマンステクノロジ（learning and performance technology）や教授モデル（instructional model）という用語も支持された。ID理論や教授開発設計理論という用語には，明確に説明す

る用語であるけれども「不格好（unwieldy）」であるという批判もあった。他の用語として，ID原理（instructional design principles）というのも第1回目での回答者から提案された。他の設計分野と関連づけてはどうかという提案も，9名中3名の第1回目参加者から寄せられた。定義にはいくらかあいまいな部分を残すことが必要で，明確にしすぎないほうがよいと感じていた参加者もいた。その一方で，幅が広すぎるように見えてしまうので定義を狭めたいと本当に思っている参加者もおり，例えば，「教授状況（instructional situation）」のような言い方は避けたほうがいいとの提案もあった。参加者の1人は，調査全体への不快を感じており，「私はどんな教授理論も信じていない…」というコメントが寄せられた。提案された用語についてのより明確な対比が必要だ，という意見もあった。最終的に，第1回目の回答者は他に追加すべき新しい用語はないとしたが，デルファイ調査で合意を得る可能性については野心的すぎないようにとの忠告があった。ある回答者は，以下のように述べている。

　　あなたが成し遂げたいと思っているのは合意形成である。それはかなわないでしょう。学習は複雑な現象であり，教授との共通点がまったくない。マイクロとマクロの区分は，あまりにも単純化しすぎている（たとえ中間レベルを加えたとしても）。また，恣意的すぎる。学習はいろいろな様相で，例えば，活動や興味，必要性などによって異なる形に統合される。あなたは提示した用語でその統合を記述できると思っているかもしれないが，残念なことに，そのような分類は自己成就的予言（self-fulfilling prophecies）になってしまいがちである。

　2人の回答者は，限定的で柔軟な定義が必要であることやそれが持つ影響力の大きさについて，我々が十分に理解を示していないという不安を述べた。

　　一般的に，定義することは有益であるが，このタスクに関しては注意が必要である。定義にはある程度のあいまいさが必要であり，厳密にしすぎないほうがいい。定義したものが有用で啓発的なものであれば，すばらしい。その一方で，その定義が煩わしいものとなり人々を困らせるようなものであれば，役立たずなものになってしまうだろう。

■ デルファイ調査結果：2回目

　2回目のデルファイ調査は，教授理論に関する重要な用語と定義をさらに洗練するために，1回目の調査結果を丁寧にまとめて，1回目への参加・不参加にかかわらず，

22　第1部　教授理論を理解するためのフレームワーク

1回目と同じ53名に依頼した。今回の調査では添付ファイルはなく，前回より高い回答率（39%）となった。

　両方の調査に参加しない人々の数名は，その理由を述べてくれた。用語や構成概念に関する明確化が学問分野として本当に必要である，という筆者らの意見そのものを問題視していた人が数名いた。他には，もうこの分野では研究しておらず，用語を定義するのを手伝う機会は現在この分野で研究している人のために残しておいたほうがよいという意見を述べている人も数名いた。加えて，第2回目では選択肢がとても狭く定義されている，もしくは制限されていると感じている人もいた。回答者の1人は，回答方法は「既定的かつ拘束的」なものであり「我々の領域のように複雑で動的な企てを定義すること」は不可能であると提案するフィードバックをくれた。

　このようないくつかの批判はあったものの，参加者の間で相当な合意が得られたと考えた。したがって，教授理論についての共通知識基盤のための構成概念と用語について合意に達するプロセスの大きな一歩を踏み出せたといえる。

　第2回目でも，インストラクションという用語が人間の学習と発達を促進するすべての方法を幅広く表す用語として適切である，と最も多くの回答者（n=10, 45%）が考えていた（表1.1参照）。しかし，教育（education）という用語もいくらかの支持を集めていた（n=5, 22%）。多くの回答者（n=12, 54%）は，設計理論という用語が目的指向で規範的なシステム科学（artificial-science）の原理を表すのに適していると考えていた。しかし，教授理論という用語はたった18%（n=4）の支持しか得られず，その代わりとして学習科学という用語がより強い支持を得た（n=7, 32%）。第1回目のデルファイ調査では，さまざまな種類の教授理論（例えば，教授開発設計理論）の用語の一部に「設計理論」を使う必要はなく，むしろ「教授開発理論」と簡単に呼ぶことですっきりとするという提案があった。これについては2回目の回答の平均値は，1から7のリッカート尺度（1が強い同意を表す）で3.1（中立を意味する）であり，幅広い回答者から軽い支持を得られたといえる。関連分野での設計という用語の利用法についての認識は向上し，幅広い支持が得られた（リッカート尺度で平均値が2.5の同意）。同様に，テクノロジや文脈の変化によって更新されるという定義の進化論的な性質の明確な認識についての支持も得られた（平均値2.3）（表1.1参照）。

　したがって，今回のデルファイ調査では期待したほど高い回答率を得られなかったが，この分野で用いるいくつかの用語について回答者の間での合意が得られたものと考える。また，柔軟な定義とこの分野における設計理論の重要性の大きさに対して，明確な支持が得られた。

第 1 章　教授理論の理解　　23

表 1.1　デルファイ調査 2 回目の結果

質問	回答	コメント・解釈
どの用語を「人間の学習と開発を促進するあらゆる方法」ということを広く表すのに用いるべきだと思いますか？（1 つ以上選択も可能）	10 － インストラクション 5 － 教育 1 － 教育工学または学習デザイン 1 － 訓練 1 － 学習と開発の促進 3 － 非常に多くの用語 1 － 学習機会 1 － 不明	これらの用語は 1 回目の回答で得られたものである。
どんな用語を人間の学習と開発に関する知識基盤のために用いるべきか？	7 － 学習科学 5 － 教育 4 － 教授理論 4 － その他 2 － ID 原理 2 － ID 理論 1 － 学習・パフォーマンステクノロジ 0 － 教授モデル 0 － 学習環境 0 － 教授科学	記述的な知識基盤を表すのに「学習科学」が「学習理論」よりもよいと回答者が感じていたことは興味深い。
サイモン（Simon）の自然科学とシステム科学の区別をもとに，記述的理論を自然科学の原理を特徴づける用語として使うとすると，目的指向で規範的なシステム科学の原理を表すにはどのような用語を使うべきか？	12 － 設計理論 2 － 設計 2 － 処方的理論 1 － テクノロジ理論 1 － ストーク（Stoke）によるパスツールの 4 象限を読むこと 1 － 不明	設計理論はこの構成概念を表すのに最も好ましいことがはっきり現れている。ここでは相当な合意が得られている。
さまざまな種類の教授理論の名前の 1 つとして「設計理論」を使うのは有益ではない。単に「理論」というべきである（例えば，「教授開発設計理論」は「教授開発理論」とすべき）。	7 段階のリッカート尺度において平均値が 3.1（n=20）	表面的には，この結果から中立的な意見のように見える。しかし，中間値が 4 であることを基準にすると，少し同意の傾向があるともいえる。
我々は「設計」という言葉が他の関連分野でそのように使われ，貢献しているかをより深く認識する必要がある。	7 段階のリッカート尺度において平均値が 2.5（n=20）	回答者の多くは 1 回目で得られたこの結果について同意している。
学問分野の 1 つとして，我々は定義の発展的な性格を明確に認識する必要がある（つまり，定義はテクノロジや目的，利用文脈の変化によって変化する）。	7 段階のリッカート尺度において平均値が 2.3（n=20）	時間とともに変化する順応性のある定義に対する合意が得られた。

24　第1部　教授理論を理解するためのフレームワーク

推奨された構成概念と用語

　以下にこの調査から得られた構成概念と用語の説明を示す。ただし，これらは理論家に提案として提供するものであり，よりよい用語や定義があると思う人はそれを教授理論コミュニティに提案することを推奨したい旨を付記しておく。さらに，これらの構成概念と用語のいくつかは，今もしも受け入れられたとしても，時間とともに進化していくと予測する。以下に示す構成概念の例は，後の理論の章（第5～9，10～13章参照）の編者注に示す。

　おそらく，一番重要な構成概念は，教授理論がその目的を達成するために提供する手段について，「学習を促進するために行われるすべてのこと」として定義していることである。次に重要な構成概念は，「各手段をいつ使うべきか，使わざるべきかを決めるのに役立つすべての要因」と定義されている。あらゆる教授理論の全要素は，これらの定義のどちらかに分類することができる。

1. **教授方法**（instructional method）：学習や人の発達を意図的に促進させるために行われるすべてのもの。
　この概念のすべて，または一部を表すのに使われる他の用語としては，方略（strategy），方術（tactic），アプローチ（approach）などがある。
2. **教授状況**（instructional situation）：ある教授方法を使うべきか使わざるべきかを判別するときに有用な，教授の文脈（instructional context）のあらゆる側面。文脈のそれぞれの側面は「状況性（situationality）」と呼ばれる。そして，ひとまとめにして「状況」と呼ぶ◆5。
　他の用語としては，文脈（context）や条件（condition）がよく使われる。

　教授方法は，何通りかに分類できる。それぞれは教授理論を構成する重要な概念である。それらを以下に示す。

1.1　**教授方法の範囲**：その教授方法が扱う教授の規模。
　これは連続的なものではあるが，しばしば3つのレベルに分けて考えられる（van Merriënboer, 1997）。
　　1.1.1.　**マイクロ**（micro）：個々のスキルや理解についての教授。例えば，例と練習の順序。
　　1.1.2.　**メゾ**（meso）：1つの学習単位（関連するスキルや理解のまとまりについての教授。例えば，複雑な認知タスクを1つ学習するときに用い

る複数の事例タイプの順序。

1.1.3. マクロ（macro）：1つの科目（さらにはカリキュラム）についての教授。例えば，複数の複雑なタスクの学習順序。

1.2 **教授方法の一般性**：ある教授方法を利用すべき教授状況の範囲。

これは高いものから低いものまで，もしくは一般的から特殊なものまでの連続値をとる。他には，広範囲な（pervasive），一般的な（common），限局的な（restricted），まれな（rare），限られた（narrow），局所的な（local）といった記述が使われる。

1.3 **教授方法の精密さ**：教授方法の記述の詳細さのレベル。

精密さは，教授方法の構成の性質を反映したものである。教授方法の記述は，一般的に，学習を促進するより精密な記述に分解，もしくは精緻化することができる。この特徴は，一般的には，教授方法の記述の全体的・詳細的（general-versus-detailed）の区別（もしくは連続的な違い）といわれる。しかし，「全体的（general）」は教授方法自体の一般性（generality）と混同しやすいので（ここでの対象は記述；1.2 参照），ここでは記述の精密さ（あいまい・精密（(imprecise-to-precise)の連続的な違い）という用語を選んでいる。精密さのレベルは，以下の3つの概念によって左右される。

1.3.1. **構成要素**（parts）：ある教授方法がいくつかの要素で構成される場合の各要素のより精密な記述。

1.3.2. **種類**（kinds）：ある教授方法を利用する際に選択しなければならない代替案群についてのより精密な記述。

1.3.3. **判断基準**（criteria）：教授方法についての意思決定をする際の判断基準に関するより精密な記述。

1.4 **教授方法の影響力**（power）：ある学習目標に対して選択された教授方法のその目標の達成に対する貢献の度合い。

どの教授方法を利用しても，そのことである学習目標が達成されることが保証されるわけではない。なぜならば，多くの要因が学習が起こるかどうかに影響するからである。しかし，ある教授方法が学習を促進するのに他の教授方法より効果がある場合もある。すべての教授方法は，学習が起こる見込みをある程度高めることに貢献する。ある教授方法を採用することによって得られる効果は，とても低いもの（0の場合すらある）からとても高いもの（しかし，けっして確率が100%にはならない）まで，まちまちである。

1.5 **教授方法の一貫性**（consistency）：ある状況で学習目標の達成に対して適切であるとして選ばれた教授方法の効果の信頼性。

26 第1部 教授理論を理解するためのフレームワーク

効果は統計における群間分散の概念と似ているが，一貫性は郡内分散の概念に似ている。学習目標の達成に適した状況において発揮される効果の量に高い一貫性がある場合もあるし，発揮される効果の量（や確率）についてまったく一貫性がない場合もある。言い換えると，一貫性が低い場合には，ある教授方法が学習に貢献する可能性が状況によってはとても高いが，適切に使ったとしてもほどほどの効果しか得られない状況もありうる。適切な状況におけるある教授方法の一貫性（逆に言えばその効果の変動性）は大小さまざまである。全体性と詳細性に関しては，教授方法をより精密（もしくは詳細）にすればするほど，より全体性が低く（もしくは，より状況依存性が高まるもの）になるということを知っておくとよいだろう。

　教授方法と同じように，教授状況もいくつかの点で多様性がある。そして，多様性のそれぞれが，教授理論の重要な構成要素となっている。それを以下に示す。

2.1. **価値観（values）**：ある教授理論で重要と考えられる教授の要素。しかし，これは実証的に確認されたものではなく，意見の域を出ないものである。
教授に関する理論の根底にある価値観をすべて集めると，それはその理論における教授観を表している。関係者（ステークホルダ）間で，教授についての価値観をすりあわせておくことは有益である。したがって，適切な教授理論を選択する助けとして，教授についての価値観はすべての教授理論で明示化されるべきである。設計者の価値観よりも，教授の「所有者（owner）」，つまり教師や学習者，その他の受益者（例えば，雇用者やコミュニティ）の価値観が重要である。筆者らは，教授についての価値観を以下に示す4つに大きく分類している。

2.1.1. **学習目的に関する価値観**：どのような学習成果（learning outcome）がその教授において価値があるとみなされているかについて示す意見。これは，ニーズ分析を通じて実証的に学習目標を決定する方法とは対照的な立場である。

2.1.2. **優先順位に関する価値観**：教授の成功を判断するのに何を優先事項とするかを示す言明。これは以前に本シリーズの第1巻，第2巻（Reigeluth, 1983, 1999）で「教授成果（instructional outcomes）」と呼ばれていたものであるが，構成概念についての誤解を招くものであった。優先順位に関する価値観は，ある教授方法やガイドラインがどのくらいよいものであるかを判断する基準として，教授の効果や効

第 1 章　教授理論の理解　27

率，魅力のうちのどれを相対的により重要であるとみなすかを表すものである。

2.1.3.　**教授方法に関する価値観**：どの教授方法が価値があるとみなされているのかについて示す意見。これは，研究成果に基づいて実証的に教授方法を選ぶのとは対照的な立場である。

2.1.4.　**権限に関する価値観**：目的や優先順位，教授方法を決定する権限が誰に与えられるかについての言明。
権限に関する価値観は，他の3種類の価値観の下位に位置づけられるように見えるかもしれない。しかし，筆者らは，他の3種類とは独立に分類項目を立てる価値があるほどに重要な問題であると確信している。学習者の権限向上（empowerment）は，情報時代の学習者を中心とした教授パラダイムの概念そのものにとって欠かせないものである。しかし，しばしば状況によって適した権限付与の程度は異なるので，学習者が持つ権限の程度は価値観を表すものであると同時に，教授方法としての変数（目的の範囲や優先順位，方法にまたがるもの）とみなすことができる。

2.2.　**条件**（conditions）：教授方法の効果の選択に影響する他の要因すべて。
文脈（context）という用語は条件と似た意味を持っているが，ある教授方法を使うべきときと使うべきではないときとを見極める際に文脈のすべての側面が影響するわけではない。例えば，ある人が低い社会的経済地位（socioeconomic standing: SES）の文脈にいると認識した場合，その文脈がどの教授法を使うべきかの決定に大きな影響を与えると思うかもしれない。また別の場合には，いずれにせよ多くのことが学習者の社会的経済地位やコミュニティの貧窮にかかわらず同じように教えられているので，そのような影響はないと思うかもしれない。一方，文脈がとても重要で，教授を巡る選択に影響を及ぼすべきときもある。筆者らは，教授の条件を大きく次の4つに分類している。

2.2.1.　**内容**（content）：学ぶべきものの性質。これには知識やスキル，理解だけではなく，高度の思考力やメタ認知スキル，態度，価値観などを含めて包括的に定義される。

2.2.2.　**学習者**：学習者の性質。これには事前知識，学習スタイル，学習方略，学習意欲，興味などを含んでいる。

2.2.3.　**学習環境**：学習環境の性質。これには人的資源，教材，組織的設備などが含まれる。

2.2.4. 教授開発制約（Instructional development constraints）：教授を設計，開発，実施するのに利用可能な資源。これには資金，カレンダー上の時間，人材の契約時間などを含む。

　図1.2に，これらの概念の要約を示している。これらの構成概念それぞれは，より細かな概念に分解可能であり，されるべきものだろう。しかし，もし教授理論家が彼らの教授理論をこれらの構成概念や用語を使って記述すれば，共通知識基盤の基礎を構築する第一歩になるだろう。その上に教授理論家や研究者が彼らの理論を追加することができ，また，実践家や大学院生が利用可能な知識を理解するのに役立てることができる。しかし，筆者らの行ったデルファイ調査で指摘されていたように，発展途上の分野では，構成概念も用語も発展途上であるということを忘れないようにすることが重要である。これらの用語や構成概念は，常に進化し続ける用語や構成概念についての合意を形成するための出発点として提案するものである。

　この章では，教授の定義を提案するとともに教授についての共通の知識基盤と言語をつくるという重要な作業を開始した。教授に関する理論は6つの異なった種類（事象，分析，計画，開発，実施，評価についての各理論）に分類でき，それらを関連す

```
教授方法
    教授方法の範囲（マイクロからメゾ，マクロまでの連続）
    教授方法の一般性（一般から特殊までの連続）
    教授方法の精密さ（とても精密からとてもあいまいまでの連続）
        教授方法の構成要素（より精密な分類）
        教授方法の種類（より精密な分類）
        教授方法の判断基準（より精密な分類）
    教授方法の効果（低いから高いへの連続）
    教授方法の一貫性（低いから高いへの連続）

教授状況
    価値観（分類）
        学習目標に関する価値観
        優先順位に関する価値観
        教授方法に関する価値観
        権限に関する価値観
    条件（分類）
        内容
        学習者
        学習環境
        教授開発制約
```

図1.2　教授理論の性質についての構成概念

る他の種類の理論（学生評価やカリキュラム，学習理論，また，学習科学や教授科学とも）と対比した。ギボンズとロジャースによる「デザインレイヤー」（第14章参照）の概念と教授理論との関係についても議論した。次に教育改革における教授理論の役割にも注目し，本書と学習者中心の教授との関係についても議論した。最後に，デルファイ調査の結果を示し，教授に関する共通の知識基盤のために一連の概念と用語を提案した。これらの用語は，教授理論家や研究者が成果を積み上げる基盤として有用なものとなる可能性がある。さらに，より効果的に学習を促進させるために利用可能な知識を実践者や研究者，大学院生が理解するのにも役立つものであろう。

≫≫ 原 注

- ◆1 時として，インストラクショナルデザインという言葉はこの意味で使われる。これは ISD プロセスの一部である。
- ◆2 時として，教授開発という言葉はこの意味で使われる。これは ISD プロセスの一部である。
- ◆3 時として変化させたり，新しいアイデアを採用し広めることがこの意味で使われる。これは ISD プロセスの一部である。注意してもらいたいのは教授実施は教授事象とは同じではないということである。むしろ，実施そのものではなく，実施のための準備プロセスである。これには学習に必要なリソースを入手して導入することや教師や学習支援者にとって必要なトレーニングを行うことが含まれる。
- ◆4 著者らはここまでの7段落の執筆におけるアンドリュー・ギボンズの協力に感謝する。これらのレイヤーについてのより詳細な情報については，第14章参照。
- ◆5 ある教授理論全体が利用されるべき状況は「前提条件」と呼ばれる（Reigeluth, 1999 の第1章参照）。

第2章
インストラクションを理解する

チャールス・M・ライゲルース（インディアナ大学）
ジョン・B・ケラー（インディアナ州教育局）

チャールス・M・ライゲルース（Charles M. Reigeluth）はハーバード大学で経済学士を取得した。ブリンガム大学において教授心理学で博士号を取得する前の3年間は，高等学校の教員だった。1988年からブルーミントンにあるインディアナ大学教育学部の教授システム工学科で教授を務めている。1990年から1992年まで学科長の職にあった。彼の社会貢献・教育・研究における専門分野は，公立学校システムに学校群単位のパラダイム変化を促進するプロセスについてである。研究の主目的は，学校群が学習者中心のパラダイムに教育を変換する過程を成功裏に導く指針についての知見を前進させることにある。これまでに9冊の本と120を超える論文や書籍の章を出版している。そのうちの2冊は，米国教育コミュニケーション工学会（AECT）から「年間優秀書籍賞」を受けている。また，AECTの優秀貢献賞やブリンガム大学の優秀同窓生賞も受賞している。

ジョン・B・ケラー（John B. Keller）は，現在，インディアナ州教育局の情報システムセンターに奉職しており，教師の生産性向上ソフトウェアの開発や経年データ収集システムの開発に携わっている。ジョンは，非営利団体の研究資金型プロジェクトでも働いた経験があり，そこでは教師の生産性向上ポータルサイトの設計・開発・実施を行った。教師歴には6年間の小学校経験を含み，インディアナ州の複数の教員養成機関において非常勤教授として多くの科目を担当した。ジョンはインディアナ大学大学院教育学研究科教授システム工学専攻において博士号取得のための条件を完了している。

第2章　インストラクションを理解する　　31

> **本章の概要**

ビジョン

- （第1章が教授理論の構成についての議論であったのに対し）インストラクションの構成概念を整理するための柔軟な枠組みを提供し，共通の知識基盤の構築を助けること。

教授アプローチ（マクロ方略）

- いくつかの教授方法（構成要素）をまとめたものである。
- それぞれが必須の構成要素と任意の構成要素を持つ。
- それぞれが（最終的には）インストラクションの要素に分解されうる。

インストラクションの構成要素（メゾ〜ミクロ方略）

- 「分子」というよりは「原子」である。
- 個別に，または他の構成要素となる方法とまとめて選択されうる。
- 可変の構成要素はアプローチの方法が決まってから選択されるべきである。

内容の系列化

- 系列化は，非常に小さい，または非常に大きな内容のかたまりでなされうる。
- インストラクションに対する，多くの異なるアプローチとともに使用されうるものである。
- 系列化方略は，アプローチとみなしうるくらい大きい場合もある。

文法規則と経験則

- すべての文に主語と述語が必要であるのと同じように，すべてのインストラクションにはアプローチ，構成要素，そして系列が必要である。
- 状況に関する構成概念に対する注意深い分析は，教授方法を選択して組み合わせる際の助けとなる。
- きわめて魅力的なインストラクションを優先することは，情報時代の教育パラダイムにとって特に重要である。

(編者)

32 第1部 教授理論を理解するためのフレームワーク

　第1章では，教授理論の本質と重要性について解説した。また，すべての教授理論を構成する主要な構成概念に関する専門用語について，教授理論の研究者間での合意を形成するためのデルファイ（Delphi）法による研究成果について紹介した。しかし，そのような理論の構成概念に加え，ある理論において使用される特定の教授方法や状況などといった，インストラクションの構成概念もある。インストラクションの構成概念の例としては，練習（practice），例示（demonstration），共同作業（collaboration），比喩（analogy），問題解決型教授（problem-based instruction: PBI），単純−複雑系列化（simple-to-complex sequencing）など多くのものがあげられる。教授理論の構成概念とインストラクションの構成概念の大きな違いは，前者がすべての教授理論に適用されるのに対し，後者は理論によって使用されたり，または，されなかったりする点である。本章では，インストラクションの構成概念に焦点を当てる。

　インストラクションの構成概念一式を処方的に整備する試みは，これまでに数えきれないほど行われてきた（例えば，ガニェ（Gagné）の9教授事象）。しかし，数多くあるインストラクションの構成概念を扱うための記述的な枠組みを開発しようとする試みはほとんどなかった。ガニェの9教授事象（Gagné, 1985）のような処方的な整理は，典型的な一連のインストラクションの系列においてインストラクションの構成概念を選択する際に，有用な枠組みを提供した。インストラクションに関する共通知識基盤を構築するためには，インストラクションに関する構成概念をまとめ，それらの関係性を表現するための柔軟な枠組みが必要である。このような枠組みは，「インストラクションの文法（grammar of instruction）」だと考えている。ちょうど英語の文法が8つの品詞からなるのと同じように，数多くのインストラクションの構成概念を特定の数の十分に柔軟性のある分類や記述に落とし込むことは可能である。このような分類の枠組みがインストラクションや教授設計に関するコミュニケーションをより明確なものにすることを望んでいる。本章の残りの部分では，インストラクションの構成概念を形作る分類一式について，それぞれの分類の例となる構成概念とともに解説する。

▎インストラクションの構成概念の分類

　第1章では，インストラクションにとって重要な構成概念は2つの大きな分類に集約されると述べた。教授方法（インストラクションはどうあるべきか）と教授状況（いつそのようになっているべきか）である。本章では教授方法に焦点を当てるが，その前に第1章では教授状況についてどのように述べていたかについて簡単に振り返って

みることにする。

教授状況の分類

　第1章では，教授状況は，2つの大きな分類，つまりインストラクションについての価値観とインストラクションの条件に集約できると述べた。価値観は，学習目的，評価基準，教授方法，そして誰が主導権を握るのかに関連している。条件は，内容の性質，学習者，学習環境，そして教授開発上の制約に関するものである。表2.1に，これらの分類の概観を示す。

表2.1　教授状況に関する構成概念の分類

価値観	例
学習目的	トピックは学習者が夢中になるものであるべき
評価基準	インストラクションは学習者にとって楽しいものであるべき
教授方法	学習者にとって最も適切だと考えられるため，問題解決型学習を利用すべき
誰に主導権があるか	学習者が学習目的を設定すべき

条件	例
内容	南北戦争の原因を理解している
学習者	科目に対する意欲は低いが高い能力を持つ6年生
学習環境	マルチメディアコンピュータ室，教室，図書室，南北戦争の生存者による訪問
教授開発上の制約	明日が授業当日である

教授方法の分類

　教授方法を1つの概念枠にまとめることは難しい。その原因の1つには，教授方法が多様性に富んでいることがあげられる。これには良い面も悪い面もある。教授方法に多様性があることの主な利点は，教授状況に適するように，無限に近い種類に並び替えて教授方法を組み合わせられることである。この多様性によって生じる主な課題は，おびただしい数の教授手法を実践者にとって効果的で有益な枠組みへまとめなければならないことである。

　教授方法については，本シリーズ第1巻（Reigeluth, 1983, 第1章）で述べられているように，さまざまな分類が可能である。

34　第1部　教授理論を理解するためのフレームワーク

- 組織方略（ミクロなものからマクロなものまで）
- 伝達方略（メディアの選択と利用）
- マネジメント方略

　分類についてのその他の方法には，本シリーズ第2巻（Reigeluth & Moore, 1999, 第3章）で提示しているものも含まれる。

- 促進する学習のタイプ（情報の暗記，関係性の理解，スキルの適用，ジェネリックスキル（generic skills）の適用，情緒的な成長など。本シリーズ第2巻（Reigeluth & Moore, 1999）の表3.2を参照）
- 学習を制御する人（学習者，教師，インストラクショナルデザイナ）
- 学習の焦点（トピックか課題か，単一の分野か学際的なものか）
- 学習時のグループ分け（個人，ペア，小グループ，あるいは大グループ）
- 学習のためのインタラクション（対人間の場合：学習者と教師，学習者どうし，または学習者とその他の人。対人間ではない場合：学習者とツール，学習者と情報，学習者と環境／操作可能なもの，または学習者とその他のもの）
- 学習の支援（認知的な支援，または情緒的な支援）

　他にも潜在的に有用な分類枠としては，以下のものもある。

- 教授タスクの真正性（人為的，または想像によるものから真正なものまでの連続体）
- 使用される教授アプローチ（ドリル練習，チュートリアル，シミュレーション，経験学習（experiential learning），直接教授法（direct instruction），問題解決型教授法，ディスカッション，その他）
- 教授方法の目的（動機づけ，情報提供，関連の構築，学習者に裁量を持たせる，スキルの一般化，スキル実行や情報想起の自動化，その他）
- 教授方法を支援するために使われうるテクノロジの役割（双方向性の提供，動きの提示，音声の再生，コミュニケーションの促進，その他）

　上記の分類のそれぞれは，いくつかの文脈に適用でき，インストラクショナルデザイナがその文脈の中で代替的手段を考えるのに有用である。しかし，ここでは文脈横断的に有用であり，多くの教授方法を分類するのに役立つ3つの分類を提案したい。それは，教授アプローチ，インストラクションの構成要素，内容の系列化の3つであ

る。この3つの分類について以下で議論する。

教授アプローチ

　この分類に適した教授方法は，マクロな方略（macrostrategies）である。教授ア
プローチは，インストラクションの一般的な方向や道すじを設定するものであり，よ
り精密で詳細な構成要素からなっている。用語としては，問題解決型学習（PBL），
経験学習，直接指導，教授シミュレーション（instructional simulation）などがある。
これらの用語は，他のいくつかの教授方法（構成要素）を組み合わせて内包した一般
的な教授アプローチを指している。この組み合わせるという考え方は，教授手法の精
密さ，つまり，教授方法の記述の詳細さの度合いに関係している（この構成概念につ
いては第1章で紹介した）。例えば，問題解決型学習（PBL）は，多くの小さな教授
方法で構成されている。それらのより小さな教授方法について説明することで，実践
者に対してPBLというより大きな（より精密さが低い）教授手法に関してより詳細
な（精密な）情報を提供できる。
　いかなる教授アプローチにおいても，必須の構成要素と任意の構成要素とがある。
任意の構成要素が組み合わされている場合には，それがそのアプローチの主要な「特
色（flavor）」を形づくる。例えば，問題解決型学習（PBL）には数種類の特色があり，
そのそれぞれがPBLの異なる方略とみなされている。この各方略の構成要素となる
教授方法は，教授方策（instructional tactics）と呼ばれる。1つずつの方略は，その
中にある小さな方策の組み合わせとして見ることができ，さらに1つずつの方策の中
にはさらに小さな方策が組み合わされていると見ることもでき，やがてインストラク
ションの「要素（elements）」とみなされる最小単位にたどり着く。

インストラクションの構成要素

　上記で示唆したように，インストラクションの構成要素は，分子というよりは原子
であるといえる。教授方法は，教授状況に応じて個別に選択することができるが，教
授アプローチの一部として，他の教授方法と合わせて選択される場合が多い。例えば，
練習という教授方法は，ほとんどすべての教授アプローチに含まれている。これは，
インストラクションの焦点となっている知識やスキル，態度を学習者が理解すること
を支援する上で，練習が重要であるためである。
　教授アプローチと構成要素に分類して捉える方法は，インストラクショナルデザイ
ナにとって有用である。なぜならば，デザイナはまず最初にアプローチを選択し，そ

36　第1部　教授理論を理解するためのフレームワーク

れから変更可能な構成要素を状況に応じて選択するべきだからである。

内容の系列化

　教授方法に関する3つ目の分類である系列化は，特別の注目に値するものである。なぜなら，系列化は，アプローチと構成要素の両方に適用され，順序づけられた内容のかたまりは，非常に大きなものからきわめて小さなものにわたるからである。例としては，手続き的な精緻化の系列（条件単純化法：本シリーズ第2巻，第18章（Reigeluth & Moore, 1999）を参照のこと）があげられる。条件単純化法では，複雑なタスクについて現実世界における最も単純な例についての説明から始め，すべての重要事項を学習するまで，より複雑な例の説明へと進展させていく。この系列化の方法が適用されうるような課題は，非常に大きなものから，きわめて小さなものまで多岐にわたる。また，この種の系列は，問題解決型教授や直接教授法，シミュレーションやディスカッションに基づくインストラクションなど，さまざまな教授アプローチに適用できる。構成要素レベルでは，内容の系列化の例として，概念の例を示すときの単純−複雑系列や，数学指導における具体−抽象系列があげられる。後者の例には，数の象徴的な描写と数学的手続きの学習の第1段階において用いるおはじきなどの操作可能物（manipulatives）がある。さらに問題を複雑にする側面として，系列化方略には「アプローチ」とみなすに十分なくらい大きいものもあるし，より大きな系列化手法の構成要素となっているものもある。

　教授方法の組織化に関する本項をまとめると，教授方法を分類するための多く手法を紹介したということである。ここでは多くの教授方法を分類するための，3つの一般的な分類を提案した（表2.2参照）。これらの分類は相互に排他的ではないものの，たいていの教授手法が少なくともこのうちの1つには適合するような十分に広範なものであるといえる。また，これらの分類は，インストラクショナルデザイナにとって有用な組織化の枠組みを提供するものであると思っている。

表2.2　教授方法に関する構成概念の分類

教授方法	例
教授アプローチ	発見型学習，直接教授法，問題解決型学習（PBL）
インストラクションの構成要素	先行オーガナイザー，コーチング，指導付き練習（guided practice）
内容の系列化	具体−抽象系列化

文法規則と経験則

第1章では，教授状況に関する一連の構成概念を示した。

価値観

- 学習目的に関して
- 優先に関して
- 教授方法に関して
- 権限に関して

条件

- 学習内容
- 学習者
- 学習環境
- 教授開発上の制約

上記の教授状況に関する構成概念を表2.2で提示した教授方法に関する構成概念とうまく組み合わせることで，教授状況の分析と適切な教授方法の選択に関する一連の問いを示すことができ，実践者に対して有用であることがわかる。

教授状況に関する問い

- インストラクションの結果として達成できる価値のある学習目的，すなわち学習成果とは何か？
- インストラクションにおける優先事項は何か？
- インストラクションの文脈において，どの方法が最も高く評価されているか？
- インストラクションの相互作用において，主導権はどのように配分されるべきか？
- 学習内容の性質は教授方法の選択にどの程度の影響を及ぼしそうか？
- 学習者の性質は教授方法の選択にどの程度の影響を及ぼしそうか？
- 教授環境は教授方法の選択にどの程度の影響を及ぼしそうか？

38　　第 1 部　教授理論を理解するためのフレームワーク

- 教授開発における制約や制限は教授方法の選択にどの程度の影響を及ぼしそうか？

教授方法に関する問い

- どんな教授アプローチが利用されるべきか？
- どんな教授構成の可変要素が選択したアプローチにおいて最も適切か？
- インストラクションはどのように系列化されるべきか？

　これらの問いは，インストラクショナルデザイナが分析と設計を行う際の予備的なガイドとして活用できる。また，教授理論者が自身の理論の中で解決を試みる課題としても利用できる。

　本章の冒頭で示した英文法の比喩に話を戻すと，8つの品詞は，効果的なコミュニケーションのために我々が従っている文法規則に従って組み合わせられている。インストラクションに関する構成概念を組織化するために我々が提案してきたさまざまな分類は，この品詞に類似している。効果的な教授設計を実現するためのこれらの構成概念組み合わせガイドラインは，専門性を獲得していくにつれて学習される一連の経験則に大きく依存している。

　上記の分類は，教授設計についてじっくり考えるための経験則をいくつか提案するものである。ちょうど1つの文には主語と述語が必要であるように，インストラクションにはアプローチと構成要素，そして系列が必要である。すべての品詞を使用する英文はほとんどない。同様に，効果的なインストラクションを設計することは，考慮すべき点のチェックリストとして先に紹介した分類のすべてを使用すればよいというような簡単なものではない。

　効果的な教授設計をするためには，分類間の本質的な関係性を理解することが不可欠である。とりわけ，教授状況を十分に理解することは，理論研究者（または設計者）が教授手法を最善の方法で選択し，組み合わせることに役立つ。構成概念の提案には，要素を増やせばそれだけ栄養価の高いインストラクション（whole-grain instruction）になるという意味は込められていない。むしろ，状況についての構成概念を注意深く分析することで，教授方法の選択と組み合わせが可能になる。選択に関する経験則は，ある特定の教授理論を参照することによって得られるかもしれない。しかし，インストラクショナルデザイナがそれぞれの経験を通じて得たさまざまな状況における特定の教授方法の有用性についての洞察としても開発が可能である。教授方法の分類はどんな方法があるかを把握する上では有用である一方で，処方を決定する際には有用で

第2章　インストラクションを理解する　39

はない。なぜならば，教授方法を決定する際には，理論家（またはインストラクショ
ナルデザイナ）が各教授方法の実用性に関して培ってきた理解，例えば，ある特定の
状況における各方法の利点と欠点などの理解に依存して選択が行われるからである。

　教授設計のための最後の経験則は，第1章で述べたように，教授方法の選択におい
て優先事項に細心の注意を払うことである。このことは，方法の望ましさに強い影響
を及ぼす。

　初等中等教育（K-12）と高等教育の両方の文脈における情報時代の教育パラダイム
の最重要優先事項の1つに，その方法が学習者をどの程度動機づけるのかがある。こ
れは，学習が学習者による相当な努力を必要とする構成的なプロセスであるためであ
る。シュレイティー（Schlechty, 2002）が述べているように，教員にとっての挑戦は，
学習者が没入できる課題を設計することである。学習者を学習にいかにして引き込み，
学ぶ意義を持たせるかが，情報世代の学習者のためのインストラクションを設計する
上で鍵となる要因である。

　効果と効率は教授方法の選択における付加的な優先事項である。例えば，あるスキ
ルを学ぶ際に，そのスキルを例示してみせることと，（即座のフィードバックつきで）
練習させることは，インストラクションをより効果的かつ効率的にする方法として実
績がある。米国連邦政府における最近の政策においては，証拠に基づいた教授プログ
ラム，つまり研究によってその効果が確かめられた教育プログラムの重要性にスポッ
トライトが当てられている（Slavin, 2008）。教授理論家とインストラクショナルデザ
イナは，教授方法の効果と効率に関する知識を継続的に培っていくべきである。

▌結論

　本章では教授状況と教授方法に関する構成概念の分類について説明した。これらの
分類が，インストラクショナルデザイナに対してインストラクションの構成概念を分
類するための有用なツールであるとともに，インストラクションの分析と設計のため
の有用な枠組みを提供するものであることを願う。もしこれらの基本的な考え方が適
用されれば，それを文法として利用することが共通の言語および知識基盤を構築する
ことに役立つと考えている。このために，本章の付録には，これらの分類でまとめた
一般的な教授方法のリストを用意した。

　各分類から教授方法を1つずつ取り出して活用することだけでは，洗練された効果
的な教授設計ができるわけではない。分類間の関係性に対する洞察が必要である。そ
の洞察は，教授方法の主な特徴に関する知識に沿ったものであり，動機づけに関する

潜在的な影響力と状況に依存した効果と効率に関する知識を含んでいる必要がある。この組織化を目指す枠組みの価値は，インストラクションに関するすべての構成概念を広く受け入れることができることであり，また，この分野において重要な一連の用語を整理するための一般的に有用な少数の分類を備えていることである。

第2章　インストラクションを理解する　41

付録　教授方法の例

用語	教授アプローチ
錨をおろした教授 (anchored instruction)	すべての学習が，学習者が実際の問題を解決しようとすることから始まるように構成された真正な学習環境の一種。〔類語：状況的学習（situated learning）〕
真正な学習環境 (authentic learning environments)	真正な学習環境とは，インストラクショナルデザイナの管理下において，教授事象にある程度の真正性（本物らしさ：authenticity）を提供することに焦点を当てたアプローチである。この文脈において，真正性とは現実世界と同義である。〔類語：構成主義の学習環境（constructivist learning environments），状況的学習（situated learning）〕
事例に基づく学習 (case-based learning)	現実世界のシナリオの考察と相互作用を中心にインストラクションを構成する幅広い教授方法。
認知的徒弟制 (cognitive apprenticeship)	熟達した職人と見習いの関係に似せて，初心者と熟達者との相互作用を中心にインストラクションを構成する教授方法。この場合，習得を期待されるものは思考過程である。〔類語：徒弟学習（apprenticeship learning）〕
直接教授法 (direct instruction)	効率的な学習の促進を意図した，注意深い台本どおりのインストラクションを引き起こす教授方法。ジークフリート・エンゲルマン（Sigfried Engelmann）によって開発された。
発見学習 (discovery-based learning)	学習者が事前に定められたモデルや概念，または命題を発見することを支援するプロセスとしてインストラクションを構成する幅広い教授方法。
ドリルと練習 (drill and practice)	刺激の提示と矯正的フィードバックの繰り返しを通した暗記学習と自動化に焦点を当てた教授方法。
解説的教授 (expository teaching)	主に教師の講義によるインストラクション。〔類語：講義形式（didactic），教師中心（teacher-centered）〕
実践的な学習 (hands-on learning)	活動や直接的な経験を通じた法則の発見とスキルや発想の完全習得において学習者の積極的参加に焦点を当てた教授方法（行うことによる学習（learning by doing））。
個別指導 (individualized instruction)	一人ひとりの学生のニーズに応じた教授方法。
探求学習 (inquiry-based instruction)	学生の興味を中心にインストラクションを構成する教授方法。学習者は質問するように促され，それらの質問に答えることが学習の中心となる。
教育ゲーム (instructional game)	インストラクションの対象として定めた知識，スキル，能力を，その目的のために考案されたゲームを通して習得させる教授方法。

教育シミュレーション (instructional simulation)	学ぶべきスキルや理解の複雑さに近い形で，現実世界の文脈における重要な要素についてシミュレーションを行うインストラクション。
学習者中心教授 (learner-centered instruction)	個別の学習者（彼らの背景，興味，能力およびニーズなど）や学習（すべてのタイプの学習者に対して，最高水準の動機づけや学習を促進するための方法に関する知識など）に焦点を当てた教授方法。
問題解決型学習／教授 (problem-based learning/ instruction)	学習者が問題を解決する，あるいは解決策を見いだすように支援することを中心に構成されたインストラクション。
プロジェクト学習／教授 (project-based learning/ instruction)	成果物や課題，あるいはサービスを作成することを中心に構成されたインストラクション。
ロールプレイ (role play)	鍵となるアイデアやスキルが典型的に適用される文脈における役割を仮定し，学習者によってその表現や練習がなされる方法。
教師中心教授 (teacher-centered instruction)	教師が教授内容の主な伝達経路となる教授アプローチ。多くはプレゼンテーションや講義によってなされる。〔類語：解説的（expository），講義形式（didactic），伝達指向（transmission oriented）〕
チュートリアル (tutorial)	個別の学習者のニーズに対応した教授事象や，高水準の適応を含む幅広い教授方法。

教授構成要素（instructional components）

先行オーガナイザー (advance organizer)	デイビット・オーズベル（David Ausubel）による構成法。学習者が知っていることと，彼らがこれから学習，実施することとのギャップの「橋渡し（bridge）」を支援するためにインストラクション系列の初期段階で使用される。
比喩 (analogies)	あまり知られていないものを学習，理解することを目的として，そのこととよく知っていることとの比較を提示する構成法。
真正な課題 (authentic tasks)	現実世界との類似性を持たせ，学習者を動機づけるために使用される構成法。
コーチング (coaching)	インストラクションの文脈や練習において，熟達した学習者が初心者の学習者へのガイダンスと励ましを提供する構成法。〔類語：ファシリテーション（facilitating），メンタリング（mentoring）〕
協調作業 (collaborative work)	問題解決や課題の遂行のために学習者が共同で活動することによる学習上の利点を利用する構成法。〔類語：共同作業（cooperative work）〕

共同作業 (cooperative work)	本構成法は，グループの構成員間で作業分担することで，仕事を完了させたり成果物を生み出すための仕組みを提供するもの。共同作業が選択されるのは，集団で取り組むことでより大きなプロジェクトに挑戦し，完了させることが可能になるためである。〔類語：協調作業（collaborative work）〕
例示 (demonstration)	インストラクタが学習者に対して物事をどのように実施，作成するかを例示してみせる基本的な構成法。この手法は，学習者による同じスキルの試行を伴う形で実施される。〔類語：モデル〕
精緻化 (elaboration)	ある概念やスキルについての単純な例から始めてそれをより複雑で繊細なものへと拡大することで，学習者が内容について完全に習得することを補助する。
事例／非事例 (examples/nonexamples)	ある概念についての重要な性質を示すような事例と重要な性質を示さない事例を対照的に使用すること。学習者が概念についての顕著な特性や次元に関して区別することを援助する。
フィードバック (feedback)	学習者にパフォーマンスの質に関する情報や，活動の正しさに関しての明確な助言を提供する構成法。
指導付き練習 (guided practice)	あるスキルについて学習者が練習する際に，必要に応じて教師から指導や補助を受ける構成法。
独立した練習 (independent practice)	あるスキルについて学習者が練習する際に，教師からの指導や補助を受けない構成法。
ピアチュータリング (peer tutoring)	学習者どうしによる綿密な観察とフィードバックによってアイデアや概念の習得を支援する技法。
個人化 (personalization)	各学習者の特定の学習ニーズに教授方法を合わせることに焦点を当てたインストラクション。この手法はその対象範囲によって，教授アプローチにも構成要素にもなりうる。〔類語：カスタマイゼーション（customization），個別教授（individualized instruction）〕
練習（practice）	学習者と学習内容との相互作用の繰り返しを伴う構成法。
プレビュー (preview)	インストラクションのはじめに使用される技法。学習者がこれから行われる教授体験を垣間見ることを可能にするいくつかの技法で，ねらいを明確にして学習者の興味を引きつける。
相互教授 (reciprocal teaching)	学習者を2人組または少人数グループにして，互いに教え合う役割を与えるインストラクション。学習内容に対して他者を助ける責任を負うことを各自に求める。
省察 (reflection)	メタ認知の構成法。学習者による経験についてのより深く広い理解を助けたり，自身の活動と標準との比較，あるいは学習体験の結果としての個人的な変化の分析を通して，自己評価を促す。

レビュー （review）	重要な概念の理解を確認するために学習経験の主なポイントを結びつけるように要約するための構成法。
自己評価 （self-assessment）	学習者が省察を行い，自身の活動を標準と比較するよう導く構成要素。
チームワーク （team work）	学習者のグループをつくって，活動，プロジェクト，あるいはタスクの遂行を通して学習を促進する協調的な構成法。

内容の系列化

具体−抽象系列化 （concrete-abstract sequencing）	ミクロレベルの系列法であり，内容を具体的，物理的，身近な経験のものから，抽象的，記号的な経験へと組織化する。〔類語：帰納的系列化（inductive sequencing）〕
演繹的系列化 （deductive sequencing）	ミクロレベルの系列法であり，内容を一般的なものから特定のものへと組織化する。
難易度別系列 （easy-to-difficult sequence）	ミクロレベルの系列法であり，内容を最も簡単な例から最も難しい例へと組織化する。
精緻化系列：概念的 （elaboration sequencing: conceptual）	一般的な概念から詳細化された概念へと進んでいく系列法。〔類語：漸進的弁別化系列（progressive differentiation sequence）〕
精緻化系列：手続き的 （elaboration sequencing: procedural）	複雑な手続きについて，そのより単純な事例から，より複雑な事例へと進んでいく系列法。〔類語：最短経路系列（shortest path sequence）〕
精緻化系列：理論的 （elaboration sequencing: theoretical）	より広く，より包括的な原理から，より狭く，限定された原理へと進んでいく系列法。〔類語：螺旋型カリキュラム（spiral curriculum）〕
階層的系列化 （hierarchical sequencing）	より複雑なスキルの前に，その構成要素となる単純なスキルを教える系列法。〔類語：学習前提条件系列（learning prerequisite sequence）〕
手続き的系列化 （procedural sequencing）	単純な手続きのステップについて，それらが実施される順序に沿って教える系列法。〔類語：前向き連鎖（forward chaining）〕
足場かけ （scaffolding）	徐々にさまざまな種類の支援を減少させ，取り除いていく系列（フェーディング）や，徐々に活動の許容基準を上げていく系列（シェイピング）を含む多様な方法。〔類語：フェーディング（fading），シェイピング（shaping）〕

第 3 章　ID の第一原理　　45

第 3 章

ID の第一原理

M・デイビッド・メリル（コンサルタント）

ユタ州セントジョージに居を構える M・デイビッド・メリル（M. David Merrill）は，教授効果に関するコンサルタントであり，フロリダ州立大学とブリガムヤング大学ハワイ校で客員教授，ユタ州立大学で名誉教授の職にある。1964 年，イリノイ大学で PhD を取得後，彼はジョージ・ピーボディ大学，ブリガムヤング大学プロボ校，スタンフォード大学，南カリフォルニア大学，そしてユタ州立大学の教員を務めた。彼は，教育工学分野における著名な功労者として国際的に定評があり，これまで数多くの著作と論文を発表している。また，国内外で講演を行っている。彼の主な功績として，TICCIT オーサリングシステム（1970 年代），画面構成理論（component display theory）と精緻化理論（elaboration theory）（1980 年代），教授トランザクション理論（instructional transaction theory），教授設計の自動化，そして知識オブジェクトに基づく教授設計（1990 年代），近年では ID の第一原理があげられる。彼は，アメリカ教育工学・コミュニケーション学会（AECT）より特別功労賞（Life Time Achievement Award）を授与されている。彼とケイト夫人との間には，9 人の子どもと 37 人＋ 4 人（婚姻による）の孫がおり，この家族こそが彼にとって最も大切な成果だと述べている。

46　第 1 部　教授理論を理解するためのフレームワーク

本 章 の 概 要

ビジョン
- 相互関係のある処方的な教授設計（ID: instructional design）原理群を抽出すること。

例示の原理
- インストラクションは，種類（kinds-of），やり方（how-to）そして出来事（what-happens)といった要素スキルの種類と一致したスキルの例示を提供すべきである。
- インストラクションにおいて，例示と一般論を関連づけて説明すべきである。
- インストラクションにおいて，学習者間の議論や相互の例示に学習者を関与させるべきである。
- インストラクションは，その内容に適したメディアを利用した例示を学習者が観察できるようにすべきである。

応用の原理
- インストラクションは，種類，やり方，そして出来事といった要素スキルの種類と一致した学習を学習者に応用させるべきである。
- インストラクションでは，内発的もしくは修正的フィードバックを提供すべきである。
- インストラクションは，応用を促進するため，徐々にコーチングを減らしながら提供すべきである。
- インストラクションは，学習者間の共同作業に学習者を引き込むべきである。

課題中心の原理
- インストラクションは，課題中心の教授方略を活用すべきである。
- インストラクションは，複雑さを増していくように全体課題を配列すべきである。

活性化の原理
- インストラクションは，関連する先行知識や経験を思い出させたり，説明させたり，例示させることによって，学習者が持つ関連認知構造を活性化すべきである。
- インストラクションは，学習者間で以前の経験を共有させるべきである。
- インストラクションは，学習者に新しい知識を整理するための構造を呼び起こさせるか，または新たに獲得させるべきである。

統合の原理

- インストラクションは，学習者に新しい知識やスキルを省察し，討議し，あるいは正当性を主張させることによって，認知構造に新しい知識を統合させるべきである。
- インストラクションは，学習者を学習者どうしの相互批評に携わらせるべきである。
- インストラクションは，学習者に新しい知識やスキルを活用する個人的な方法を生み出す，発見する，または探求させるべきである。
- インストラクションは，学習者に新しい知識やスキルを人前で例示させるべきである。

4段階のインストラクションサイクル

- 活性化，例示，応用，そして統合の4原理は，4段階のインストラクションサイクルを形成する。
- さらに，このサイクルの中に「構造－ガイダンス－コーチング－省察（structure-guidance-coaching-reflection）」からなるより細かいサイクルが存在する。

教授方略の格付け尺度

- 例示，応用，課題中心，活性化，統合の原理がそれぞれ加えられることで，インストラクションの質は向上する。

(編者)

48　第1部　教授理論を理解するためのフレームワーク

　筆者は，インストラクショナルデザイン（ID）の諸理論，モデル，そして研究を体系的に再調査した。これらの情報源から，相互に関連のある処方的（prescriptive）なIDの原理を抽出した（Merrill, 2002）。これに続く論文（Merrill, 2007）では，他の著者が明らかにした原理や研究によって裏づけられている同類の原理を引用した。

　この研究において，原理（principle）とは，その原理が実施される際の手法やモデルにかかわらず，適切な条件下◆1において，いつも真である関係として定義されている。原理は，それ自体が教授モデルや手法ではない。むしろどんなモデルや手法の基盤ともなる関係である。これらの原理は，異なる教授モデルや手法によっては，さまざまな方法で実施されうるものである。けれども，ある教授モデルや手法の効果，効率，そして魅力（engagement）は，これらの原理が組み込まれた度合いに比例して変化するものである。

　このリストには，筆者がレビューしたID理論の大部分に含まれている原理だけを選んだ。また，より効果的，効率的，あるいは魅力ある学習を促進するものでなければならない。さらに，研究により裏づけられたものでなければならない。また，原理は普遍的でなければならない。普遍的であるから，どんな配信システムでもどんな教授様式（architecture）であっても適用することができる（Clark, 2003）。教授様式とは，直接教授法や個人教授法，経験的手法，そして探索的手法といった教授アプローチを意味する。原理は，設計指向でなければならない。つまり，学習者が学習時に自分自身で行う活動ではなく，学習活動を促進するために授業をどのように設計するかに直接関連する，インストラクションに関する原理なのである。

　このようにして，5つの原理が同定された。

　以下に，5原理を短くまとめて記す◇1。

- 例示の原理：学習は，学習者が例示されたものを観察したときに促進される。
- 応用の原理：学習は，学習者が新しい知識を応用する際に促進される。
- 課題中心の原理：学習は，学習者が課題中心の教授方略に取り組んだ際に促進される。
- 活性化の原理：学習は，学習者が事前に学んだ関連知識や経験を呼び起こすときに促進される。
- 統合の原理：学習は，学習者が新しく学んだ知識を日々の生活に統合する際に促進される。

　本章では，5つの原理とそれらの相互関連を細かく説明する。これらの原理を裏づける理論や研究の所在については，過去の論文を参照されたい（Merrill 2002, 2007）。

例示の原理

- 学習者が教えられる内容の種類と一致した，学ぶべきスキルの例示を観察するときに学習は促進される。
- 例示からの学びは，一般的な情報や背景にある構造を具体例と関係づけるように**指導**することで効果が高くなる。
- 例示からの学びは，学習者がその内容と関連するメディアを観察することで効果が高くなる。
- 例示からの学びは，学習者間の議論や相互の例示によって効果が高くなる。

例示の一貫性

　第一原理は，一般化可能なスキルに最も適したものである。一般化可能なスキルとは，2つ以上の異なる具体的な状況に適用されうるものである。特定の物の名前を覚えたり，特定の装置の部位の名前を言うことは，一般化可能なスキルではない。例示の原理は，概念の分類（つまり，種類：kinds-of），手続きの実行（つまり，やり方：how-to），そして，プロセス実行における結果を予測することや失敗の条件を発見すること（つまり，出来事：what-happens）といった種類の一般化可能なスキルの促進に最も適している。一般化可能なスキルは，一般的な情報（information）と具体的な描写（portrayal）の両方によって表される。情報は，普遍的で，包含的で，多くの具体的な状況に適用可能なものである。一方の描写は，具体的で，限定され，1つのケースや単一の状況に対してのみ適用可能なものである[2]。情報については，提示（伝える）と想起（尋ねる）ができる。描写については，例示（見せる）と応用（行う）させることが可能である。例示の原理は，複数の事例（描写）の活用を強調している。十分な例示ができていないことは，多くのインストラクションで共通の問題である。例示の原理が描写を強調する一方で，効果的で効率的なインストラクションには，情報の提示[3]と描写の例示[4]の両方が含まれている。表3.1は，一般化可能なスキルの各カテゴリに合った情報と描写を示している。効果，効率そして魅力のある学習を促進するためには，提示と例示は首尾一貫していなければいけない。

学習者ガイダンス

　学習者ガイダンスは，情報の中の重要な要素に学習者の注意を集中させ，それを描

50 第1部 教授理論を理解するためのフレームワーク

表3.1 要素スキルの各カテゴリーにおける情報と描写の一貫性

	一般的な情報		具体的な描写	
	提示（伝える）	想起（尋ねる）	例示（見せる）	応用（行う）
種類	定義を伝える。	定義を思い出させる。	いくつかの具体例を見せる。	新しい事例を分類させる。
やり方	各段階とその順序を伝える。	各段階とその順序を思い出させる。	いくつかの異なる状況での手順を見せる。	新しい状況で手順を実行させる。
出来事	過程の中に含まれる条件と結果を伝える。	過程の中に含まれる条件と結果を思い出させる。	いくつかの異なる状況での過程を見せる。	新しい状況での結果または失敗の条件を予想させる。

＊編者注：この表とこれに関連する考察は，その方法（method）に変化を要求する状況性（3つの異なる一般化可能スキル）を明確にするものである。それゆえに，提示，想起，例示，そして応用というのは，大変あいまいな記述ではあるが，一般化可能スキルのための普遍的な方法である。もしそれぞれの方法の利用についてより精密な（詳細の）説明を提供したいならば，状況的変数（状況性）に基づいて方法の記述を変化させなければならない。その場合には，一般化可能スキルの種類とみなされる。さらに詳しくは，第1章を参照のこと。

写に関連づけるようにさせることを目的としている。次の段落では，一般化可能スキルの各種類を提示し例示するための手順を列記する（Merrill, 1997）。例示をよりよくするための学習者ガイダンスは，箇条書きにて表している。

種類 学習者が，複数の対象物や事象を区別しなければならないとき，種類（kinds of）つまり概念の分類が必要となる。概念の分類（種類）のための効果的な提示や例示には，次のような教授活動を必要とする。

- 各カテゴリや他の手続きの名前を学習者に伝える。
- それぞれのカテゴリの例を学習者に見せる。
- それぞれのカテゴリの定義を学習者に提供する（定義とは，集合の要素かどうかを決定するための識別特性（discriminating properties）リストである）。
- それぞれのカテゴリが持つ識別特性を強調する。
- それぞれのカテゴリに関する追加的な例を学習者に見せる（事例の描写は，識別特性を例示していなければならない）。
- それぞれの事例における識別特性の描写に注目させる。
- 同じカテゴリの事例の中から，類似した非識別特性を持つ対比事例（matched example）をいくつか見せる。

第3章　IDの第一原理　51

- 同じカテゴリの中の非識別特性が異なるさまざまな事例を見せる。
- カテゴリ間で識別が困難な事例を徐々に難易度を上げながら見せる。

やり方　学習者が一連の手順を実行しなければいけないときには，やり方（how-to），つまり手続きを学習する。手続き（やり方）のための提示や例示には，次の教授活動が含まれる。

- 全体課題の具体的な例を学習者に見せる。
- 全体課題をやり遂げるのに必要な段階それぞれを例示する。
- 実行する際には，各段階を明確にし，それぞれに名前をつける。
- 各段階の結果を見せる。
- 特に，実行している段階の結果が見えない，または明白ではない場合には，結果の描写に対して学習者の注意を集中させる。
- その手続き内における各段階とそれらの順序をまとめる。

出来事　ある仕組みがどのように作動しているか，または，ある現象の背後にあるプロセスを学習者が理解したとき，出来事（what-happens）つまりプロセスを学習する。プロセス（出来事）のための提示や例示は以下のような教授活動で行われる。

- 具体的で，実際の，もしくは模擬的な状況においてプロセスを例示する。
- 例示する間，そのプロセスに含まれる各事象に必要な条件のそれぞれについて，その名称を伝えて描写を見せる。
- 学習者の注意を，プロセスの中の各事象の結果とプロセス全体の結果に集中させる。
- 徐々に複雑になっていく，いくつかのシナリオを使って繰り返し例示する。

関連するメディア

メイヤー（Mayer, 2001; Clark & Mayer, 2003）は，多くの効果的なメディア活用の原理を明確にしている。このメディア活用の原理を利用することで，例示はより効果的になる。この原理は，大まかに以下のようにまとめられる。

- 図表が教える内容を伝えるものであり単に装飾のためのものでない限り，言葉と図表を併用すること。

52　　第 1 部　教授理論を理解するためのフレームワーク

- 対応する言葉と図表は，互いに近くに配置すること。
- 言葉は，画面上に文字で提示するよりも音声ナレーションとして提供すること。
- 言葉を文字と同時に音声ナレーションでも提供することは，学習を阻害する可能性がある。
- 興味を引くことで，不要なものを加えると，学習を阻害してしまう可能性がある。

学習者どうしによる例示と議論

　例示からの学習は，学習者が受身的にその例示を観察するよりも，学習者相互のやりとりに主体的に参加するときに促進される。学習者に提示された情報についての新しい描写を探すことを求めると，学習者は，新しい描写がどこにあるかを明らかにし，例示するために，より深いレベルでその情報を処理することが必要になる。学習者に新しい描写を他者に対して例示することを求めると，教えられた情報についての描写により多くふれる機会となる。これによって，インストラクションの質が高められる。

　学習者間の議論によって，与えられた描写について，それがうまく情報の事例を表現しているかどうかを確認するために学習者がお互いに確認する機会が得られる。つまり，この描写は本当に，この種類に属する事例といえるものなのだろうか？　この手続きの具体的な実行例の描写は，本当に手続きの提示に含まれている各手順を含んでいるだろうか？　この結果は，ここで学んでいる特定のプロセスで明確にされた条件に従っているものなのだろうか？

応用の原理

- 学習者が新しく獲得した知識やスキルを応用する活動が，学んでいる内容のタイプと一致するときに学習は促進される。
- 応用することによる学びは，学習者が内発的または修正的フィードバックを受けるときのみに効果的である。
- 応用することによる学びは，学習者がコーチされるとき，そして，そのコーチングが以後の課題で徐々に撤退していくときに促進される。
- 応用することによる学びは，学習者間の協同作業（peer-collaboration）によって促進される。

本稿では，学習者が情報を思い出すことを求められるような教授上の相互作用を意

味する用語として練習（practice）という言葉を使う。これは，概念の定義を思い出すこと，ある手続きにおけるステップを思い出して正しく並べること，または，あるプロセスのための条件と結果を思い出すことを意味する。応用（application）という単語は，学習者がまだ獲得の過程にある知識や能力を使うことを要求される教授上の相互作用を示す。その知識や能力を使うということは，新しい状況において，新しい事例を分類する，または，新しい手続きを実行する，あるいは，結果を予測したり，ある新しい状況における失敗の条件を見つけ出すことを意味する。本章の最初に示したように，第一原理は一般化可能な知識とスキルに非常に適している。一般化可能な知識とスキルは，学習者が例示されたものとは別の，新しい問題を解決するため，または，新しい課題を遂行するために活用するときに応用される。

応用の一貫性

　表3.1は，3種類の一般化可能スキル，つまり，種類，やり方，出来事について一貫した練習と応用を表している。種類の応用では，事例に名前をつけたり，種別分けしたり，あるいは順位づけするなどによって，各カテゴリに新しい事例を分類することが学習者に求められる。やり方の応用では，現実の，もしくは模擬的な新たな状況において課題のそれぞれのステップを実行することが学習者に求められる。出来事の応用では，ある新しい特定の状況において，与えられた条件から得られる成果を予想すること，もしくは，ある手順の結果として予期せぬ結果が起こったときに，失敗に至った条件を見つけ出すことが学習者に求められる。

フィードバック

　種類の応用に対する内発的フィードバックによって，学習者は，分類判断の結果を知ることができる。修正的フィードバックは，集合に所属するかどうかを決定する識別特性に学習者の注意を集める◆5。

　学習者はやり方の応用に関する内発的フィードバックによって，自らの行動の結果を知ることができる。修正フィードバックとしては，学習者に行動の質を知らせ，その手順をどのように実施したか，もしくは行動すべきだったのかを示すことがあげられる。

　出来事に関する内発的フィードバックは，結果が事前の予想と一致しているかどうかを学習者が知ることができるようにすることである。内発的フィードバックとしては，誤った条件を調整したのち，期待される結果が起こったのかどうかを学習者が知

ることができるようにすることもあげられる。修正フィードバックは，学習者にその結果に注目させ，その期待される結果が当初の予想と一致していることを知る手助けをすることがあげられる。

◢ 応用効果を高める

　種類の応用効果は，学習者が識別特性の有無を示すことによって，その学習者が持つ分類について説明することを求められたときに高められる。やり方の応用効果は，学習者が徐々に複雑になっていく課題を進めていくことを求められるときに高められる。出来事の応用効果は，学習者が特定の状況において徐々に複雑さが増していくときに，結果を予想したり，誤った条件を修正することを求められることで高められる。

◢ コーチング

　学習者が，初期の要素スキルに基づく行動に対して，かなりの量の支援やコーチングが与えられたときにも応用の効果が高まる。コーチングは，その要素スキルの応用に成功するごとに徐々に減らしていくのがよい[6]。

◢ 学習者間の共同作業

　応用からの学びは，学習者が互いに応用するための共同作業を行うときに効果が高くなる。共同作業は，より積極的な学習を要求する。学習者間の共同作業が最も効果的になるのは，学習者がまずは課題に対する自分の解決策を考え，次に何らかの合意した解決策を得るために，他の学習者に説明し，議論し，その解決策を正しいと主張していかなければならないときである。

┃課題中心の原理

- 学習は，学習者が課題中心の教授方略に取り組むときに促進される。
- 課題中心の教授方略による学習は，学習者が**全体課題**の進行において，簡単なものから複雑なものへと連続的に取り組むときに効果が高くなる。

第3章 IDの第一原理　55

課題中心の教授方略 対 問題解決型の教授方略

　問題解決型の教授方略には多くの異なる種類があるが，典型的な問題解決型の教授方略は，学習者を少人数のグループに分け，難解な問題を与え，それを解決するために活用できる情報源を見定めさせるものである。そして，学習者たちがその情報源を調査し，問題解決に努めることによって必要な能力を獲得することを期待する[7]。学習者たちは互いに学び合い，見つけた情報源が問題解決に不十分とわかれば他の情報源を探し求めることを期待される。過去2～30年の間に行われた多くの研究では，この種の自由度が高い問題解決の方法は，望まれる能力を身につけさせるのに効率が悪いばかりか，しばしば非効果的であるということが例証されている（Kirschner, Sweller, et al., 2006）。課題中心型の教授方略は，問題解決型学習とは同じではない。課題中心型の教授方略は，直接教授法の一種であり，それを真正で，現実に起こりうる問題や課題の文脈の中で行うものである。ヴァン・メリエンボアー（Van Merriënboer, 1997）は，そのような課題中心型の教授方略について詳細に記述している。

　一般的にトピック中心型の教授方略では，ある課題を構成する要素スキルを階層的に教えていくことが多い。あるタイプの関連スキルをすべて教えてから次のタイプの関連スキルに章ごとに移行し，それをすべての要素スキルを教え終わるまで続けていく。その後で，科目の最終プロジェクトとして，身についたスキルを応用できる課題が学習者に与えられる。トピック中心のアプローチは，「今は理解できないかもしれないが，後であなたにとってとても重要となる」というスキル開発手法として特徴づけられることが多い。

　図3.1は，課題中心型の教授方略の事例を示している。図中のTは，同じ種類の課題から全体複合的な課題への進行を示している。Tが徐々に大きくなっているのは，連続する個々の課題の進行とともに課題の複雑さが増していることを示している。(1)文脈から離れてトピックを教えるよりもむしろ，学習者が学んでいる全体課題の最も単純なものが最初から提示説明される。(2) 学習者には次に，その課題を行うために必要なスキルについての提示，例示，応用といったインストラクションが与えられる。このインストラクションでは，与えられたトピックや要素スキルについてのすべてをこの時点で教えるわけではなく，学習者が最も単純な課題を行うために知っておく必要があるものだけを教える。(3) この段階で全体課題を再検討する。各要素スキルが課題の遂行や問題解決のためにどうやって応用されたかが学習者に示される。ここまでが1つのインストラクションサイクルを構成する。(4) それから，新しく，わずかながらより複雑な課題が学習者に与えられる[8]。学習者は，新しく獲得したスキルを

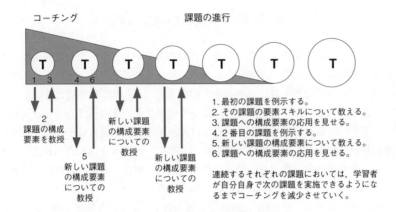

図3.1 課題中心型の教授方略の例

この課題に応用することを求められる。(5) 加えて，学習者に新しい課題のために必要となる追加的なスキルや最初に学んだスキルの詳細を教える。(6) 再び，学習者は，前に学んだスキルや新しく学んだスキルがその課題を達成するためにどのように活用されるかを見たり，あるいは，認識することが求められる。これが第2のインストラクションサイクルを構成する。

このインストラクションサイクルは，連続して配置された新しい課題ごとに繰り返される。そこでは，学習者がスキルを獲得するにつれて課題の中で学習者が求められるものは大きくなる一方，教授システムによる例示は徐々に減っていく。そしてついには，学習者は次の課題を自分自身だけで遂行することを期待されることになる。もし，課題の進行が注意深く選定され，系列化されていた場合には，学習者が指導や追加的な例示を与えられることなく，最終段階で1つないしはそれ以上の課題を満足に達成する能力を示すことができたとき，その学習者は学習目的として意図されたスキルを獲得したといえる。

課題中心型の教授方略の最小単位は，1つの実施ずみ課題である。しかし，本当に効果的な課題中心型の方略は，徐々に複雑さが増す課題が連続して与えられ，それに伴って学習者向けのガイダンスやコーチングの分量が徐々に減っていくものである。

‖活性化の原理

- 学習は，学習者が関連する**先行知識**や**経験**を思い出す，記述する，または例示するよう指示されて，関連する認知構造が活性化されることで促進される。
- そのような活性化による学習は，学習者が以前の経験を他者と**共有する**ときに効果が高くなる。
- 活性化による学習は，新しい知識を整理する構造を思い出したり，また新たに獲得したときに効果が高くなる。その構造は，例示の際のガイダンスの基盤となり，応用の際のコーチングの基盤となり，また，統合の際の省察の基盤となる。

■ 先行知識や先行経験

　連想記憶は，複雑な課題を実施するためには十分なものではない。複雑な課題は，何らかの形式のメンタルモデルを利用することを求める。そのメンタルモデルによって，タスク全体で必要とされる相互に連携するさまざまなスキルが組織化される。メンタルモデルの利用が学習者自身に委ねられた場合，学習者はしばしば不適切なメンタルモデルを活性化させてしまう。そうなると，その課題を実行するために必要なスキルを統合して習得するための精神的な負荷が高くなってしまう。さらに，不適切なメンタルモデルを形成してしまうと，学習者が新しい課題を達成しようと試みるときに誤りとして現れる誤概念の習得につながることが多い。学習者に対し，関連する過去の経験を思い出させたり，それと学習途中の課題との関連を確認させたりすることで，相関する新しいスキル一式の獲得を容易にする適切なメンタルモデルがより活性化されると期待される（Mayer, 1992）。

■ 先行経験を共有する

　学習者間で先行経験を共有することは，その経験を語っている学習者自身が関連するメンタルモデルを活性化する効果があるだけではなく，聞いている学習者にも代理経験の効果があり，共有されている経験と同様の経験を思い出すきっかけにもなる。

構造と「構造-ガイダンス-コーチング-省察」サイクルを支援する

　学習者が新しく獲得したスキルを整理するためのフレームワークを効率的に構築できないことは多々ある。フレームワークの構築を彼ら自身に委ねると、学習者は効果的ではない、もしくは不適切とさえいえる整理をすることが多い。必要とされるスキル相互の関連づけを助ける構造を提供することで、学習者がそれらのスキルを獲得することがより効率的になり、また、適切なメンタルモデルを容易に形成できるようになる。

　活性化・例示・応用そして統合の4原理は、4段階のインストラクションサイクルを形成している（図3.2参照）。効果的なインストラクションには、これら4つがすべて含まれており、4つの活動は要素スキルまたは全体課題について教えるために必要とされるだけ繰り返される。

　第一原理で示されるインストラクションサイクルでは、2層の関係が提案されている。表層的には、本章で記述しているとおり、第一原理は効果的な教育に含まれるべき学習活動を明確にしている。より深いレベルでは、「構造-ガイダンス-コーチング-省察（structure-guidance-coaching-reflection）」からなる、より細かいサイクルが存在する。

> 　概して、情報に特定の構造があることを学習者に気づかせることは、学習者がその情報について要約する（そして、記憶し、より効果的に活用することの手助けとなる）ことが明らかになっている。(Marzano, Pickering, et al., 2001, p32)

　ローゼンシャイン（Rosenshine, 1997）は、うまく関連づけられた知識の重要性について記述している。彼は、学習者に情報の整理、要約、そして以前に学んだ内容と

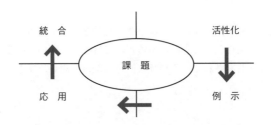

図3.2　インストラクションの4段階サイクル

新しく学んでいる内容との比較をさせることはすべて，それらを学習者が持つ認知構造で処理することになり，その認知構造を発達させ，強化するよう学習者を支援することにつながる，としている。

活性化の段階では，学習者がすでに知っていることに基づいて整理するための**構造**を提供すべきである，と第一原理は処方している。この構造は，インストラクションサイクルの残りの各段階において，新しい知識の獲得を容易にするために活用される。ガイダンスは，例示の段階において学習者が一般的な情報を具体的な描写に関連づけるのに役立つだけでなく，上述の活性化の段階において提供される構造に対して学習者が新しく得た情報を関連づけるのにも役立つ。応用の段階でのコーチングは，学習者が新しい課題を遂行する際にこの構造を利用することを支援すべきである。これによって，新しく獲得したスキルの活用が容易になる。統合の段階では，省察は学習者に学んだことを要約するよう促すとともに，学習者が自分で思い出した，または提供された構造を用いて，どのように既知のことと新しい知識を関連づけるかを今一度考察するよう促すべきである。

興味深いことに，我々が第一原理に基づいて論評した多くの学習コースには，いかなる形態にせよ，活性化と統合が含まれていなかった。つまり，新しい情報を以前すでに学んだ情報に関連づけるために何らかの構造を使ってガイダンスやコーチングをすることはなかった。構造－ガイダンス－コーチング－省察，というこの深層サイクルに関しては，さらなる研究調査を行う価値があるといえる。

▌統合の原理

- 学習者は，新しい知識やスキルについて省察や議論，擁護するよう指示され，それらを日常生活に組み込むときに学習が促進される。
- 統合による学習は，**学習者間の相互批評**によって効果が高くなる。
- 統合による学習は，学習者が新しい知識やスキルの個人的な**活用方法**を生み出したり，発明したり，または探求するときに効果的になる。
- 統合による学習は，学習者が自身の新しい知識やスキルを人前で例示するときに効果が高くなる。

◤ 省察

「考えてみなさい」とは，有能な教師がよく学習者に言うことである。しかし，単

に学習者に考えることを勧めるだけでは十分ではないことが多い。教師は学習者よりも多くを学ぶ，とよく言われる。学習者が何を学んだのかを他の学習者と議論する機会や，学んだことについて異議が唱えられたときにそれを覆す機会を与えるとき，学習者は教師の立場に置かれることになる。意義深い議論をしたり，自分のスキルを弁護する必要性が生じると，学習者に深い省察を要求することになる。それが契機になって，メンタルモデルを洗練させ，思い違いを除去し，新しいスキルを活用する上での柔軟性を増すことが可能になる。意義深い省察のための機会があると，学習者がそのスキルを維持し，日々の生活の中で活用する確率が高まる。

学習者間の相互批評

他者の学習を評価することで，学習者は自分たちがどのような成果を得ていたのか，そしてそれは他者の成果とどのように比較できるのかについて，もう一度振り返ることを求められる。学習者は，そこに含まれる情報を再考し，彼らが批評している描写が本当にこの情報を表しているものなのかを確認しなければならない。2人以上の学習者によるグループで相互批評が行われるときには，各自が自分の解釈の正しさを主張するための議論や，他者による知識の応用を批評するための情報の再応用などが行われる。

個人での利用

インストラクションが知識情報を記憶するだけのものである場合，それは連想記憶として蓄えられる。衝撃的な出来事や著しい回数繰り返したことを除くと，連想記憶は急勾配の忘却曲線を描き，すぐに多くの情報は思い出すことが困難になったり，できなくなったりする。他方で，現実世界での課題を完了するために使うことが可能な統合スキルは，メンタルモデルとしてスキーマ記憶に蓄えられる。もしあるメンタルモデルが全体課題の進行全体にわたって使われていたら，そして，情報だけの要素を除けば，忘れることは少なくなり，そして学習者はより長い期間を超えて複雑な課題を実行できる能力を維持する。そうなっていると，学習者がしばらくの間そのスキルを活用しない場合でさえ，再学習する場合にかかる時間ははるかに短くなる。

学習者が，やらなければならない課題や自身が望む課題を実施するために獲得したばかりの新しいスキルを日々の生活の中ですぐに活用できる場合には，その学びはさらに安定して，より長い期間残り続けることになる。効果的な統合は，教室やオンライン学習環境を超え，授業を学習者の日々の生活へと結びつける機会を与えることに

第3章 ID の第一原理　　61

なるだろう。

◤ 他者への例示

　画像やアニメーション，その他の表現手法の改良は，学習者の意欲を高めることを
意図して利用されることが多い。これらの工夫が学習者の注意を惹きつけることがで
きる一方で，それらはたいてい長期間にわたって注意を維持し続けるには不十分であ
る。そのような工夫をやりすぎても学習者を疲れさせてしまうし，実は効果的な学習
を阻害することにもなる。おそらく，学ぶことそのものこそが最高の動機づけになる
のである。人類は，学ぶべくして生まれてきたといえる。学習者が，本物のスキル，
つまり現実世界の問題を解決するスキルや，現実世界の課題を遂行できるスキルを身
につけたことを自覚すると，彼らの人生において大切な人に対してその能力を見せた
くなる。学習者が新しく獲得したスキルを自分が大切だと思う人に対して示す機会が
あると知っていると，効果的に例示しようとする意欲は非常に高まるだろう。

▌教授方略の尺度

　ID の第一原理は広く知られている一方で，多くのインストラクションがこの原理
を適切に実行することに失敗していることは，最新動向に詳しくない人にとってさえ，
明らかである。複雑な課題における実行レベルと相関するような教授方略の尺度があ
るという仮説を立ててみよう。皆さんにはおなじみの，「私の言ったことを覚えなさい」
形式の情報一辺倒型の授業は，その尺度の末端に位置づけて，授業方略レベル0とし
てみよう。

　複雑な現実世界の課題における行動の習得は，教授方略において ID の第一原理を
順番に実施すれば，一歩ずつ成長する（徐々に改善される）だろう，という仮説を立
ててみる。情報に合致した例示を加えることで，学習の効果・効率・魅力において最
初の成長（レベル1）が達成される。情報に合致した応用とそれに対する修正的フィー
ドバックを例示に加えることで，第2の成長が加わる（レベル2）。課題中心の教授
方略を活用することで，第3の成長が加わる（レベル3）。活性化は，もう1段階の
学習の成長を生み出す。特にもし「構造－ガイダンス－コーチング－省察」サイクル
も実施した場合は顕著であろう。個人的活用と他者への例示の両方を含む統合もまた，
追加的な学習成長を生み出すだろう。ただし，教授方略の尺度の効能についてのこの
仮説を立証するためには，さらなる研究が必要である。

結論

ID の第一原理の探求は，本シリーズ 2 巻目の「グリーンブック」(Reigeluth, 1999) が出版されたときに始まった。この著書に含まれていたさまざまな教授理論とモデルによって示される多様性に反して，実際には，これらの理論のすべてに底通する原理は根本的に同じものである，と筆者は論じた。ライゲルース (Reigeluth) はこの仮説に疑問を投げかけ，筆者に対してこれらの底通する原理が本当に存在するものなのかどうかを見定めるよう求めた。本稿と引用した文献は，その探求への挑戦の結果である。

ここまでに記述した原理についての説明は，完全ではないかもしれない。レビューした多くの理論やモデルには，これらの原理すべてが含まれているわけではない。しかし，筆者がこれまでに調べてきた限りでは，反対の原理を含む理論やモデルは見つかっていない。数多くの開発プロジェクトから得られた事例証拠が，これらの原理が ID に組み入れられたとき，より効果的なものとなることを実証している。大企業による大規模な研究によれば，彼らのそれまでの主力製品だった教材をこの第一原理を組み入れた新しい教材と比較すると，新しいものが，既存のものよりも著しく効果的で効率的であったことが明らかとなっている (Thompson Inc., 2002)。

教授活動の早い段階で，学習者に新しいスキルを応用させることを組み込んでおくことで，学習者に高い動機づけを与えることができる。学習者が新しいスキルを獲得したことを自覚できるとき，学ぶことは最高の動機づけ支援要因となる。テストセンターにおける選択肢式の記憶問題テストで思い出すために，概念や用語，原理，あるいは事実を単に覚えることが，学習者の学ぶ意欲を高めることはない。しかし，それまでできなかったことができるようになるということは動機づけを強く与えることになる。ID の第一原理に基づいて設計された問題中心型 (problem-centered)[◇2] 授業を受けた学習者は，授業において高い満足感と興味を示し，そして，伝統的な授業を受けた学習者よりもよい成果を実際に残している (Flick, Chadha, Watson, Wang, & Green, 2008; 2009; Frick, Chadha, Watson, Green, & Zlatkovska, 2008)。

すべての学術論文は，「さらなる研究が必要である」と締めくくる。筆者もまた，その学術的ルーツに忠実に，これらの原理を実証するためのさらなる研究が必要であることを認める。そして，さまざまな条件設定の下で，広くさまざまな聴衆に対して，他の文化において，学問領域を超えて，さらなる研究が行われる必要がある。これらの原理がもしかしたら，教授モデルや手法，あるいは理論に関する共通知識基盤を発展させるためのスタート地点となり，将来の ID 研究を促進する一助になってくれる

のではないかと願っている。

原 注

- ◆1 編者注：「いつも真である」という記述は普遍性を示唆している。一方で，「適切な条件下において」という記述は状況性を示している。この問題については，第4章において掘り下げた考察を行う。
- ◆2 編者注：情報と描写は，メリルによる以前の区分である一般性と事例と一致している。
- ◆3 編者注：情報の提示は普遍的である。なぜならば，一般化可能なスキルと同様に，記憶することや識別すること，そして理解すること，のような他の種類の学習を促進するのにも有効である。
- ◆4 編者注：逆に，具体描写による例示は，一般化可能なスキルのみに応用されるので，普遍的な方法ではない。
- ◆5 編者注：これは，（一般化可能スキルの領域内の）普遍的方法がより詳細なガイドラインを提供しようとする場合に変化する方法となる，もう1つの事例である。ここでは，同じ状況性（一般化可能スキルの種類）のもとでも，その方法のそれぞれの変化形を利用すべきときが異なることを表している。読み進めながら，状況性によって変化する他のケースを確認してみよう。
- ◆6 編者注：これは，一般化可能スキルの領域内にある普遍的方法ではないかもしれない。もしその課題が比較的容易に学べるものならば，コーチングは不要，もしくは有用ではないかもしれない。
- ◆7 編者注：詳細については，第8章を参照されたい。
- ◆8 編者注：課題の複雑さを増していくためにどのように課題を定め，並べていくかについてのより詳しい情報は，本シリーズ第2巻にライゲルースが書いた精緻化理論についての章を参照されたい。しかし，メリルが課題における1つの行動を表すのに「version」という表現を使っているのに対して，ライゲルースはある課題における同類の行動の集合を表すのに使っていることに注意されたい。メリルは後者を表すのに「tasks」を用いている。彼はまた，ライゲルースが「task」と呼んだものを「課題の集合（class of tasks）」と呼んでいる。例えば，「車を運転する」を，メリルは「class of tasks」，ライゲルースは「task」と呼び，「ある特定の種の状況で特定の種類の車を運転する」を，メリルは「task」，ライゲルースは「version of a task」と呼び，そして，「先週日曜日の午後，私の車を運転した」を，メリルは「version of a task」，ライゲルースは「instance of a task」と呼んでいる。

訳 注

- ◇1 訳者注：メリルの第一原理について，一般的には，「1. 課題中心　2. 活性化　3. 例示　4. 応用　5. 統合」の順で示されることが多く，本書の他の章でもこの順序で記述しているが，本章では掲載順が異なっている。
- ◇2 訳者注：以前は問題中心（problem-centered）であったが，現在では主に課題中心（task-centered）となっている。p. 308 の「問題としてのテーマ」の項を参照。また，本書ではこの2つは同じ意味で扱われている。

第4章
インストラクションにおける状況依存原理

チャールス・M・ライゲルース（インディアナ大学）
アリソン・A・カー＝シェルマン（ペンシルバニア州立大学）

チャールス・M・ライゲルース（Charles M. Reigeluth）はハーバード大学で経済学士を取得した。ブリンガム大学において教授心理学で博士号を取得する前の3年間は，高等学校の教員だった。1988年からブルーミントンにあるインディアナ大学教育学部の教授システム工学科で教授を務めている。1990年から1992年まで学科長の職にあった。彼の社会貢献・教育・研究における専門分野は，公立学校システムに学校群単位のパラダイム変化を促進するプロセスについてである。研究の主目的は，学校群が学習者中心のパラダイムに教育を変換する過程を成功裏に導く指針についての知見を前進させることにある。これまでに9冊の本と120を超える論文や書籍の章を出版している。そのうちの2冊は，米国教育コミュニケーション工学会（AECT）から「年間優秀書籍賞」を受けている。また，AECTの優秀貢献賞やブリンガム大学の優秀同窓生賞も受賞している。

アリソン・A・カー＝シェルマン（Alison A. Carr-Chellman）は，ペンシルバニア州立大学学習パフォーマンスシステム学科の教授システム学教授である。彼女はシラキュース大学から学士号と修士号を取得した。その後，小学校や地域教育機関で教鞭をとり，インディアナ大学に博士号取得のために戻る前にマクドネル・ダグラス社のインタラクションデザイナとして働いた。彼女は，2冊の書籍，多くの書籍の章，多様な査読付き・査読なしの学術誌の論文を含めて100以上の業績の著者である。主たる研究関心は，イノベーション普及，システム全体に及ぶ学校改革，eラーニング，システム理論，そしてデザイン理論である。

第4章　インストラクションにおける状況依存原理　　65

> **本章の概要**

ビジョン

- より質の高いインストラクションを実現するための普遍的な原理の精密さを高めること。

状況依存原理の定義

- 状況依存原理は，特定の状況にだけ適応できる。普遍的とも言っていいものからとても限定的なものまでさまざまな原理がある。
- 状況依存原理には，順序のきっちりと決まったものもあるが，実際には経験則的なものが多い。それは教授設計の複雑さに起因している。

状況として重視するべきもの

- アナロジー（類推）：宇宙全体，銀河系，太陽系
- 本質的に異なる教授方法が求められる2種類の状況性（situationalities）
    1. さまざまな教授アプローチ（手段）に基づく状況性
        - 1.1　ロールプレイ
        - 1.2　自由討論
        - 1.3　完全習得学習（mastery learning）
        - 1.4　直接教授法（第2部参照）
        - 1.5　ディスカッション（第2部参照）
        - 1.6　競合解消（conflict resolution）
        - 1.7　相互学習（peer learning）
        - 1.8　経験学習（第2部参照）
        - 1.9　問題解決型学習（第2部参照）
        - 1.10　シミュレーション学習（第2部参照）
    2. さまざまな学習成果（目的）に基づく状況性
        - 2.1　知識
        - 2.2　理解（第3部参照）
        - 2.3　応用（第3部参照）
        - 2.4　分析
        - 2.5　統合
        - 2.6　評価
        - 2.7　情緒的な発達
        - 2.8　総合学習（integrated learning）　　　　　　　　　　　（編者）

66 第1部 教授理論を理解するためのフレームワーク

第3章においてメリル（Merrill）は，5つの「第一原理」を示した。彼はこの原理
は「一般的」なものであり，「あらゆる…教授方法，例えば，直接法，個別教授法（tutorial
methods），経験的な方法，探究的な方法（exploratory methods）など」に適用でき
るとした（p. 48参照）。けれども，より質の向上を目指すのであれば，インストラクショ
ンは状況によって異なるものでなくてはならないことは第1章で取り上げたとおりで
ある。このことは，インストラクションについての一般的・普遍的な原理が存在しな
いということを必ずしも意味しない。むしろ実践者にとってインストラクションの質
向上に役立つほど精密化・詳細化されていないことを意味する。インストラクショナ
ルデザイナや教師は，先ほどのような一般的な原理原則を適用するためのより精密な
ガイダンスを必要としている。その一方で，ガイダンスを精密にすればするほど，さ
まざまな状況へ適応できる一般性は失われてしまう。言い換えれば，原理が状況的に
なってしまうのである。これは垂直につながった連続体のイメージとして想像できる
だろう。トップにはきわめて一般的・普遍的だがあいまいな少数の原理（あるいは教
授方法：method）があり，下方には多数のきわめて精密だが限定的（状況的）原理（あ
るいは教授方法）が並んでいる。

本章では，状況依存原理とはまず始めにどのようなものであるかを説明した上で，
インストラクションに対するガイダンスの精密さをどのように高めているのかを明ら
かにする。次に，どのような状況が重要なのかに視点を移す。つまり，どのような状
況が教授方法を選択する際に，重要な影響を与えるのかについてである。重要とされ
る状況の価値と条件について定義した後，状況性と普遍性の結合を試みるために，銀
河・太陽系・宇宙のメタファを用いて多様な方法やアプローチ間の関係性を描く。教
授方法のクラスタ（かたまり）は，状況性のクラスタと関連性があると考えられる。
このクラスタ間の最良の相互関係を明らかにすることが，教授理論について共通の知
識基盤をつくるための1つの有力な方法となるだろう。最後に，この教授法と状況性
についてのクラスタに関して考察を行うことで本章をまとめる。

▍状況依存原理

状況依存原理は，ある特定の状況においてのみ適用できるものであり，普遍的なも
のではない。とても一般的なもの（普遍的なものに近い）からきわめて限定的なもの
（めったに適用されない）まで，その幅は広い。状況依存原理は，我々がインストラク
ションに関する原理やガイドラインを精密にしようとする際に必要とされる◆1。例
えば，インストラクションの中のあるタイミングで，練習（あるいは学習者の何らか

第4章　インストラクションにおける状況依存原理　　67

の活動）を設定することが求められる。これはよいインストラクションとしての普遍性がある原理である。けれども，どのような練習であるべきか？　このような問いに直面するとき，普遍的な「練習を盛り込むこと」から状況に応じたガイダンスに移ることになる。例えば，スキルについての練習することと，理解や感情の処理に関わる練習とは大きく異なる。したがって，「練習を盛り込むこと」という指示は，あいまいだからこそ，その普遍性を維持できている。一方で，「学習者がこの概念識別スキルを練習するためには，何がリンゴで何がリンゴでないかを区別させるべきである」というのはきわめて精密であり，必然的に状況的なアドバイスになる。

　精密さを高めることは，実践者が質の高いインストラクションを設計し，実施する助けとして重要である。それだけでなく，研究者にとっても共通の知識基盤を構築する上で有用な研究を設計することにも役立つ。教授理論の研究者が精密さを高めることを追い求めるのはそれ故である。我々は，精密さを高めるための3つの方法として，種類，構成要素，判断基準（criteria）を見いだした（第1章参照）。

種類

　先ほど取り上げた練習させることを教授理論から導き出された普遍的な教授法として引き続き取り上げると，どのような異なる**種類**の練習があるのかを問うことで，精密さを高めることができるだろう。その種類としては，概念を分類する練習（学習者にその概念に該当する例を選ばせること）や，手順を使う練習（学習者にゴールに到達するための一連のステップを踏ませること）が含まれるだろう。このように練習の種類について描写することで，教授方法の精密さを高めることができる。けれども，精密にすればするほど，それぞれの適用範囲は狭められ，特定の状況においてのみ使われるべきものとなってしまう（このケースでは，概念を分類するスキルを開発するときか手続きをマスターするときだけに用いられる）。したがって，ここで取り上げたものは状況に即した教授方法（situational method）であり，このように状況性（いつ，その教授方法を用いるのか）を伴った教授方法は，インストラクションにおける状況依存原理あるいはガイドラインと呼ばれている。

構成要素

　教授理論に含まれる教授方法の精密さを高める代替案として，構成要素を1つずつ説明する方法がある。例えば，手続き的なスキルの練習において，次のように教授方法の構成要素を特定することができるだろう。はじめに典型的な事例（目標と初期条

件を含んだもの）を提示する。次に学習者にこの典型例の目標に到達することを求め，学習者のパフォーマンスに対してコーチングや足場かけを与える。構成要素と種類との間で決定的に異なる点は，1つの教授方法では与えられた種類の中から1つのみを使用するのに対し，構成要素の場合は，推奨されるすべての構成要素を使用することである（しかし，状況に依存するものもある。例えば，コーチングや足場かけはスキル育成の初期段階においてのみ使用する）。つまり，ある1つの教授方法に対して，すべての構成要素がその教授方法全体を構成するために必要であるのに対して，種類はそれぞれが1つの教授方法全体なのである。

◢ 判断基準

　より精密なガイドラインの中には，種類や構成要素ではなく，判断基準（criterion）や標準（standard）を明示するものがある。例えば，「練習は短くするべきである」は，種類でも構成要素でもない。教授理論には，ある教授法を「よい」と判断するための判断基準や標準レベルを特定するものもある。

　実践者がある種のアドバイス（recommendation）を見て，それが教授法の構成要素であったり，種類であったり，判断基準であると判断することもありうる。しかし，それ以上に，この区別の価値は理論家や研究者が使うことにある。教授事象（instructional-event）に関する理論を構築する際，より精密なガイダンスを与えるために，構成要素，種類，判断基準のそれぞれが適切である場合に限ってそのすべてを活用することが重要である。つまり，ガイダンスに3つすべてが適切に含まれるケースもあれば，どれもが不適切なケースもある。

┃ヒューリスティクス

　単純に二分化すると，専門家は職務を行う際に手順をきっちりと追って物事を考えているときとそうでないときがある。後者の場合に彼らは試行錯誤的で発見的な手法（heuristics：ヒューリスティクス），例えば原理や経験則，ガイドライン，因果モデルなどで考えている。例えば，教授設計や心理カウンセリングのような複雑で試行錯誤的なタスクの場合，専門家は1つずつ手順を追って実行しているわけではない。むしろ彼らは自身のパフォーマンスをガイドするためのさまざまなヒューリスティクスを用いる。

　つまり，ほとんどのタスクには試行錯誤的な要素と手続き的な要素が混ぜ合わさっ

第4章　インストラクションにおける状況依存原理　　69

ているのであり，ある種の連続的なスケール上の正規分布図を想定することができる。単純な手続き的なタスクから試行錯誤的なタスクまであり，多くのタスクは，その間のどこかに位置づけられる。このような「混成型の」タスクでは，最も上位の（あいまいな）記述が手続き的になることが多い。例えば，教授システム設計（ISD）プロセスを記述する際，分析（analysis），設計（design），開発（development），実施（implementation），評価（evaluation）（ADDIE）のような手続きを列挙することが多い。けれども，より精密なガイダンスを提供するためには，試行錯誤的かつ非線形的な思考に大部分を頼らざるを得ないことに気づかされる。心理カウンセリングの例でいえば，カウンセラーはクライアントを喜んで迎え入れ，リラックスさせてから，クライアントが抱えている問題の本質を探り，実現可能な解決策を決め，最も適切なものを選び，計画を立てる。こうしたステップをきわめて抽象度の高いレベルで記述することはできる。しかし，これらのステップをどのようにして達成するかを，より精密に記述しようとする（それぞれのパフォーマンスに対するより詳細なガイダンスを提供する）には，専門家が考慮しなければならない要素はあまりにも多い。よって，より細かいステップに分割することでは，専門家の考え方や，専門家が用いる知識が何かをつかむためには不十分である。例えば，クライアントを喜んで迎え入れ，リラックスさせるためにどのようなステップがあるだろうか？　この場面における専門家のパフォーマンスは状況によってとても異なる（クライアントが友好的か，怒っているか，落胆しているかなどによる）。つまり，専門家がステップで考えるのは非実用的なのである。

　インストラクションは混成型のタスクであるが，大部分は試行錯誤的なものである。したがって教授理論において役に立つ知識には，順序立てられた要素も含まれるが，多くは試行錯誤的な要素である。そして順序立てられた要素はあまり精密ではないレベルで記述され，試行錯誤的な要素が精密なレベルで記述されることが多い。もちろん，順序立てられたステップも試行錯誤的なものも状況依存的である。しかし，教授方法やガイドラインを精密な記述レベルに精緻化する際には，試行錯誤的なものがより多く用いられることになる。

状況として重視するべきもの

　どのような状況が重要なのだろうか？　ある教授法をいつ使うべきで，いつ使うべきではないのかを知ることのみが目的であるので，重視するべき状況は，インストラクションをどうするべきかを決定する際に役立つものであればよい。

第1章において，2つの種類の状況に関する変数を見いだした。

- 価値観（ゴール，教授法，優先度について）と，
- 条件（内容，学習者，学習の制約条件，ISD プロセスの制約条件）である。

それでは，どちらの状況性（situationality）が，最も大きな影響を与えるだろうか？つまり，どちらに注目することが本質的に異なる教授方法を選択することの助けになるのだろうか？

◤ 1 つの比喩

「普遍性」が高い可能性のあるメリルの第一原理（第3章）に基づいて1つの比喩を用いて上述の疑問に答えていこう[2]。第一原理に示された原理のいくつかは，教授事象に関する理論の全体に適用できる可能性がある。しかしながら，宇宙には多くの銀河系があるように，原理や教授方法にはある1つの銀河系にのみ適用できるものもあるかもしれない。また，個々の銀河系の中には，「普遍的な」（その銀河系の中では普遍的に通用する）原理もあるし，状況依存的な（ある太陽系にのみ適応できる）原理もある。つまり，教授法にはいくつかが寄り集まることで望ましい学習をもたらすことができるシステムの存在を仮定することができる（対照的に，どんな教授法であれ，好きにピックアップし，組み合わせられるバイキング料理のような考え方もある）。

このような「システム」の存在を想定した場合，「明らかに他の銀河系とは異なる教授方法のシステムが必要になる『銀河系』とは何なのか？」という疑問が湧いてくる。ガニェによる学習成果の5分類（Reigeluth, 1983, 第4章）が5つの異なる銀河系をつくり出しているのだろうか？　もしそうであるならば，彼の言う知的技能の種類は，その銀河系の中の異なる太陽系を表していることになる。あるいは，ブルーム（Bloom, 1956）のタキソノミー（分類体系）の大分類は銀河系と考えられ，小分類が太陽系に相当するのだろうか？　あるいは問題解決型教授と直接教授法は異なる銀河系とみなされるのだろうか？　これらの問いに答えていくことは，インストラクションに関する共通の知識基盤を組み立てる（あるいは理解する）上で不可欠である。

しかし，教授方法が，ここで望んでいるような宇宙－銀河系－太陽系のメタファにきっちりフィットしないことも考えられる。同種の太陽系が数多くの銀河系に広く存在していると思われる。また，同じような太陽も多くの太陽系に存在しうるだろう。そして，教授状況はとても複雑なので，ある銀河系あるいはある太陽系の中で「普遍性」のある教授方法だけでなく，それらに制限されないバイキング形式での教授方法

第4章　インストラクションにおける状況依存原理　　71

の選択へのニーズもあるのかもしれない。さらに，インストラクションの質に大きな
影響を与える要素として創造性は重要である。しかしながら教授事象理論の中でそれ
に言及することは難しいだろう。

　だからといって銀河系と太陽系のメタファで教授方法と原理を捉える概念が無駄だ
というわけではない。それは，メリルの第一原理が無用であると言うに等しい。これ
らには十分に価値がある。教授方法のセットを「パッケージ」として採用するシステ
ムを提案できるような教授状況の分類を持っていることは非常に経済的である。たと
えそのパッケージを特定の教授状況にあてはめるために，さらなる状況性をつけ加え
る必要があったとしてもである。

　課題は，何が銀河系であり（何が太陽系であるか）を明らかにすることである。つ
まり，質の高いインストラクションにおいてどのような教授方法の組み合わせが頻繁
に用いられるかであり，その際，それらがうまく適応可能な状況はどのようなものか
を明らかにすることである。クラスタに含まれないような教授方法が多く存在する可
能性を我々は認識している。それらは状況に応じて選び取るバイキング料理に近いも
のになるかもしれないが，これらもインストラクションに関する共通の知識基盤の中
に含まれるべきであろう。

教授方法の共通体系

　ここまで，教授方法について最も一般的な体系が何かを明らかにしようとしてきた
が，まだ確かに十分なものではない。個々の状況に応じて，役に立つ体系とそうでな
いものがあると考えられる。

　最初の知見は，教授方法の中でもスキルを身につけさせるものと，情報を記憶させ
るためのものはまったく異なるということである。さらに，それらは深い理解に到達
させるためのものともまったく異なる。これらの教授方法の体系を選択する際の状況
性は，育成しようとする学習成果の分類によるものである。ガニェやメリルの教授理
論は主にこの種類の状況性に基づいている。

　第2の知見は，問題解決型教授に用いられる教授方法は，直接教授法と大きく異なっ
ているものであり，その両者は経験学習の教授方法とも大きくかけ離れているという
ことである。さらに，これらは特定の種類の学習成果と結びついておらず，同じ学習
成果のための教授に対して異なるアプローチを利用できることを示している。とはい
うものの，これらの教授体系は，相互に関連している部分や，それぞれ独立している
部分があることは明らかである。

72 第1部 教授理論を理解するためのフレームワーク

つまり，教授方法の体系を選ぶ際に影響を及ぼす2種類の状況性がここまでに明らかにされたのである。すわなち，教授アプローチの差異と学習成果の差異の2種類である。教授アプローチはどのような方法を採用するかという点にこだわる**手段中心的**なものであり，学習成果は何が学ばれるのかという点にこだわる**目的中心的**なものである。手段と目的でかなりの部分をカバーできるように見えるが，これら2つだけが分類方法のすべてではないし，最も便利な分類方法であるとも限らない。しかし，現時点では最良のものと考えている。

次の課題は，手段と目的のそれぞれの分類において教授方法の体系を明らかにすることである。

教授アプローチ

教授アプローチはとても幅広く，ここでの最も大きな混乱は，教授アプローチと学習成果を混同しがちであるということである（本節において後述する）。ジョイスら（Joyce, Well & Calhoun, 2000）は，教授アプローチに強い影響を与えた『教授のモデル（*Models of Teaching*）』の著者であり，この分野の第一人者である。モデルには教授アプローチ指向のものも学習成果指向のものもある。明らかに教授アプローチ指向のモデルとしては，ロールプレイングや異分野交流による自由討論（synectics），完全習得学習（マスタリーラーニング），そして直接教授法をあげている。同様に，ガンターら（Gunter, Estes & Schwab, 2003）は，明らかに教授アプローチといえる指導モデルとして，直接教授法や異分野交流による自由討論，あるいは教室討議法をあげているが，他のモデルは学習成果とより強く関連づけられている。

マッキーチ（McKeachie, 2002）は，以下の指導方法を紹介している。(1) 日記や作文，論文やレポートを書くことによる学習，(2) 主体的な学習としての読書（reading as active learning），(3) 共同（cooperative），協働（collaborative），ピア（peer）学習，(4) 問題解決型学習（PBL）（事例，ゲーム，シミュレーション），(5) 実験室教育，(6) 経験学習（サービスラーニング，フィールドワーク，協働研究），(7) プロジェクト法（個人研究，1対1の指導）。フェンスターマッハとソルティス（Fenstermacher & Soltis, 2004）は，教室における指導方法を管理職，世話役，革命家の3つのアプローチに分類した。

しかしながら，これらの分類は通常，教授アプローチとして考えられるものと異なり，特定の指導や学習の方法ではなく，むしろ，クラスの管理形式や，授業に臨む態度についての分類である。

本書の第2部において，我々は5つの教授アプローチを示す。それは，**直接教授法，**

ディスカッション，経験，問題解決，そしてシミュレーションを用いたアプローチである。これらは，最新かつ最も影響力の大きい教授アプローチを網羅しているリストではないが，今日の教授理論の中で最も広く受け入れられ，十分に検証されている教授方法である。現状の人間の学習に関する理解と教授理論の進展から見て，これらは最も有効な教授アプローチであると考えられる。しかし，他にも，共通の知識基盤をより充実するために加えてもよい，あるいは加えるべき手法が多々あるだろう。

学習成果

　学習成果の分類については，タキソノミー（分類体系：taxonomy）についての長い歴史がある。例えばブルームは，認知（頭），情意（心），心的運動（手）の3つの大まかな領域についてのタキソノミーを示している。ブルームの認知領域のタキソノミー（1956）では，認知領域の学習を知識，理解，応用，分析，統合，評価に分けている。知識は，列挙する，定義する，述べるといった想起する作業として一般的に捉えられている。理解はより高次の学習成果であり，区別する，記述する，予想するといった意味を把握する活動を学習者に要求する。応用では，知識や理解の課題で得た情報を新しい場面で活用することを学習者に求める。演示する，計算する，証明する，関連づける，分類するといった作業をさせてもよい。分析では，学習者が何らかのパターンあるいは部分を理解することを求める。区別する，並べ替える，結びつける，説明する，推論する，分類するといったことを学習者ができるかどうかで確かめることができるだろう。統合は，これまでに学習したことや知識を用いて新たなアイデアを生み出す。よって，学習者にまとめさせたり，計画，創造，デザイン，発明といったことをさせたりする。最後に，評価は最も高次の思考とされている（Anderson & Krathwohl, 2001 のタキソノミー改訂版では統合と順序が入れ替えられてはいる）。学習者は低次の学習内容を活用して価値あるものを見分けたり，評価する。ここでは決める，格付けする，判定する（measure），選択する，判断するといったことを学習者に行わせる。ブルームのタキソノミーはとてもよく知られており，本質的に互いに強く密接している数多くの学習成果を注意深く記述している。けれども，このタキソノミーはまずもって学習成果を記述し，評価するためのものであり，教授方法の選択のためにつくられたものではないように思われる。

　アンダーソンとクラスウォール（2001）は，ブルームの古典的なタキソノミーを改訂し，学習プロセスと知識の種類を組み合わせたものとした。すなわち，認知プロセスの次元（覚える，理解する，応用する，分析する，評価する，創造する）があるように，知識の次元（事実，概念，手続き，メタ認知）をつくり出したのである。

74 　第 1 部　教授理論を理解するためのフレームワーク

　インストラクションの分野において 2 番目によく知られているタキソノミーは，ガニェ（Gagné, 1965, 1984）による学習成果の分類であろう。ガニェのタキソノミーは認知領域（知的技能，認知的方略，言語情報から構成される），運動技能，態度からなり，ブルームの認知，心的運動，情意の各領域とほぼ同じである（ただし，態度は情意領域の一側面である）。認知領域の中の知的技能を，ガニェは弁別，具体的な概念，定義された概念，ルール，問題解決（高次のルール）に分類している。弁別に関する知的技能では，学習者には異なる刺激に対して異なった反応をすることが期待される。具体的な概念であれば，言葉で定義できない概念の具体例を分類することを学習者に求める。定義された概念では，学習者は定義に基づいて具体例に名前をつけたり，分類したりすることを要求される。ルールの知的技能の場合，学習者はそのルールを応用したり，原理を例証したりすることになる。問題解決では，いくつかのルールを組み合わせた解決方法を生成することが問われる。認知的方略は，学習方略（例えば，記憶術や省察の方法）のように，どちらかというと内容領域を横断して一般化できる複雑なルールを組み合わせたものである。言語情報は，典型的には記憶の再生であり，学習者には何らかの情報を口頭で述べさせたりするが，その内容に関する理解も含まれる。ガニェのタキソノミーは，教授方法の選択をガイドすることをより明確に意図している。よって，教授方法の宇宙の中で彼の分類を使えば，銀河系と太陽系の体系をうまく表現することができる。

　オーズベル（Ausubel, 1963; Ausubel, Novak & Hanesian, 1978）は，暗記と有意味学習（meaningful learning）を区別した。暗記型の学習では，情報は細切れであり，学習者は情報どうしを恣意的に結びつけることしかできない。その一方で有意味学習では，アイデア相互に恣意的ではなく本質的な意味のつながりをつけることが必要となる。アンダーソン（Anderson, 1983）は，学習を宣言的（declarative）な知識か手続き的（procedural）な知識かに二分している。宣言的知識は，5 つ以下の要素を持つかたまりに分類され，学習者は事実，物，作業，方法などを記述することが求められる。一方の手続き的知識は物事をどう実行するかについての知識であり，運動および精神的な（motor and mental）スキルを含む。この分け方は，オーズベルの暗記と有意味学習の二分法と比較すれば，「言うこと」と「行うこと」の二分法といえる。

　メリル（Merrill, Reigeluth, & Faust, 1978）は，ガニェの学習成果の分類を二次元に拡張した。すなわち，学習内容のタイプと学習するレベル（これは後にブルームのタキソノミーの認知領域の改訂に利用された）である。学習内容は，事実，概念，手続き，原理からなり，学習のレベルは，記憶する（逐語的，あるいは言い換え），活用する（同定する，あるいはつくり出す），発見するに分けられている。事実を除いたすべてのタイプの学習が，すべてのレベルで行える。事実のみ，記憶するレベルだ

第4章　インストラクションにおける状況依存原理　75

表4.1　学習成果のタキソノミーの比較

ブルーム	ガニェ	オーズベル	メリル	ライゲルース
知識	言語情報	暗記	逐語的に覚える	情報を記憶する
理解	言語情報	有意味	言い換えて覚える	関係性を理解する
応用	知的技能		使う	スキルを応用する
分析・統合・評価	認知的方略		見つける	一般的なスキルを応用する

けが該当する。

　ライゲルースはこれらのタキソノミーについて，異なる教授方法の体系を選ぶ際の使いやすさの観点から注意深く分析し，それらの統合を図った（表4.1参照）。彼の分析によれば，「言語情報」は，オーズベルが言うところの暗記型の学習（記憶）か，有意味学習（理解）かによって，まったく異なる教授方法を必要とする。その一方で，分析，統合，評価ではとても似通った教授方法を用いることができる。つまり，認知領域で教授方法を選択する際には，4種類の学習成果が重要な影響を持つことになる。つまり，情報の記憶，関係性の理解，スキルの応用，汎用スキルの応用である（表4.1参照）。スキルの応用と汎用スキルの応用の間には，他の学習成果間と比べて確実に重なる部分が多くあり，両者を一体にして考えることもできるだろう。そして，概念の分類，手続きの使用，原理の使用，汎用スキル（あるいは認知的方略）向けのバリエーションをつくるとガニェの知的技能に類似したものになる。

　ここまで見たさまざまなタキソノミーに基づくと，以下に列挙する学習成果はそれぞれ，教授方法に関する独自の体系を必要とすると考えられる。

- 記憶
- 理解
- スキル（汎用スキルを含む）
- 情緒面の発達
- 総合学習（複数の学習成果や内容領域を横断するもの）

　それでもまだ，これは完全なリストではない。ここでは情意領域の学習を1種類だけ追加したが，情意領域には他にも多くの種類の学習が定義されている（Reigeluth, 1999，第2章のタキソノミーなど）。また，総合学習も追加した。これは真正なタスクではさまざまな種類の学習成果に渡る学習を同時に行うことが必要であり，この種

の学習に対応するには独特の教授方法があるためである。総合学習は教授アプローチの1つであり，学習成果ではないという意見もあるだろう。けれども，学習成果とみなすことで考え方の質的な違いをもたらすと考えている。実際のところ，総合学習は（どちらか一方ではなく）教授アプローチと学習成果の両方に関わると考えられが，本書では学習成果の1つとして収録した。第3部では，5つの学習成果のうち，後半の4つに関して共通の知識基盤の構成要素を記している。記憶に関する章を含めなかったのは，この学習成果についてはすでに十分な共通の知識基盤がつくられていると考えたからである（Anderson, 1976, Cooke & Guzaukas, 1993, Merrill & Salisbury, 1984, Salisbury, 1990; Woodward, 2006 を参照）。

第2部・第3部の構成

本章に続く第2部・第3部では，教授アプローチと学習成果という本書での2大分類に沿った教授方法の体系の中にある共通の知識基盤を収集することに注力した。第2部では5つの異なる教授アプローチを，また，第3部では4つの異なる学習成果に対応する教授方法の体系を取り上げた。なお，これら2つの分類は，相互に排他的な関係ではなく，むしろ教授方法と理論を整理する上での視点の違いであることを明確にしておきたい。他の研究者が，教授方法の体系を選ぶ上での新たな分類を見いだすことに本書がお役に立てれば幸いである。

≫≫≫ 原注

- ◆1 教授ガイドラインは，大きく2つの要素を備えているものとして定義できる。1つは教授方法であり，もう1つは教授状況（いつ，その教授方法を用いるか）である。処方的（prescriptive）な教授原理は，「教授ガイドライン」と同義である。一方で，記述的（descriptive）な教授原理は，教授法と予想される効果や学習に与える影響の2つの要素で構成される（本シリーズ第1巻，第1章参照）。
- ◆2 メリルは彼の第一原理は普遍的なものだと主張している。確かに，(すべてのインストラクションに通用する)「普遍的な」原理という概念は興味深いものであり，ここでの議論には有用である。

第2部

インストラクションへの異なるアプローチについての理論

　第4章では，手段と目的がインストラクションの宇宙における異なる銀河系を定義する主たる2つの方法であることを述べた。第2部は，そのうちの手段について扱う。異なる教授方法を用いることで特徴づけられる異なる種類のアプローチである。ここでは，もう少し詳細に，この部で描写されるアプローチについての導入を記す。

　第5章では，インストラクションに直接的にアプローチする際に用いられる共通知識基盤の要素を述べる。直接教授法と呼ばれるものである。この方法では，学習者間の相違を説明し，事前テストの結果に従って学習者をグループに分け，情報を能動的な形式で提示する。直接教授法は教師と学習者の相互作用に焦点化し，例示を多用し，その上で次に進む前に学習者ごとのアセスメントを常に行う。直接教授法は研究者に人気がある方法ではないかもしれないが，教育の情報時代のパラダイムにおいても果たすべき役割があると我々は信じている。直接教授法はそれ自体を個別のアプローチとして用いることもできるし，他方で，低いレベルのスキルや知識を構築することを目的に，問題や経験を用いたアプローチに含まれる要素の1つとして用いることもできる。直接教授法はまた，教育の効果についての説明責任が強く求められる現在のシステムの中で重要な位置づけとなっている標準テストの点数を高める効果がある，という実証研究もある。第5章では，このアプローチについての共通知識基盤として著者が提案することが述べられている。

　第6章では，ディスカッションを用いたアプローチについての共通知識基盤の要

素が説明されている。これは，一方的な内容提示のみに頼ることなく，学習のプロセスに学習者の経験を活かしていこうとするアプローチである。深いディスカッションをすることで特に効果的な学習の種類（例えば，理解すること）がある。この方法では，また，学習者と教師との間にこれまでに確立されてきた権威関係を変化させる傾向があることも重要である。情報時代の社会においては，学習者の経験に価値を置き，学習者をエンパワーさせることが強調されている。このアプローチの効果は，ディスカッションをリードするスキルや参加するスキルに依存している。直接教授法が他のアプローチでも用いられるのと同様に，ディスカッションアプローチも問題を用いたアプローチなどでも用いられる。ディスカッションは，省察のための主たるツールとして他の方法でも使われている。

　第7章では，経験を用いたインストラクションが，我々の経験から学ぶこととして定義されている。特に，学習者中心で，真正で，自己主導的なもので，「予期せぬ失敗」を伴うものとして差別化されている。経験を用いたインストラクションは，情報時代に重要な現実世界の環境への学習の転移を促進し，真正性に価値を置く方法論としてとても頻繁に用いられ，またよく研究もされてきた。このアプローチの主たる長所は，現実に根差していて，転移が促進されることにある。最初の3つのアプローチ（直接教授法，ディスカッション，経験）は互いにとても異なるものであるが，最後の経験を用いたアプローチは，次の問題を用いたインストラクションと重複している点が多い。

　第8章では，問題解決型学習を用いたアプローチを「学習者が問題を解くことで学ぶ経験を指向したアプローチ」であると定義している。PBIはアプローチとして統一性がとれているもので，構成要素が互いにシステム的に合致している。また，他のアプローチに比べて，とても特筆すべき自己同一性を有している。PBIは，教育の情報時代のパラダイムとも合致した強力で効果的なアプローチである。さらに，近年ではその利用者も多く，多様な内容領域の多くの教師や学習者の手助けとなってきたと述べられている。

　第9章では，シミュレーションを用いたアプローチを「動的なシステムモデルを含み，そのモデルを学習者が変化させられ，非線形論理を用い，教授機能を代行し，特定の教授目的を持つもの」と定義している。シミュレーションを用いたアプローチは経験を用いたアプローチと似ているが，経験ではあり得ないアフォーダンスを有している。また，PBIとも共通性がある。直接教授法やディスカッションも，シミュレーションと併用することも可能である。シミュレーションのある時点で学習者が必要とする事項を学ぶためにいったん退避して直接教授法による学習を行い，またシミュレーションに戻る。ディスカッションは，シミュレーションによる学習の終わりに省

察のために用いることが多い。以前と異なり，シミュレーションの開発はより安価で簡便になったので，教室での応用場面も増えている。また，多くの実体験と比べるとシミュレーションはより安全で，より短期間で，簡便に，また安価にできる。さらにアバターや人形などを用いて，直接教授やリフレクション，ガイダンス，足場かけ，あるいはメンタリングなどの他の要素を追加することも容易である。

　これらは第4章で言及された多様なアプローチのほんのわずかの例に過ぎず，また多くのアプローチは互いに重複している部分があることは明らかであろう。この他のアプローチについての章を含めなかった理由は以下のとおりである。

- すでに採用したアプローチとの重複が大きい。
- 中には，教育の情報時代のパラダイムと合致していないものもある。
- 中には，時代遅れのテクノロジと関連しているものもある。
- そして，本書の紙幅が制限されている。

　教育の情報時代のパラダイムにとって，より重要であると感じたアプローチを選択した。しかし，インストラクションについての共通の知識基盤を構築するためにはその他のアプローチも重要であると強く信じている。その他のアプローチについても，統合する作業を行い，現在の知識を発展させることを勧めたい。

　結論としてこの部には，以下の5つのアプローチを紹介する章が含まれている。

- 直接教授法を用いたアプローチ
- ディスカッションを用いたアプローチ
- 経験を用いたアプローチ
- 問題を用いたアプローチ
- シミュレーションを用いたアプローチ

　この部に続く次の部では，同様な方法で，学習成果（インストラクションの目的）を扱う。

（編者）

第 5 章
直接教授法を用いたアプローチ

ウィリアム・G・ヒューイット（バルドスタ州立大学）
ディビット・M・モネッチ（バルドスタ州立大学）
ジョン・H・ハンメル（バルドスタ州立大学）

ウィリアム・G・ヒューイット（William G. Huitt）は，バルドスタ州立大学の心理学・カウンセリング学部の教授である。彼の研究の主な関心は，全人格的な人間成長や教育改革，問題解決と意思決定，そして人格形成である。南アラバマ大学で学士号を取得し，フロリダ大学で修士号，博士号を取得した。中学校，高校，専門学校，コミュニティカレッジ（地域短期大学），大学での教授経験を持っている。彼の「教育心理学インタラクティブ（Educational Psychology Interactive（http://teach.valdosta.edu/whuitt/）」は，教育心理学の分野における最も大きく活発なウェブサイトである。

ディビット・M・モネッチ（David M. Monetti）は，バルドスタ州立大学の心理学・カウンセリング学部の准教授である。教育心理学，学習理論，測定と評価の講義を担当している。学士号と修士号を南フロリダ大学で取得し，フロリダ州立大学で教育心理学の博士号を取得した。英語に関する教育実習を完了しており，レオン郡学区の学習者評価部門で働いた経験を持つ。現在でも，公立学校で研究者や学校改善事業の評価者としての仕事
をしている。彼の研究の関心は，サービス学習◇1，心理統計学，インターネット利用の心理学的効果，形成的評価，学習に関する認識論にあり，現在はブルース・タックマンとともにセンゲージラーニング社から出版予定の『教育心理学の理論と実践』という本を執筆している。

ジョン・H・ハンメル（John H. Hummel）は，教育心理学の教授である。専門分野は，応用行動分析と直接教授法，肯定的行動支援である。直接教授プログラムの認定指導員および教員であり，ジョージア州内の学校でPBSプログラムを開発・実施する州教育局による学校改善資金の代表研究者としての4年間を完了した。

第 5 章　直接教授法を用いたアプローチ　　81

> ### 本章の概要

前提条件（どのようなときにこの理論を用いるか）

内容
- 情報，スキル，理解，高次の思考

学習者
- K-12（幼稚園から高校 3 年生まで）の全児童・生徒

学習環境
- K-12（幼稚園から高校 3 年生まで）の教室
- 研修を受けた教師

インストラクション開発上の制約
- 最低限，多くのインストラクションがすでに開発ずみである。

価値観（何が重要であるかについての見解）

目的について（学習目的）
- 情報やスキル，理解，高次の思考の習得を重要視する。

優先事項について（インストラクションを成功させるための基準）
- 効率：学習者達成度や授業目標の対象範囲，学習に費やした時間によって測定される学習従事時間（academic learning time: ALT）の最大化をはかる。

手段について（教授方法）
- 前提条件となるスキルのレベルについて，学習者間に差がある場合には，すべての学習者が習得レベルに達するまでに時間差が生じるか，あるいはそれぞれの学習者ごとに異なる目標やゴールを設定する必要もあるかもしれない。それに応じて学習者をグループ化する必要が生じる場合もある。
- 重要な内容については積極的に説明し，一般的には段階的に進むように行う。

権限について（上記 3 条件についての意思決定）
- 教師が主導権を持つべきである。

普遍的方法

- 説明提示の段階には，次の 5 つのことが行われる。(a) 以前に学習した内容やスキルの見直し，(b) 学習対象とする知識やスキルの列挙，(c) 重要性や関連性の明確な記述，(d) 学習対象とする知識やスキルについての明確な説明，(e) 学習者が自分自身の初期段階での理解について行動で示すための複数の機会の

提供。

- 練習の段階には，次の3つのことが行われる。(a) 教師の助言や指導のもとでの練習，(b) 個人での練習，(c) 学習者が新しい知識とスキルを使うための定期的な見直し。
- 測定と評価の段階には，次の2つのことが行われる。(a) 学習者の達成度を判断するための日常的なデータの収集，(b) 長期的なデータ収集（週毎，隔週毎，月毎）。
- 観察とフィードバックの段階には，次の2つのことが行われる。(a) きっかけと手がかりの提供，(b) 修正的フィードバックと強化の提供。

状況依存原理

- 台本に基づく授業は，DI（直接教授法）そのものとして考えられることが多いが，直接教授法が変形したものである。
- 台本に基づく授業は，一般的な（普遍的な）DIモデルの基本的段階とまったく同じように進められるが，教師の発言と学習者の応答の詳細性が異なる。
- 台本に基づく授業では，各授業において新しい情報を多くは提供しない。そのかわり，新しい情報は複数の授業に分割して扱われる。したがって，1回の授業で提示する新しい情報は約10～15%のみとなる。
- 台本に基づく授業において学習対象となる概念は，論理的に小さく分割され，「質問→回答」の形式で提供される。
- 最初に台本に基づく例示で理解が得られた後で，学習者は個別に，または小さなグループで，ワークブックの課題に取り組む。
- 台本に基づく授業は進度が速く，反復的であるが，20分以上にわたって続けられた場合には，教師と同様に学習者も疲れてしまうことがある。
- 連鎖行動（数学の文章題や段階的な手順）は，台本に基づく授業のすばらしい候補対象である。

（編者）

第5章 直接教授法を用いたアプローチ　83

　正規の学校教育の開始以来，良質のインストラクションとは何かを定義することは研究者にとっての目標である。1960年代後半から，良質のインストラクションを受けた学習者は，そうでない学習者と比べて，基礎技能標準試験（standardized tests of basic skills）で測定される学校学習の成績が高いことを示すデータが蓄積されてきている（Joyce, Weil, & Calhoun, 2003）。学習が重要であるという認識と同時に，教室内での教師の行動が，その学習と関連しているという認識については合意が得られている（Darling-Hammond, 2000）。その一方で，インストラクションの質（教育に関するやり方「how」）が，具体的な教育目標または求められる教育成果，および学習を測定するための過程やそこで使われる道具の文脈（教育に関する中身「what」）と切り離されて議論されるときに，主だった問題が発生する。つまり，カリキュラムの目標，評価の形式と測定方法，および評価基準に関する決定がまず，一番重要である。これらによって影響を受ける部分があるため，良質のインストラクションとは何かを定義するための教育の過程や方法に関する決定は，その次になされるべきである。

　現在，21世紀における成功者（成人）に求められる成果[1]に関する国を挙げての議論がなされている（例えば，Huitt, 1997; Partnership for 21st Century Skills, 2003; Secretary's Commission on Achieving Necessary Skills, 1991）。しかし，現時点で学習を測定するために最も広く利用されているのは，基礎技能についての標準試験である（Bolon, 2000）。このような成果測定の方法が用いられる場合には，直接的あるいは明示的な教授法のモデルが高い成績をもたらすことが最も多い（Rosenshine, 1995）。よって，教育者は教授設計を行う際に，そのことを考慮すべきである。

　本章は直接教授法（direct instruction）の概要を示すものであり，以下の3つの節からなる。(1) 良質なインストラクションに関する研究に基づく一般的な設計特性について，(2) 教師が直接教授法による授業をつくるために活用できる一般モデル，そして，(3) 台本に基づく授業計画の開発に使用される設計属性の説明である。つまり，本章では，直接教授法をさまざまな状況に適用できるよう，一般的なものから具体的なものまで多くの方法や原理について紹介する。

▎一般的な設計属性

　学習者の学習と成果の重要性を考えると，教授事象（instructional-event）に関する理論には，厳密な分析と熟慮，そして省察が必要である。本シリーズの第2巻では，ライゲルース（Reigeluth, 1999）は教授事象に関する理論について次のように主張した。すなわち，教授事象に関する理論は，(1) 学習と発達を向上させるものであるべ

84　第2部　インストラクションへの異なるアプローチについての理論

きであり，(2) 実践者に対し，特定の状況において特定の成果をあげるためにはどの
教授方法を用いるべきか（加えて，競合する方法や補足的な方法があるかどうか）に
ついて情報提供をするべきであるが（例えば，学力試験で高得点をとるために設計さ
れた教授方法は，学習者が実験の実施と評価について学ぶためには最善の方法ではな
いかもしれない），(3) すべての学習者や状況において望ましい結果が得られること
を保証するのではなく，その可能性を高めるだけである（高いレベルが期待されるが）。
　ライゲルース（本書第1章）は，インストラクションの成果の達成において，あ
る方法がどのようにうまく機能したのかを判断するための評価基準として，効果
(effectiveness)，効率 (efficiency)，魅力 (appeal) ◆2 の3点をあげている。学習の
効果については，客観的に測定された学習結果を示す適切な指標（例えば，成果と流
暢さに関するある特定されたレベル）を必要とする。効率については，望ましい結果
を得るために，時間やお金といった資源を最適に使用することが求められる。魅力は，
学習者がインストラクションを楽しむ度合いのことである。特に，課題に取り組ませ
続けるために動機づける場合に有効である (Perkins, 1992)。特に子ども中心のアプ
ローチ (child-centered approach) を採用しているような教育者の場合には，この3
つ目の評価基準を他の2つよりも優先するべきであると提案している。しかしながら，
公立学校が責任を持って教えるべき学問的内容は，多くの学習者に大量の時間と努力
を要求しうるものであることから，この主張には問題がある。その結果として，イン
ストラクションによって即座に満足感を得たり楽しんだりすることは難しくなるかも
しれない。けれども，もしいくつかの方法が等しく効果的で効率的な結果をもたらす
のならば，我々は，学習者が最も好むアプローチを採用すべきである。例えば，マー
ティン (Martin, 1999) は，個別の筆記課題は，類似する協調学習活動を行った場合
と同様の効果と効率のレベルをもたらすことを発見した。しかし学習者に圧倒的に好
まれていたのは後者の方法であった。このような場合には，学習者が好む後者の教授
方法の使用を選択すべきである。
　これ以降で説明する直接教授法のモデルに関する設計属性は，1950年代と1960年
代の教室研究にそのルーツがある。設計属性の研究は，教室における活動を体系的に
観察するために新しく開発された技術 (Flanders, 1970) によって開発され，キャロ
ル (Carroll, 1963) によってレビューされたものであるが，学校学習に関する新しい
アイデアの発展に結びつくものとなった。このアプローチを用いた研究は，過程－産
出研究 (process-product studies) として知られるようになった (Gage, 1978, 1994)。
なぜなら，教室や学校におけるプロセスについての変数を学習の測定と直接結びつけ
たからである。これらの研究からの成果は，多くの効果的な教室活動のモデルとして
まとめられた (Cruickshank, 1985; Proctor, 1984; Squires, Huitt, & Segars, 1983)。

第5章 直接教授法を用いたアプローチ 85

　理論的にいえば，良質のインストラクションを提供する主な目的は，授業において教師により課せられる学習課題と，標準試験による教室外での検査の両方を学習者が成し遂げるのを成功させることである。しかしながら，良質のインストラクションに関するモデルの多くが，必ずしも良質のインストラクションがそれだけで学びの成功に結びつくわけではないと主張していることを強調しておかなければならない。もっと正確にいえば，どのように教授活動が計画，実施されるべきかを詳述することに加えて，多くのアプローチは，カリキュラムの一貫性（curriculum alignment），カリキュラムへの学習者の適切な配置，あるいは教室運営といった付加的活動が必要であると提言している。

　カリキュラムの一貫性の基本原則[3]は，授業は適切な手段によりその到達を測れるような目標に向かって計画されるべき，というものである。ブレイディら（Brady, Clinton, Sweeney, Peterson, & Poynor, 1977）とクーレイとレインハルト（Cooley & Leinhardt, 1980）は，教科書で扱われている目標と標準試験で扱われている目標は，平均して40%から60%しか合致していないことを報告している。時間をかけて内容の合致度を確認することは重要である。なぜなら，学区のカリキュラムと標準試験で評価される目標との一貫性が，得点分散のうち3分の2を説明しうるからである（Wishnick, as cited in Cohen, 1995）。さらにカリキュラムを構成する際には，課題分析（task analyses）を用いるべきである。課題分析とは，学習目標のために必要な前提条件をすべて特定する方法である（Gagné, Briggs, & Wager, 1992）。学習者がカリキュラムを学び進む中で，以前取り扱われた目標を再学習する機会を提供すべきである（これをらせん型カリキュラムと呼ぶ，Bruner, 1990）。

　学習者配置の原則[4]は，学習者をカリキュラムの中に適切に配置することの重要性を強調している。これは，学習者をその既有スキルに関する事前テストに基づいてグループ分けすることを意味する場合が多い。学習者のグループ分けは，クラス間あるいはクラス内において一般的に実施されている。クラス間でのグループ分けは，ある分野における既有スキルに関して，クラス内の学習者をだいたい均質にするという目的で，インストラクションの開始に先駆けて実施される。クラス内でのグループ分けは，学習者にレッテルを貼ったり，学習者の知識とスキルの変化に適合できない恒久的なグループに学習者を固定したりすることなく，学習者個々の現在の知識とスキルに対してインストラクションを調節することを可能にする。

　長期間にわたる解決指向（solution-oriented）の教室運営プログラムを計画し，実施することも効果的な授業実践である。これは，学業成績の重要な予測因子でもあり，課題に取り組む時間（time-on-task）を増加させる最も効果的な手段の1つである（Berliner, 1990; Brophy, 1983; Brophy & Good, 1986）。

86 　第2部　インストラクションへの異なるアプローチについての理論

　学習者の教室における行動に対するこれら3つの基準（授業の宿題における成功，試験で出題される内容目的を学習者がどの程度カバーしているか，ならびに学習に取り組む時間）を合わせることで，学習従事時間（academic learning time: ALT）と呼ばれる測定値を得ることができる（Berliner, 1990; Squires et al., 1983）。ALTは，学習者が重要で意義深い内容の学びに取り組んで成功に至る時間の長さとして定義される。ここでの内容とは，特に，標準到達度試験のような，学校外の調査によってテストされる内容を指す。これは，学習者が教室において費やした学習時間の量（学習に取り組んだ時間）と質（成功度と内容の合致度）の両方を組み合わせた測定方法である。教師と学習者が（学校のような）正規の学習環境で過ごす時間は比較的短いので，ALTの獲得，つまり多量の良質な時間が重要視されるべきである。

┃直接教授法の一般モデル

　いくつかの人気が高いインストラクションのモデルが，先で議論した過程－産出研究の成果に基づいて開発された（例えば，Gagné et al., 1992; Good & Grouws, 1979; Hunter, 1982; Rosenshine & Stevens, 1986; Slavin, 1986）。ローゼンシャイン（Rosenshine, 1995）は，このアプローチの最新版を提唱し，その中で，最新の認知心理学研究がいかに直接教授法のモデルの中に組み込まれうるかを示した。

　これらのモデルのすべてに含まれている一般的な条件の1つに，キャロル（Carroll, 1963）によって特定され，ブルーム（Bloom, 1976）によって精緻化されたものがある。それは，学習者が異なるレベルの既有スキルと多様な対応能力を持って学習課題に取り組み始めるということである。それゆえ，教育目標と教授方法の選択は，学習者の背景とスキルに適合したものでなければならない[5]（Walberg, 1999）。また，すべての学習者をカリキュラムの目標に到達させるためには，進度の遅い学習者には追加的な学習時間が提供されるべきである[6]（Guskey & Gates, 1986; Guskey & Pigott, 1988）。可能な限り，学習者による前提条件の獲得は保証されるべきものである。また，それを使いこなせることを示せる学習者にのみ，授業が提供されるべきである。

　すべての直接教授法のモデルに含まれているもう1つの一般的な属性に，重要な内容は能動的な情報の提示によって教えるべきである，というものがある[7]（Rosenshine, 1995）。フィッシャーら（Fisher et al., 1978）は，教師主導（teacher-directed）のインストラクションは，授業の50%以上でなされるべきであり，自習は50%以下であるべきだと主張している。ブルーム（Bloom, 1981）は，教師は，前提となる知識とスキルに基づいて，サブトピックからサブトピックへと段階的な進行で，

明確に組織化された説明を提供すべきだと主張している。これについては，以下の説明提示についての段落でその詳細を議論する。

直接教授法に関して研究に基づいて明らかになったさらなる属性としては以下のものがあげられる。

(1) 関連知識に関する事前テスト，または手がかり（Block, 1971）
(2) 学習者と教師との間のより頻繁な相互作用（Walberg, 1991）
(3) 具体的な概念と抽象的概念の間を仲立ちするための豊富な例示，視覚的手がかり，例示[*8]（Gage & Berliner, 1998）
(4) 授業の実施前・途中・実施後における学習者の理解に関する継続的な評価（Brophy & Good, 1986）[*9]

これらの提案のそれぞれについて，以下で説明する。

直接教授法の一般モデルとして提言されているインストラクションの具体的な方法について説明する。授業中の各場面における教師と学習者との相互作用を重要視しているために，トランザクショナルモデル（transactional model）と呼ばれている（Huitt, 1996）。このモデルでは，インストラクション方法の4つのカテゴリを提案している。それらは，(A) 説明提示の段階，(B) 練習の段階，(C) 総括的測定と評価の段階，(D) 学習者をモニタリングし，フィードバックを与える方法の4つである[*10]。説明提示，練習，測定／評価の段階は，およそ直線的に実施される。一方で，形成的評価ともいえるモニタリングとフィードバックは，これら3つの段階を通して実施される（図5.1参照）。これら4つの主要カテゴリのそれぞれに，学習者が新しい概念やスキルの学

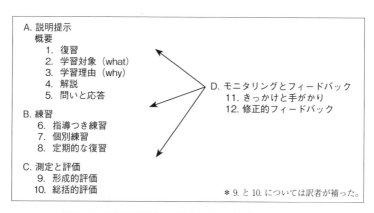

図5.1　直接教授法におけるトランザクショナルモデル

88　第 2 部　インストラクションへの異なるアプローチについての理論

習に成功する可能性を高めるような，重要な教授方法が含まれている。

A. 説明提示の段階

直接教授法における説明提示の段階で使用できる重要な教授方法には，次に示す 5 つがある。

(1) 以前学習した教材，または前提スキルの復習[11]
(2) 学習対象となる具体的な知識やスキルに関する説明
(3) 学習者になぜこれらの目標が重要であるのかについての理由や説明を提供するような提示または経験
(4) 学習対象の知識やスキルについての明確で有効な説明
(5) 教師の問いに対して，学習者自身の初期段階の理解の程度を示すための複数回の機会[11]

認知心理学からもたらされた教授に関する重要な示唆として，先行オーガナイザー（advance organizer）が情報提示に先駆けて実施されたほうが，学習がより有意味になるといわれている（Ausubel, 1960）。オーズベルは，学習する教材よりも高次レベルに抽象化した情報のことを先行オーガナイザーと呼んでいたが，現在ではその言葉は，新しい情報と既存の認知構造とを結びつけたり，橋渡しをするような活動を指し示すようになった（Mayer, 2002）。本章で紹介した直接教授法の一般モデルについての最初の 3 つの普遍的な方法（復習・学習内容・学習理由）は，豊かな構造あるいは枠組みを授業に提供するという意味においてこの流れに沿うものである[12]。この 3 つの方法は，1 から 3 の順序で提示しているが，この提示順序には，論理的あるいは経験的な根拠は特にない。それどころか，教授設計者や教師がその順序を入れ替えたいと思うのは，当然である。しかし，新しい概念の解説の前にはこれら 3 つの方法が生起することが不可欠である。

1. 復習　1 つ目の方法では，教師と学習者は，新しい学習に関連する，あるいはその前提となるような，前に学習した知識やスキルの復習を行う。教師は宿題の確認をしたり，または，前の授業で学習した難しい教材についての議論などを実施することができる（Walberg, 1999）。あるいは，学習者が以前に学習した概念やスキルを活用できるような活動を教師が行わせることもできる。学習者の予備知識を活性化させることが重要であり，それによって新しい情報との関連を容易に構築できるように

なる（例えば，Craik & Lockhart, 1972 といった情報処理理論研究者はこれを精緻化（elaboration）と呼んでいる）。

2. 学習対象（what）

2つ目の方法では，教師が授業の中で何を学習するのかについて説明する。教師は目標を示し，学習者が学習活動に対してどう責任を持つのかについて述べる（Gronlund, 2003; Mager, 1997）。パーキンス（Perkins, 1992）は，この学習内容の明確化が良質のインストラクションの最も重要な条件の1つであるとしている。内容の明確さは，学習の対象は何で，その達成基準は何かについての説明を含んでいる必要がある。パフォーマンスに基づく成果を求めることについては，ギボンズら（Gibbons, Bunderson, Olsen, & Robertson, 1995）が，期待される過程や操作を示す「ワークモデル（work models）」によって，学習過程の最後に何ができるようになっているべきなのかをいっそう明確に示すことを提案している◆13。直接教授法の設計理念を用いた授業計画（本章の後半で URL が提示されている）は，これらの著者によるワークモデルの本質をより考慮しているともいえる。類似のアプローチとしては，マッカーシー（McCarthy, 2000）が 4MAT モデルの中で提唱しているものとして，教師が最初に学習者に直接的な経験をさせ，その後にそれらの経験を概念へと組織化することを援助する方法がある。

この「what」の最も重要な側面は，学習過程を経て最後に何ができるようになっているべきなのかということについて，学習者に対して可能な限り明確に情報を提供すべきであるということである。教師は，この方法に2つのタイプの目標◆14を含めることができる。1つ目は，活動目標である。活動目標は，教師と学習者が現在の授業の中で実施することについて述べたもので，授業やあるまとまった単元の活動をまとめるオーガナイザー機能を持つ。また，形成的評価（formative evaluation）を行うために教師がどのように学習者の行動を観察するかについても明らかにする。例えば，教師が「今日はみんなでシェイクスピアのじゃじゃ馬ならしを読み始めますよ」と言うことは活動目標である。2つ目の目標の種類は，総括的評価（summative assessment）として，インストラクションの最後に学習者が何をできるようになるかを示す最終目標である。一般的には，学習者が何を知っていることになるか，もしくは何ができるようになるか，そして，学習はどう評価され，どのような評価基準を満たす必要があるのかについて明確に書かれる。総括的に評価されることになる知識やスキルについて，その学習準備のために授業を複数回行う場合もある。その際には，学習者にはその複数の授業がどのように結びつけられているのかについて情報提供する必要がある。

90 第2部　インストラクションへの異なるアプローチについての理論

3. 学習理由（why）　3つ目の方法では，教師はなぜある学習目標が習得すべき重要なものなのかを学習者に説明する。教師は，新しい内容やスキルを習得すると，それをより効果的に実施することが可能になるような活動に学習者を取り組ませることもある。また，新しく学習することに関連する他の授業や科目で行われる課題[15]についての議論をさせる場合もある。究極的には，学習者が学習過程に取り組むための個人的な理由を学習者に持たせることが重要である。マッカーシー（McCarthy, 2000）は，通常のK-12（幼稚園から高校3年生まで）の学習者の40％もが，学習課題に取り組む前に「なぜ私はこれに取り組む必要があるのか」という問いに対して満足のいく答えを要求するような学習スタイルであると述べている。これらのタイプの学習者は，補習クラスや特別支援クラスにより高い比率で存在する。おそらく，それは，伝統的な教え方では，個人的に意味のある方法でこの問題に対処していないためであろう。

4. 解説　4つ目の方法は，学習者に対して，学習する内容やスキルに関して積極的に，そして注意深く解説を行うことである。この方法の指針となる重要な原則は，教師が新しく学ぶ内容を小さな学習項目に分けて導入し，学習ずみの項目と新しい項目を結びつけながら，効率的に学習項目を順に教えていくべきであるということである（Bloom, 1981; Walberg, 1999）。最も考慮すべき重要なことは，学習者にとって明確で納得できるように提示の順序が構成されていることである。研究者は，このためのしくみを数多く明らかにしてきた。

　a. 構成要素間の関係：授業は部分から全体へ（帰納的，inductive），あるいは全体から部分へ（演繹的，deductive）[16]と構成されうる。例えば，直接教授法に関するここでの議論は，1つの授業に含まれるべき具体的な活動に関することから始めて，その授業の全体的な説明へと進むように，帰納的に行われているが，その逆に，より演繹的なアプローチを採用して，授業全体を俯瞰してから各項目についてどんどん詳細度を高めながら説明をしていくこともできる。教師が帰納的または演繹的な方法を選んで授業を組み立てられるK-12における例としては，人体の主要な仕組みに関する説明や，さまざまな分野の文学に関する講義などがあげられる。一般的に，いつ教師が帰納的または演繹的な方法を選択すべきかについての絶対的なルールは存在しない。しかし，概念について教える際には，法則－例－法則アプローチ（rule-example-rule approach）が効果的な手段であるとしている研究もある（Van Patten, Chao, & Reigeluth, 1986）。

　b. 関連性の関係：このタイプのしくみは，階層的には編成されていない授業内での要因間，あるいはカテゴリ間の論理的または経験的な関係に基づいている場

合が多い。例えば，中学校の国語の授業では，教師は解説文，物語文，説得文といった異なるタイプの記述法について説明する。そのとき教師は，与えられた条件に対する記述法の妥当性に基づいて説明を行うかもしれない。教師やカリキュラム設計者は，学習する内容が階層的には構成されていない場合に，授業を構成する手段として関連性の関係を選択することがある[17]。

c. 順序の関係：授業はステップを追った順序の観点から構成されることもある。例えば，どのように電化製品を修理するか，または，それは具体的にどのような順序で行われるか，といったようにである。

d. 推移に関する関係：授業は，教える内容についてある局面や段階から他の局面や段階への移動や推移の観点で構成されることもある。これらの変化は，単なるステップの順序にとどまらず，質的な変化を意味している場合も多い。ピアジェの認知発達段階，生物の進化，または歴史的・社会文化的傾向の説明提示が，この種の質的変化の例としてあげられる。

これらに加えて，教師は授業の効果と効率を高めるために，説明提示の中で，豊富な例示や視覚的な補助（例えば概念マップやフローチャート），例示を行うべきである（Gage & Berliner, 1998; Walberg, 1999）。

5. 問い（probe）と応答

5つ目の方法は，教師が学習者の初期段階での理解を徹底的に調べることである[18]。これらは形成的評価に関する活動であり，学習者の知識やスキルに関する迅速で短い調査である必要がある。その問いにより，教師は学習者が教わった概念を習得できているかどうかを確認することができる。質問に関連して考慮すべき重要な問題が2点ある。1つ目として，ゲイジとベルリナー（Gage & Berliner, 1998）は，小学校低学年レベルでは，より簡単なレベル（知識と理解）の質問を80～90%はすべきであると主張している。中学年以上の教師は，学習者に積極的に情報を処理させるような，比較的高度なレベルの質問をすべきである（Walberg, 1986）。2つ目として，教師は待機時間を指導上効果的に使う必要がある。待機時間とは，教師の問いと学習者の応答の間の時間（待機時間Ⅰ），あるいは，学習者の応答と教師の応答との間の時間（待機時間Ⅱ）として定義されている。ロウェ（Rowe, 1974a, 1974b）は，そのどちらかを長くすることによって，学習の達成度が高くなり，また両者の増加には複合的な効果があることを発見した。また，フェイガンら（Fagan, Hassler, & Szabo, 1981）は，高次の質問と待機時間を長くすることとの両方を行った場合には，それぞれを分けて実施した場合と比較して，より大きな影響があることを明らかにした。

92　第2部　インストラクションへの異なるアプローチについての理論

◥ B. 練習の段階

　図5.1に示したように，直接教授法のモデルにおける練習段階のインストラクションには3つの方法がある。それらは，(6) 教師の直接的かつ即時的な監督の下での指導付き練習，(7) 学習者が自分自身で取り組む個別練習，および，(8) 以前学んだ内容や記述を活用するための定期的な復習（指導付き練習と個別練習の中で日常的に実施されることが多い）である◆19。パーキンス (Perkins, 1992) は，学習対象となるスキルを練習する機会を潤沢に提供することは，学習者にとって重要な活動であると述べている。

6. 指導付き練習　6つ目の方法は，学習者が教師からの直接的な監督の下で新たに学習した知識や技術を練習することである (Walberg, 1999)。学習者は，小グループでお互いに音読練習をしたり，数学の問題を解いたり，講義の中で説明された重要なポイントを短い概要にまとめたり，2つの歴史的出来事や2種の動物を比較し対比したりすることで，この活動に取り組む。学習者は1人ずつ取り組むこともできるし，2人組でも，小さなグループでも取り組むことができる。授業のこの段階では，教師は積極的に学習者の活動を観察し，即座にフィードバックを与える必要がある。この方法を適用した結果として，教師は授業の目標に対する各学習者の知識やスキルに関してのかなり正確な情報を得ることができるであろう。

7. 個別練習　7つ目の方法は，学習者が新しく学んだ概念について自分自身で練習を行うことである。個別学習は教室で行われる場合も，家で行われる場合もある。小学生にとっては，宿題は比較的重要性が低いという研究がいくつかあるが (Cooper, Jackson, Nye, & Lindsay, 2001)，中学生と高校生にとっての宿題は肯定的な効果があるということを示している研究が多くある (Walberg, 2003; Walberg, Paschal, & Weinstein, 1985)。最も重要なのは，宿題が有効であるためには，きちんと宿題が行われて採点されることが必要であるということである (Cooper, Lindsay, Nye, & Greathouse, 1998; Walberg, 1999)。もし授業日数が増加されるならば，それによって学習者はより多くの時間を学習に費やすことになるので (Berliner, 1990)，成績は高くなることは明らかであるように思える。しかしながら，もし学習者が問題なく宿題を完了させられるような支援体制のある家庭環境でない場合，学校は放課後に教師の監督のもとで宿題を終わらせるような追加的な時間を提供する必要がある。

8. 定期的な復習　8つ目の方法は，学習者がすでに学習した内容と結びつけて練

習することである。これは，教師の問いかけや指導付き練習，あるいは個別練習の中で行われる。60年以上前に実施された研究で，分散練習の利点が詳述されている（Hull, 1943）。実際，サクソン（Saxon, 1982）は，この原則を彼が数学の授業において成功した際のアプローチの顕著な特徴の1つとしてあげている（Klingele & Reed, 1984）。現職教師の授業観察の結果からは，この方法と，説明を始める前に概要を提示することが，最も頻繁に忘れられている事項であることが明らかになっている。教師は，授業を計画する際に学習者が先週，先月，あるいは昨年学習した教材を再検討する機会があるかどうか確認すれば，よい成果が得られるだろう[20]。認知研究では，いったん情報が長期記憶に入れば，それは永久に保たれるということを示している（Atkinson & Shiffrin, 1968）。一方で，学習者はその情報を探し出し適切に使用するための練習を必要とする。このためには，授業中に協調学習の技法を利用するとよい（Johnson & Johnson, 1998; Slavin, 1994）。学習者には，最近学習した内容やスキルと以前学習したものの両方を組み込んだ課題や問題を課す。学習者は，以前学習した教材を思い出し，具体的な問題や状況に対してそれを適切に使用するための意思決定を行う必要がある。

◤ C. 測定と評価の段階

交流型直接教授法のモデルにおける測定と評価の段階には，2つの教授方法がある（図5.1を参照）。それらは，(9) 授業中や授業終了時に集められた形成的なデータに基づく日常的な省察，ならびに (10) 週毎，隔週毎，月毎といった長期間にわたる総括的データの収集である。フェーズD（モニタリングとフィードバック）が授業の中で常に実施され，データを収集して必要な明確化や追加的なインストラクションを提供するのに対し，フェーズC（測定と評価）は，授業または単元終了時の評価に関するデータを収集して意思決定をすることである。この両者を区別することが重要な点である。

9. 形成的評価　9つ目の方法は，学習が進んでいるかどうかについて見極めるために，教師が日常的に学習者の形成的評価を行うということである。形成的評価には，先述の問いと反応に関する手法や，指導付き練習と個別練習，そして定期的な復習によって得られたデータが使用できる。他にも，グループもしくは特定の個人の学習について不明な点がある場合には，追加的な情報を得るために小テストを行うこともできる[21]。この評価プロセスの主な役割は，もし必要であれば，その項目についての追加的な指導の計画をつくることである。ウォルバーグ（Walberg, 1999）は，学習

94　第 2 部　インストラクションへの異なるアプローチについての理論

者が指導付き練習や個別練習の際に成績が 90% 未満のレベルであった場合に，追加
的な指導を実施すべきであると強く主張している。

10.　総括的評価　10 番目の方法は，目標とした概念やスキルを習得したかどうかを
確認するための総括的評価のためのデータを教師が収集することである。これは通常，
1 週間から 2 週間かけて，授業で扱われた内容に関する単元テストやプロジェクト課
題といった形式で実施される。その他の総括的評価の形式としては，期末テストや学
年末テストがあげられる。総括的評価は，授業内での学習に対する外部評価の内容，
形式，そして基準と適合していることが重要である。教師は，標準試験で期待されて
いることや，学習者が将来履修する可能性のある関連講座の履修要件，次のレベルの
学校における学習要件の期待値，そして将来の雇用における要件について知っている
必要がある。毎回の総括的評価において，これらすべてを考慮に入れなければいけな
いわけではない。しかし，学習者とその親たちが，学習者の授業中の活動に対する教
師の総括的評価が他の人たちから将来下される判断に関連していることを期待するの
は当然のことである。

◢ D.　モニタリングとフィードバック

　「必要に応じて」授業中に実施されるべき重要な教授方法が 2 つある（図 5.1 参照）。
それらは，(11) きっかけと手がかりの提供，そして (12) 修正的フィードバックと
強化の提供である。

11.　きっかけと手がかり　11 番目の方法は，きっかけと手がかりを提供することで
ある。教師が前回学習した教材を振り返ったり，質問や問いを投げかけたり，指導付
き練習に学習者を取り組ませる場合に使用されることが多い。重要な情報へのヒント
や授業の展開を示すきっかけをつくることや，学習者が初期段階での理解の状況を示
したり，指導付き練習に取り組んでいるときに手がかりを出すことは，重要な教授活
動である（Doenau, 1987）。ヴィゴツキー（Vygotsky, 1978）がいう発達の最近接領
域（zone of proximal development）に学習者がいる場合，必要な情報を思い出した
り，求められるスキルを例示するためのきっかけや手がかりを必要としている場合が
多い。しかしながら，どんなに手がかりを与えても求める反応が得られない場合に
は◆[22]，さらなるインストラクションの必要性が示されているともいえる。このよう
な支援やより多くのインストラクションを与えることは，足場かけ（scaffolding）の
プロセスを介して実施されるべきである。それによって教師は学習課題や学習活動を

具現化し，学習者がそれを実施することに対する教師の介入を注意深く体系的かつ段階的に減らしていくのである（Moll, 1992）。

12. 修正的フィードバック　最後に，12番目の方法は，修正的フィードバックと強化を提供することである。これは，教師が授業中の任意の時点で学習を評価する際に実施される。パーキンス（Perkins, 1992）は，修正的フィードバックは授業中に提供される教授活動の中で最も重要なものの1つであると述べている。ウォルバーグ（Walberg, 1986）は，授業に関する研究のメタ分析において，修正的フィードバックと強化が，研究の対象となった他のどの指導行動よりも学習成績に対して最も強い関係があるということを発見した。フィードバックは正しい反応にも間違った反応にも提供されるべきである。重要な原則は，学習者が正しい解答だけを聞いたり見たりするだけではいけないということである。学習者は，なぜその解答が正解なのか，あるいは間違っているのかの理由を知る必要がある。例えば，問いを投げかける場合に，教師はある学習者に質問をして，その後で他の学習者に，最初に答えた学習者の回答が正しいか正しくないか，そしてなぜそう判断するのかについて聞くことができる。教師は，宿題やその他の個別練習活動を点検する際にも，これと同様の活動を実施することができる。加えて，複数の選択肢によるテストを検討する場合，教師は多くの学習者が難しく思うような問題を選び，選択肢を1つずつ点検して，学習者にその答えが正しいか，正しくないか，またなぜそう判断できるのかを答えるように求めることもできる[23]。ディホフら（Dihoff, Brosvic, Epstein, & Cook, 2004）は，即時フィードバックが，遅延フィードバックよりも有効であり，教師は可能な限り迅速にフィードバックを提供するよう努力すべきであることを示した。

　授業中の強化と学習成績との関係は，過程−産出研究における最も矛盾のない発見の1つである（Brophy & Good, 1986; Rosenshine, 1995; Walberg & Paik, 2000）。強化の最も一般的な形式には，教師の頷き，笑顔，またはすばやいコメントなどといった教師による注目がある。チェーリイ（Cheery）は，課題や難問（stickers）も効果的に利用することができると述べている。各科目や各授業において少なくとも1人ずつの学習者に対して，その保護者や世話人宛ての肯定的なコメントを送ることは，質の高い学業に対する強化を行うための優れた方法である。

　要約すると，直接教授法の一般モデルでは，教師が積極的に新しい内容やスキルを学習者に教え，体系的にまとめた少量の教材の内容を扱い，段階的に行い，学習者をそれに取り組ませ，授業中に修正的フィードバックと強化を継続的に実施するということが示されている。総括的評価では，教室での学習を外部評価の内容，形式，基準と適合させることで，学習者が教室の中から成人へとうまく移行していくことを支援

する。

直接教授法と台本に基づく授業

　本章の前節では，直接教授法の一般モデルに関する普遍的な方法について説明した。本節では，台本に基づく授業（scripted lesson）のアプローチについて説明する。ここでは，直接教授法という言葉は固有名詞として扱われ，しばしば文献の中では DI と記される（例えば，K. Engelmann, 2004）。台本に基づく授業の教授方法は，一般モデルにおける教授方法と同じである。しかしながら，教師の発言と学習者の応答の詳細さという観点で両者は異なる。台本に基づく授業では，各授業において新しい情報とスキルトレーニングが少量ずつだけ含まれ，授業全体の 10 〜 15% だけの割合になる（S. Engelmann, 1999）。残りの部分では，以前の授業で提示された内容の定着と復習を行う。一般モデルと同様に，台本に基づく授業のアプローチは，1 回の授業で完璧に教えられることはない，という仮定に基づいている。そのかわりに，新しい内容は，学習者がそれを活用できるよう十分な経験を得られるように，2 回ないし3 回の連続した授業で少しずつ提示される。各授業では，今日学習する新しい内容が示される。さらに，直近の 2, 3 回の授業で提示された定着させようとしている内容や，もっと前に習った内容ですでに徹底的に習得されていると思われる内容も含まれる◆24。この内容は，先に教わった内容を必要とするような問題や応用のかたちで示されることが多い（S. Engelmann, 1999）。したがって，台本に基づく授業のアプローチは，他のアプローチよりも，より多くの授業時間を学習目標達成に向けて活用する可能性が潜在的に高い。

　台本に基づく授業のアプローチは，本来，伝統的な公立学校のプログラムでは学習面でうまくいかない，主に貧困層にある子どもたちを救うための方法として開発されたものである。しかし，成績の悪い学習者だけでなく，成績のよい学習者に対しても効果的かつ効率的に機能することが示されてきた（Adams & Engelmann, 1996）。「やり遂げる」と名づけられたプロジェクト（Project Follow Through）では，台本に基づく授業のアプローチを他の 8 つの教授モデルと比較した。比較対象となったモデルには，伝統的なモデルや構成主義的アプローチ，自宅学習モデルなどが含まれていた。その成果は，学習の基礎的スキル，認知面，情意面の 3 側面について測定された（Stallings & Kaskowitz, 1974）。台本に基づく授業のアプローチは，これら 3 つすべての側面で，どのプログラムにおいても最も高い平均値を記録する結果となった（Watkins, 1988）。このプロジェクトの分析において，ワトキンス（Watkins, 1988）は，

第5章　直接教授法を用いたアプローチ　97

すべての学習者を対象とした追加的な授業の前提条件となる内容とスキルの習得に対して，さらに重点が置かれていることを明らかにした。また，この分析では，学習者の成功度が高いことが学習者の自己効力感を高めたこととともに，間接的には学校教育への満足度をも高めたことが示唆された。

　台本を用意することが，学習の達成度を効率的に向上させ，成績の低い学習者が同級生たちに追いつくのを助ける効果的なインストラクションの形式の1つであったとしても，低学力をなくすための万能薬になるというわけではない。比較研究（Rosenshine, 2002）では，台本に基づく授業を用いたプログラムが忠実に実施された場合には成績が向上するが，これらの効果は，台本に基づく授業が中断された場合には維持できないことを示している。成績の向上を維持するために，多くの学校では，特に読解と数学の分野において，台本に基づく授業と他の方法とを組み合わせて実施している。

　教師が台本に基づく授業を実施した場合に見られる成績の向上に関する説明としては，台本に基づく授業の明示性によって，学習者の側で何を習得するように期待されているのかを当て推量することが少なくなることがあげられる。伝統的なカリキュラムによる教材や授業では，あまりにも頻繁に何が重要であるのかを学習者に見つけ出させようとしすぎている（Hummel, Venn, & Gunter, 2004）。よく設計された授業においてさえも，扱われる教材が多すぎたり，学習者がまだ学ぶ準備ができていないものに対して学習者自身に関連づけることを求めたりしている。ガーステンら（Gersten, Taylor, & Graves, 1999）は，詳細を強調することによって，台本に基づく授業のアプローチが一般モデルとは大きく異なるものになると強く主張している。

　台本に基づく授業のアプローチは，直接教授法の一般モデルと多くの類似点を共有している。台本に基づく授業の準備は，結果として得られる行動を特定することから始まり，その後で，カリキュラムに関する国や州の標準と合致させる。このような特定と合致に関する責任は，台本に基づく授業を実施する主体（教師個人，教師陣，または市販のプログラム）に委ねられている。これらの特定され，合致された結果は，その後，徹底的に「タスク分析」される。この分析では，成果として指定されている複雑なスキルや概念を構成要素へと分解することで，ある特定のクラスにいる学習者が新しいスキルや内容を学習するために必要な背景となるスキルや知識を全員が獲得ずみになっているようにする。台本に基づく授業のアプローチは以下の点で一般モデルのアプローチとは異なっている。すなわち，(1) 台本に基づく授業のアプローチでは，より詳細なタスク分析が実施され，一般モデルで行われているよりもより小さな段階に分解された結果が導かれる。さらに，(2) 台本に基づく授業では，教師や学習者がどのような言葉を用いるかが厳密に書き下される。

98　第2部　インストラクションへの異なるアプローチについての理論

　この他にも，台本に基づく授業の実施の成功に関連することが多い付加的な設計要素がいくつかある。台本の内容は，「回答→質問→応答」の形式で行われる。まず，授業内容の1つが学習者に提示される。そして，その提示された内容について教師が質問をする。その質問のすぐ後に，合図が出され（視覚的に捉えられるように手を降ろしたり，聴覚的な補助として親指を鳴らしたりする），学習者は声をそろえて質問への答えを返す。台本に基づく授業の多くが，学習者個人に向けて質問をするよりも，全員で声をそろえて質問に答える方法を用いている。声をそろえて答える場合と個別の質問の割合は，約10対1である。

　少なくとも95％の学習者が質問に正しくいっせいに回答することができていた場合には，教師は通常，「はい，いいですね」などと応答し「定着（firm-up）」を図る（ここでは，「よくできました」といった一般的な言葉を単に使用するよりも，学習者が答えた内容を繰り返す方が好まれる。単に一般的なほめ言葉を使用しただけでは効果がないため）。教師は，（1）95％以下しか答えない場合や，（2）学習者がひとまとまりになって回答しない場合，あるいは（3）学習者の答えが正しくない場合には，訂正のための手続きをとる◆25。

　訂正は，懲罰的になることがあってはならない。もし，95％以下しか応答しない場合，教師は「全員に参加してもらう必要がありますよ」と言った上で，質問の内容を再度述べ，合図をもう一度出す。もし，学習者がいっせいに答えない場合には，教師は「合図を出したらすぐにみんなでいっせいに答えてください。もう一度やってみましょう」と言う。そして教師は，質問を再度述べて，合図を出す。答えが正しくない場合には，教師はほとんどの場合，単に正しい答えを示して「もう一度やってみましょう。私の番です」と言う。その上で教師は，同じ情報を提示し，続いて質問と合図を出す。

　台本の内容を伝えた後，即座に，学習者は授業の課題を完成させる。これらの課題は，前回の授業内容のうち，関連するものの復習にもなっている。このような実践は，学習者が授業内容を習得するために必要であり，個別学習と小さなグループでの学習の両方を含むものである。

　多くの教師は初めのうち，過去の経験のせいで，台本を書くことに困難さを感じる。教師が作成した台本では，他の教授方法の場合と同様に，教師が個々の学習内容を1度しか扱わないということが頻繁に起きる。これではどんなタイプの授業であっても，不十分である。授業中，または授業間で，教師は，学習者が積極的に新しい内容に取り組み，前回扱った教材の復習をするための豊富な機会を提供しなければならない。教師が実行する台本のペースは速いので，教師も学習者も疲れてしまう。台本による実際のやりとり自体は，20分を超えるべきではない。授業時間の残りの部分は，学習者が授業内容を習得する手助けとなるような練習活動の時間や，何を学習したのか

を確認するための評価活動に費やされる。学習者は，練習や評価活動に，個別，または協調学習グループで取り組むことができる。学習者がそれらの活動において習熟していることを示すことができたならば，即座に成績をつけるための個別評価を実施するべきである。単独で実施する実践課題，特に教室外で実施される課題は，教室での活動と同様の構造で行う必要がある。授業が完了した際（すなわち，すべての目標を学習し終えたとき）には，総括的なクイズやテストを実施すべきである。

4つのタイプの文（つまり，宣言文，感嘆文，命令文，疑問文）を教えるための台本に基づく授業の例が，http://chiron.valdosta.edu/whuitt/edpsyc/DI_lp_sentences.doc で参照できる。

これらでは，授業がまず先行オーガナイザー（Ausubel, 1978; Walberg, 1999）から始められていること，また，本日の目標が伝えられ，説明されている点に注目してほしい。次に，本日の授業内容の前提条件の復習に数分が費やされている（しばしば，宿題のチェックもこの復習に含まれる）。そして，本日の内容（せりふ）が伝えられる。この後，インフォーマルな活動を実施する（たいていは筆記練習である）。学習者がどの程度できたかの結果に基づいて，教師は他の内容で活動をもう1つ実施したり，あるいは正式の評価（自習やクイズ，もしくは授業終了時刻に近い場合には宿題）を行ったりする。http://chiron.valdosta.edu/whuitt/edpsyc/lpexam3.html には，上記で議論した直接教授法の一般モデルを使用した同じ授業が示されている。

台本に基づく授業の設計要素を使用することができるように教師を研修する際の重要な利点としては，研修過程で利用できる市販の教材が存在するということがある。教師がこれらの教材を使用して適切に研修を受け，コーチされた場合には，多くの教師はより台本に基づく授業の原則（小さなまとまり，合図で声をそろえて応答させる方法）を彼らの授業で使用し始めたいと述べ，彼ら自身の台本に基づく授業の開発と実施を始める（Hummel et al., 2004）。

台本に基づく授業のアプローチを活用することが適切かどうか，またそれはいつなのか見極めることは，直接教授法そのものをいつ使うべきかを決定するとの同じくらい重要である。数学の文章問題を手順に従って解くスキルを教えるときや，その他の具体的な手順を持つ活動のような，連鎖的な行動を表す授業内容とスキルは，台本に基づく授業を採用する候補となりうる◆26。台本が役に立つかどうかについて教師が判断する際に助けとなるもう1つの要因は，学習者の特性である。授業で習う内容やスキルが，学習者後の学業に対してきわめて基礎的ですべての学習者が完全に習得すべきものである場合，また，学習者が学年相応のレベルの要件に達していない場合，あるいは相当数の学習者が新しい授業の前提条件を習得していないという懸念がある場合には，台本に基づく授業のアプローチが採られるべきである。これらの状況はす

べての教室で起こりうることであるため，すべての教師は自身の教え方のレパートリーの1つとして，台本に基づく授業の専門知識を有するべきである。

　台本に基づく授業は，他の授業方法と同様に，ブルームら（Bloom, Engelhart, Furst, Hill, & Krathwohl, 1956）による認知領域のタキソノミーでいう，低いレベルでのスキルの学習のみに対象を限定する必要はない。注意深く計画すれば，一般的に問題解決に関連づけられるスキルである分析や評価の方法について学習者に教える授業向けにも，台本を開発することができる。台本に基づく授業は，以下のように定義される大きなアイデアを扱うすべての科目において開発されてきた。

> 最も効率的で広範な知識の習得を容易にするような，高度に選択された概念，原則，規則，方略，あるいは経験則。理科，国語，数学，社会科といった教科において複数の異なる小さなアイデアを結びつける役割を果たす大きなアイデア。これらは広範囲に及ぶ多様な学習者のために内容領域を解き明かす鍵となるものであり，定義のかわりに事例を介して示されるのが最善である。（Kame'enui, Carnine, Dixon, Simmons, & Coyne, 2002, p. 9）

まとめと結論

　直接教授法の基盤である研究の方法，特に過程－産出研究による結果の理論的性質に対してはいくつかの批判がなされてきた（Garrison & MacMillan, 1994）。しかし，直接教授法の一般的なガイドラインや，一般モデル，そして台本に基づく授業のアプローチは，今日の教室の授業においてその効果を発揮している。実際には直接教授法は，非理論的なアプローチではなく，教室での学習に関する研究に関連した4つの主要な学習理論から得られた原則を用いた折衷的な（eclectic）アプローチである。明確で観察可能な目的を述べることや，学習を小さな段階に分けること，そして各段階の習得のための修正と強化を強調していることからもわかるように，オペラント条件づけと行動分析学の影響を受けているのは明らかであろう。情報処理理論と認知学習理論の影響は，先行オーガナイザーの使用や，新しい学習と以前学習したことのつながりをつくること，あるいは高次の質問を用いることや，学習者に精緻化活動に取り組ませる主張に見てとれる。その他の学習理論もまた，直接教授法で容易に実施できる原則に寄与している。例えば，教育に対する人間中心主義的なアプローチである，促進的教授（facilitative teaching）で推奨される原理（例えば，学習者の心情に応えたり，学習者に微笑みかけたりすること）は，授業中に実施可能なものである（Asby

& Roebuck, 1977)。協調学習（Johnson & Johnson, 1998; Slavin, 1994）のような社会認知学的アプローチの構成要素は，指導付き練習の中で簡単に実施することができる。

エンゲルマン（S. Engelmann, 1999）は，特定のカリキュラムにおける効果的な授業を「階段」に見立てている。階段の各段階は，学習者がすでに前提条件を獲得している新しい学習内容とスキルをあらわす。教師は，そのレベルと関連づけた学習活動を指示し，学習者はこれらのスキルを習得する。新しい各段階の授業は，それと関連ある内容を習得するために同じ程度の時間と努力を要する。より高い段階(すなわち，後の授業) は，より複雑な内容を含んでいるが，学習者の視点からは，それらはより難しい内容であるとはみなされない。なぜなら，学習者はすでにその授業の前提条件をすべて習得ずみであるからである。

今日，学習の成果は主に基礎的スキルの標準試験によって評価されている。標準試験の批判をする者たちは，標準試験によって測定される目標に向かって明示的に教えることによって，カリキュラムを狭めてしまうと反対している（Kohn, 2001）。しかし，すべての学習者が明示的な知識体系を対象として特定の時間内に習得しなければならない場合には，それこそがなされるべきことそのものである。もし，我々の社会が学校学習の成果の測定方法を変えて，学習者の調べる能力（Minstrell & van Zee, 2000）や，高次の思考力や批判的思考力（Kuhn, 1999; Oxman, 1992），または，自身の判断力を実証するような成果物の創造（Gardner, 1999a, 1999b）によって評価するようになれば，これらの課題をやり遂げられるようなインストラクションのアプローチを提案することがもっぱら適切になる。しかしながら，ハーシュ（Hirsch, 1996）が主張しているような，または，標準試験によって評価されているような幅広い領域の知識とスキルの習得が期待されている今日，直接（明示的）教授法は，良質の授業を設計・実施するためのアプローチとして最も頻繁に選ばれている。教師の専門知識や授業時間といった希少な資源を管理するために，非常に効率的な方法だからである。

本章では直接教授法の設計属性に焦点を当ててきた。だからといって，良質のインストラクションが提供されれば，すべての学習者が学習内容のすべてを習得できると仮定すべきではない。キャロル（Carroll, 1963）が明らかにしたように，学習者はそれぞれに異なる学習能力を持っているため，教育者は２つの選択肢を持っている。1つは，すべての学習者が明確に宣言された習得のレベルに達成することが見込める場合であり，そのためには，教育者は学習時間が多様になることを容認しなければならない。もう１つは，すべての学習者に対して同じ学習時間を提供する場合で，このときには，それぞれの学習者の習得レベルは異なることになる。今日の教育実践における現実としては，学習時間はほとんどの学習者に対して一定に保たれている（つまり，

180日間，1日当たり5〜6時間）。幅広い目標を効率的に扱うことが，効果を追求することが，効果を追求することが（つまり，すべての学習者が，中心的な内容を習得すること）よりも高い価値があるとみなされているようだ。これは，ブルーム（Bloom, 1976）による伝統的な慣行に対する主な批判である。放課後や土曜日の補習授業，またはサマースクールなどの機会を与えられるような学校や学区域ですらも，それらが義務であることはほとんどない。求められる授業内容とスキルの習得よりはむしろ，授業において過ごす時間数のほうが重要な要因であるという印象を与えている。

　結果についての説明責任が問われるこの時代においては，教師は質の高い授業を実現すること（つまり，計画，運営，そして教授すること）が期待されている。しかしながら，学習者は家庭や，学校，近所，地域社会，そして文化の中に存在している。その行動が学校における学びに貢献するような人々と組織もまた，説明責任を負うべきである（Berliner, 2005）。校長は，リーダーシップを効果的に発揮する必要があり（Huitt, 1997），学校は適切な規模で運営されるべきである（Howley & Howley, 2004; McMillen, 2004）。学校と学区域は，目的とする学習内容とスキルをすべての学習者が習得できるように，適切な学習時間を提供する必要がある（Berliner, 1990; Caldwell, Huitt, & Graeber, 1982）。家庭は，学校での学習を促進するような家庭環境を提供する必要がある（Evan, 2004; Walberg, 1999）。州政府機関は，基準参照試験や基準準拠試験で評価される目標達成のために適切な教材を提供する必要がある（Bracey, 1987）。連邦政府は，学校の改善のために適切な資金を提供する必要がある（Fratt, 2005）。これらの課題にも，授業を行う教師が可能な限り高い品質の教育を実施することを奨励し，研修を受けることと並んで，等しく高い優先順位を与えるべきである。

❯❯❯　原注

- ◆1　編者注：求められる成果はカリキュラム理論の構成要素であり，教授設計におけるコンテンツレイヤーに位置づけられる。
- ◆2　編者注：現在では「優先順位に関する価値観（values about priorities）」と呼ばれている（第1章参照）。
- ◆3　編者注：この原則は，カリキュラムと評価，そしてインストラクションとの相互関係の中に位置づけられる。
- ◆4　編者注：この原則は，学習者が何を教えられるのかについて定義しているため，カリキュラム理論の一部であり，教授設計におけるコンテンツレイヤーに位置づけられる。
- ◆5　編者注：何を教えるかの決定はカリキュラム理論の問題であり，教授設計のコンテンツレイヤーに位置づけられる。
- ◆6　編者注：目標や基準の習得は，学習者を仕分けるために設計された工業時代の教育のパラダイムとは互換性がない（第1章を参照）。
- ◆7　編者注：これは教授方法であることから，教授事象理論の一部であり，教授設計における方略レイヤーに位置づけられる。この方法は（他の一般モデルにおける方法と同様に）方法の集合

第5章　直接教授法を用いたアプローチ　103

体の中では，一般概念の普遍的位置づけにある。そのため，モデルとしては相対的にあいまいな部分である。

◆8　編者注：メリルの例示の原理（Merrill's demonstration principle）に即している。
◆9　編者注：(A)，(B) と (D) は，教授事象理論の一部，(C) は，教授評価理論の一部である。
◆10　編者注：これらは理論の説明の精密さをより高める教授理論の一部である。
◆11　編者注：これらは最初の部分の一部であり，すべて教授設計における方略のレイヤーにある。5つ目は，評価および教授の双方の目的で使用することができ，情報時代の教育パラダイムになくてはならない指導と評価との融合を象徴している。この5つ目はメリルの応用の原理（Merrill's application principle）にも適合する。
◆12　編者注：メリルの活性化の原理（Merrill's activation principle）
◆13　編者注：メリルの例示の原理（Merrill's demonstration principle）
◆14　編者注：これらは，複数の種類を識別することで，ある方法の説明をより精密にするものである。しかし，理論によっては両方の種類を推奨することもでき，その場合，両方とも（そのインストラクションの）異なる部分とみなされる。したがって，部分と種類の間の違いがあいまいな領域もある。もし単に種類とみなす場合には，どのようなときに，それぞれの種類が他よりも優先的に使用されるべきかについての指針を提供することが重要となり，それは状況性になる。
◆15　編者注：ここからはメリルの課題中心の原理（Merrill's task-centered principle）に対応し始めている。
◆16　編者注：これらは順序に関する種類であり，選択肢となっている。
◆17　編者注：ここに，インストラクションの順序づけを行うために，いつこのタイプの関連性を使用するかについて決定するための状況性がある。
◆18　編者注：これはメリルの応用の原理（Merrill's application principle）に適合するが，指導と評価が融合している。
◆19　編者注：これらもまたメリルの応用の原理に適合する。これらはすべて練習の種類であるが，すべて利用されるべきものであるため，教授理論の部分でもある。もし任意のインストラクションの一部として，この中からたった1つだけを選ばなければいけないのであれば，それは単に種類である（部分ではない）。
◆20　編者注：これは部分的にはメリルの統合の原理（Merrill's integration principle）に対応する。
◆21　編者注：選ぶべき選択肢が提示されているため，これは方法の種類を特定することによる精緻化である。もちろん，実践者がそれぞれをいつ使用するかを決定する際には，状況性がその助けとなる。
◆22　編者注：これがこの場合における状況性（situationality）である。
◆23　編者注：方法（もしくは原則）をより精密にするような方法の「種類」を原則の「例」が示してくれることも多い。
◆24　編者注：これは教授設計におけるコンテンツレイヤーの一部である。
◆25　編者注：これらは，修正の手続きを使うための3つの「状況性」である。
◆26　編者注：これが直接教授法の一種として台本に基づく授業を採用するための状況性の1つである。もう1つはこの後に続く。

▶▶▶ 訳注

◇1　訳者注：アメリカで広く行われているコミュニティ・サービス活動と教科学習をつなげた社会貢献型の体験学習。

第6章
ディスカッションを用いたアプローチ

ジョイス・テイラー・ギブソン（マサチューセッツ大学ロウウェル校）

ジョイス・テイラー・ギブソン（Joyce Taylor Gibson）は，マサチューセッツ大学ロウウェル校（UML）大学院教育学研究科准教授である。30年以上にわたって教鞭をとり，リーダーシップ，多様性と組織変化を専門に研究・教育・出版してきた。ギブソン博士は，家族・職業とコミュニティのためのセンターの副センター長であり，自治体や連邦，企業スポンサーとともに，メリマックバレーにおける貧困・マイノリティ層向けの長期大学進学プロジェクトの立ち上げに寄与した。彼女は最近，UMLでの教学担当副学長の職務を満了して教授職に戻り，NSFと大学協会から資金を得て実施中のUMLの2つの学部における在籍率向上プロジェクトのコーディネータを務めている。ジョイスは長年にわたって，ディスカッション授業を学んできた。AERAやハーバード大学デレク・ボク教育学習センターやペース大学事例研究所のセミナーや事例研究会に参加してきた。

第 6 章　ディスカッションを用いたアプローチ　105

本章の概要

前提条件（どのようなときにこの理論を用いるか）

内容

- トピックの徹底的な調査，多くの情報は提示しない。
- 批判的思考（critical thinking）や課題解決スキル

学習者

- すべての学習者

学習環境

- すべての教室
- 授業の一部または授業の全体

インストラクション開発上の制約

- リソースを開発する必要があまりないので，最小限。

価値観（何が重要であるかについての見解）

目的について（学習目的）

- 教えることではなく学ぶことを強調する。
- 深く考えること，鋭い分析のスキル，学習者への権威移譲を重視する。

優先事項について（インストラクションを成功させるための基準）

- 効果と魅力が高く評価される。
- 効率はあまり評価されない。この教授方法では，学習者との相互作用やその過程に時間がかかる。

手段について（教授方法）

- アクティブな学習者の学び（参加）を重んじる。
- 異なった見解を尊重することを重んじる。
- 協調することや民主的なプロセスを重んじる。
- 質問すること，批判的思考や問題解決スキルを重んじる。
- 学習者の共同体の形成を重んじる。
- 生活経験は学習と切り離せないものでなければならない。

権限について（上記 3 条件についての意思決定）

- 学習者への権限移譲に重点を置く。
- 大いに包括的で，なおかつ参加型であるべき。

普遍的方法

メリルの第一原理に関連するもの

- 学習者自身の多様な背景と結びつけて，実際の生活の問題に取り組ませる。
- 新しい知識を構築するための素地として，既存の学びを活性化させる。
- ディスカッションの間は，批判的思考や課題解決スキルを実践する。
- 先行オーガナイザーやグループでのフィードバックまたは省察の助けを借りて，個人または小グループで行う演習で新しい知識を応用する。
- さらなる他者との交流，そして他者に対する敬意の変化を通じて，新しい知識を統合する。

ディスカッション授業の原理に関連するもの

- 教師と学習者が学びの責任を共に分かち合う。
- 協調活動や多様な世界観を尊重する雰囲気をつくり出す。
- ディスカッション・アプローチを用いる教師自身が，学習内容に精通しており，なおかつ強固なファシリテーションスキルを持っていることを確認する。
- 学習者の人生経験を認め，それを活用する。
- 傾聴や省察，統合といった高次の学習を行う機会を設ける。
- より民主的な学習コミュニティを奨励する。
- 教室を学習者間や学習者と教師とのやりとりを可能にするような物理的環境にする。

ディスカッション授業のプロセスに関連するもの

- プランを考える。
- コンセプトの概要を考える。
- 質問の概要を加える。
- 一目で見てわかる概要を作成する。
- 例示を通じてディスカッションプロセスのモデルを見せる。
- 期待することを明確に述べる。
- やりとりの基本的なルールを決める。
- 練習セッションをデザインする。
- 困難や問題について予想しておく。

状況依存原理

- とても幼い学習者や，特別なニーズを持つ学習者，または言語や表現力に関する能力が十分ではない学習者の場合には，学びの責任を共有するという原理を

第6章　ディスカッションを用いたアプローチ　107

多少変更する必要がある。

- オンラインディスカッションでは対話の流れを変える特別な条件が加わるが，それはまた刺激的な新しいコミュニケーションの機会でもある。
- もし抵抗を示す学習者がいて，ディスカッション・アプローチが持つ力を十分に発揮できないときは，より多くの時間をかけて進めていくか，もしくは少人数グループに分けて抵抗を乗り越えるようにする。

（編者）

108　第2部　インストラクションへの異なるアプローチについての理論

　インストラクションにおけるディスカッション・アプローチは，もっと一般的には
ディスカッション授業として知られているが，学生と教師による活発な学習を中心と
する教育手法である（Christensen, Garvin, & Sweet, 1991）。ディスカッション授業
とは，（1）学習指導における責任を分担すること，（2）学習者の声，経験，そして世
界観を尊重すること，（3）学習指導の原動力として民主的参加を推奨すること，（4）
批判的思考（critical thinking）と課題追究のスキルを高めること[◆1]，そして（5）知
識追究のために共に学ぶ学習者の共同体（community of learners）をつくること[◆2]
によって構成されるディスカッション授業は，その本質から，排他的でなく，参加型
である。教育の方法を，教師中心のアプローチから責任分担型のアプローチへと変化
させ，そのため激励的で挑戦的なものである。責任が分担され，教師が全体のコント
ロールを持たなくなると，教育プロセスのリスクの高まりや不確実性は脅威でもある
が刺激的なものになる。特に学習者にとっては，人生が変わるような学習のパートナー
シップに発展する可能性を秘めている。クリステンセンら（Christensen et al., 1991）
は，この教育手法を次のように関連づけている。「ディスカッション授業は，自由な
環境や主導権を共有することを推奨するオープン性，そしてリーダーシップやクラス
運営に関する責任を要求する」（p. 106）。

　ブルックフィールドとプレスキル（Brookfield & Preskill, 2005）は，ディスカッショ
ン授業法は必然的に民主的な学習方法であるという理念を持っている。彼らはこの教
育法を，高度な学習活動を促すものだと見ている。「我々は，ディスカッションとは，
相互依存性と社会的活動，交流と探究，協力と協調，そして公式と非公式を内包して
いるものだと理解している」（p. 6）。主たる教授アプローチとして利用される場合で
も，いくつかある教授方法の中の1つとして利用される場合でも，ディスカッション
授業は高度な学びを追求するために，すべての参加者による相互のやりとりを要求す
る。学習は共同的な活動である，というのがこのタイプのインストラクションの前提
である。ディスカッション授業の真価を十分に理解するためには，工業時代の教育パ
ラダイムにおける視点を逆にして，学ぶことこそが一番の優先課題であり，教えるこ
とではないという点を理解しなければならない[◆3]。このアプローチでは，学生と教師
が相互に学び合うこと，そして学生どうしが相互に学び合うことも必然的に要求され
る。このユニークな学びの交流は，深い思考を促し，分析スキルを磨き，参加者に社
会の一員となることのできる力を与える（Brookfield & Preskill, 2005）。

　この教授方法によって反映される価値観は，次のとおりである。

- 個々人が自分自身の学びに参加するべきであると信じること。
- コンセプトや問題に対する異なる見方を尊重すること。

- 協調作業と民主的な学習プロセスを促進すること。
- 質問や，批判的思考，問題解決能力を強調すること。
- 学習者の共同体を形成すること。
- 学ぶことは生活経験（life experience）と切り離すことができないものだと認めること。

　さまざまな種類のディスカッションを授業で利用するための多くの構造や活動が存在するが，その教授方法には上述の価値観を反映すべきである。バーキストとフィリップス（Berquist & Philliips, 1975）は，多くの構造についての一覧表を作成し，小規模な大学における教師の能力開発ハンドブックに列挙している。
　ディスカッション授業アプローチは，トピックを深く追究していくことや，アイデアの交流，あるいはさまざまな視点を持つ人々との交流が重視される場合，もしくは共同体の中で分析や批判的思考のスキルアップが必要な場合とに一番適している[4]。ディスカッション授業に適していない状況としては，教材の提示や情報の共有を通してある特定の知識基盤を構築することや知識の土台を広げていくことに焦点が当てられている場合などがある。加えて，膨大な量の資料を限られた時間内で提示するにはディスカッション授業は適切なアプローチとはいえない。ディスカッション授業ではそのプロセスと対話に多くの時間が必要である。

ディスカッション授業の普遍的な原理

　ディスカッション授業の普遍的な原理には，メリルの第一原理（第3章参照）のすべてが含まれている[5]。ここでは，これらの2つの原理の関連性について手短に述べた後，ディスカッションの原理についてより詳細に述べる。本章の後半では，このアプローチを使い始める際のガイドラインを提示し，教師と学習者のための提案を記す。
　学習者が現実の問題に関わることは，学習を促進するためのメリルの第1番目の原理である。アクティブ・ラーニングには，学習者の成長を促すものとして，探究と問題解決を必然的に伴うことになる。日常生活上の問題と正式な学校教育とを関連づけることについては，デューイ（Dewey, 1938）によって経験と教育を結びつけることが主張され，何十年間も教育における重要な構成要素であった。これは構成主義理論を主張しているブルーナー（Bruner, 1966）のような現代の理論からも支持されており，学習者は新しいアイデアと過去に学んだ概念と結びつけ，課題解決のための新たな意味を構成するといわれている。質問すること，それがディスカッション授業にお

いて最も基本的なツールである。このアプローチは参加することがその本質であり，学習者個々人が持っているそれぞれの文化や経験などを反映した各人固有の背景を受けて，同じ問いに対して異なる反応を示す学習者間の違いを利用するものである。

活性化というメリルの第一原理のうちの２番目の項目は，すでに持っている知識を新しい学習のための基礎に置くことを指している。ディスカッション授業の参加者は，最初の段階で教師によってあらかじめ設定され例示されていた問題が，徐々にこれまでにないほどの複雑な質問になってもそれに答えていく。学習者は，現状において自分たちが持っている知識だけでなく，以前に得た情報を必然的に活用していくことになる。以前の情報を呼び起こすための批判的思考や省察の活動が，このディスカッション・アプローチにおいては大変重要な意味を持つのである。リンク，またはブリッジングと呼ばれる概念も，既存の知識と新しい情報をつなぎ合わせるための手法として教師によって使われる。

新しく学ぶ事項の例示によって学習を促進することは，メリルの第一原理のうちの３番目の項目である。この原理は，ディスカッション授業において明確に現れている。教師による指導のうち，メリルが教育の一貫性（consistency）と呼んでいるもの，つまり，情報を提示することに加えて，学習ゴールと一致した適切な関連情報へと学習者を導くことである。ディスカッションに関して，多様なタイプの質問方法を例示することやさまざまな参加方法を提示することは，建設的なディスカッションを行うための高次のスキルを教える方法である。それには，同僚にディスカッション授業への多種多様な参加方法を実際に演じてもらうこと（Brookfield & Preskill, 2005）も含まれる。学生の学習が進むにつれて，教師は，指示や情報の共有，ディスカッション授業のプロセスや構造についての事例提供を少なくしていく。それによって，教師は，ディスカッションに関する高次のスキルを例示するよりも，内容を教えることへとより焦点を当てていくことを示すのである。

新しい知識の応用というメリルの第一原理のうちの４番目の項目も，ディスカッション授業アプローチに組み込まれている。通常，小集団教育での自由な演習や，先行オーガナイザーの利用などを通じて学習者が新しい概念を応用することを支援する。新しい知識を応用する練習は，毎回の授業あるいは個人または小集団で行う学習セッションの中に組み入れて設定できる。その後，提示されたアイデアを聞いたり，考えたりすることを通じて他者によって分析される。このようなローテーションを各授業で繰り返し実行することによって，一人ひとりの練習を確かなものにする。学習対象とする概念の説明と一緒に事例研究を示したり，その成果を相互に批評したり，あるいは教材を用いて視点の違いを討論したりすることで，新しい知識を例証することができる。レポート課題も，学習者が新しい知識を応用できることを示すもう１つ

の手段である。

　新たな知識を学習者の世界に統合していくというメリルの第5番目の原理も，ディスカッション授業アプローチにおけるさまざまな方法の中に見いだすことができる。省察は，新たな発見についての対話の中で生じる。これは，新しい学びというものがある期間にわたって行われる他者との対話の中で確実に変化するもの，例えば，言葉，トーン，質問の種類などの変化を通じて明らかになるからである。学期末に行われる学生個人で取り組む最終プロジェクト（capstone project）やグループによるフィールドプロジェクト[6]という2つの方法で学習内容に関連する課題に取り組むことによって，学習者がどのくらい知識を統合できているかを実際に示す機会になる。筆者の同僚の1人は，学生にヒント集（tips）をまとめた冊子をつくらせている。その冊子には新しく学んだ知識や，自分自身の考え方の変化についての説明が書かれている。そして，学外の審査員によって，その冊子に書かれた内容が，役に立つものであるか，現実的なものであるかについてのレビューが行われている。ブルックフィールドとプレスキル（Brookfield & Preskill, 2005）は，ディスカッション・ログと呼ばれる魅力的な学習活動を提案している。この手法では，学生に何を学んだのかについて記録し続けさせるとともに，以前はできなかったが今なら他者に教えることができることは何か，また，誰かと一緒にできようになったことは何かを記述させるものである。

　以上のように，メリルの第一原理がディスカッション授業に反映されていることは明白であり，そして，その多くは下記に示すようなディスカッション授業の普遍的な原理とも直接的に関係している[7]。

1. 責任の共有　ディスカッション授業は，教師中心のアプローチから，学習の責任を教師と学習者が分かち合うアプローチへと変化させるものである。責任を分担するということは，学生，特に教師が教えることと学習の成果についての権限を持つものだという考え方に慣れている者にとっては重要な，そしてしばしば予想外の変化である。責任を共有するということは，学習者にとっては重要な，そしてしばしば予想外の変化である。特に，教師が教えることと学習成果についての権限を持つものだという考え方に慣れている者にとってはなおさらである。役割を分担することは，教師が授業の方向づけや，学習者と教師，あるいは学習者間の対話をどのようにするかを考える責任を放棄するという意味ではない。このパートナーシップは魔法のようにすぐできるものではなく，教師が意図的に築き上げなければならないものである。そのために教師は実践的な手法を段階的に用いて，パートナーシップを促進しなければならない。例えば，学習者とのコミュニケーションをする上での明確な基本ルールをつくることがはじめの一歩である。他にも，責任を分担することの重要さを示すために他

112 第2部　インストラクションへの異なるアプローチについての理論

者との間で役割や責任についての約束事をつくること，発言には注意深く耳を傾け，学習者による貢献に対して一貫した対応をすること，そして，未知に挑戦する学びの共同体全員にリスクがあることを理解させるために，例えば，すべてのことに正解があるわけではないことを認めたり，沈黙を許容したりするなどの形で自分自身の弱さ（vulnerability）をさらけ出すことなどがある。このユニークなパートナーシップについての詳細は，クリステンセンら（Christensen et al., 1991）に詳しい。

2. 協調活動と多面的な観点　ディスカッション授業は，協調活動と多面的な観点や世界観を尊重する雰囲気をつくり出すものである。ディスカッション授業を導入することは，考えているよりも難しいものである。なぜならば，ほとんどの学習者が教室において受身的な態度でいることに慣れてしまっているからである。このアプローチを導入していくにあたっては，シラバスや授業の最初に行われる説明，ディスカッション中に期待されることについてのモデルの提示，さらにはディスカッション最中の直接的なコーチングを通して，学びの共同体の中での自分たちの役割を学習者が理解するまで指導を行うことができる。教室でお互いに学び合うことは，まったく新しい意味を持つ。ディスカッションのプロセスは，テーマやアイデアに関するさまざまな観点をお互いに聞き合い，追求し合うことから生まれる宝物のように大切なことが明らかになっていく過程である。従来の教育のように，他人と競い合うことではない。ウィルキンソンとデュブロー（Wilkinson & Dubrow, 1991）は寡黙な学生が思い切って議論に飛び込むことによって，自立した考えの持ち主になることを次のように述べている。「強い力が自立的な思考を自発的に表現したりそれを発達させることを阻害している。…学習者が他人の意見に従うことをやめたときに，彼らは問題を識別し，評価し，論理的で，正当な解釈ができる。そして，誰かの助けがなくても，結論を導き，それを吟味することができるようになる」（p. 249）。学習者がこのような独立した思考へと飛躍できるようにするためには，教室が安心できる環境である必要がある。

　そのような協調活動ができる雰囲気を創出し，また，管理していくのにあたっては，社会的問題への感度を高くしておくことが必要である。例えば，教師主導の教育ではあまりふれられない社会における階級，人種，ジェンダーといった問題である。このような問題は遅かれ早かれ表面化するものであり，対話を阻害するものとしてではなく，それを充実させるものとして扱う必要がある（Friere, 1970; Rogers & Freiberg, 1994）。

3. 教師が持つべき力量（インストラクタ・コンピテンシー）　ディスカッション授業を担当する教師は，当該の分野における力量◆8とグループファシリテーションの

スキルを持っている必要がある。ディスカッション授業は，教師にとってはかなりの重労働である。なぜならば，この方式は講義形式の授業に比べて，より多くのスキルや知識を必要とするからである。教師は，知識を共有するための準備だけではなく，ディスカッションのマネジメントもしなければならない。起こりうると予測されることに対しての計画を立てる必要もある。最悪の場合には，その計画を放棄する必要があるかもしれないことも，承知の上で！　自分ですべてをコントロールしたいと思う者は，あえてこの方法論に飛び込まないほうがいいだろう。なぜならば，計画どおりの成果が得られるという保証はどこにもないからである。それでも，多くの教育者たちはこの「未知数」に魅了される。どのようにして活き活きとした知的交流を生み出し，それを維持していくかということにワクワクしているのだ。クリステンセンら（Christensen et al., 1991）は，スキルの高いディスカッション・リーダーたちは，当初の計画にはなかった自発的な議論や新しい発見に対して「即興で」対処しているわけではないと述べて，ディスカッション授業を選ぼうとしている人々を安心させている。教師がディスカッション形式の教育手法を用いるときには，予期せぬことが起きることも想定の範囲内に置いているので，その瞬間に彼らの傾聴やファシリテーションスキルを駆使してうまく対処することができる。そして彼らには，議論の自然の成り行きを見守ることにする，という裁量権も与えられているのである。

　この二重の役割は，うまく実践できたときには，ショーン（Schön, 1987）が「特有の，不確実かつ矛盾に直面する実践場面で実務家が示す能力」（p. 22）と述べた意味での，プロフェッショナルの芸術性（professional artistry）を表している。この教授方法を使う教師は，計画の如何にかかわらず，議論の展開に合わせて，目の前にある状況に対して新たな，あるいは異なる対応をしていかなければならない。そのためには，彼らが持つ暗黙知を用いるだけではなく，ショーンが「行為中の省察（reflection-in-action）」と呼んだその場での批判的思考の一種を用いる必要がある。対話の流れを注意深く聞くことは，議論を自由に展開させたり，本人の瞬間的な直感に従ったりすることと同様に，このタイプの芸術性を実践するための重要な要素である。

4. 生活経験　ディスカッション授業では，その学習プロセスの中で，学習者の生活経験を認め，活用するべきである。学習者の持つ世界観や経験を認めることは，しばしば，彼らのこのような形式の教育や学びの原動力に拍車をかけるきっかけになる。この原理は，お互いの名前や顔を覚えることを超えて，お互いの人生や授業に持ち寄った経験についてもっとよく知ることを要求する。例えば，各学習者のこの授業における個人目標を出させるという導入的な課題を設定して，自叙伝的な物語をつくらせることもあってよいだろう。フレイレ（Freire, 1970）や他の研究によると，学習者が

114 第2部 インストラクションへの異なるアプローチについての理論

すでに知っていることを十分に活かし，その情報をその時々の教育場面で使うことの有効性が裏づけられている。教師は学生に関する知識，例えば，個性や話し方，リーダーシップスタイルや他のコミュニケーション的側面などの理解を深めることで，学習者の人生をどのように学習プロセスに関連づけていくのかという点について，多くを学ぶのである。この点は，クリステンセンら（Christensen et al., 1991）やブルックフィールドとプレスキル（Brookfield & Preskill, 2005）によって詳しく研究されている。

このように学習者の人生経験を学習プロセスに含めるためには関係性の構築も必要であり，それがディスカッション授業において学びの共同体を築き上げる土台となる。それゆえに，ディスカッションが円滑に進む環境づくりや質問，あるいはディベートについても，初期段階では教師の責任である。しかし，すぐに学習者がこのアプローチに責任を共有する協力者として参加することを学び，参加者全体に共有される役割へと変化する◆9。そのような共同体における参加者のふるまいは，その共同体の機能に影響を及ぼす。どのように互いに話すか，何を話すか，互いに尋ねる質問のタイプ，対話の頻度，共に過ごす時間の長さ，あるいは質問への返答のやり方など，すべてのことは，参加者がどのようにお互いを尊重し，関係を構築していくかに関連している。この学びの共同体で起こることは，どのように人々が学ぶのか，何を学ぶのか，そして，彼らが議論から生じる知識をどのように使っていくのかなどについて影響を及ぼす。

5. 高次の学びのための活動　ディスカッション授業には，傾聴，省察，応答そして結合を含むべきである。それは，より高次の学びを促進するために不可欠な活動だからである。これらの活動は，「ディスカッション授業のためのツール」と呼ぶことができるだろう。それは，論理的思考を通じた他者とのコミュニケーションが，この方法における教育プロセスの中心だからである。この原則を通じて，教師と学習者の双方が，プレゼンテーションもしくは発見によって新しい知識を生み出す機会を持つのである。ここでの利点は，教師もファシリテーションやコーチング，発見を促す工夫や学習によって新しい知識を授けるという役割を持ち続けながら，そのような教える役割を果たすだけではなくディスカッション授業では全員が学べることにある。一方で，学習者は学習者どうしや教師に自由に質問することができ，自分自身の経験に基づく新たな知識を共有する中核的な存在となることができる。ボエラー（Boehrer, 1995），クリステンセンら（Christensen et al., 1991），ウェルティ（Welty, 1989）は，これらをどうやって実現するのかについて，役に立つ助言を提供している。学習者がディスカッション授業に参加し，最終的には，彼らのスキルを教師と同じように発揮できるようにするためには，教師が学習者と信頼関係を構築することに責任を持たなければいけないことも強調している。これらのコミュニケーションスキルを身につけ

るためには，教師，学習者ともに十分な訓練が必要である。そうすることで，全員が，十二分に学びへとかかわることができるようになる。

6．民主的な学びの共同体 ディスカッション授業は，より民主的な学びの共同体を促進すべきである[10]。ディスカッション授業アプローチがうまく行っているときは，次のような雰囲気であるといえるだろう。それは，参加者の一人ひとりが，発言の許可を求めなければいけないのではないかという心配を感じることなく，また，発言の内容についても不安に感じることのない雰囲気である。この参加の自由は，同じ時間を過ごすことや価値観を見極めること，あるいは基本原則の下で参加者たちが議論を行うことによって築き上げられる信頼の雰囲気によってもたらされる。プロセスが民主的であるかどうかを誰か1人が一方的に決めつけることはできない。それは，参加しているメンバーの一人ひとりが感じ，そして認識されるものでなければならない。明示的および暗黙的な行動や活動についての約束事をつくることは，このような共同体構築のための1つの方略である。これは，授業の進め方について全員が理解できるような明確な基本原則を設けることや，教師が手本を示せるような結果責任についてのルールを策定すること，あるいは教師が結果に責任を持っていることを学習者に徹底させるように教師自身がふるまうようにすることを含んでいる。学習者に，教師と同様の結果責任を分担するように求めることは，デリケートで難しいものである。そして，結果責任については，学習者の正当な行使の範囲について，約束事に含めておくのもよいだろう。このような学習者へ責任の一端を担わせることは，ディスカッション授業についての定期的な，簡易かつ無記名の書面による評価によって行うことができる。ここでは，ディスカッション授業のプロセスのどの側面についての批評も参加者から受けるようにする。授業のフィードバックとしてこれらの評価結果を集約することは，すべての参加者にとって有益であろう。そして，これは，授業の最後または定期的に行う報告会（debriefing session）の中で行うこともできる。教師は自分の担当している個々の学習者に対して，報告会や個人面談の際に，ディスカッション授業の中で反論されたかもしれないことや自分に結果責任が追及されたかもしれないことを例示しながらコーチングを行うこともできる。ハンセン（Hansen, 1991）やディロン（Dillon, 1994）は，この重要な共同体を構築するための詳細なガイドラインを示している。

7．物理的な環境について ディスカッション授業は，このタイプの学びに必要な対話を可能にするような物理的環境の中で行われるべきである[11]。参加者が容易にコミュニケーションできるような環境をつくり出すということは，一般的には椅子や机，

黒板やホワイトボードまたはフリップ・チャート[1]，あるいは各種メディアを投影するスクリーンなどが，ディスカッションを導くような形で配置されていることを指す。コの字形の部屋の配置はよく知られており，可動式のイスや机によって，大人数から少人数グループでの対話用へと簡単に組み替えることができる。参加者が教師や他の参加者と簡単に意見を交わせるような配置をすることで，ディスカッション授業における議論の流れが円滑なものになるだろう。円形の配置は，少人数グループでの活動に適したもう1つの一般的なやり方である。この形は，集めやすく，また，もとに戻しやすいという特徴があることから，どのような場所でもつくることができる。環境は，この教授方法においてコミュニケーションの障壁となってはならない。教育を支援する意見交換に常に有利になる配置とするべきである。

ディスカッション授業の実践

　この節では，どのようにディスカッション授業を始めたらよいのかについて説明する。この節で紹介するアイデアは，私自身の経験や，クリステンセンら（Christensen et al., 1991）やブルックフィールドとプレスキル（Brookfield & Preskill, 2005）によるディスカッション授業に関する資料によるものである。

1. 始めてみる／計画をつくる　指導計画は必要なツールである。それは，教師と参加者に対して方向性を示すだけではなく，ディスカッションの際の資料にもなる。ディスカッション授業は，必ずしも指導計画で書いた内容に沿って進行するとは限らない。しかし，指導案がなければ，悲惨な状況になってしまう。教師は，ファシリテータとして，授業で起こることについての責任を持つ。しかし，参加者もディスカッション授業の進め方を理解してしまえば，共同責任者であり一緒に授業を実施するパートナーとなる。ボエラー（Boehrer, 1995）は，ディスカッション授業が進むとともに，指導計画[12]は，教師にとって重要な3つのことのうちの1つになると主張している。他の2つは，参加者のコメントとグループ思考である（p. 7）。クリステンセンら（Christensen et al., 1995）は，教師は準備が2回必要だと説いている。1回目は教師自身のために，そしてもう1度は学習者の視点から準備することである。この指導計画には，学習目標の設定を含んでいる必要がある。これはどのような授業の計画においても共通なステップであるが，教える内容やプロセスの管理を初めて行う者にとっては特に重要な事項である。シルバーマンら（Silverman, Welty, & Lyon, 1993）は，ディスカッションが「雑談」になるのを防ぐためのガイドとして学習目標を使う

第6章　ディスカッションを用いたアプローチ　　117

ことを推奨している。科目における課題について何度も読み込み，詳細についてじっくり考えること。そして，ジレンマの中で，単なる個人的な見解やその他の情報から事実に基づく情報を分けていくこと。事実を見極めることが大切である。

2. コンセプトの概要をつくる　最初に主要コンセプトを決め，それから下位のコンセプトを決めることは，教師に分析の指針を与えると同時に，ディスカッションに一定の方向性をもたらす。ウェルティ（Welty, 1989）などは，教師が自分の分析スタイルに基づいて，主要コンセプトについてのディスカッションの骨格を描いておく準備作業をテンプレート化しておくことを推奨している。このようにしてできた資料は，ディスカッションの進行が遅くなってしまったときや，授業の中で生まれた他のアイデアを組み込むときのガイドとして用いることができる[13]。

3. 質問の概要をつけ加える　シルバーマンら（Silverman, Welty, & Lyon, 1993）は，質問の概要は主要コンセプトと合致しているべきだと説いている。質問することは，一般的に，ディスカッションを進行させていくために決定的に重要なスキルだと考えられており，毎回のセッションおよび科目の始めから終わりまでを通じてディスカッションを促進するように注意深く計画されていなければならない。幅広い質問が，学習者を対話に招き入れるために必要である。また，より詳細な質問も，分析したり省察するためにある特定の領域を精査したり，そこに焦点を絞るために重要である。ハーバード・ビジネス・スクールの教師であり，私が参加したデレク・ボク教育技術センターのセミナーでディスカッション・リーダーを務めたルイス・バーンズ（Louis Barnes）は，熟練した質問者であった。彼は我々のグループに，強さとトーンを変えながら質問を浴びせかけたが，まったく攻撃的ではなかった。初心者は，議論の展開に合わせた資料やガイドとして使うために，あらかじめ質問を書いておいたほうがいい。

4. 黒板もしくはホワイトボードを使って概要を可視化する[14]　可視化された概要を，先にあげたコンセプトと質問という2つの概要に基づいて作成して提示する。これを授業の進行に合わせて，関連するコメントや学習者やリーダーから出されるアイデアを記録するためにディスカッションの中で戦略的に使う。これは学習者にとっては，検証する機会でもある。黒板かホワイトボード，コンピュータ，またはそれ以外の方法で概要を提示することは，視覚型の学習者が主要なアイデアを把握する助けになる。また，すべての学習者にとっても，作業状況を確認しながら参加するためのツールとして機能する。この可視化された視覚的な刺激は，コンセプトを理論や新しい質

問と結びつけることや，ディスカッションを終える際の要約において特に役立つ。

学習者を教育する

　教師がディスカッション授業の準備をすること以上に，学習者にも訓練とこの方式
への備えが必要である。学習者が持っている，伝統的な直接指導モデルという考え方
を捨てることは，彼らにとっては非常に困難なことである。特に，授業の中で自分が
意見を言ったときに嫌な思いをしたことがあり，その結果として教師と参加者との間
の不公平な関係が強まった経験をしてきた場合にはなおさらである。ディスカッショ
ン授業の計画を準備するときには，教師は学習者の視点を念頭に置いておく必要があ
る。

　参加者に活発にディスカッション授業のプロセスに参加することに慣れさせるには
次のようなやり方がある。プロセスの手本を見せること，明確な期待を示すこと，基
本原則を決めること，練習のためのセッションを設計すること，そして阻害要因や問
題を予想しておくことである。

「本物」のディスカッションの例示を通じてプロセスをモデル化する　教師が参加者
にプロセスを教える目的で，今何が起きているのかコメントするためにディスカッ
ションをいったん止めることができる。プロセスの展開に応じてコメントすること
は，ディスカッション授業のプロセスについて参加者の理解を促進するための重要な
ステップである。

明確な期待を示す　シラバスを用いて，科目の学習内容や，成績評価，参加のタイプ，
あるいは教師および学習者の役割についての定義づけを提示する。授業の進行表で，
教師は，ディスカッション授業において，授業の進展による学生の習熟といった学生
の行動への期待を明示的に示すことができる。授業の進行表で，教師は，ディスカッ
ション授業において期待される学生の行動を授業の進展による学生の習熟として記述
することもできる。教師は，ディスカッション授業が進展するにつれて習熟する学習
者の行動として何が期待されるかを，授業の進行表の中に示すこともできる。

対話の基本原則を決める　早い時期にディスカッション授業への積極的な参加を確実
にするには，全員に共通する基本原則を決めておくことである。それは，学生が共同
責任者になることへの不安をなくし，見解や意見を活発に交換することにとても大き
な効果がある。クリエイティブで，オープンで，活発な対話の環境を創出することは，

どのようにディスカッションが行われるのかを示す手助けとして大変重要である。したがって，ディスカッション参加者全員がこの基本原則の創出に携わることで，それらをより強く遵守することになるだろう。

練習用のセッションを設計する　最初の何回かの授業あるいはセッションは，ディスカッション授業の練習にあてることができる。そうすることで，参加者がディスカッション授業のやり方に慣れることを助け，また，この新しい方法で対話することについての自信を築くことができる。練習用のセッションは，セッションまたは科目の始めから終わりまでを通じて，実施することもできる。特に，新しいプロセスを導入する際には効果的である。

阻害要因と問題点を予想しておく　ディスカッション授業における困難さをあらかじめ調べ，それに立ち向かう方法を見込んでおくことは，単純だが計画する上で肝要なことである。このような計画をつくることの助けになるものには，「もしも」の場合のシナリオを使うことや，その計画がもたらすであろう成果について同僚にレビューしてもらうことがある。

　ブルックフィールドとプレスキル（Brookfield & Preskill, 2005）は，ディスカッション授業を用いた教育において，やってはいけないことをあげている。(1) 講義をしないこと。ディスカッションのプロセスを最後まで貫くこと。(2) あいまいにしないこと。具体的に質問し，ディスカッションを始めるときには明確な方向性を示すこと。(3) 沈黙を恐れないこと。慌てて間を埋めたりせず，沈黙の時間をそのままにしておくこと。(4) 沈黙を誤解しないこと。不安，退屈，離脱が沈黙の理由であるとは限らない。人は，考えをまとめたり，どう対応するのかを決めるために十分な時間を必要とすることもある。

◤ ディスカッション

　ディスカッションを始める方法はたくさんある。例えば，質問に応えてくれる自発的な発言者を募る。論点を要約する学習者を指名する。主要なコンセプトを見つけるために学習者を少人数グループに分ける。わかったことを発表してくれる発言者を決める。あるいは，問題に関して，1人につき1つの質問を考えて共有するように各人に頼んでおく，などの方法がある◆15。ディスカッションがどう始まったとしても，教師は学習者がリスクを負える安全な雰囲気をつくり，そして，ディスカッションの進行には，注意深く耳を傾けねばならない。適切で建設的なフィードバック，そして

それに続く質問は，問題の分析のための論理的な道筋に従っていれば，学習者たちの思考を励ますものになるに違いない。ペースや声の調子，強さ，待ち時間，感情への気配り，明確化と解釈など，学習者と自分（教師）のために考え，整理している間中ずっと，これらのことに多大なエネルギーと集中力が要求される。

　ディスカッションの勢いをどのように維持するのかという課題は，このアプローチを採用する人々にとっての主たる関心事である。学習者と教師がディスカッションにのめり込み，話題についての理解をより高いレベルへと引き上げるような活き活きとしたディスカッションこそ，理想とする姿である。ディスカッション教育を担当する教師の多くは，沈黙だけではなく，遅れややる気のなさによる対話や会話の停滞を恐れている。理想的には，指導計画が最もよい資料となるはずである。しかし，それは計画の深さや，やる気に関する状況に依存している。ディロン（Dillon, 1994）は，科目のコンセプトや教材などに関する学習者の反応を予想しておき，事前に回答リストづくりに着手すべきだと提案している。彼は，議論が止まっている間に教師が新しい質問を考えるのではなく，このような方法を使うよう提唱している。参加者からのコメントをレビューしたり関連づけたりすることは，新しい話題や方向性を打ち出すことよりも，会話を前進させる。重要なアイデアや問題を比較したり，関連づけることでも，新しい題材を導入することなく，対話に火をつけることができる。多くのディスカッション授業の実践者は，やる気が低下し始めたときには，ペースを合わせることや役割を変えること，あるいは小人数グループでの演習を入れることがディスカッションを活性化するのに重要であると賛同している◆16。

　クリステンセンら（Christensen et al., 1991）は，ディスカッション授業には最高の状態ですらも，しばしば混乱や無秩序を伴うから，教師は，流れに沿って進めることを恐れなくてもいいのだと示唆している。

> 　ディスカッション授業では，几帳面さは仇になる。混乱が奇跡を起こすこともある。ディスカッショングループに対するただの協力ではなく，活発な貢献をすることが成功への条件である。相互の協力（お互いに努力すること）は，学習者にとって魅力や刺激となるだけではなく，ディスカッション・リーダーにとっても不可欠のものである。あなたの経験やスキルがどれだけ堂々としたものであっても，対話を観察し，まとめ，省察し，会話を評価し，残りの授業の計画を考えるのと同時に質問，傾聴，応答することは難しいことだろう。（p. 106）

　すなわち，プロセスが展開するにつれて，行動しながらその最中に選択する必要が出てくる。グループ全員が十分に参加しているように見えるから，このままのペース

で続けていくべきか？　全員の理解をもっと確実にするために，このコンセプトについてさらに細かく取り扱うべきだろうか？　このトピックと最近扱った他の事柄とを，いつリンクさせるべきだろうか？　少人数のグループ活動は，ディスカッションをより活発にするだろうか？　教師たちがこれらの質問にどう答えるのかはさまざまな要因に依拠する。その教師の経験や教育哲学，リスクを負うレベル，どのくらい参加者を知っているのか，参加者が内容について持っている知識，科目の中で確保できる時間枠，さらには，ディスカッションの論点となるトピックの性質でさえもその要因となる◆17。これらの質問に唯一の正しい答えというものはない。教師はその状況に応じて個別にそれらに対処しなければならない◆18。明らかなのは，ディスカッション授業の準備には，教育の専門家が用いるさまざまなツールが必要であるということだ。そして，それらを使うことは，本質的に自然発生的で未知のプロセスを管理することの楽しみを教師にもたらす手助けとなるだろう。

ディスカッション授業のクロージング（終わり方）

　ディスカッション授業のクロージング（終わり方）には，唯一の正しい答えは存在しない。そして，簡単な答えもない。それぞれの授業でのディスカッションは終わるとも限らないだろう。全員で共有するために，主要なアイデアを要約し，学習のポイントの草案をつくっていく（最初は個人で，その後はグループで）。これにより，何が起こっていたのかを参加者が省察することを促す。そして，ディスカッションの中でたどってきた，多くの場合は複雑な旅路について，思い出すことを助ける。概要を可視化することは，このような流れの中で役に立つ。そして次のセッションの開始点を提供する。ディスカッションのクロージングは，そのディスカッションで生まれた主要なアイデアを支持するための資料を整理したり，求めたりする機会でもある。そして，最後に，全員でセッションを批評する時間を設ける。最初は匿名で行うこともあるかもしれないが，グループ全体での学びを促進するために，常に全員で共有すべきである。これらのステップは一般的なものであるが，教師個人の教育スタイルや性格，また，そのプログラム，セミナー，あるいは科目の目標に合わせて，さらに詳細な内容の計画の下で実施できる。メサ＝バンスとシュルマン（Mesa-Bains & Shulman, 1994）による教師と教師教育向け事例集のためのファシリテータ・ガイドは，ディスカッションの終わり方についての大変に役に立つ資料である。

ディスカッション授業の状況依存ガイドライン

　このセクションで紹介するガイドラインは，普遍的な原則に対して修正が必要となるような特定の教育状況や環境での例である。ライゲルースはこれらの状況について，本シリーズ『インストラクショナルデザインの理論とモデル』の第2巻（1999）において述べ，そして，本書（第3巻）の第1章においてカー＝シェルマンとともにそれらを更新した。彼らは，教授方法の利用に影響を与える主要な状況を価値観と条件の2種類に分類している。1つ目の「価値観」はすべてのステークホルダーに合わせるためのものであり，2つ目の「条件」は学習内容や学習者，環境，それに教育実施上の制約事項によって異なるものである。以下に述べるのは，ディスカッション授業の「条件」による変更についていくつかの例である。

1. 学習者の年齢と学習経験　学習者がとても幼い場合や特別支援が必要な若い学習者，言語の障害があったり授業での使用言語を流暢に使いこなせていない場合には，学習の責任を共有するという第1の原理の修正が必要である。この状況では学習者のタイプに応じた学習を行う。教師は，責任の共有の度合いや，理解不足，言語の流暢さ不足，あるいは身体障害によるコミュニケーションの難しさに応じてコラボレーションの度合いを決める必要がある。これらの学習者が受け持てる責任には，ディスカッション内容の聞き取りやアイデアの関連づけ，ディスカッションの後に行う新しい質問の草案づくり，あるいは少人数グループでの活動の観察と全体へのフィードバックなど，前述したようなさまざまな高度な学習活動が含まれるだろう。コラボレーションはさまざまな形式と度合いで行われる。少人数グループやペアで議論し，その内容を全体に対して発表したり，授業内外で課題やプロジェクトを共同して行うことなどである。このように，責任の共有やコラボレーションにはいくつかの方法があるので，教師は創造的に考え，ときには学習者とのブレインストーミングを行って責任を分担する適切な方法を見いだすのもよいだろう。

2. 遠隔またはオンラインの授業　ディスカッション授業をオンラインで行うときも，参加者どうしの追加的な対話手段として利用されるテクノロジに依存している[19]ため，原理の修正が必要である。この状況は，まず学習環境の種類の違いに基づくものであり，そして，利用されるツールが持つ技術的な複雑さの度合いに依拠して教育上の制約を生み出す。ディスカッションの自発性と流れは，科目を実施している大学や機関のコミュニケーションソフトウェアや学習者のコンピュータの性能から，かなり

大きな影響を受ける。しかし，この形態はコラボレーション用に調整することで刺激的な方法を提供するものであり，ディスカッション授業を行う大黒柱になる可能性を秘めている。遠隔科目におけるコラボレーションは，教室で実施する科目とは違って，話して聞くことよりも，読んで書くことが主要な形態になるだろう。しかしながら，チャットルームで対話することやウェブを通じて互いの姿に対面することなど，いろいろな方法でコミュニケーションを図ることができるようになった。また，対話が教室とは違って仮想的に行われるため，より多くの時間を使うこともできる。コミュニケーションのガイドラインとツールは，バーチャル環境での作業において適切なテクノロジ，プログラムそしてソフトウェアと連携させる必要がある。一方で，ディスカッション授業と学習に関する基本原則やその他の要素については，対面と同じように合意され，協調的な場面設定がなされる必要がある。テクノロジの複雑さの度合いに依存して，対面での対話が可能になったり，また不可能になったりする。したがって，状況に応じて異なるタイプのディスカッションや異なるタイプの共同体がつくられることになるだろう。教師には次にあげる2つの能力がオンラインディスカッションのためにいっそう求められ高まるだろう。1つはコンピュータリテラシーであり，もう1つはディスカッション授業を円滑化させるためのプログラムやソフトウェアに関する知識である。これには対面授業を担当する教師に比べて，かなりの準備が必要となるため，大学や機関の教育開発担当センターや同様のサービスによる支援を受けるのが一般的である。そして，受けられる技術的なサポートの水準や種類によっては，オンラインディスカッションを共同で進めていくために必要となる知識は，すべての参加者に高いレベルが要求されるだろう。

3. 学習者の抵抗　受動的な学習者からより能動的な学習者への変容に対する抵抗は，ディスカッション授業による教育を始める前からその教授方法を崩壊させる可能性がある。学習者が持つ過去のディスカッション授業における経験や，教師への不信感，または学習に対する努力の欠如のすべてがディスカッション授業アプローチへの抵抗に影響すると考えられる。この抵抗の状況は，学習者のタイプによって，さまざまな形で現れてくる。例えば，心を閉ざすこと，主導的な役割を共有する責任を拒否すること，少人数グループでの活動に参加しないこと，沈黙によってディスカッションへの貢献を拒むことなどである。学生が参加したくなるように動機づけることは，ディスカッション授業を始める前に克服しなければならないハードルである。教師によっては，ディスカッション授業を始める前に長めに練習する時間をとるようにしたり，また大人数グループに戻る前の段階で，個々人が多くの対話ができるようなタスクを設定して，少人数グループ活動に参加させるなどの調整をしている。大きな抵抗を示

す学習者には，個人セッションでコーチングを行うとよいだろう。その他，同じような状況での他者によるロールプレイやビデオを批評することなどを通じて，ディスカッションへの参加を促すことができれば，新たな学習の機会をすべての参加者に提供することができるだろう。他にも，教室内で経験を共有するプロセスに時間をかけて学習者の気持ちを和らげたり，あるいは教室外でオプションの経験を与えたりすることも役に立つだろう。ガービン（Garvin, 1991）やモナハン（Monahan, 2000），ガンジェル（Gangel, 2006）らは，学習者の抵抗をどのようにして克服するかについて，いいアイデアを提供している。時間をかけることと巧みなコーチングによって抵抗を減らすことができる。しかしながら，このアプローチをより十分に受け入れ，参加の度合いが上がるまでは，ディスカッションを少人数グループ活動にとどめる必要があるだろう。

‖結論

　本章では，ディスカッション・アプローチによる教育，もっと一般的にはディスカッション授業と呼ばれている方法を定義し，それがどのように構成され，この教育のタイプが持つ価値やいつ使うことが最も適切なのか，という点を述べてきた。ディスカッション授業の普遍的な原理を述べ，それらとメリル（Merrill, 2002）の第一原理との関係についても記した。本章の後半では，教師による教育内容およびプロセスのマネジメントに影響を与える要素を概観することで，この教授方法の簡単な実施ガイドを示した。また，このアプローチにおけるパートナーである学習者の役割についても特筆して取り上げた。本章の初めから終わりまでを通して，もっと知りたいと思う読者のために，ここに書かれている内容についてさらに詳しく説明しているリソースを示しておいた。最後に，普遍的な原理に対して修正を施すことが必要ないくつかの状況について指針を提供し，そのような状況にどのように対応できるかについても例示した。

　全体的に見て，本書の目的である，ディスカッション授業の方法論を用いた授業に関する共通の知識基盤を築くことに近づく試みをしたといえよう。網羅的であるとはいえないが，ここで述べたことは研究に基づく成果であり，この方法論の鍵となる骨組みを網羅し，また，この分野で広く知られている研究を紹介した。このような野心的な試みに参加することで興奮を覚えたが，それは同時に，ここで引用した用語や定義を使ってインストラクションに関する知識基盤を構築していくための第一歩に過ぎないことを思い知らされた経験でもあった。私は将来，さらに研究が進み，誰かが本

第 6 章　ディスカッションを用いたアプローチ　125

章を改訂してくれることを心より期待している。

≫≫　原 注

◆1　編者注：何を学ぶかを検討することはカリキュラム理論の一部であり，それは教授理論としばしば統合される。そして，それは，ID のコンテンツレイヤーの中に含まれる。

◆2　編者注：これらは，すべて理論の目的であるが，そのうちのいくつかは学習の目的で，そうではないものも含まれている。

◆3　編者注：これはカスタマイズされた情報時代の教育パラダイムの重要な特徴である。そして，画一化された，1 つのサイズに全員を収める（one-size-fits-all）ような工業時代の教育パラダイムと対比的である。

◆4　編者注：これらは，この理論を用いる際の前提条件である。

◆5　編者注：これらはすべて，教授方法に関係している。それゆえ，教授事象理論の一部であり，ID の方略レイヤーで扱われる。

◆6　編者注：明らかに，ここにはいくつかの問題解決型教授との重複がある（第 8 章を参照）。

◆7　編者注：これらはすべて，教授方法に関係している。それゆえ，教授事象理論の一部であり，ID の方略レイヤーで扱われる。これらの原理が，情報時代の教育パラダイムである学習者中心主義をどの程度反映しているかに注目するとよい（第 1 章を参照）。

◆8　編者注：これは教授方法を扱っていないことにすでに気づいているだろう。したがって，ID 方略レイヤーの中にも入っていない。では，どのレイヤーに位置づけられるだろうか？

◆9　編者注：学びの共同体の文化は，教授方法だろうか？　デザインのどのレイヤーに位置づけられるだろうか？

◆10　編者注：これは教授方法だろうか？　価値観だろうか？　デザインのどのレイヤーに属しているだろうか？

◆11　編者注：これは難しい問題である。これはデザインのどのレイヤーに属しているだろうか？

◆12　編者注：これは教授方法だろうか？　もしそうであるとすれば，デザインのどのレイヤーに属しているだろうか？　もしそうでないなら，これは何だろうか？

◆13　編者注：これはどのような種類の知識だろうか？　「1. 計画をつくる，2. コンセプトの概要をつくる，3. 質問の概要をつけ加える」という指示は，授業を始める前に行う ID プロセスの一部（教授計画理論）なのだろうか？　それとも，これらは授業の最中に実行されるもの（教授事象理論）なのだろうか？　コンセプトの概要は，授業の手順を示すもの（すなわち教授方法）なのだろうか？　もし何もガイダンスが与えられなかったら，授業の手順はどのようなものになるのだろうか？

◆14　編者注：この計画を前もってやっておくとしたら，それは ID プロセスの一部（教授計画理論）である。これを授業の途中で示すのであれば，それは教授方法（教授事象理論）である。これらの異なる理論を 1 つの文書の中で総合的に扱うことは，よくあることである。

◆15　編者注：選択可能な代替案が示されたときはいつでも，「それぞれがいつ使えるのか，使えないのかを判断する助けになる状況性とは何か？」を自問してみなさい。もし教授理論にこれらの状況性を明確に述べるだけの精密さがない場合には，あなたは，いっそうの精密さをもたらす文献を探すか，または自分でそれを判断しなければならない。そして，そこには理論にさらなる精密さをもたらす研究の絶好の機会があるかもしれないことを示している。

◆16　編者注：またしても，この段落には，状況性に関する興味深い代替手段についての説明がある。この点は，ディスカッション授業に関する共通の知識基盤に，あなたが貢献する機会である。

◆17　編者注：これらは重要な状況性である。

◆18　編者注：どのような状況でも，代替案の中には他の案よりもすぐれたものがある。しかし，どれがベストであるかという点は，さまざまな要因の影響を受けるため確信することが難しく，初心者にそのすべてを一度に教えることは不可能である。加えて，ベストな代替案とその次点の案との利点の差はほんの少しであろう。エキスパートは，試行錯誤を重ね，経験則を（しば

しば暗黙的に）積み重ねていく。エキスパートが彼らが持つすべての暗黙知を形式知に変えることができたとしても，理論の精密さの度合いが細かすぎて，扱いにくいものになるだろう。しかしながら，その高い精度をコンピュータにプログラムしておけば，ディスカッション授業を促進するのに大変役立つだろう。

◆19 編者注：インターネットは，制御レイヤー，表現レイヤー，メディア論理レイヤー，そしてデータ管理レイヤーのデザインを必要とする。このガイドラインは，1つのレイヤーにおける決定が，他のレイヤーにおける決定のための状況性となることを示唆している。

▶▶▶ 訳 注

◇1 説明用の紙を上部で綴じて，めくりながら見られるようにしたもの。

第 7 章
経験を用いたアプローチ

リー・リンゼイ（ジェンウォース・ファイナンシャル社）
ナンシー・バーガー（トレーニング・フォー・パフォーマンス社）

リー・リンゼイ（Lee Lindsey） は，現在，多国籍の経理安全と保険を扱うジェンウォース・ファイナンシャル社の学習工学リーダーである。リーはバージニア大学から教授工学博士を取得し，ウィリアム・メアリー大学から経営学修士（MBA），そしてデューク大学から英語とラテン語の学士号を取得した。リーは，彼の職歴の最初の数年間をラテン語の教員として過ごした。また，教授設計実践と教授工学における学術的企業家精神の領域で研究を行ってきた。

ナンシー・バーガー（Nancy Berger） は，研修と開発のコンサルティングを行うトレーニング・フォー・パフォーマンス社の代表である。バージニア州立大学から人材開発の博士号を取得し，バージニア大学からフランス語の修士号，また，チエル大学からフランス語と教育学の学士号を取得した。企業や政府機関で28年間の成人学習の経験を有し，現在，ジョージ・ワシントン大学で教鞭をとっている。

128 第 2 部 インストラクションへの異なるアプローチについての理論

本章の概要

前提条件（どのようなときにこの理論を用いるか）

内容
- 経験に関連することならどんな内容でも。

学習者
- あらゆるレベルのあらゆる学習者

学習環境
- あらゆる教授環境

インストラクション開発上の制約
- 教室の管理計画を整えておかなければならない。

価値観（何が重要であるかについての見解）

目的について（学習目的）
- 経験はそれ自体が重要な目的であると同時に，より抽象的な学習目的を達成するための手段でもある。

優先事項について（インストラクションを成功させるための基準）
- 効果と魅力を効率より重要視する。

手段について（教授方法）
- 学習者は，学習目的を達成できるように自分自身の経験に関与すべきである。
- 現実世界でのフィードバックが望ましい。
- 社会的構成主義のアプローチが用いられるべきである。
- 経験は「整いすぎ」ではいけない。

権限について（上記 3 条件についての意思決定）
- 学習者は自己主導の責任を引き受ける能動的な参加者でなければならない。

普遍的方法

1. 経験の枠組みをつくる
- 目標や目的を伝える。
- 評価方法と基準を伝える，あるいは取り決める。
- 関係性（同級生，教師，コミュニティ，文脈）と期待される参加者のふるまいを確立する。

2. 経験を活性化する

- 実践の真正性（authenticity）を確保する。
- 真正な成果につながる意思決定に学習者を携わらせる。
- 問題に着目する。
- 学習者に最も適した難しさの経験に挑戦させる。

3. 経験を振り返る

- 前提に疑いを投げかけることによって，深く省察することを促進する。
- コミュニティを構築し続ける。
- 何が起こったか，なぜ起こったか，何を学んだのか，学んだことを将来どのように応用するのかについて学習者が理解することを支援する。

状況依存原理

経験の枠組みづくりに

- オンライン環境では，コミュニティづくりと交渉の進め方について特に注意する。
- （例えば学習者と現実世界の相手で）ペアをつくる場合には，適切な社会構造を確立する。
- 新奇な経験や倫理的問題を起こす失敗の可能性があるような多くの状況では，経験学習といっても教示的インストラクションを組み込むことができるし，またそうするべきである。特に経験の枠組みづくりにおいてはそうである。
- ゲームやロールプレイ，シミュレーション，あるいはマイクロワールドでは，期待されることや規則，雰囲気を明確に設定する。
- 共感を生み出すためにロールプレイやシミュレーションを用いる場合には，倫理的問題に注意する。

先行経験を活性化するために

- 教室に複数の学習者がいる場合には，先行経験を活性化するために教室全体でディスカッションさせる。
- （教室またはオンラインで）複数の学習者がいる場合には，掲示板を利用する。
- 学習するテーマに直接関係のある先行経験を学習者が持つ場合には，その経験を活性化して省察するために学習者自身に物語をつくり出させてもよい。
- 言語的あるいは心理的制約のために学習者が省察できない場合には，デジタルストーリーを用いてもよい。

新しい経験を活性化するために

- 学習時間に余裕があり，新しい経験を得るところまでを学習に含めることができるならば，先行学習と先行経験を基礎としてそれを行うべきである。
- 習得されるスキルが実地で演習することが望ましくないものである場合には（例えば，危険である，実行不可能である），ゲームやシミュレーション，あるいはロールプレイを選択すべきである。
- 学習者が文化を知り，経験することを促進しようとする場合には，シミュレーションとロールプレイが特に効果的である。
- もし必要とされるゲームやシミュレーションが入手できないならば，十分な時間がある場合にのみ開発して用いるべきである。
- 自己概念の発達や相互依存的な関係構築が重要な成果である場合には，野外体験学習を用いる。
- インストラクションを学習者の職場で行うことができる場合やそうしなければならない場合には，アクションラーニングを用いる。
- インストラクションを何らかの職場環境で行うことができる場合やそうしなければならない場合には，大学の資源で可能な範囲でワークベースドラーニングを用いる。
- スキル学習では，例示と練習の場面で特にふさわしい教師の役割は，「コーチとしての教師」かもしれない。
- 教授時間が許し，かつ学習者が自律的に行動することが可能な場合には，徒弟制度やメンターシップ，インターンシップ，あるいはサービスラーニングを用いる。これらの手法をどう構成するかは，実施環境や学習目標によって異なる。

経験の省察について

- （例えば，オンライン学習など）教員がいないが，学習者が自己主導の省察を行うことができる場合には，日誌やポートフォリオが省察のためのよい手段となるだろう。

さらに多様な方法のために

- 教授時間が限られている場合には，ディスカッションを通じて新しい知識の応用に取り組ませる。
- 時間が許す場合には，これまでの経験に積み上げることができる別の経験をできる限り多く提供する。

(編者)

第 7 章　経験を用いたアプローチ　131

　本章の主題は，インストラクションにおいて学習を促進するためには，「経験」を
どのように扱うべきかという点にある。この部の他の章と同様に，この章ではインス
トラクションがどうあるべきかについてガイドラインの提供に焦点を当て，経験的
教授（experiential instruction）の記述的モデルではなく，処方的モデルを提示する。
ここで示す経験的教授モデルは，経験学習理論（experiential learning theory）に関
する考察や実験によって得られたデータ，実践から得られた知見から導かれたもので
ある。そして最終的には，このモデルによって教授デザイン知識に関する共通知識基
盤に効果的な教授実践についての既存の知識を統合し，実践者が経験的教授法を行う
際に利用できるようにすることを目指すものである。

　1984 年にコルブ（Kolb, 1984）が提唱した経験学習理論は，人はどのようにして経
験から学ぶのかについての知見をまとめたものである。この章では，この理論を経験
学習の教授モデルの基礎として用いる。ムーン（Moon, 1999）は，学習理論を教授
モデルとして用いることは，「教えること」と「学ぶこと」との概念の混同であると
指摘している。しかし，本章では経験学習理論に基づいて，経験学習のサイクルの各
ステージを明確に引き起こすようなインストラクションを構成することによって，学
習が起こる可能性を高めると想定している。言い換えると，このモデルは経験学習に
関する教育学的理論の 1 つであり，「ある経験は，関係する行為者や学習者が期待す
る成果を生み出すようにその質を高めることができるという仮定」（Fenwick, 2000, p.
245）に基づいている。しかしながら，他の教授モデルと同様に，この教授モデルで
提案されている方法は決定論的というよりは確率論的なものであるということを認識
しておく必要がある。つまり，この教授モデルで提案される方法が目的の達成を保証
するというわけでなく，むしろ学習と発達の目的達成の可能性を高めるだけであると
いうことである（Reigeluth, 1999, 第 1 章）。

　さらに，経験的教授の定義にはなお問題がある。他の種類の学習と区別しなければ
ならないためである。すべての学習は，本質的に経験からの学習である。この言説は，
かつてデューイ（Dewey, 1938）によってなされたものである。言い換えると，すべ
ての教授は間違いなく経験的であり，学習者は当事者であるがゆえにそれを経験する。
それでは，どのような種類の経験が経験的教授の基礎を構成するのであろうか？

　この質問に答える第 1 の方法は，経験的教授を教師中心と学習者中心で対比し
て考えることである。経験的教授においては，学習者は受動的に経験を受容す
る者（recipient）ではなく，どのような経験をするかを能動的に協議する交渉者
（negotiator）になる。経験的手法は，「カリキュラムについての協議や学習のプロセ
スと成果の両方の形成に対する学習者による能動的な関与」（Felix, 2004, p. 10）に重
点を置く。経験的教授を他の種類の教授と区別するもう 1 つの特徴は，「重要なスキ

132　第2部　インストラクションへの異なるアプローチについての理論

ルの獲得と人間性の発達に必要な基盤として，真正な学習経験に重点を置く」ことで
ある（Jackson & MacIsaac, 1994）。ここでの「真正（authentic）」とは，学習活動が
現実世界で行われる活動と同じ種類の認知的な手ごたえを含んでいることを意味す
る。さらに，そこで経験することの中で学習者が自分で意思決定できるという意味で，
その経験において学習者にかなりの程度の自己主導（self-direction）が許されていな
ければならない。そこで学習者が次々に行う意思決定が，経験から学ぶために必要な
フィードバックの機会を生み出すことになる。フィードバックの形態として特に価値
があるのは，失敗や矛盾などの結果に関するものであり，学習者が自分の仮説や学習
過程に疑問を抱くことにつながるものである。なぜならば，このようなフィードバッ
クが，省察を引き起こすからである。シャンク（Schank, 1997）は，これを「予期せ
ぬ失敗（expectation failure）」と名づけ，そのような成果を含む経験は，ゴールベー
ス学習（goal-based learning）において顕著に現れるとしている（Schank, Berman,
&Macpherson, 1999; 本シリーズ第2巻を参照のこと）。予期せぬ結果，特に失敗は学
習プロセスの最も強力な刺激（Zakay, Ellis, & Shevalsky, 2004）であると主張してい
る研究者（Hastie, 1984; Wong & Weiner, 1981）もいる。

　ここまでに，経験的教授における経験と他の形態の教授における経験とを区別する
重要な特徴[1]をいくつか取り上げてきた。次に，経験的教授の根底をなす基礎理論
に目を向けていく。

▎基礎理論

　現代の経験学習理論の基礎は，ジョン・デューイ（John Dewey, 1916-1966）にま
で遡ることができる。デューイは，子どもが凧揚げを学ぶのは外界の諸事実が頭脳
に伝えられるからではなくて，凧を揚げる直接の経験から学ぶのだと述べた。デュー
イは，人間は第一次的経験（primary experience）と第二次的経験（secondary
experience）のサイクルを通じて人生全体を通して学ぶと論じた。第一次的経験とは
凧を飛ばす行為のようなものであり，第二次的経験とは同輩や指導者からのフィード
バックなどによってその経験を整理することである。第一次的経験と第二次的経験の
学習サイクルの概念は，ほとんどの経験学習モデルの基礎となっている[2]。

　デューイは，教育において経験を用いる必要性を認めた上で，経験の質が最も重要
であると指摘してた。経験と教育は直接的に同等ではない。なぜなら，経験の中には
「教育的に誤っている（miseducative）」ものがあり，そのような経験は将来の経験
の発展を抑止したり歪めたりする（Dewey, 1938）。例えば，経験が思考を狭め，そ

のために「未来においてより豊かな経験をする可能性が制約される」（Dewey, 1938, p. 26）かもしれない。デューイは，将来の経験を決めるような過去の経験の自己成就的傾向を「経験の連続性」と呼んだ。一方で，先行経験の遺産だけではなく，現在の環境も個人の経験の性質を決定するとも指摘した。よって，教師の役割は，環境による影響を認識し，最大限に価値のある経験を生み出すためにその環境をできるだけ有効に利用することとなる。

　もう１人，経験学習理論への重要な影響を与えたのは，スイスの認知心理学者ジャン・ピアジェ（Jean Piaget）である。知能と認知の発達についてのピアジェの研究は，人間の知識の源を説明するものである。人と外界との相互作用において，同化（assimilation）と調節（accommodation）の２つの力が作用すると指摘したのはピアジェである。ピアジェの観察によると，人は誕生から絶えず，既知の枠組みか，自分で新たに定義しなければならない枠組みのいずれかを使って，懸命に世界を理解しようとし続けている。環境との相互作用の結果として，経験が既知の知識に統合される同化のプロセスか，または，経験から集められた知識によって既知の知識を修正する調節のプロセスのどちらかが起こる。この同化と調節の二重のプロセスを認識することは，経験的教授で扱われるべき経験の種類，特に，経験の複雑さや問題指向（problem-orientation），そして自己主導の度合いととても密接な関係を持つ。人は，環境に存在する違いや変化を発見することを通じて学ぶ（Moon, 1999）。したがって，教材は学習者に異議をはさみ，疑問を抱かせることによってこのプロセスを促進するようなものであるべきである。

　デイビッド・コルブ（Kolb, 1984）も，経験学習にさらなる影響を与えた１人である。コルブは多くの先行研究を統合し，継続的で循環的な経験学習プロセスのモデルを提案した。　コルブのモデルは４つの段階から構成されている。具体的経験（経験そのもの），省察的観察（経験についての省察），抽象的概念化（経験にもとづく包括的概念の構築），積極的実践（構築した概念の試行）[3]。このようにして，人は経験から意味を引き出し，その意味を新たな経験に応用するサイクルを通じて継続的に発達する。コルブのモデルは，経験からの学習プロセスを普遍的に説明しようとする逐次的で循環的なモデルであると批判されてきた。また，批判は，経験を学習の土台として用いることに関する諸課題を適切に扱っていないということにも向けられてきた。次に，これらの批判を考察していく。

■ 循環的学習モデルへの批判

　学習者は必ずしも逐次的な段階をたどるわけではない，あるいはサイクルのいくつ

かまたはすべての段階は同時に起こる可能性があると主張する人々が，循環の概念に意義を唱えている（Beard & Wilson, 2002）。フェンウック（Fenwick, 2000）は，「人間の経験とその経験についての省察を区分しようとする試みには問題があることが判明した」（p. 243）と述べている。バウドとウォーカー（Boud & Walker, 1993）は，「行為中の省察（reflection-in-action）」について述べている。これは経験中に省察が存在することを表すプロセスである。同じように，人が経験を概念的に解釈する抽象的概念化の段階と経験を省察するプロセスとをどのように切り分けるかを理解するのは難しい。さらに，すべての学習者が各段階を行うとは限らない。経験から何も学ばない人もいるし，段階を踏むもののそれが学習を促進することにならない人もいるかもしれない。多くの人は経験の根底にある意味を探り当てることができるようになっているが，そのような認知的能力をすべての学習者が持っているわけではない（Burrows, 1995）。だから，経験的教授のモデルに特に求められることは，学習者が経験学習のさまざまな活動，特に省察に関する活動に有意義に携わることができる方法を提供することである。経験から学ぶのは単純なことではない。経験から本当に有益な知識を生み出すためには，学習者がその経験に興味を持ち，検討し，分析しなければならない。

経験を学習の基盤として用いることへの批判

　学習の基盤として経験を用いることには非常に多くの課題がある。そのうちのいくつかをここで取り上げる。第1に，すべての経験が優れた学習機会を提供するわけではない。有意義な情報を提供しない経験もあるだろうし，間違った情報を提供する経験さえあるかもしれない。デューイも経験には教育的ではないものがあるという同様の意見を述べた。メリアム（Merriam, 1994）は，「すべての経験が，絶えず拡大し深化する経験の成長につながるわけではない」（p. 81）と記している。第2に，ある経験がよい学習機会となる可能性があったとしても，学習者によってはその経験を誤って解釈する可能性がある。そこから得られる教訓は，「的外れで，妥当性に乏しく，あるいは誤解を招くものになってしまう」（Zakay et al., 2004, p. 151）かもしれない。経験に関する記憶が，それを思い出して省察する際には徐々に変化してしまうということもまた，問題である。これは，我々の記憶の不完全さによるものなのかもしれない。あるいは，経験を語り直すという行為は常に「政治的営み」である。つまり，我々が語る物語は目的に応じて変化する，という事実に起因するのかもしれない（Zepke & Leach, 2002）。これらの批判や他の似たような批判が意味することは，経験学習は他の学習と同様に，生来的に誤りを免れえないということである。

　このジレンマに対する1つの回答は，社会的構成主義（social constructivism）の

考えから得られる。社会的構成主義は，経験（とその解釈）を知識創出の基盤として利用するためには，経験の考察を共有する学習者のコミュニティの中で学習プロセスが行われるべきであると提唱している。社会的構成主義アプローチの学習に基づく教授法（Duffy & Jonassen, 1992; Savery & Duffy, 1996）では，「知識は，学習者の世界での経験の解釈に基づいて，個人的に構成され，社会的に再構成されるものである」（Jonassen, 1999, p. 217）と想定している。

　この章の目的は，経験からの学習を最も効果的に行う道筋を示す教授方法に関する最近の知見をまとめることであり，社会的構成主義の観点はそのために有益である。人は，コミュニティ内での承認なしでも同化と調節という対をなすプロセスを通じて経験から学ぶだろうし，実際に学んでいる。しかし，経験学習の社会的構成主義的解釈は，複数の研究者によって支持されている（例えば，Gold & Holman, 2001; Zepke & Leach, 2002; including Baker, Jensen, & Kolb, 2002）。ネスポールによる研究（Nespor, 1995）は，実証的証拠を提示している。この研究では，小企業経営者の意思決定能力の成長を経験的観点から調査し，学習コミュニティからの情報の有無が経営者の重大な決定の有効・無効の分岐点となったと結論づけた。

普遍的原理

　それでは，これまでに述べてきた問題を解決するために，どのように経験的教授を構成すべきかを検討していこう。同時に，経験をインストラクションの基盤として用いる際に何がうまくいくかについては，実証的データがかなり不足していることに留意しなければならない。最終的に我々は，経験教授の３つの一般的原理を発見した。それらの原理は，時系列順で実施されなければならないが，必ずしも継続的なサイクルを形成しないものである。学習基盤として経験を用いる際の固有の問題を考慮すると，経験とその経験の解釈との両方を他の学習者と共同で吟味することがこのモデルの中心となる。３つの一般的方法のそれぞれには，実施すべき下位の一般的方法がある。教授の状況に応じて使い分けるべき異なるさまざまな方法もあるが，それについては本章の最後で詳細に述べる。この３つの一般的原理は，メリルの「第一原理」（後述する）に似ており，次のようなものである。

- 原理１：経験の枠組みをつくる —— 教授目標と評価基準，期待される行動，そして社会構造を伝えることが，経験における学習者の行動や，ひいては経験そのものを決めるのに大きく影響する。この段階では，教示的インストラクション

図7.1 経験的教授の3つの一般的原理

(didactic instruction) も含むさまざまな方法が採用されるかもしれない。
- 原理2：経験を活性化する——先行経験であろうと新しく始められる経験であろうと，経験の活性化は重要である。実験室での練習からシミュレーションまで，経験を活性化する方法は多種多様である。
- 原理3：経験を省察する——経験から学ぶためには，経験を分析しなければならない。そして，自動的に発生する場合も発生しない場合もある省察プロセスを定式化するために，この原理が役立つ。省察においては，学習者が「何が起こったのか？」「なぜそれが起こったのか？」「そこから何を学んだのか？」「この知識を将来の経験にどのように応用しようか？」といった問いに対して答えるようにすべきである。

この3つの原理を，図7.1に図示する。それでは，上で概略を説明してきた各原理を展開して，それぞれの論理的根拠と実証的裏づけを探っていこう。

原理1：経験の枠組みをつくる

経験的教授では，一般的に学習者にはかなり大きな自由度が与えられる。そのため，経験中と経験後の両方で学習者の注意を効果的に向けるために，経験をうまく進行させるための枠組みを確立する必要がある。それによって，学習機会としての経験のその後の価値が増大する。なぜならば，経験がどのような枠組みに位置づけられるかによって，経験自体の見方やそれとどう関わるかに対する学習者の姿勢，つまり，学習者が何を観察したり考えたりするか，あるいはどんな発言をしたり行為をするかが決定するからである。このことが，その後の省察と学習の基盤としての経験の価値の高さに大きな影響を持つのである。例えば，1940～50年代に経験的教授法を開発した社会心理学者のクルト・レヴィン（Kurt Lewin）は，経験学習グループのメンバー間に実験をしているという雰囲気をつくり出すために，意図的に**実験室**という言葉を使った。学習の基礎として用いられる先行経験の場合にも，その中でも教授目標に関連する要素に学習者の注意を引きつけるためには，枠組みをつくることが重要である。

第7章　経験を用いたアプローチ　137

以下では，経験の枠組みをつくるためのガイドラインをより詳細に検討する。

教授目標の定義　経験の枠組みをつくる1つ目の要素は，教授目標の定義である。ここでは教授目標という用語を，単なる学習目標よりも広い意味で用いる。教授目標には経験をする理由と目的，とりわけ，その経験が取り扱う問題や主題に関連したものが含まれる問題指向は，以下で述べるように経験の特徴を示すものである）。教授目標を明らかにすることによって，経験と単なる活動を区別することができる。活動は，そこで行為をする学習者によって行われるものであるが，すべての活動が必ずしも本質的に経験的というわけではない。例えば，ある特定の主題について教えるために設計された活動の一部として誰かにインタビューをする活動は，経験的ではないかもしれない。しかし，適切な教授目標と，その経験へ関与するための枠組みについて明確に伝えることができるならば，それは経験的なものになりうる。例えば，インタビューを課題調査においてさまざまな一次資料，二次資料へのアクセスの方法を学ばせるように設計したより広い課題の一部とすることもできる。このように，インタビューに先立って調査研究の一部として位置づけることによって，学習者はデータ収集の方法としての価値という視点を持ってインタビューを行うことができ，その後にしっかりとした経験を分析するための準備作業の一部とすることができる。一方で，インタビュースキルの練習と学習という目的でインタビューした場合には，まったく異なる経験となるだろう。

評価基準を伝える　経験の枠組みをつくることには，評価基準を伝達することも含まれる。あらゆる教育学の理論における学習評価と同様に，評価基準は教授目標と整合性が取れていなければならない。そうすることで，学習者は定められた教授目標の達成に向けた行動ができる可能性が高まる。しかし，ここでは評価の概念を，教師が評価者となる正式の評価に限定せずに，それよりも，もっと広い意味で解釈する。例えば，ボビットら（Bobbit, Inks, Kemp, & Mayo, 2000）は，マーケティングを教える統合的アプローチを提案している。このアプローチでは，経営学を学ぶ複数のクラスの学生が参加して，模擬展示会で商品を販売することについて学ぶ。成績評価による動機づけに加えて，地方のマスメディアや両親，学校関係者を招くことによって，「学生がプロジェクトを真剣に考え，プロ意識の必要性を理解することを促した」(p. 23)かもしれないと彼らは示唆している。このように活動の最初から学習成果に対する最終的評価について伝えておくことで，彼らの経験の質に大きな影響を与える可能性がある。

138　　第2部　インストラクションへの異なるアプローチについての理論

社会構造を正式に定義する　経験的教授を構成するもう1つの一般的要素は，参加の社会構造とそこで期待される行動を正式に定義することである。定義される内容には，学習者と教師との関係や学習者どうしの関係（もし存在するならば），学習者と外部の世界との関係（もし学習者が授業の一環で教室の外に乗り出すならば）が含まれる。例えば，動機づけを促進するためにチームによる共同学習が行われるかもしれない。また，もしサービスラーニング（service learning）などで学習者が教室の外へ乗り出すならば，彼らがそこで出会う人びとと自分たちとの関係を授業の一環として理解していなければならない。

　要約すると，経験の枠組みをつくる際に必要な要素として，一般的に次のような方法の構成要素に分解することができる。

- 教授目標を伝える。
- 評価基準を伝える，あるいは評価基準に同意する。
- 社会構造（同級生，教師，教室外の環境との関係）と参加者に期待する行動をはっきりさせる。

原理2：経験を活性化する

　経験の枠組みをつくったならば，それを活性化するのが次の教授段階である。この段階は活性化という用語で表すのが適切である。それは，先行経験の利用や新たな経験の創出が伴うからである。先行経験や新たな経験を教授の基盤としていつ用いるべきかについては，それを用いるための多様な方法とともに，「状況依存原理」の最後のセクションで論じる。しかしながら，どの方法を用いるかにかかわらず，教育者が保証しなければならない経験の普遍的特性がいくつか存在する。

真正な経験　第1の普遍的特性は，経験が現実の環境に対して真正（authentic）なものでなければならないということである。経験学習は，教授文脈の特徴がより真正であればあるほど学習の転移が最適に行われるようになる（Jackson & MacIsaac, 1994）という信念に基づいている。この真正さという特徴は，学習者が遂行するタスクの特質もしくは教授が行われる「生態学的状況（ecological setting）」（Jackson & MacIsaac, 1994, p. 22）といえるかもしれない。学習環境が完全に真正である必要はない。真正さの度合いはさまざまである。例えばシミュレーションは，現実の環境の重要な要素を反映しているかもしれないが，危険な結果はもたらさなくてよい。しかし，インストラクションの文脈とその学習成果を適切に利用できる文脈との間の類似

性を高めることによって，インストラクションで学んだことを実際に応用できるような転移が促進される（Lee & Caffarella, 1994）。

真正な成果を決定する　第2の普遍的特性は1番目と関連しており，学習者の意思決定が真正な成果に結びつくように経験を構成しなければならないということである。あらゆるインストラクションにおいて学習者は参加者であるが，経験に関与させる場合には，参加するということは，学習者が現実に即して行動したことへのフィードバックが与えられる真正環境において意思決定を行うことを意味する。経済学や経営学のシミュレーションが1つの例である。学習者は，立ち上げたばかりの低価格航空会社の最高経営責任者となり，飛行機の購入台数や雇用する従業員の人数，あるいはチケット1枚の価格などを選択する。購入する飛行機の数を増やせば負債が増すが，収入も増す。より多くの従業員を雇うと利益は減るがサービスが向上し，その結果としてより大きな顧客満足度を得て，需要が増加する。チケットの価格を安くすると需要が増加して収入も増えるが，その結果としてライバル航空会社との価格競争に陥る。すべての選択は他と関連して，最終的な成功指標，すなわち株価に影響を与える。これが学習者の意思決定の結果であり，学習者は何らかの形でその結果を理解する。

問題指向　第3の普遍的特性として，経験はある程度，問題指向である必要がある。多くの経験学習には核となる課題，つまり，分析され解決または結論づけられるべき問題や状況が含まれている。経験の中で行われる意思決定は分析と実験のプロセスの一部であり，そのプロセスを通じて学習に役立つフィードバックが提供される。学習者が「より大きな課題や問題と実際に行われる具体的な学習活動との関連性を明らかに認識して受け入れる」（Savery & Duffy, 1996, p. 138）ためにもまた，問題指向が重要である。

最適な難易度　経験についての第4の普遍的特性は，第3の特性に関連するもので，経験は学習者が挑戦したいとの思いを奮起させるに足るだけの難しさがなければならなく，しかし成功の期待ができないほど難しすぎるものであってはならないということである。例えば，ロールプレイを数多く実施しているハンガリーの英語教師であるハラピとサウンダーズ（Halapi & Saunders, 2002）の研究では，タスクが難しすぎるために学習者がうっかりと母国語を使ってしまわないようにするためにも，問題の質と難易度が重要であることが示された。
　まとめると，経験を活性化する普遍的方法の構成要素は以下のとおりである。経験そのものが次のようでなければならない。

140　第 2 部　インストラクションへの異なるアプローチについての理論

- 現実の環境に対して真正であること。
- 真正な成果を生み出す意思決定を学習者に行わせること。
- ある程度，問題指向であること。
- 学習者のやる気を引き出すに足る難易度であること。

◤ 原理 3：経験を省察する

　経験の後に省察をするときにはいくつかの形態があり，その価値についての理論的
裏づけが多くの研究者によってされている（Boud, Keogh, & Walker, 1985; Dewey,
1938; Kolb, 1984）。しかし，省察に関する解釈は人によって大きく異なる。文献に
おいては，実証的な裏づけはさほど多くは見られない（Mackintosh, 1998; Moon,
2004）。省察の有効性についての実証的裏づけの一例として，ンドイ（Ndoye, 2003）
の研究がある。彼は，セネガルのピーナッツ農家の農業実践を調査し，成功した農夫
を成功しなかった農夫と区別する最も重要な要因の 1 つは，新しい農業実践の成果に
ついて他の農夫との議論による省察を行っているかどうかであることを発見した。確
かに，経験からの学習における省察の価値についての逸話的証拠には事欠かない。ポー
トフォリオや日誌（journals），グループ・ディスカッション，報告活動（debriefing），
その他の類似した省察方法の利用がすぐれたインストラクションの中心的役割として
位置づけられていることは多くの文献で述べられている。全体的に見て，省察が新し
い知識の統合を促進する普遍的手法であるというメリル（第 3 章）の分析を裏づける
証拠はそろっている。
　省察を評価する際の問題は，その定義をすることにある。例えば，最低でも 2 つの
要素がある。「何が起こったか？」の回想と，「なぜそれが起こったか？」を理解する
プロセスである。ハットンとスミス（Hatton & Smith, 1995）は，4 段階の省察の枠
組みを提唱し，単純な説明的記述を一番下のレベル，批判的省察（critical reflection）
を最高レベルとした。しかしながら，問題はすべての学習者が経験を批判的に考える
能力を生まれつき持っているわけではないということである。例えばマッキントッ
シュ（Mackintosh, 1998）は，看護学生の研究に言及し，看護学生の中には「自分が
何をしたかについて表面的なレベルを超えて考える」（p. 556）能力に欠けている者
がことを示した。この経験的教授の理論がこれらの問題に対処するために採用した 1
つの方法は，高度な社会的構成主義の学習環境を構築することである。そのような学
習環境では，学習者は自分の経験を批判的に考えるように互いに刺激し合うことがで
きる。さらに，採用されるべき省察を刺激する特定の方法を提案している。

教師のファシリテーション　省察を刺激する普遍的方法の1つ目の下位要素は，教師の能動的な役割である。教師は，経験から意味を見いだす社会的プロセスのファシリテータと位置づけられる。そのような教師の役割には，「学習者が自分の意見を明確にするのを助け，理解を妨げる障壁を緩和させるために学習者とともに課題に取り組むことが含まれる」。それは，「学習者間や学習者と教師間の相互作用を促進し，議論の質を向上させるために省察的なフィードバックを提示し，学習者の貢献に応じて批判的フィードバックを与え，学習者の素朴概念（naïve conception）に疑問を投げかける」（Dart, 1997, p. 31）ことによって達成される。教師の役割は，学習者が表面的な省察以上のことができるように励まし促すことである。

コミュニティ構築　共同体の連帯感を持つことは，有意義な対話が行われるために重要であり，コミュニティ構築（community-building）が普遍的方法の2番目の下位要素としてあげられる。コミュニティ構築は経験の枠組みをつくる段階の一部でもあるが，経験が終わった後の省察が開始される前にも続けられるべきである。批判的省察を行う環境を整えるためには，学習者が気楽に反対意見や疑問を言うことができ，逆に他の学習者や教師からも気軽に反対意見や疑問を言ってもらえるという感覚を持つことが必要である。参加者が対等であり，それぞれが他者の経験に対して積極的な批評をするという役割を担っていると伝えることは，コミュニティ構築の重要な要素である。学習者が1人しかいない場合には，教師を気軽に意見を言い合うことができる存在として位置づけることになる。

プロセス：何が起こったのか，なぜそれが起こったのか，何を学んだか，どのようにそれを応用するのか　普遍的方法の3番目の下位要素は，実際の省察のプロセスである。省察は，学習者個人（もしくは学習者コミュニティ）で何が起こったかを思い出すことから始まる。例えば，米軍事後検討会（The U.S. armed services' After Action Review（AAR））は，作戦行動から学ぶための公的な組織的プロセスといえる。そこでは，なぜそれが起こったかを議論する手順の前に，何が起こったかを正確に確認する。この AAR の解説書には，何が起こったかについて当事者間で同意を得るのは簡単なことのように思えるが，経験に関する記憶の相違のために時として困難であると書かれている。

　何が起こったかを確認したら，省察の2番目のステップでは，なぜそれが起こったかを学習者に答えさせる。そして，3番目のステップでは学習者にそこから何を学んだかを説明させる。最後に，学習者に将来直面することにおいてその知識をどのように応用するかを考察させる。最後のステップでは，将来の出来事を予測させる。その

予測の多様性が学習の刺激となって，知識を応用し評価する枠組みがつくり出される。この一連のプロセスの各段階では，高度な認知が必要とされる。ゆえに，教師がプロセスのファシリテータの役割（第1の原理）を担うことがますます重要となる。

　要約すると，経験を省察する普遍的原理は以下の下位要素から構成される。

- 教師はファシリテータとして，前提としていることに対して疑問を呈して反対意見を述べることによって省察を促進する（口頭あるいは，構造化された文章課題を利用して）
- 経験の枠組みをつくると同時に，継続的なコミュニティ構築を始める
- 学習者が以下の問いに答えることを確認する
  - 何が起こったか？
  - なぜそれが起こったか？
  - 何を私は学んだのか？
  - この知識を将来の経験にどのように適用できるだろうか？

メリルの原理との対応

　これらの経験的教授の「普遍的」原理は，メリルが第3章で述べているよいインストラクションのためのより一般的な原理にどの程度対応しているといえるだろうか。メリルは，多くの教授モデルの中心にあるものは学習者が答えなければならない問題である（「課題」フェーズ）と述べている。経験的活動の多くは，ある程度問題指向である。なぜならば，経験を遂行させるように導くのは設定されている問題だからである。したがって，経験的教授の第1の原理である経験の枠組みづくりには，ある程度の問題指向を含んでいる。適切な経験の枠組みづくりには，応用スキルの例示（「例示」フェーズ）や，以前の経験や新しい経験を利用する前にそれらを整理するためのフレームワークの提供（「活性化」フェーズ）も含まれるだろう。経験の省察とそれから結論を導き出すことについての経験的教授の原理は，メリルの「統合」フェーズに対応するといえる。

状況依存原理

　本章ではここまで，経験的教授の一般的あるいは基本的方法について検討してきた。ここからは状況依存あるいは変更可能な（Reigeluth, 1999, 第1章）方法に目を

向ける。変更可能な方法を用いることができるかどうかは，教授状況（instructional situation）によって決まる。例えば，遠隔教育や職場で使われるべき方法は，教室で使うことが可能な方法とは異なる。ライゲルースは教授状況のあらゆる要素を定義している（本書第1章）が，本章ではその中でも特に，場所，学習者，開発上の制約の性質を取り上げて変更可能な方法を用いるべき状況を整理する。それぞれの変更可能な方法について，関連する普遍的方法ごとに整理して以下に説明する。

◤ 経験の枠組みをつくるための変更可能な方法（原理1）

遠隔（ウェブ上）コミュニティをつくり出す　遠隔学習では，学習者と教授者の1対1の関係を超えるコミュニティの感覚を生み出すことは難しい。しかし，ウェブ技術によって効果的な学習者コミュニティを遠隔でもつくり出すことが可能になった。ここでは完全にオンラインで行われる経験学習の観点から論じるが，オンラインとオフラインを混合したブレンディッド（blended）なアプローチにおいても，クラスのメンバー間での時と場所を問わない学習の恩恵を受けることがウェブ技術を通じて可能になるし，それが望ましい。よって，以下示す方法は，遠隔学習とブレンディッドのどちらの学習場面にも推奨できるものである。

　人間関係を感じることは，オンライン環境におけるコミュニティを始める秘訣である（Aragon, 2003）。デイ（Day, 2004）は，最初にコースのホームページ上にメッセージを提示することを通じて，そのコースの枠組みをつくるプロセス（目標，雰囲気，インタラクションに期待される規則の確立）を始めることを推奨している。同様に，ジョンソンとアラゴン（Johnson & Aragon, 2003）は，教授者が最初の個人的なつながりを音声ストリーミング配信の歓迎メッセージを通じて行うことを提案している。文章だけでは伝えることができない感情を吹き込むためにも，可能であればクラス全員が音声を用いることが望ましい（Aragon, 2003）。また，デイ（Day, 2004）はコースの初めに，情報交換活動の「手がかり」を含む導入の電子メールを用いることで，コミュニティの感覚をいっそう強化できたと述べている。学習者ごとに手がかりとしては取り上げることはそれぞれ異なり個々には意味があまりないが，他のものと組み合わせることによって意義深い交換になる。この手がかりは，学習者に最初のオンライン・ディスカッションでそれぞれの情報を共有させるためのきっかけとなった。オンライン・コミュニティの構築に必要な対面でのインタラクションの感覚と個人のアイデンティティを確立するためのもう1つの導入的活動には，各学習者が自分の写真を自己紹介と連絡先情報とともにオンライン上に投稿する共有サービスの利用であった（Aragon, 2003; Day, 2004）。

144 第2部 インストラクションへの異なるアプローチについての理論

学習者間の社会構造を確立する　1人以上の学習者が参加する経験の場合には，学習者間の社会的関係を公式に確立することが，経験の性質を明確にするもう1つの機会となる。例えばチェイニー（Cheney, 2001）は，経営学を学ぶ大学生と外国人学生をペアにし，現在進行中の件に関するケーススタディや，あるトピックに関するディスカッション，ロールプレイなどのさまざまな形態で直接やりとりを行うようにインストラクションを構造化した。このようなインタラクションの構造化が適切に機能するためには，参加者がお互いを対等な立場として認識し，経験の成功のための相互依存性を理解し，お互いが個人的に知り合いになる十分な機会を与えるよう教師が配慮しなければならない（Cheney, 2001）。チームを組むということはペア学習とは別のもう1つの社会構造であり，適切に構成されれば望ましい学習を促進することができる。インストラクションにおける効果的なチーム構成法については，コペンハーバーとシラダー（Koppenhaver & Shrader, 2003）により詳しく紹介されている。これらの方法は，ともに学ぶ学習者がいない状況では使えないものである。

教示的インストラクションの提供　学習者に経験を首尾よく遂行させ，それを解釈するのに必要となる基盤的知識を与えるために，学習内容をベースとした教示的インストラクションの提供の形態で経験の枠組みをつくることもできる。コーネリアス（Cornelius, 2004）は，看護学生のHIV陽性集団に対する態度を改善した方法について述べた。HIV陽性の人が加わった講義および質疑応答や，HIV陽性の人々を含むシナリオによるロールプレイに先立って，HIV/AIDSの生理学的基礎について講義形式で内容が提示された。ハキーム（Hakeem, 2001）はこのアプローチの実証的裏づけとして，経営分析コースの学生が実地研究プロジェクトを遂行する際に，講義で獲得した知識を応用した方法について説明した。マクリら（Macri et al., 2005）は，題材を応用するロールプレイに先駆けて，教示的インストラクションと事例に基づくディスカッションを行うインストラクションのアプローチの効果を示した。これらは教室内での教示的インストラクションの後に経験的活動をする方法の具体例である。経験的教授の事例において一般的なものだといえる。教授者はこの方法をいつ選択するべきだろうか？　実際に，ほとんどの状況で講義形式の内容伝達を何らかの方法で実施することは有益である。特に，学習者が新しい状況に直面する場合や，学生の失敗が，その学習者にとって，あるいは学習環境にいる他の人にとって倫理的問題になる場合には，講義の有効性があてはまる。

雰囲気・規則・行動・期待の確立　ゲームやシミュレーション，あるいはロールプレイのように，現実のものであると思い込みにくい場合には，雰囲気や規則，行動，期

待を確立するプロセスをしっかりと行うことが特に重要である。現実であるとは信じがたい状況は，他の方法では不可能な状況を創造するチャンスである一方で，学習者はこの代替環境の中で期待される役割を理解する必要もある（Parathian & Taylor, 1993）。例えば，ゲームでは学習者の動機づけは勝とうとすることでなければならないし，シミュレーションでは与えられた役割と状況の中で専門家になることである。そしてロールプレイでは，うまく演じるという役割である（Jones, 1998）。また，学習者はこの新しい環境下の規則についても理解しなければならない。協調すべき場面なのか，それとも競争すべきなのか？　これらの新しい環境の操作的ルールを決定することは，環境そのものの性質と同じぐらいに経験の本質に大きく影響する。

倫理的環境の設定　経験的方法（特にロールプレイとシミュレーション）が，参加者を他人の立場に置くことによって感情移入や理解を深めることを目的として採用される場合には，倫理的考慮が重要となる（Arthur & Achenbach, 2002）。参加者が障害者や抑圧された人々の役割を演じるように求められる場合には，怒りや憤り（Byrnes & Kiger, 1990），恐れや抑圧（Zimbardo, 1973），あるいは脅迫状態（Lexton, Smith, Olufemi, & Poole, 2005）が生じるかもしれない。このような方法が用いられる場合に，倫理的に適切な環境をどのように設定するかについて，提案している文献もある。その中でも，インストラクションの枠組みをつくる段階で以下のことが行われるとよいと記されている。参加は自由意志であり，苦痛を感じる人は（参加者でも観察者でも）いつでもやめることができることを明らかにしておくこと。そして，参加者から説明に基づく同意（informed consent）を得ておくこと。そのような状況で生じるかもしれない扱いにくい感情の問題解決に利用できる対処法を学習者が理解できるように，あらかじめ準備させておかなければならない。同様に，教授者は学習者が得る経験の始めから終わりまで通して倫理的環境を維持しなければならない（Pedersen & Ivey, 1993）。対応方法には，学生の自己開示の量を制限することも含まれる（Arthur & Achenbach, 2002）。

経験を活性化する変更可能な方法（原理2）

経験の活性化は，学習の基盤として過去の経験を呼び覚ますことから，学習のためにインストラクションの間に新しい経験を生み出すことまでを連続的につなぐものである。サザーランド（Sutherland, 1997）はこれらをそれぞれ経験学習の長期的観点と短期的観点と言っている。ここでは，これらを先行経験の観点と新しい経験の観点と呼び，以下で紹介する変更可能な方法はこの区分に応じて整理されたものである。

146 第2部　インストラクションへの異なるアプローチについての理論

このリストは包括的ではないが，それぞれの方法をいつ用いるべきかに関する留意点を論じていく。包括的なリストについては，カファレラとリー（Caffarella & Lee, 1994）を参照のこと。

　先行経験の観点は学習者の過去の経験の幅を考慮に入れるものであり，先行経験を活性化する方法は，多かれ少なかれすべての経験的教授においてある程度は使用されるべきものである。カファレラとバーネット（Caffarella & Barnett, 1994）は，先行経験活性化の支援法を提案している。彼女らは，教授の文脈で学習者の先行経験を用いることは，成人に対する経験的教授の最も重要な特性の1つであると述べている。これは，メリル（第3章）の「先行知識や経験を思い出す，記述する，または例示するよう指示されて，関連する認知構造が活性化されることで促進される」（p. 57）という言説を支持するものである。先行経験をいつ用いるかは問題ではない。それは，経験的教授においては過去の経験を呼び覚ますためにいつも，何らかの方法が用いられるべきだからである。代替案はたくさんあるので，問題はどのようにそれを引き起こすかである。

　シミュレーションやロールプレイ，インターンシップといった新しい経験を活性化する方法も，ほとんどの状況では先行経験を活性化する方法に加えて用いられるべきである。特に，学習者の先行経験が新しい学習の基盤として関連はあるかもしれないが，直接的に適切ではない場合はそうすべきである。種々の新しい方法の中からどれを選択するかについての基準を以下で述べる。

先行経験の活性化（先行経験の観点）　クラスでのディスカッションや物語，省察的日誌（reflective journal），あるいは決定的な事象（critical incident）の叙述など，先行経験を活性化するのに有効な方法は数多く存在する。このようにさまざまな種類があるが，ここで論じるのは先行経験を活性化する2つの主要な方法，すなわちディスカッションと物語である。

　ディスカッション　教室でのディスカッションは，複数の学習者が存在する場合には行われるべきである。ディスカッションは経験教授モデルのどの点においてもふさわしいが，経験の活性化を必要とする。なぜなら，適切なディスカッションでは学習者の先行経験に由来するユニークな観点が利用されるからである。この教授モデル全体を通じてそのようなディスカッションを促進するためには，教師の活発な役割が求められる。ゼプケとリーチ（Zepke & Leach, 2002）は，クラスでのディスカッションに観点の多様性をもたらすために，自分たちの担当科目受講者のさまざまな分野の参照情報を用いた方法について記述している。学習者の文化的多様性も重要視している。例えば，クラスの先住ニュージーランド人に彼らが慣習的に学習の前後に行って

いる祈祷を実演して見せるように頼んだ状況について描写している。そのような刺激を与えることで，クラスの他の学習者たちは彼ら自身が個人的に抱えている前提に気づかされることになった。

　オンラインの掲示板はオンライン学習環境での授業のディスカッションを促進するために用いられるが，いくつかの理由から教室で行われる教授においても推奨される[4]。第1に，非同期であるため，学習者にとっては他者や自分自身の反応について考察する時間をより多く持つことができる。第2に，性格や学習スタイルが原因で対面でのディスカッションに参加することが困難であると考える学習者がいるが，オンラインの媒体ではそのような学習者を含めてクラスのすべてのメンバーの参加を促進する傾向がある。交流すること，すなわち「与えられた文脈における2人以上の行為者の相互作用」（Vrasidas & McIsaac, 1999, p. 25）が学習の成功にとって重要である。さらに，社会的構成主義の観点から考えると，それぞれの学習者が発言しない限りクラスは真の知識の創出に努力しているとはいえない。ウェブで可能なディスカッションの特別な価値の1つは，「参加する学生の異質性――すなわち，教育的背景や労働経験，あるいは文化や言語」（Booth & Hulten, 2003, p. 66）を考慮に入れられる点である。

　物語　学習者が提示された話題に直接的に関係する過去の経験を持っている場合には，その経験を活性化して振り返るために物語をつくり出させるのがよい。これについては，作成された物語は出来事そのものの叙述と出来事の解釈の両方を含むことが多いので，経験とその経験の省察を区別することは難しい。しかし，経験的教授において物語を適切に使うことで，物語がつくられた後に正式な省察のプロセスを組み込むことができる。

　ゴールドとホールマン（Gold & Holman, 2001）は，経営者教育において学習者に彼ら自身が現在体験している職場の問題を詳しく物語らせるために，ストーリーテリング（storytelling）を用いた。このような省察のナラティブ・アプローチ（narrative approach）を採用することによって，彼らが働く組織とその関係者の動機をよりよく理解することと同時に，学習者の意思決定の基礎となっている前提についてもよりよく理解させるのにも役立つと，彼らは記述している。物語の創作に続いて，物語が自分自身や同僚，あるいは組織にとって何を意味するのかについての省察的思考を刺激するために，学習者には答えるべき質問がいくつか与えられる。デイ（Day, 2004）は，授業で扱った内容を適用できて，同時に学習者自身の経験を反映するような具体的な場面の説明を，「物語形式の問題」として学習者が協同してつくり出す方法を説明している。物語形式の問題は，授業のオンライン掲示板上の話題の基礎として用いられる。そして，ある課題から次の課題に移ると，別な学習者がリーダーになること

148 第2部　インストラクションへの異なるアプローチについての理論

が求められる。

　デジタルストーリー　今述べてきたように物語を用いることは，学習者がそのような物語を言葉で詳細に作成する能力を有していることを前提としている。そのような能力が欠けている場合には，経験を物語るための他の手段が必要である。例えば，過去の出来事が苦痛やトラウマを伴うものである場合には，それを直接省察することは困難である。しかし，その経験の心理的効果を取り扱うためには過去を語り直すことが必要である。そのような場合には，「アート・セラピー」のような多様な手法が経験を表現するための手段となる。デジタルストーリー（物語を構成するための動画作成ソフト複数の静止画を使って作成することが多い）は，この種の状況において利用されてきたストーリーテリング手法の一例である。デジタルストーリーの利点は，学習者が必ずしも文章のみで自分自身を表現しなくてもよく，その代わりに，より視覚的な手段による自己表現を行えるという点である。

新しい経験の活性化（新しい経験の観点）　新しい経験を活性化する手法は非常に多く，その中にはシミュレーションやゲーム，ロールプレイ，実地研究，実地見学，実験法，アクションラーニング，そして専門家のそばで真正（authentic）な環境での経験による手法（徒弟制度，インターンシップ，メンターシップ，サービスラーニング）がある。以下では，いくつかの重要な変更可能な方法について論じる。ゲーム・シミュレーション・ロールプレイ，野外を基盤とした経験教授，仕事を基礎とするインストラクション，例示・実践，そして徒弟制度，インターンシップ，メンターシップ，サービスラーニングである。

　ゲーム・シミュレーション・ロールプレイ◆5　ゲームやシミュレーション，あるいはロールプレイは，実地で練習することが望ましくないスキルを学習する必要がある場合に選択されるべきである。例えば，該当の文脈が学習者に危険をもたらす場合（ソーシャルワーカーが児童虐待の申立に答える方法の演習など）や，該当の文脈をつくり出すことが非現実的である場合（企業を経営するなど）などである。これら3つの手法には違いがあるが，上述の教授場面への有効性という点では似通っている。ロールプレイは実践的な状況において学習者が「人物になりきること」を求めるものであるが，ゲームは一般にチームが他のチームと競争することを特徴とする点でシミュレーションとは異なる（Saunders, 1997）。実験的証拠によって，他の方法と比較した場合に，これらの方法の価値が裏づけられている。ヘルツとメルツ（Herz & Merz, 1988）は，大学の経営学の科目で経済シミュレーションゲームを行い，コルブの経験学習サイクルの段階に関与する学生が伝統的な講義と比較して増加したことを発見した。ステッドマンら（Steadman et al., 2006）による別の研究では，医学部の

学生にマネキンを用いたシミュレーションによる訓練を行った場合と，問題・事例を基礎としたアプローチで教授者によってフィードバックが口頭で伝えられた場合を比較した。彼らは，教わった医療の状況に応じる医師の能力向上には，シミュレーションがより効果的であることを発見した。

ロールプレイとシミュレーションの利用は，個人や集団の文化，そしてその文化の理解に関連した個人的スキル（特にコミュニケーションスキル）について学ぶ必要がある場合には文献で頻繁に言及されている。これは，文化について学ぶためには文化を体験する必要がある，という意見に適っている（Harrison & Hopkins, 1967; McCaffery, 1986; Pedersen & Ivey, 1993）。にもかかわらず，異文化間の認識を向上させる目的で用いる経験的方法の効果は，伝統的な直接教授型のアプローチと比較して常に優れているわけではない（Arthur & Achenbach, 2002; Gannon & Poon, 1997）。全般的に，ロールプレイとシミュレーションは，（独自の活動を創造する場合には特に）開発時間が長くなるが，その一方で（経験が真正なものである場合には）高い教授効果が得られるといえる。他の教授方法と比較するとゲームもまた効果的になりうるが，特定の教科（特に数学）に焦点化できる場合に採用されるべきである（Randel, Morris, Wetzel, & Whitehill, 1992）。オリジナルのゲームである場合には，開発時間の増加も必要となる。これらの３つの方法は，実地での実践が妥当ではないスキルの教授において特に有意義である。

野外における経験教授　野外における経験教授は，学習者がチームの一員としてやりがいのある野外の問題に取り組み，いくつかの成果を達成するために用いられる。ここでの成果はさまざまであるが，活動の達成を通じて，学習者は相互依存関係を理解するのみならず，より大きな自己概念の感覚を得られることに着眼している。例えば，スミスら（Smith, Strand, & Bunting, 2002）は，１学期間に及ぶ野外の課題コースへ大学生が参加すると，（明示されたコースの目的は，道徳的判断力の向上ではなかったが）道徳的判断力が向上することについて，実証的な検証結果を示した。

野外体験研修（outdoor-based experiential training: OBET）という用語は，成人が組織的な環境設定において対人関係やチーム構築，コミュニケーションのスキルの向上を目的としたグループでの問題解決型課題（problem-based challenges）に取り組む１〜２日間のプログラムを示す。このようなプログラムの成果として望ましい行動が仕事に転移する程度については疑問の余地はあるものの，対人関係やチーム構築，コミュニケーションのスキルが基本的な尺度の上では向上することを実証的文献が裏づけている（Mazulewicz, 2002）。

シェトラー（Schettler, 2002）は，こういった野外体験研修の成功を確かなものにするためには，あらかじめ特定の仕事上の問題が定義されており，体験活動がその問

題とを確実に結びつけるべきであると述べている。学習者の種類にかかわらず，野外における経験的方法は，自己と向き合うスキルや対人関係スキルについて学ぶ必要がある場合に最も役に立つ手法である。

仕事をベースにしたインストラクション　仕事の中でインストラクションがある，またはそれができる環境と学習者がそろっている場合には，職務中の経験を教授の中に組み込むことができる。ここで述べる仕事をベースにしたインストラクションは，アクションラーニングとワークベースドラーニングの2つに大きく分けることができる。

アクションラーニングではまず，特定の問題の解決を行うためにグループをつくり，解決策を実行する計画を作成する。その後，各自が通常の仕事環境に戻ってその計画を実行し，その経験全体を報告するためにグループで再度集まるというアプローチである。アクションラーニングは営利企業での活用が連想されるが，企業や教育，行政を含むさまざまな組織的環境で採用することができる。

ワークベースドラーニングは，大学と組織との連携事業である。組織の従業員はカスタマイズされた学習計画に基づいてほぼ職場だけで実施される学習に対して，大学から正式な単位が認定される（Boyd, Solomon, & Symes, 2001）。このアプローチには，両方の意欲と，大学の方針とそれに合わせた資源が必要である。ワークベースドラーニングを実施するためには，大学教員の役割は学問の専門家ではなく，ファシリテータへと変換することが求められる。そして，経験的教授には，そのアイデンティティの変化は困難であるが必要なものである（Boud & Solomon, 2001）。

例示・練習　教師の例示に続いて学習者の練習が行われるインストラクションは，文献でよくあげられる方法である。特に，外科医術のような精神運動領域のスキルや批判的思考のような認知領域のスキルの両方を含むスキルの獲得に適している。この場合には，教師はファシリテータの役割を超えて，コーチの役割まで果たさなければならない。例えば，クアミら（Qaymi et al., 1999）は，外科教育のプログラムで，教師が最初に外科の技術を実験室で例示し，その後に学生が練習する際に彼らのスキルを強化するために一緒に行動する例を描写している。さらに，教師は指導するコーチングの量を時間をかけて徐々に減らすべきである。

徒弟制度・メンターシップ・インターンシップ・サービスラーニング　徒弟制度やメンターシップ，インターンシップ，サービスラーニングは，知識やスキルを真正な現実世界の環境で適用する機会を与える方法である。教授時間に余裕があり，かつ学習者がほとんどあるいは完全に自律的に行動することが可能な場合に，適切である。これらの中では，サービスラーニングがおそらく最もなじみがないものだろう。サービスラーニングは，現実世界の環境における実地のボランティア活動を含む経験

として定義される。徒弟制度やメンターシップ，インターンシップ，サービスラーニングは，いくつかの面で有益であることが示されている。その中には，文化的認識の促進（Worrell-Carlisle, 2005）や，学習者に専門職の実践環境での活動歴を与えること（Saleh, McBride, & Henley, 2006），実践環境における新入者の離職率の低減（Newhouse et al., 2007），インターンシップ以前の経験では得られなかったさらなる学習の必要性を認識させること（Bullough, 2005）といった成果が含まれる。

　これらの方法の構造は，実践環境の特性とインターンシップの目的に応じてさまざまである。ブラードとフェルダー（Bullard & Felder, 2003）は，新任の大学教員に対する有益なメンターシッププログラムについて記述している。プログラムは構造化されたプロセスで構成される。メンターとなるベテラン教員と指導を受ける新任教員は１つの授業を共同で教え，お互いの授業をそれぞれ観察し，おのおのが他者を観察して学んだことについて振り返るための報告会を毎週開いた。同様のアプローチは他でも報告されており，状況に応じて振り返り（review）の間隔（毎日，月に１度など）や，省察のための媒体（例えば，日誌）が異なる。全体的に見て，徒弟制度やメンターシップ，インターンシップ，サービスラーニングは，学習者が理論と実践との間のギャップを乗り越えるのを助けるのに非常に有効である。

◥ 経験を省察するための変更可能な方法（原理3）

　このセクションでは，省察の手段としての日誌やポートフォリオの利用について論じる。このセクションでこれまで述べられてきた経験の活性化のためのいくつかの方法，例えば，ストーリーテリングやディスカッションなどは，経験の活性化と経験の省察の両方を行うものとして考えることができる。

日誌とポートフォリオ　日誌とポートフォリオは省察のための手段であり，経験の文章化と経験の振り返りという構造化されたプロセスを学習者に経験させることになる。この活動がうまくいくかどうかは学習者個人の省察能力に依存するものではあるが，それと同時にその能力の強化を目的としているものでもある。状況によっては有益であるが，実施するのが難しい場合もある。日誌とポートフォリオが特に有効な場面は，省察を深める手助けをする教師や同輩の学習者がいない，現実的ではない，あるいは望ましくない状況である。例えば，１学期間に渡るインターンシップでは，学習者が経験を記録して振り返る手段として日誌やポートフォリオが用いられることもある。そのような状況では，日誌やポートフォリオが教師や同輩の学習者がいれば行ったかもしれないことを達成する助けになる。しかしながら，そのような状況でも全体

152　第2部　インストラクションへの異なるアプローチについての理論

の構造と学習者が記録すべきことに対する具体的な促しは，教師が行うべきである。

　これらの方法は有益であると同時に，これら，特にポートフォリオを教授の進捗評価として用いることは難題でもある。評価の手段としてのポートフォリオの活用は，教師と学習者の両方の役割にとって劇的な変化であるので，教師と学習者の双方が学習者中心で自己主導型の省察を行う準備ができている場合に用いるべきである。ポートフォリオの指針としてはニコルソン（Nicholson, 2004），日誌の指針としてはバウド（Boud, 2001）が参考になる。

　日誌とポートフォリオは（ディスカッションのようなグループや教師主導による手法に対して）内面指向の省察手法であるが，その評価は内面指向である場合と，そうでない場合がある。ニコルソン（Nicholson, 2004）は，グリーン（Greene, 1994）の研究をもとに，学生が授業のポートフォリオを完成させた後でクラス全体に提示する「対話式の要素」を推奨している。この要素は，「すべての参加者が自分たちの学習を批判的に検討することができる協同的な探求に学生と教員の両方が携わる」（Nicholson, 2004, p. 334）ことを目的として設計されている。同様に，ゴールドとホールマン（Gold & Holman, 2001）は，経営者が職場の問題を描写する物語を創作した後に，それを小グループの中で提示することを提案している。教師の手助けにより，他者との対話を通じて，その物語のより深い意味を探ることが促進される。これらの例は，経験の文章化や省察は，最初は内面的プロセスであるが，最終的には経験の確認や省察，あるいは新しい意味の解釈が教室という社会的コミュニティ内で起こることを示している。

◤ その他の変更可能な方法

結果を新しい経験に応用する　学んだ教訓を新しい経験に応用することは，時間の許す限り実施すべき重要な変更可能な方法の1つである。教授実施や教授開発の時間が限られている場合には，教師はディスカッションを通じて新たな知識の応用を達成することもできる。そのためには，「あなたが新しく発見した知識をもしすでに持っていたとしたら，今回の経験の中でのあなたの行動にどのように影響したと思いますか？」あるいは「将来似たような経験をするときに，それはどのように影響を与えるでしょうか？」と教師が尋ねなければならない。

　新しい知識を他の経験に応用する時間がある場合には，できる限り以前の経験の上に積み重ねていくという視点で経験をさせるべきである。これはさまざまな形態で行うことができる。例えば，郊外で実施される野外体験学習プログラムには一般的に，自立を目標として「やってみる－振り返る－計画する」のサイクルの繰り返しが含ま

れる。この環境では，参加者がプログラムを自分たち自身で運営する役割を引き受けるにつれて，より高いレベルでの責任を持つ機会になるような経験を連続して与える必要がある。ニールとディアス（Neill & Dias, 2001）は，この種のやりがいのある課題を適切に制御しながら提供することで，参加者の心理的回復力，すなわち人生における難題から立ち直る能力を高めることができるという実証的裏づけを示している。

　一方で，新たな知識を別の経験に応用する場面は，教授プログラムの中の頂点としての役割を果たすものでもある。ロングら（Long, Larsen, Hussey, & Travis, 2001）は，大学の老人病学の教育プログラムにおいて，最初のサービスラーニングプロジェクトでは学生に重要な課題を体験させる一方で，仕上げとなる最終プロジェクト（capstone project）では，学生にそのプログラム全体を通じての進捗とそこで得られた成長を振り返らせることができたと述べている。彼らによると，このアプローチの利点は，学生が最初に持っている老人病学への興味を，そのプロジェクトで得た新たな知識とスキルを現実世界の文脈で応用する能力へと変換するのに，このような複数回の経験がきわめて役に立つことである。

　結論を新しい経験に応用する意義は個々の経験的方法ごとに異なるかもしれないが，知識が肯定あるいは否定されるという点においてはその成果は同じである。また，この複数回の経験を与える方法は，メリル（本書の第3章）がすべてのすぐれたインストラクションに共通の原理として提案している，応用のフェーズに学習者が携わる機会にも相当すると考えられる。

▌結論

　この章で紹介した経験的教授のデザイン理論は，経験学習理論や実証的データ，実際の経験からの根拠を検討して導かれたものであり，社会的構成主義の学習アプローチに基づくものである。経験的教授に関する共通知識基盤を生成し，それを共通用語で表現するためのステップの1つになるといえる。人は経験から学ぶことができ，実際に経験から学ぶのだが，経験的教授において最も効果的に学習が起こるのは，経験の解釈の共有と経験の省察を通じてである。この章は，経験的教授に関して，状況に依存しない一般的方法と状況に依存して変更可能な方法のそれぞれのガイダンスを統合的に示してきた。より具体的な指針については，引用文献を参照してほしい。

≫≫ 原注
　◆1　編者注：これらの重要な特徴は，経験学習の基盤原理であるとも考えられる。

154 第2部 インストラクションへの異なるアプローチについての理論

- ◆2 編者注：これには非常にあいまいなレベルの教授方法 —— 自然のプロセスにならった方法である。
- ◆3 編者注：このモデルも，非常にあいまいなレベルでの教授方法である。
- ◆4 編者注：複数の学習者が存在しない状況もあるので，これは依然として状況依存的である。さらに，掲示板の利用方法は，クラスディスカッションが併用されるかどうかによって異なるかもしれない。
- ◆5 編者注：第9章を参照。

第 8 章
問題解決型学習を用いたアプローチ

ジョン・R・サヴェリー（アクロン大学）

ジョン・R・サヴェリー（John R. Savery）は，アクロン大学教育学部の准教授である。彼はカルガリー大学において修士号を，インディアナ大学において教授システム工学の博士号を取得した。以後 20 年以上にわたり，教授工学分野において学術・企業双方のフィールドで活躍してきた。2006 年には，アクロン大学の学習テクノロジと研究者・学習者サービスセンター長に就任した。効果的で，テクノロジを活用し，オンライン型ならびにハイブリッド型の学習環境のデザイン，問題ベースや探究ベースの学習方略の統合，学生の学習に対する自己所有感（ownership）を育成する方略などに取り組むことで，センター長としてのリーダーシップとビジョンを発揮している。現在は，オンラインテクノロジ（Web2.0 アプリケーション・ツール）や三次元空間で複数のユーザで利用するバーチャル環境，そして STEM（科学・テクノロジ・エンジニアリング・数学）を重視した中学校におけるユビキタスコンピューティングなどの研究に従事している。

156 ≣ 第2部 インストラクションへの異なるアプローチについての理論

本章の概要

前提条件（どのようなときにこの理論を用いるか）

内容
- 正解が1つに定まらない複雑な問題。

学習者
- あらゆる学習者。
- 学習者は現実世界の経験からある程度の前提知識を得ている必要がある。

学習環境
- 複数の大きな机と複数台のコンピュータがあり，リソースにアクセスできる教室。
- 問題解決型教授（problem-based instruction: PBI）のアプローチ全体に対するインストラクタと組織の関与。

インストラクション開発上の制約
- 問題と学習リソースを見つけるために開発には十分な時間と費用が必要。

価値観（何が重要であるかについての見解）

目的について（学習目的）
- 内容領域における問題解決スキルと意思決定スキルの発達
- 学習者の推論と自己判断能力の強化
- 現実世界のタスクへの転移の強化

優先事項について（インストラクションを成功させるための基準）
- 効率より効果を重視する。
- 外発的動機づけより内発的動機づけを重視する。

手段について（教授方法）
- 自己判断を重要視する。
- 正解が1つではない複雑で真正な問題を扱う。
- 教師はチュータであり，学習プロセスのファシリテータであり，メタ認知のコーチとしてふるまう。
- 実践を省察する場面を設ける。

権限について（上記3条件についての意思決定）
- 学習者は自らの学習を方向づけることに対してより多くの責任を担うべきである。

普遍的方法

1. 教科のカリキュラムに合った真正で意味のある現実世界の問題を扱う。さらに教科横断型の思考を促す。4つのデザイン原則がある。問題は包括的であり，実践ベースであり，構造化されておらず，現代的なものであるべきだ。

2. チュータは，学習者のメタ認知プロセスと問題解決スキルの発達を促す。
   - 学習者のニーズに合わせてガイダンスと支援のレベルを調整する。
   - 問題解決の初期段階には，予備的な内容とあわせて必要なスキルを身につけるための教材を提供する。
   - チュータは，できるだけ情報提供者にはならないようにする。

3. 学習内容と問題解決スキル，および高次な思考スキル（自己判断力を含む）を検証するために，真正な評価課題を行う。
   - 一人ひとりの学習者は，グループの問題解決における探究者，あるいは貢献者として，自らの働きを自己評価する。
   - 学習者はまた，学習プロセスや身につけた知識について，あるいは新しい知識が既有知識とどのように結びついたかについて振り返る。
   - 提案された問題解決の方法は，完全性や正確性，あるいは実現可能性などの評価基準（生徒によって作成されることも多い）によって評価される。
   - 学習者のモチベーションや他者との協力（collaboration）が評価される。

4. 経験から学んだ重要な概念を定着させるために，継続的かつ徹底した報告活動（debriefing）を行う。

状況依存的原理

- 学習者がPBIのプロセスに慣れていない場合には，教師は質問に答えるだけでなく，学習者を支援したり，あるいは学習者とともに学習プロセスを進めることに十分配慮しなければならない。学習者がより自己調整的・自律的に考え，協同できるようになる準備のために，教示的シミュレーションや事例をPBIの「問題」に取り組む前に用いる。
- 問題の選択とその複雑さのレベルは，学習者の発達段階（もしくは成熟度）を常に考慮するべきである。
- 大規模なクラスの場合，教師は小グループをつくるべきである。そして，さまざまな問題に一緒に取り組ませることで，学習者が共同作業の価値に気づくことができるようにする。
- 大規模なクラスの場合，教師は，協同グループの形成や運営に関する方略を用

いるべきである。
- 大規模なクラスには，より多くの量のリソースが必要となる。

（編者）

第 8 章　問題解決型学習を用いたアプローチ　　159

　本章では，インストラクショナルデザイン（ID）理論の観点から，問題解決型学習を用いたアプローチを取り上げる。現時点での知見と理論を問題解決型教授（problem-based instruction: PBI[◆1]）の理論における普遍的な方法，状況依存的な方法，原理として整理する。公教育の歴史が示すとおり，教育実践において授業観の変化や社会の影響の変化が数多く積み重ねられてきた。農耕時代から工業時代への変化に伴って，公教育は教師中心のアプローチを採用した。現代の情報時代（あるいは知識時代）では，主な労働形態が肉体労働から知識労働に置き換わってきた。指導方法においても，学習者を序列化するような方法から，すべての学習者がそれぞれのポテンシャルを発揮することを支援するものへ移りつつある。

　PBI は，インストラクションの中でもこれまで継続して実施され，成功しているイノベーションの 1 つである。工業時代から情報時代へと変化する中，医学教育における伝統的なアプローチの問題点を克服する実用的な解として PBI は発展した。1960年代，新しい診断法や新しい医薬品，新しい治療法，その他さまざまなことに関しての革新が医療分野で起きた。その結果，知識ベースは飛躍的に増大し，インストラクションによって得られる知識と，実際に活用する知識との乖離が起きた。医学教育における PBI の先駆者の 1 人である，カナダにあるマックマスター大学のハワード・バロウズ（Howard Barrows）はこう記している。

　　…学生の臨床推論に関する研究が示すのは，従来型の指導方法はたぶん，臨床推論能力を台無しにしているとは言わないまでも，妨げることしかできていない（Barrows & Bennett, 1972）。…（そして）学生たちは，3 年次の臨床科目に至る頃には，初年次の（科目で学んだ）ことを忘れてしまう…（このことが）臨床推論の能力育成，すなわち問題解決プロセスを強調した方法をデザインすることにつながった。（Barrows, 1996, p. 4）

　つまり，（医者の仕事である）患者の診察プロセスは，仮説演繹的なプロセスと複数分野にまたがる専門的知識の組み合わせの上に成り立っている。知識ベースの急速な変化が「伝統的な」講義アプローチには反映されておらず，実践につながらないのである。バロウズの見解（Barrows, 1988, 2000）から発展したチュートリアル・プロセスは，明確に記述した手続きとして具体的な指導方法を提供している。それは学習者中心で教科横断型の教育と，専門的実践の中での生涯学習を促すための，カリキュラム全体を構築するための教育哲学でもある（Wilkerson & Gijselaers, 1996）。

　北米や世界中で，PBI の利用は小学校や中学校，高校，大学，そして専門学校へと広がり続けている（Torp & Sage, 2002）。イリノイ州数学・科学アカデミー（http://

www.imsa.edu/center/）は高校生向けの PBI カリキュラム一式を 1985 年から提供
しており，何千人もの生徒や教師が PBI を探究する研究センターとしての役割を担
うまでになった。イリノイ州スプリングフィールド市の PBL イニシアティブ（http://
www.pbli.org/）は，カリキュラムの教材（すなわち，問題）と教員研修プログラム
を高校のすべての主要教科向けに開発した（Barrows & Kelson, 1993）。PBI は医学
教育の中の他の領域（歯科医，看護，救急医療，放射線技師など）に加えて，MBA（経
営管理学修士号）（Stinson & Milter, 1996），高等教育（リーダーシップ教育）（Bridges
& Hallinger, 1996），化学工学（Woods, 1994），経済学（Gijselaers, 1996），建築学
（Kingsland, 1996），教員養成（Hmelo-Silver, 2000, 2004）などの幅広い内容領域で用
いられている。このリストは網羅的なものではなく，PBI がさまざまな領域で活用さ
れていることを示している。

　職業や学問分野がかつてないほど増え続けている情報時代において，PBI アプロー
チによって育成される自己判断や自己調整，あるいは生涯学習といったスキルは，そ
の重要さを増し，ますます対象者を増やしている。自己調整学習の文献（Schunk &
Zimmerman, 1998; Zimmerman & Schunk, 2001）では，メタ認知プロセスや自己モ
ニタリング，自己効力感，意志（volition），モチベーションの学習が重要であるこ
とが強調されている。シャンク（Schunk, 2001）は，自己調整学習を「学習目標の
達成を体系的に目指す学習者の自発的な思考と行動によって引き起こされる学習」
（p. 125）と表現している。さまざまな科目で成功するために必要なこれらのスキルは，
問題を解決する状況を繰り返し経験し，統合された知識基盤を体系的につくり上げる
ことを通して洗練されていく。

　ウィングスプレッド会議（Wingspread Conference, 1994）では，大学における学
部教育に対する意見やビジョンについて，各州や連邦政府の指導者たちや，企業・社
会奉仕・高等教育・認証機関の専門家に尋ねた。この会議で報告されたのは，複雑で
現実世界に即した問題に取り組むことの必要性だった。このことはまさに，問題解決
型学習の教育観と呼応するものであり，インストラクションにおけるこの種のアプ
ローチのための実行可能な設計理論を明らかにする重要性を確かに示している。

PBI とは何か？

　問題解決型学習を用いたアプローチは，経験主義の教育にそのルーツがある（第7
章参照）。学習に関する研究や理論によれば，学習者は問題解決を経験する学びを通
して，内容と思考方略の両方を学ぶことができる。PBI は，解が 1 つではない複雑な

問題を中心にカリキュラムを構成し，その解決に取り組むことで促進される．PBI は，通常，教科の特定知識を伝達する講義や教科書などを読むことから始めるのではなく，問題を提示することから始められる．学習者はその問題に取り組み，さまざまな考えや解決策をつくり出し，彼らが現時点で何を知っていて，何を知らないかを判断する．そして，学習のゴールを定め，実現可能な解決策にたどり着くために必要な知識やスキルを身につけるために調べ活動を行う．さらに，新たな情報を使って問題を見直し，最後に，自らの問題解決プロセス自体を振り返る（Savery & Duffy, 1995）．その際，学習者は仮説・演繹的な推論プロセスに取り組む．チュータは，彼らの学習とメタ認知スキルの発達を手助けする．

　例えば，医学部の 1 年生はメアリーと名づけられた患者についてチュータと議論することになる．メアリーは 56 歳の女性で右足のしびれと散発的な目のかすみを最近，訴えているという設定である．学生たちは，メアリーの症状について自分の持っている知識をもとに判断し，可能性のある説明を試みる．彼らはより多くの情報を得るためには，それを聞き出す必要がある．その要求に答えて，チュータは，血圧や家族の病歴，投薬など，ケースファイルにあるものならどんな詳細な情報も提供する．これらは医者による診察と同じ手続きをたどっており，この学問領域における応用的な実習となっている．学生がさらに情報を必要とする時点に到達したときに，何を知る必要があるのか一覧にし，チームの構成員は責任をもってその質問についてそれぞれ分担して調べ，その結果をグループに持ち帰ることになる．この問題解決のサイクル（バロウズの言葉で言えば，仮説・演繹的（hypothetico-deductive））は，患者であるメアリーに対する診断結果と一連の治療方針についてチームで合意が取れるまで続けられる．チュータ（その役割については後で詳細に述べる）は，チームを導いていくために報告の場を設ける．そこでは，彼らが解決策にたどり着くまでにどんなリソースを活用し，個人やチームでどのようなプロセスをたどったかといった観点で学習体験を自己評価させる．こうしてメアリーの事例から得られた重要な学習成果が明確になり，得られた知識の定着が図られるのである．

　PBI は，事例ベースのアプローチ（事例研究）と混同されることがある．確かに両者には共通点があるが，決定的な違いがあり，それをウィリアムズ（Williams, 1992）が指摘している．最も根源的な差異は，インストラクションの目的についてである．印象的かつ複雑な典型例を示すことで，学習者に抽象的な内容を伴った概念関係をつかませることが目的だとしよう．その場合，詳細に記述された事例を示すことはすばらしい方法だといえる．うまく構築された事例研究には，あらかじめ想定した結論にたどり着くために必要となる情報がすべて含まれている．多くの事例研究には，ただ 1 つの正解（といくつかの正解に近いもの）がある．重要な手がかりをすべて見つけ（か

162   第2部 インストラクションへの異なるアプローチについての理論

つ，紛らわしいものを選り分ける）ことが学習課題である。このように状況の提示から解決の提案まで，注意深く整えられた道のりを歩むことで，学習者たちには，もしもその後の実践で同じような状況に出会ったときに参照できる経験がもたらされる。問題解決型アプローチが事例研究と異なるのは，選択された問題が比較的明確に定義されていない点である。与えられた一般的な問題を構成要素に分けることも学習者の作業の一部であり，解決策あるいはその取りうる範囲は事前に決められていない。目の前のリソースを活用することで，問題の解決策は変わりうる[◆2]。

PBI アプローチが大幅に洗練されてきたのは，バロウズを始めとする人々らによる医学教育における取り組みの結果であるけれども，PBI の対象は大学院における専門教育だけにとどまっていない。イリノイ州数学・科学アカデミー（http://www.imsa. edu）において高校生を対象にした数多くの実践を行ったトープとセージ（Torp & Sage, 2002）は，PBI（あるいは PBL）を以下のように述べている。

　　PBL は能動的な学習を促進し，知識構築を助け，学校での学びと実生活での学びとを自然につなげる真正な経験をもたらす。このカリキュラム構成のアプローチは，州や国の標準に合致しており，複数教科の指導を統合する。問題として取り上げる状況は，カリキュラムが構成される上での中心となり，多面的な視点から解決策を見いだす必要性を示すことで，学習者の関心を引きつけ，持続させる。学習者たちは問題の解決者である。根本にある問題（root problem）が何か，また，よい解決策に必要な条件は何かを明確にし，意味と理解を深めることで，自己調整型の学習者になる。教師は，問題解決の仲間となる。学ぶことに対する興味と熱意を示す手本になると同時に，認知的なコーチとしてオープンな探究活動を助けるような環境づくりに取り組む。(p. 15)

他と独立した単体の学習体験を提供するために問題を用いるインストラクタもいるかもしれない。しかし，学習者にとって利益になるのは，カリキュラム全体が問題解決型となった場合である。本章の後半でより詳細に述べるとおり，問題解決型のカリキュラムでは，丁寧にデザインされた問題群を学習者に提供する（Barrows, 1986）。その問題群は，専門領域の実践家（Macdonald, 1997; Stinson & Milter, 1996）が見定めた問題・課題とその領域を慎重に吟味した上で，知識とスキルの「全般を縦横無尽に行き来する交差点（crisscross the landscape）」（Spiro, Feltovich, Jacobson, & Coulson, 1991）となる。

PBI アプローチの成功理由を説明する上で，学習に関する認知的な理論[◆3]が役に立つだろう。レズニック（Resnick, 1989）は，互いに関連する認知理論が3つあるこ

とを指摘している。すなわち，(1) 学習とは，知識の構築プロセスであり，学習は情報を記録する際ではなく，それを解釈する際に起きる。(2)学習は既有知識に依存する。人々はその時点で持っている知識を，新しい知識を構築する際に活用する。(3) 学習はそれが起きる状況に対して高度に調整されている。これら3つの認知理論が，PBI理論には反映されている。

学習は知識の構築プロセスである

ダフィとカニンガム（Duffy & Cunningham, 1996）は，能動的な学習の重要性，つまり，学習者の思考を理解し疑問を投げかけることと，ピアジェの言う内的矛盾（disequilibration），あるいはデューイの言葉では心の動揺（perturbation）といった概念を含む学習の刺激として昔からの探究ベースのアプローチの所産を利用すること，の2つを指摘している。彼らは，個人の認知に関する認知構成主義理論と，社会文化的に状況に埋め込まれた認知に関する社会的構成主義理論の違いについて論じている（Katz & Chard, 1989; Moll, 1990; Vygotsky, 1978; Wertsch, 1991）。PBIにおいて効果的な学習経験を得るには，2つの構成主義の両面ともが必要だと考えられる。

学習は既有知識に依存する

グレイサーの研究（Resnick, 1989 より引用）によれば，推論と学習は両者ともに知識によって駆動される。さらに具体的に言うと，「知識が豊富な人ほど，より深く推論できる。そのような学習者は，学ぶ度に掘り下げることで，より効果的に学習する。すなわち，知識が新たな知識を生じさせる」(p. 2)。問題解決に関する研究からも，知識と経験が効果的に問題を分析したり，実現可能な解決策をつくり出す際に重要な要素となることが裏づけられている（Jonassen, 2004）。

学習はそれが起きる状況に対して高度に調整されている

認知的柔軟性理論（cognitive flexibility theory）（Spiro et al., 1991）では，複雑でやっかいな現実世界の問題を扱うことは，学んだ知識やスキルを，将来の複雑な現実世界の問題に転移できるようになることの助けになるとされている。知識やスキルを新しいあるいは悪構造（ill-structured）問題に適用することを学ぶのである（Jonassen, 1997）。同様に，ブランスフォードら（Bransford, Brown, & Cocking, 2000）は，PBIは学校の学びと日常生活との間の転移を促すための方略だとしている。状況認知理論

(situated cognition theory)（Brown, Collins, & Duguid, 1989）は，十分に詰められていない，真正な問題に取り組むことの重要性を明らかにしている。まとめると，ここで示してきた3種類の学習理論はそのどれもが問題解決型のアプローチを採用することのメリットを強調している。

　PBIはさまざまな学問領域で活用されてきており，大なり小なり個別の条件にあわせて変化してきた。その結果，PBIには誤用や誤解が生まれてきた。PBIあるいはPBLと呼ばれる実践の中には，期待する学習成果が得られていないものもある。次のセクションでは，PBIアプローチを用いるインストラクションすべてで適応しなければならない普遍的な原則について取り上げる。

PBIに関する普遍的な方法・原則

　効果的なPBIをデザインするための原則に関して，研究者と実践家の間では驚くほどの意見の一致が見られる。これから順次解説する4つの主要な原則は以下のとおりである。

1. 問題を選ぶ際には，真正であり，教科のカリキュラムに合致しており，その上で教科横断型の思考を促すものとすること。
2. チュータの役割は，学習者のメタ認知スキルと，問題解決者としての専門性を伸ばすよう支援することである。
3. 学習目標の達成を確認するためには，真正な評価を行うこと。
4. 経験から学んだことを確かなものにするためには，しっかりとした報告会を継続的に開くこと。

▶ 原理1：問題を選ぶ際には，真正であり，教科のカリキュラムに合致しており，その上で教科横断型の思考を促すものとすること[4]

　PBIは，高次の思考スキルの発達と洗練を支援するようにデザインされている。基礎的なスキルを指導するための指導方略としては，ふさわしくない。PBIアプローチでは，学習者（子どもであっても）が自分自身の生活経験をもとにした何らかの知識を持っている問題を選択する必要がある。すでに持っている知識を，PBLの中で調べたり，問題を解決することを通して身につけた新しい知識と合わせて活用することにより，より深い理解を得ることができるからである[5]。バロウズ（Barrows, 1996）

は，医学教育において真正な問題を扱うことについて，次のように説明している。

　　［問題は，］学習者が現実として出会うやりがいのある課題を代表するものであり，学習に対してやりがいや動機づけを与えられるものであること。問題を理解しようとする際に，学習者は基礎科学から何を学ぶ必要があるのかを実感する。結果として，その問題に直面することで，学習者は多くの学問領域から得た情報を統合しようとする。(p. 6)

　サヴェリーとダフィ（Savery & Duffy, 1995）は，PBI のための 8 つの原則を提案しているが，そのうちの 1 つが，真正性についてである。

　　真正な課題をデザインすること　真正な学習環境と言っても，小学 4 年生が真正な物理学実験室にいるべきだという話でもなければ，大人の物理学者が扱うのと同じ問題に取り組めという話でもない。むしろ，学習者は同じ「タイプ」の認知的課題を持った，科学的な活動に取り組むべきである。真正な学習環境とは，そこでの認知的な要求（例えば，思考すること）が，学習者に準備させている環境で実際に求められる認知的な要求と一致している環境である。つまり，学習者には歴史について学んでほしいのではない。むしろ，歴史家やよき市民が行うやり方で歴史を活用したり，つくり上げることに取り組ませたいのである。同様に，科学について学ぶときには，科学の教科書を暗記したり，言われたとおりの科学的な手続きをそのまま行うことを期待してはいない。むしろ，科学についての議論や問題解決に取り組ませたいのである。(p. 33)

　スティンソンとミルター（Stinson & Milter, 1996）は，PBI を複数年次の MBA の学生に対して実施した。問題を選ぶにあたり，彼らは基礎的な質問から始めた。「学生が MBA プログラムを去るとき，彼らに何を知っていてほしいのか，何ができるようになっていてほしいのか？」。この質問に答えるために，参加している教員に対して，MBA 取得学生に求められるそれぞれの専門領域における最小限の知識とスキルについてリストをつくることを命じた。さらに，卒業生を雇い入れる企業には，卒業生が何を知っていて，何ができることを期待するのかを尋ねた。最後に，卒業生の今後の成功に必要なスキルと知識を短期間・長期間の両方にわたって特定するため，将来分析を実施した。このプロセスの結果は，12 個の「メタ学習成果」と，150 以上の特定の学習成果とに結実した。明確に定義された学習成果をつくり出すためのこの取り組みは，おそらく他の教育プログラムにとっても有意義なものとなるだろう。メタ学習

166　第2部　インストラクションへの異なるアプローチについての理論

成果に見合った問題をつくるにあたって，彼らは以下のデザイン原理を適用した[6]。

1. 学習成果は包括的なものにすべきであり，教科の境界で区切るべきではない。
   理由：学習の可能性を制限するのを避けるためであり，かつ多面的な視点から
   見ることを促すためである。
2. 問題には専門家の実践を反映させるべきである。理由：知識の転移を促すため
   である。
3. 問題は軟構造なものにするべきである。理由：現実の問題はややこしく，学習
   者はおぼろげで明確ではない状況から意味を把握する力を伸ばす必要がある。
4. 問題は現代的にするべきである。理由：学習者の問題への取り組みは，現代
   の状況を議論に組み込むことができたときに増大するからである（Chapman,
   2000; Savery, 1999 も参照されたい）。

　公立の学校教育における学習問題の選択は，州の必須カリキュラムや，学習標準，
標準化テスト，地域コミュニティを構成する人々に影響を受ける。教師は次のような
点を備えた問題を選ぶべきである。教科を横断・統合するものであること，そして，
プロジェクトやプレゼンテーションなどで，問題状況に対して適切かつ現実的な手段
で学習成果を示すことができること。「問題」は，単元の焦点になる。その問題に対して，
学習者の役割や視点は変わりうる。例えば，原生林に住む絶滅危惧種のニシアメリカ
フクロウに関する「問題」では，木こりや議員，環境保護主義者，地域の小売人など
の異なる立場から検討することができる（Torp & Sage, 2002, pp. 16-18）。他にも，ウィ
ルカーソンとジェセラルス（Wilkerson & Gijselaers, 1996）は，問題の種類の選択に
あたっては，その専門領域の実践者が普段直面しているようなものを取り上げるべき
だとした。
　医学教育では，マクドナルド（Macdonald, 1997）が大規模な医学教育カリキュラ
ムから適切な問題を選択するまでのプロセスを報告している。膨大な数の病状や疾患
が教えることとしてある中，やらなければならないことは，次の両方を満たすような
問題を選ぶことである。1つは，教育的な面での重要性（臨床の論理，プロトタイプ
としての価値，緊急性，処置のしやすさ，学際性）があるものであり，もう1つは地
域で流行した典型的な医療問題を扱うことである。最初のステップはデータを集め，
分析することにより，その地域での主要な健康問題を特定することだった。マクドナ
ルドによれば，これらのデータは途上国では十分に得られるとは限らないし，先進国
であっても，ヘルスケアのシステムには，診察記録はあっても，健康問題は記録され
ていない（例えば，肺気腫は診断として記録されるが，その原因である喫煙などは特

定されていない）。こうした健康問題は，さらに，規模や死亡率，生活の質，期間・深刻さ，緊急性，予防可能性，診断可能性，そして処置可能性などのフィルターにかけられる。その結果，カリキュラムに含まれるべき問題は「ありふれていて，なおかつ重篤な問題であり，効果的な介入方法が存在するもの」（p. 98）となる。

MBA の学生や小中高校の児童・生徒，そして医学生に対する問題に共通する選択基準は，まとめると同じ 4 つのデザイン原則で構成されている。包括的であり（学際性），実践に基づき（真正性），軟構造で，そして現代的であるものである（Schmidt & Moust, 2000 にある PBI カリキュラムのためのタキソノミーを参照のこと）。

要約しよう。インストラクショナルデザイナが，PBI の問題を作成したり，選択する際に，文献では次のようなガイダンスを提供している。

1. 問題は，カリキュラムにおいて必修とされている知識やスキルに基礎をおくものにするべきである。
2. 問題は，教科内にある，あるいは教科間や知識領域間にまたがった内容の中で重要な点について学習者が取り組めるものにするべきである。
3. 問題は，真正で，現実的で，やりがいのあるものにするべきである。
4. 問題は，現実の場面で求められる知識，スキル，態度と同じものを活用する必要があるものにするべきである。
5. 問題は，学習者が挑戦的だと感じられるような複雑かつ大規模なものとし，チームの全メンバーからの貢献を必要とするものにすべきである。
6. 問題は，情報が欠けていたり，矛盾していたりするような，軟構造なものにするべきである。
7. 予想するスキルの発達に関連している教材を与え，あわせて，問題に取り組むはじめに，前提的な内容の教材を提供するべきである。学習者は，その教材の存在を覚えておき，彼らが必要性や目的意識を感じたときに，その教材に戻ってくるだろう。

◤ 原理 2：チュータの役割は，学習者のメタ認知スキルと，問題解決者としての専門性とを伸ばすよう支援することである

PBI をうまく実施する上で最も重要な要素は，間違いなくチュータの能力にかかっており，それは，教育内容の伝達者としてではなく，学習のファシリテータとしてふるまうことが求められる。バロウズ（Barrows, 1988）は，チュータの責任とグループ活動を生産的にするための方略についての詳細な手引きを提供している。彼は，

168 第2部 インストラクションへの異なるアプローチについての理論

チュータの教え方を13の原理にまとめた。PBIに取り組む学習者との大半の（すべてではないとしても）指導セッションに適用することができるだろう（pp. 18-20）。PBIセッションの運営について，バロウズ（Barrows, 1988）はチュータに必要なことを次のように述べている。「学習プロセスを止めないように保つこと。学習プロセスには，無視したり，飛ばしてよいフェーズなどなく，それぞれのフェーズには正しい順序で取り組むこと」（p. 6）◆7。チュータは，すべての学習者がグループの活動に取り組めるよう気をつける必要がある。誰一人，ディスカッションに参加しないですむことがないように，そして誰か1人がディスカッションを支配してしまうこともないようにすべきである。チュータは，問題の複雑さを調整することで，極端に退屈だったり，フラストレーションがたまるものにならないようにするべきである（p. 10）。

　領域に関する知識を身につけさせることについては，バロウズは次のように述べている。

　　　チュータは，学習者がどんな知識を持っているか丁寧に調べなければならない。（そして）絶えず「なぜ？」「何が言いたいの？」「どういう意味？」「どうしてそれが本当だとわかったの？」といった質問を投げかける。繰り返し質問し，学習者に期待される理解や知識の深さまで掘り下げ，知っていることすべてをはき出すまで続けるのである（学習者は自分自身で知っていた以上のことに気づくことも頻繁にある）。チュータはアイデアや語句，説明，あるいはコメントを，あいまいなまま確認せずに放置したりしてはけっしてならない。学習者が名称を正しく使えているからといって，彼らが正しく概念や事物を理解していると仮定することはできないからである。（p. 7）

　したがって，チュータが提供するのは，最初のガイダンスとプロセススキルの支援である。プロセススキルには，個人や問題に協同して取り組むグループに対するメタ認知のモデリングが含まれる。PBIを体験するにつれて，学習者たちは問題の理解や解決に関連する知識を互いに共有する。チュータが果たしていた役割を引き継ぎ，互いをサポートできるようになる（ピア・チュータリング）。

　チュータの役割はPBIアプローチを成功させるためにはきわめて重要であるので，ここでチュータとコーチを区別しておくことには意味がある。コリンズら（Collins, Brown, & Newman, 1989）は，認知的徒弟制モデルについて記している。そこでの教師はコーチとして，学習者にヒントやフィードバック，モデリング，あるいは思い出させたり，足場かけ（scaffolding）を提供する。そしてしだいに見習いの立場から熟達者のパフォーマンスに近づいていくために，徐々に難度の高い課題に取り組ませ

るのである。ここでのコーチ役の教師は，熟達者が実際の文脈でふるまう際の考え方をモデルとして示し，見習いが自身の推論や知識，問題解決プロセスをはっきりと外化（articulate）できるように促す。このように認知的徒弟制の指導方略を用いている教師は，対象領域における問題解決の方略を手本として示す（すなわち，「私」がどうするかを見せる）ことで，学習者の知識を熟達者のレベルへと導く。さらに，コーチングとして制御方略（すなわち，メタ認知モニタリング）や新しい知識やスキルを身につけるための学習方略を使って指導する。そして，学習者が自信と能力を高めるにつれて，しだいに脇役へと身を引いていく。その領域における重要な事実や概念，手続き，原理，ルール，態度といったものは，学習者がそれらを用いる文脈の中で学ばれる（Brown et al., 1989 の状況的認知も参照のこと）。

　PBI におけるチュータは，その立場や学習プロセスに対するオーナーシップの点で，上述した認知的徒弟制のコーチとは異なっている（Savery, 1996, 1998）。コーチは，特定の内容・スキル領域についての熟達者なので，課題にどのように取り組むべきか，学習者よりはよく知っている存在である。コーチによる提言は，きわめて指示的になりうるし（教訓的に見せたり，言ったりする），内省的にもなりうる（あなたなら，この場面でどうするか？）。PBI におけるチュータは，その領域における熟達者であるとは限らない。実際，バロウズ（Barrows, 1988）は，チュータは内容に関する熟達者であるべきではない，と述べている。どんな場合でも，チュータは内容に関する問いには答えない。むしろ，チュータはメタ認知レベルを扱い，学習者に有効な問題解決の方略を考えさせるようにする。学習者が重要な事実を見逃していることを指摘する代わりに，チュータは学習者に，学習を進める上ですべての事実を集めているかどうかを尋ねる。グループのメンバーは，追究する領域を選び，見つけた情報を合意された時間枠内で報告する。報告においてはその情報が全体の問題解決にどう関係するのかを強調することが求められる。PBI に取り組む学習者が幼い場合，少しは直接的な指示が必要かもしれない（Torp & Sage, 2002）[◆8]。それでも認知的なコーチングに限定することは重要である。

　PBI におけるチュータの役割に関する留意点を要約すると以下のようになる。

1. チュータは，学習者の知識の深まりを確かめるまで質問を繰り返す。
2. チュータは，グループのすべての学習者が参加し，彼らが問題に対する理解と問題解決プロセス，そして提案された解決策を明確に説明できているかを確かめるためにグループ活動のプロセスに意識を集中する。
3. チュータはメタ認知レベルで考えることを促し，自己調整学習ができるようになる支援をする。

170　第2部　インストラクションへの異なるアプローチについての理論

4. チュータは情報提供者になることをできるだけ避ける。そのためには，情報源にアクセスできるようにしたり，必要なスキルや知識を持っていそうなチームメイトと協働することを促す。
5. チュータは，学習者にとって問題が退屈だったり，フラストレーションがたまらないように気を配る。そして，問題をより扱いやすいようにガイダンスするなどして，問題の難度を調整する。

▶ 原理3：学習目的の達成を確かめる際には真正な評価を行うこと[9]

　包括的で実践ベース，そして軟構造で現代的な問題にグループで取り組む際，個人の活動への貢献はどのように評価するのだろうか？　原理1（問題の選択）が遵守され，チュータがグループの問題解決を効果的に支援できていると仮定しよう。その場合，(1) その領域における内容に関する知識とスキル，(2) 問題解決スキル（プロセスと省察），そして (3) 高次の思考スキル（メタ認知）の発達を評価することができるはずである。

　十分にデザインされた問題には，提案する解決策の説明に対する評価基準が含まれている。医療の分野では，グループメンバーで決定し合意した診察や患者に対する処置について，正式なレポート（病院の標準フォーマットを使用したもの）の書式を用いて詳細を記すことになるかもしれない。グループのメンバーは，チュータ（または助言者となる熟達者）に対して，レポートに基づいて彼らの解決策の応用範囲と，その解決策にたどり着くまでの推論過程を説明することになろう。提案された解決策は，熟達者が同じ問題に直面した場合の意見や，問題作成時に参照した実際の症例と比較されることになる。共通点や差異が討論されることにより，グループメンバーそれぞれが重要な概念をしっかり理解できているかどうかが確認される。

　高校生向けに用意された水質問題の事例では，解決策を示すレポートには，汚染源を特定し，将来の汚染源の低減に向けた戦略について書かれることになるだろう。解決策についてのプレゼンテーションの評価基準には，視覚的資料や図表，あるいはパワーポイントなどのメディアを用いることが，生徒のプレゼンテーション・スキル育成を支援するものとして含まれるかもしれない。他の方法としては，学習者が作成したレポートを，政治家あるいは水質汚染を引き起こしている企業に送付することも考えられる。

　グループメンバーが個別に調査した情報の実現可能性や有用性の形成的評価は，グループの問題解決プロセスの中で行われる。すべてのメンバーは情報を調べ，グループに持ち帰り，見つけた情報が解決策をよりよくするためにどう貢献するのか説明す

る責任がある。メンバーや熟達者（テキストあるいは人）との議論を通して得た内容は，メンバー全員が理解することが求められる。一人ひとりには，問題に取り組んだことによって理解した内容を明確に説明することが求められる。グループの中の各個人が集められた情報を理解できているかどうか評価するために，チュータはどの学習者に対しても，問題に関して学んでいること全体の要約をいつでも求めてよい。グループとして，またグループ内の全員が意図した学習成果にたどり着いたかどうかを確かめるために，学習の重要なポイントは，報告を通じて評価される。PBIから得た学習成果を評価できるような「標準化テスト」は存在しない。

　トープとセージ（Torp & Sage, 2002）は，PBIアプローチに用いることができる複合的な評価方略を記している。彼らは，「理解の多面性（facets of understanding）」（Wiggins & McTighe, 1998）というアプローチを学習者の理解を評価する際に用いるとした。それは，公教育の結果についての説明責任として重要性を増している州や国の評価基準とも合致している。ウィギンズとマクタイヤ（Wiggins & McTighe, 1998）が示した理解の6つの側面を解説し，それらのカリキュラムや評価，指導に対する理論的・実践的な影響について取り上げることは本章の範囲を超えている。彼らの概念的なフレームワークを確認し，PBIとの関係について検討していただきたい。

　総括的な評価は，PBIにとってふさわしいものである。しかしながら，真正性の面から見ると，その領域の概念や理論，専門用語についての知識だけでなく，解決策をつくるために文献やリソースを活用する能力（熟達者が実際にするようなスキル）についてもテストするべきである。医師国家試験のような総括的評価は，カリキュラムに含まれている問題をすべて終えてからなされるべきである。そして，テスト範囲となる知識もその一連の問題を解く際にすでにカバーされているべきである。初等中等教育における総括的評価は，より複雑である。なぜならば，学校教育の長期間において育まれる基礎的なスキルは幅広く，教育内容を規定する州ごとのカリキュラムや高校卒業を認定するさまざまな標準試験があるからである。上述したような真正な評価が公教育で広く受け入れられるようになるまでは，生徒の学習へのPBIに基づくカリキュラムの効果を測定することは困難だろう。

　PBIを確実に評価する上でさらに難しいのは，生徒の学習における自己調整力の成長についてである。いくつかのPBIセッションを実施しただけで成長の証が確認できるとするのは浅はかである。むしろそれは時間をかけてしだいに変化していくものであり，学習者が自らの考えを明確に表明したり，他の人の考えに鋭いコメントを投げかけたり，独力で効果的な調査を実施したり，その結果を問題解決グループの他のメンバーと共有するといった能力として現れる。PBIセッションの間，チュータはグループ内のすべての学習者の能力について，モニタリングとアセスメントを続ける。

ここでのアセスメントには，すべてのグループメンバーに対してチュータが行う直接質問（知識の調査）が含まれる。この調査により，個人の理解の深さだけでなく，学習者自身が自分の思考や情報の収集・編集方略について自覚しているかどうかも明らかになる。同様に，チュータは個人の発表をもとに，独力で調査する力の質や深まりを評価する。

PBI における真正な評価を行う上での留意点を要約すると，以下のようになる。

1. インストラクタあるいはチュータは，学習者に提示した問題において意図されている（あるいは予期されている）学習成果が何かを明確に理解しておく必要がある。評価の方略は，これらの意図された成果に沿って用いられなければならない。
2. 総括的評価は問題解決サイクルの終わりに，学習者グループが問題に対する解決策を（どんな形式であれ）表現した場面で実施する。専門家によるレビューあるいは，推奨される過去の解決策との比較によって，問題解決に対するグループ作業の結果の適切さが査定される。
3. 形成的評価は，PBI サイクルをいつでも実施できる。バロウズ（Barrows, 1988）は，学習者に自分の名前をページに書かせ，彼らが現在，問題について何を理解していて，チームは解決のどの段階にいるのかを記入させることを提案している。この方法を採用することによって，すべての学習者の参加を促し，積極的に情報を処理させる助けになるだろう。

◤ 原理 4：経験から学んだことを確かなものにするために，しっかりとした報告会を継続的に開くこと

PBI は，経験学習理論の 1 つとみなすことができる（Kolb, 1984; Lindsey & Berger, 本書第 7 章）。経験学習を用いるインストラクションは，次のような循環的なプロセスである。まずはゴール設定があり，次に思考・計画・試行・意思決定がなされ，そして実行し，続けて観察・内省・レビューが行われる。さらに，思考・意思決定がつけ加わり，時にはゴールの調整を行い，さらなる実行へと続いていく。この種のアプローチでは，スキルや知識を理解したり転移させたりする手段として，講義や理論よりも，参加者の経験とそれに対する省察を活用する。大半の PBI では，同様のサイクルが設けられている。しかしながら，適切に実施されるものでは，経験後の報告活動に特に重点がおかれる。どんな年代の学習者でも，この省察を飛ばしてしまいがちである。不幸なことには多くの教師でさえも，解決策にたどり着き，プロセ

スを終えた満足の瞬間を楽しむだけになってしまうことがある。しかし，これは間違いである。報告のプロセスは，学習者が学んだことを認識し，言語化し，統合し，そして既有知識に新たな情報を統合するために，きわめて重要である。

　シミュレーションも経験学習の一形態である（次章参照）。そこでも報告が，シミュレーションを学習にうまく活用する上で重要なものとみなされている。ティアガラヤン（Thiagarajan, 1993）によれば，「人々は経験をしただけで学ぶことはできない。時間をかけてその経験を省察し，そこから役に立つ教訓を引き出し，それが役に立つ場面を特定することで，学習する」（p. 45）。ティアガラヤンは報告を実施する手続きを示している。そこで含まれるべきものは次のとおりである。まず，感情を表出させ（経験が激しいものだった場合，気持ちを発散させる），役割から降ろし（現実に引き戻す），真実を伝える（シミュレーションの一部に虚偽が含まれていた場合）。知見を共有し（参加者間の異なる視点），仮説をつくり出させ（原因と結果の関係を吟味する），現実世界に応用させ，再考させる（他のやり方はあるか？）。そして，最後にどんな体験だったかを見極めさせる（経験した文脈を超えて推定する）。これらの要素は，PBI における報告の指針となりうる（報告活動についての詳細情報については，Peters & Vissers, 2004; Steinwachs, 1992 を参照）。

　バロウズ（Barrows, 1988）は，問題についてグループでの活動を終えた際，報告会を開くことと学習者によって評価することがきわめて重要だと強調している。チュータには，次のような質問をすることを勧めている――「この問題から我々は何を学んだだろう？」「新たな事実や概念は何か？」「この問題に取り組んだことで，我々の○○についての知識はどのように進歩しただろうか？」（p. 40）。

　報告プロセスについてインストラクショナルデザイナに向けた留意点を要約すると以下のようになる。

1. 報告プロセスの目的は，学習者が学んだことを認識，言語化，整理し，既存の知識に新たな情報を統合することを助けること。
2. チュータあるいは報告を促す側の役割は，参加者すべての声を等しく集めることである。そのためには，すべてのメンバーの声に注意深く耳を傾け，意見やコメントを集めるようにすること。
3. 確立されている報告の手順に従うこと。報告を進めるための一般的・専門的な質問を知っておくこと。あなた（報告を促す者）は，PBI の活動の中で議論されたすべての学びについて思い出せるように，質問のアイデアあるいはトピックを準備しておくこと。
4. 新たな知識を既存のスキーマに組み込むことを促すような質問をすること。

174　第2部　インストラクションへの異なるアプローチについての理論

5. 学んだことを概念地図（コンセプトマップ）を用いて図示（あるいはリスト化）
することを促し，そのために必要な材料を提供すること。

PBI における状況依存原理と方法

PBI の指導方法は広範囲に採用されているので，それを実施する上での特定の状況
や方法を記述することは難しい。先述のとおり，PBI は広く専門家を養成する科目で
活用されており，医学や経済，建築，エンジニアリング，あるいは法学など，理論と
実践を統合することが求められるさまざまな分野にわたる。成人学習者を対象にした
PBI の効果に関する研究は，かなりの程度に確立されてきている。また，新たな実施
形態として洗練されたものになろうとしているオンライン学習環境において PBI を
採用する研究も行われている。もう1つ成長している分野としては，PBI をより若い
学習者（高校や小学校）に対して実施するものである。本節では，ここまであげてき
た原理を拡張し，PBI で用いる方法を決定する上で影響を与える可能性のあるいくつ
かの状況について検討する。

◢ 状況1：学習者に PBI に関する経験が欠けている場合

PBI を使って指導する際，学習者には自分が理解していることを言語化し，チーム
で協同し，そして独立した調査ができることが求められる。こうしたスキルは初等中
等教育から専門職カリキュラムを通して何らかの形で形成されている。しかし，こ
れらのスキルは，PBI のように統合的なアプローチではなく，別々のものとして扱
われることも多い。学習者が PBI プロセスについてなじみがない場合[11]には，教師
は学習者の学習経験に対する足場かけにかなりの努力を傾ける必要がある（White,
2001）。教師に依存するように「指導」される教育経験を重ねてきた学習者の場合[12]
には，自分で「考える」ことを求める指導環境に置かれるのは大半の学習者にとって
居心地のよいものではなく，抵抗感を持つことさえもある。したがって，チュータは，
学習者分析の一環として PBI に対する慣れ（と上述のサブスキル）のレベルを調べ
ておき，対象者のニーズに合わせてガイダンスとサポートを調整すべきである。この
ことは，インストラクショナルデザイン（ID）の基礎と ID プロセスにおける学習者
分析のフェーズと一致している。PBI 経験がほとんどない学習者には，プロセススキ
ル（どのように考えや意見をまとめて表すか，どのように協同して取り組むか，どう
したら効果的な調査ができるようになるか）を教えたり，問題に特化したリソースに

誘導し，意図した学習成果につながるように導いたりするとよい。PBI アプローチでチュータに期待されるような経験を積み，学習者が自己調整できるように成長するに連れて，必要とするサポートは徐々に少なくなるだろう。必要なスキルを身につけるために，指導用のプロジェクトやシミュレーション，あるいはケーススタディなどを用いることは，学習者が構造の不確かな問題に取り組む前の準備として役立つ。

　問題の選択と複雑さの設定は，対象者の年齢や発達段階に合わせて（単純すぎず，先が見えすぎないように）常に調整するべきである[13]。問題を学年や科目ごとのカリキュラムの目標と連携させることや，問題の複雑さを問題解決プロセスの中でチュータが調整できるように促すことは，トラブル状況の発生を減らすことにつながる。学習は累積的なものであり，同じ「問題」あるいはその変形が，将来においても使用できることを覚えておいてほしい。PBI アプローチで実施するときには，螺旋的なカリキュラムアプローチを採用し，問題状況の変化によって学習者がすでに持っている知識を新しい環境において応用することに取り組ませるとよい。これによって，彼らの知識基盤により深みを持たせることができる。このことについては，ライゲルースによる精緻化理論（Reigeluth, 1999, 本シリーズ第 2 巻第 18 章）を参照されたい。

◤ 状況 2：PBI を大規模クラスで実施する場合

　バロウズ（Barrows, 1988）は，大規模グループで PBI を用いて指導する困難さを指摘し，2 つの方略を提案している。第 1 の方略は，大グループと小グループの両方の話し合いで利用できる[14]。学習者どうしを向かい合って座らせてチュータもその中に入り，チュータがグループ全体と向かい合わないようにすることである。こうすることで，学習者が相互に関わり合うことができ，インストラクタが支配的な立場でなくすることができる。第 2 の方略は，大グループに主として用いられるものであり，座席表（可能であれば写真つきで）を用意することである。学習者には毎回同じ場所に座るように求めることで，チュータが彼らを名前で呼べるようにする。バロウズはまた，大グループの場合，学習者一人ひとりにケース（問題）のコピーを，チュータとのセッションの前に配布することを勧めている。この場合，セッションでは「この問題はどうなっているの？」あるいは「さて誰から始めたいかな？」(p. 47) といった，より一般的な質問がチュータからなされる。チュータには，質問をすべての学習者に投げかけ，全員が参加することを保証することをバロウズは期待している。ところが，大人数の学習者に対しては，すべてのセッションですべての学習者を没入させることは難しいと思われる。時間をかけることで，チュータが順調に進んでいる学習者と課題を抱えている学習者を特定できるようになるにつれて，トラブルを抱えた学習者に

176 第2部 インストラクションへの異なるアプローチについての理論

集中して対応できるようになる。大規模クラスでのPBIは，十分な経験を持ったチュータにとっても難しいものであり，望ましいアプローチとして勧められるものではない。少人数（5～7名）の形式が，教師対学習者の割合としては最も効果的と思われる。

　少人数形式では，すべてのメンバーが議論に参加して意見を述べることができ，問題の重要な部分に関わることができる。インストラクタは（クラスの中に）小グループをつくり出し，複数回の問題に対してそのグループで一緒に取り組むようにする。そうすることで，彼らが協同して取り組む利点を実感できるようになる。大規模クラスの中での協同グループのつくり方や運営の仕方については，さまざまな方略（性別や年齢，PBIの経験，スキルなどでバランスをとること）が紹介されており（Kagan, 1992; Rangachari, 1996），それらはPBIアプローチの文脈にも応用できる。

　スティンソンとミルター（Stinson & Milter, 1996）は，30人を超えるMBAの学生を小グループに分け，同じ問題に取り組むような指導をした。小グループが並行して同じ問題の異なる側面に取り組んだため，複数のリソース（テキスト，記事，図表など）をグループ間で共有することができた。複数のグループが同じ問題に取り組むためには，チームの数だけリソースのコピーを用意し，初期の調査活動を支援することが必要となる。例えば，複数のグループが水害，湿地の汚染，あるいは有害な廃棄物といった問題に取り組む場合，いくつかの記事やレポート，オーディオ・ビデオ素材などの資料一式をそれぞれのグループが受け取る。グループ独自のリサーチ・クエスチョンを練り直すために，それらの資料を精査，評価するのである。

◤ 実施上の課題

　ここまであげたような状況について，運用上の課題としてまとめておく価値があるものを以下に記しておく[15]。

1. インストラクタや組織がコミットする　PBIは，インストラクタによる成功に向けた関わりがなければうまく機能しない。教師中心の指導形式よりも学習者中心の方法を採用することにより意義のある学びが起きると組織が信じていない場合にも，PBIは成功しない。PBIを採用し，実践する際には，特に初等中等段階の学校教育では，綿密な計画と議論，そして教師・管理職・親・学習者相互のコミュニケーションが必要である。教育プログラムレベルにおけるPBIの採用プロセスに関する検討の詳細については，アンダーソン（Anderson, 1997），コンウェイとリトル（Conway & Little, 2000），ダッチら（Duch, Groh, & Allen, 2001）を参照されたい。

第 8 章　問題解決型学習を用いたアプローチ　　177

2．PBI プロセス全体にコミットする　PBI は，そのプロセスと働きを十分理解することなしに実施するべきではない。問題解決スキルを単純に指導することや，教師中心の指導環境において学習プロセスよりも学習者の制作物を評価する問題解決活動をつけ加えることと，PBI は混同される恐れがあると，バウドとフェレッティ（Boud & Feletti, 1997）は指摘している。PBI を効果的に行うためには，用いる問題を注意深く選び，問題の導入から報告と学習の評価までの全ステップを確実に踏むために必要な時間とリソースが学習者とチュータに与えられる必要がある。

3．教師の教育信念を変える　教育の専門家（学校教員や大学教授，あるいはさまざまな領域の実践家）の中で，学習者として PBI を経験したことがある者はそれほど多くはない。我々が教えられたように教えようとするのは自明なことである。よって，問題中心の指導方法での学習経験が欠けている場合，チュータには彼らの認識論的・教育学的な信念を変えるための真摯な努力が求められる。その結果として，初めて PBI のよい実践者となれる。大学教員や学校教師を対象にした専門能力向上のためのワークショップを利用することができる（http://www.udel.edu/pbl/ あるいは http://www.imsa.edu/ など）。他にも，参考文献にリストしたような優れたハウツー本がある。

4．物理的な空間を工夫する　伝統的な教室は，PBI を実施する上で物理的な拘束条件となることがある。PBI を実践する理想的な空間には，大きな書き込みができるボードが 4 面の壁にあり，小さな机よりも大きなテーブルと複数台のコンピュータがあり，十分な蔵書のある図書館が近くにあることが望ましい。多くの教室は考えをつくり出したり，複雑で明確ではない問題を解決したりするためよりも，情報の提示のためにデザインされている。PBI を採用する際，生産的な小グループのセッションに見合うように学習空間を再設計することは重要な検討事項である。書き込めるボードならば，どんなもの（フリップチャート，ホワイトボード，黒板）でもよい。グループメンバーが記録をし，考えを視覚化し，情報を共有することができて，問題解決活動の期間中，それを残しておくことができれば役に立つ。PBI は静かな活動ではない。学習者どうしで考えや情報を（大きな声で）議論し，合意形成にたどり着く。このことも，学習空間を設計する上で考慮しておくべきである◆16。

まとめ

　社会的に最も尊敬され，賞賛される職業にはどんなものがあるだろうか？　議論の余地はあるにせよ，医者，弁護士，科学者，エンジニア，建築家といったところだろう。彼らのような専門家は何をしているのだろうか？　彼らは問題を診断し，解決策を編み出している。こうした職業の多くでは，新たな人材を養成するために PBI アプローチを採用するようになった。PBI が最も複雑な知識領域に対して有効なのであれば，診断と解決策の策定が求められる他の領域にとっても PBI は有効ではないのだろうか？　これまでの節で強調してきたように，PBI 教授理論は，確立された学習理論の上に成り立っている。PBI アプローチの実施手順は小学生から医学生に対してまで幅広く明らかにされている。PBI を ID 理論として記述しようと努力してきた中で，多くの領域専門家によるこれまでの成果が示され，PBI による教授アプローチの共通の知識基盤とみなされることになると私が望むものへと統合することができた。本章で扱うことができた範囲以上のより深い情報については，引用文献を参照することを勧めたい。

　PBI を成功させる上で鍵となる最初のデザイン原理は以下の２つである。１つは，内容領域の中から（なるべくなら PBI の全体的なカリキュラムの中から）適切な問題を選ぶことである。もう１つは，学習者のメタ認知スキルと能力を伸ばすことに注力する教師の能力である。情報量（知識基盤）はあらゆる領域で今後増大し，少しずつ変化していくと考えられる。したがって，学習者に事実を教え，それを暗記させることは，取るに足らない価値しか持たない。学習者が批判的に考えられる人になるように育てることのほうが，より大きな見返りがある。そのような人は自分の持っている知識のギャップに気づき，それを解消するための方略を自分で応用できるような人である。

　残る２つのデザイン原理は，意図した学習成果を確かなものにするための評価と報告に関するものである。経験学習のサイクルを学習経験についての報告で締めくくることは重要である。それによって問題解決プロセスを通じて獲得した事実や概念は既有の知識と統合され，活動の成功に役だった社会的，対人的，あるいはその他のメタ認知スキルについて省察が行われる。

　本章で示したこれらのデザイン原理は，インストラクションの効果と学習者の経験の質を高めるための方法とその構成要素の枠組みを提供している。PBI についてのまとめとして，ダッチ（Duch, 2001）のアドバイスを紹介しよう。

第8章 問題解決型学習を用いたアプローチ 179

　PBL の問題を作成することには，時間がかかり，課題も多く，時には挫折感を味わうかもしれない。しかしながら，科目における学習の優先事項を検討し，複雑かつ現実的な素材を優先順位に見合うように見つけ出し，採用し，記述するプロセスを経験することは，将来にわたってインストラクタの科目に対する見方を変えるものになるだろう。雑誌や新聞の記事，ドキュメンタリー，ニュース，書籍，映画など，あらゆるものが科目における新しい問題づくりの素材になる。教員集団は，彼らが教える概念や原理について新たな評価を得ることになるだろう。さらに，他の科目や学問領域における概念とのつながりも得られるであろう。(p. 53)

　あなたがつくり出した文脈豊かな問題は，学習者の関心を高め，道筋と動機づけを与えるだろう。そしてその問題がやっかいなもので，不明確な構造を持つからこそ，学習者は重要な課題やデータとそうでないものを整理することが求められる。PBI が学習者にもたらすのは，このような生涯にわたる学習スキルなのである。

≫≫ 原注

- ◆1　編者注：PBI と PBL という用語の一般的な定義に基づくと，これらの違いは PBL は PBI の結果として起こる学習ということになるのだろうか？
- ◆2　法科大学院で教鞭をとっている同僚は，新聞からニュースの切り抜きをしたり，TV ニュースを録画して，授業中の議論を促すために利用している。このような自然発生的な問題は，さまざまな解決策の可能性を生み出し，真正な学習経験を提供する。これは学生が学位を取得した後に必要とされるスキルを向上させることにつながる。
- ◆3　編者注：これらは学習理論であり，教授理論ではない。
- ◆4　編者注：これは教授理論（どのように教えるか）なのか，それともカリキュラム理論（何を教えるか）なのか？　もしくはその両方を含むものなのか？　デザインレイヤーのどこに位置づけられるものか？
- ◆5　医学部においては，PBI アプローチを使って入学年次の最初のクラスで課題を与えることは普通に行われている。
- ◆6　編者注：これらは教授理論（どのように教えるか）なのか，それともカリキュラム理論（何を教えるか）なのか？　もしくはその両方を含むものなのか？　デザインレイヤーのどこに位置づけられるものか？
- ◆7　編者注：デザインレイヤーのどこに位置づけられるものか？
- ◆8　編者注：第5章を参照のこと。
- ◆9　編者注：これは学習者評価理論（第1章参照）であり，教授理論（特に情報時代のパラダイムの教育におけるもの）に統合されるべきであることが多い。
- ◆10　編者注：デザインレイヤーのどこに位置づけられるものか？
- ◆11　編者注：これが状況性である。
- ◆12　編者注：これももう1つの状況性である。
- ◆13　編者注：年齢や発達的特徴は，その他の状況性といえる。
- ◆14　編者注：大グループと小グループの両方に使えるのなら，それはもう1つの状況性といえるのだろうか？

180 第2部 インストラクションへの異なるアプローチについての理論

◆15 編者注：続きを読みながら，これが教授実施理論なのか，その他の種類の知識なのかを確認してほしい。
◆16 編者注：これらをこの理論を使う際の前提条件と見ることができるだろうか？　これらは教授実施理論としても見ることはできないだろうか？　どこでこれら2つを区別するのだろうか？

第 9 章
シミュレーションを用いたアプローチ

アンドリュー・S・ギボンズ（ブリンガム・ヤング大学）
マーク・マッコンキー（ユタ州立大学）
ケイ・キオンジュ・セオ（コネチカット大学）
デイビッド・A・ワイリー（ユタ州立大学）

アンドリュー・S・ギボンズ（Andrew S. Gibbons）は，ブリンガム・ヤング大学の教育心理学・工学科長である。それ以前にはユタ州立大学の教員であった。ワイキャットシステムズ社やコースウェア社でインストラクショナルデザイン（ID）の営利プロジェクトを18年間率いていた。ギボンズ博士の仕事には，大規模訓練開発プロジェクトやISD開発のリエンジニアリング，コンピュータ支援教育，米軍と商用の飛行訓練開発，ならびに教育シミュレーションの研究開発が含まれてきた。ギボンズ博士の現在の研究は，IDのアーキテクチャに焦点化されている。モデル中心の教授法についてのデザイン理論を出版し，IDの一般的レイヤーモデルを提唱しており，現在，適応的で生成的で拡張可能な教授システムを創造する手段としてのデザインレイヤーに関連したデザイン言語を研究している。

マーク・マッコンキー（Mark McConkie）は，ユタ州立大学教授工学専攻の博士候補生である。これまで学術と経済界の両方で，モデル中心の教授法の原理を適用した広範囲の教育シミュレーションの設計と開発に携わってきた。世界規模の製造会社パーカー・ハナフィン社で10年間，教授システム設計専門家として働き，現在はその中の航空宇宙グループで人材開発マネジャの職にある。ユタ州立大学では，持続的公開学習センターのTAとして働き，また生物・灌漑工学科の全米科学財団資金によるカリキュラム改革プロジェクトに関わってきた。

ケイ・キオンジュ・セオ（Kay Kyeongju Seo）は，オハイオ州にあるコネチカット大学シンシナチ校の教授設計工学専攻の助教授である。彼女の研究関心は，コンピュータを媒介としたコミュニケーションや，初等中等教育ならびに高等教育におけるテクノロジ統合，マルチメディアを用いた問題に基づく学習，ID言語，ウェブサイトのユーザビリティ評価，そして教育シミュレーションとマイクロワールドを含んでいる。コネチカット大学に奉職する以前には，ミズーリ州カンザス市にあるロックハースト大学の教育工学助教授であった。そこでは，現職・奉職前の教員が教室でテクノロジを活用できるように準備することに焦点を当てていた。ユタ州ローガン市にあるユタ州立大学で博士号（教育工学）を取得している。

デービッド・A・ワイリー（David A. Wiley）は，ユタ州立大学の教育工学准教授であり，持続的公開学習センター長およびフラット・ワールド・ナレッジ（Flat World Knowledge）の最高公開責任者（chief openness officer）でもある。彼はブリガムヤング大学で教育心理学および教育工学の博士号を取得し，マーシャル大学で美術学士（音楽専攻）を取得している。彼はスタンフォード大学法学部のインターネットおよび社会問題センター（Center for Internet and Society）の非常勤フェローや，オランダ公開大学の客員教授

を務め，全米科学財団のCAREER資金の受給者である。彼は，自身のキャリアを全世界の人々が学習機会を増やすことに捧げている。

第9章　シミュレーションを用いたアプローチ　183

本章の概要

前提条件（どのようなときにこの理論を用いるか）

学習内容
- 流動的な系列で変化する環境の中で複数の複雑な活動をするための統合的なスキル

学習者
- あらゆる学習者

学習環境
- コンピュータやその他の材料などの適切なツールがある環境
- 教育シミュレーションやマイクロワールドには教育的増強が必要

インストラクション開発上の制約
- シミュレーションやマイクロワールドに必要な経費が利用できるリソース（予算と時間）あるいは得られる恩恵を超えてはならない

価値観（何が重要であるかについての見解）

目的について（学習目的）
- 動的システムの原理と関係性の理解
- 複雑システムを扱うスキルの開発

優先事項について（インストラクションを成功させるための基準）
- 効果・効率・魅力をすべて最大化する。ただし，ユーザ集団が大規模で経済的である限りにおいて。

手段について（教授方法）
- 学習経験は，適応的で生成的で拡張性があること。
- 学習経験は，真正な課題と文脈を伴うこと。
- 学習経験は，物理的あるいは概念的なシステムの動的モデルを伴うこと。
- 学習者とモデルとのやりとりによって，状態が変化すること。
- 学習経験には，少なくとも1つの教育的に増強された機能の設計が含まれること。

権限について（上記3条件についての意思決定）
- 学習者は積極的な参加者であり，シミュレーション環境においてある程度の自由度を持っていること。

普遍的方法

1. 内容の機能について
   - 抽象的なモデルをまずつくり，次にコンピュータ化したモデルをつくる。
   - 「正しい」モデルを選択する。
   - 適切なタイプのモデル（環境，因果，あるいはパフォーマンス）を選択する。
   - 適切なモデルの形態（意味ネットワーク，プロダクションルール，方程式，ベイジアンネットワーク，システムダイナミックス，あるいはオブジェクト・モデル）を選択する。
   - 学習者がシステムを操作するための制御ポイントを一定数用意する。
   - 費用が許す範囲内で，モデルの忠実さや細かさを学習ニーズに合致させる。
   - パフォーマンスの難易度を高めるために，より高度なモデルかより高度な問題，あるいはその両方を段階的に供給する。

2. 方略の機能について（教育的増強）
   - 物理的な設定と環境づくりを設計する。
   - 社会的な設定を設計する（参加者の役割，主導権共有のパターン）。
   - 各モデル内の内容領域・問題解決・学習法学習のゴールに関するパフォーマンスの幅とモデルの変数を記述する。
   - 教育範囲（ゴール）を各イベントブロックに割り当て，イベントブロックを系列化（段階設定）する。
   - イベントの形態と段階を特定する。
   - 教育的増強のタイプとルールを設計する。
   - 劇的な文脈を用いる。
   - 問題に関する情報を学習者に届ける方法を設計する。

3. 制御の機能について
   - 主要な機能それぞれでユーザ制御を提供する。

4. メッセージ機能について
   - 人間のチュータの要素を含むメッセージ単位を生成する。
   - メッセージ構造化のアプローチを用いる。
   - 実行時点のメッセージ構築を用いる。

5. 表現の機能について
   - 表現要素を生成し，組み立てる。
   - モデルのサイクルに従ってモデルの状態を変える。

- 学習者に異なる複数の視点を与えることを考慮する。
- 1つのメッセージに複数の表現をどのように用いるかを決める。
- 連続的に変化する画面を実行するルールを設計する。
- 時間と空間を操作するルールを設計する。
- 変化の傾向を示すトレースを設計する。

6. メディア論理の機能について
- 表現と計算を実行する。

7. データ管理の機能について
- 相互作用から生じるデータを管理する。
- データ収集の地点と変数を設計する。
- 解釈変数とそのルールを決める。
- データ収集のフレームワークを設計する。
- 学習者に情報を提供する地点を決める。

(編者)

186　第 2 部　インストラクションへの異なるアプローチについての理論

　この章では，教育的シミュレーションおよびマイクロワールドの理論に基づく設計に関するガイドラインを説明する。これは，アレッシーとトローリップ（Alessi & Trollip, 1991），ドゥ・ジョンとヴァン・ジョリンゲン（de Jong & van Joolingen, 1998），グレドラー（Gredler, 2004），ギボンズ，フェアウェザー，アンダーソン，メリル（Gibbons, Fairweather, Anderson, & Merrill, 1997），ムンロ，ブリュー，パルトレー，シェルドン（Munro, Breaux, Paltrey, & Sheldon, 2002），ライゲルースとシュワルツ（Reigeluth & Schwartz, 1989）によるシミュレーションに関する初期の研究成果をベースとし，この領域における共通知識ベースを構築する試みである。

　シミュレーションおよびマイクロワールドの設計は多くの独立した部分で構成され，それぞれが多くの対象領域および表現形式において非常に多様な成果物を生み出す大規模かつ成功した産業となっている。シミュレーションおよびマイクロワールドの設計は，他の教授形式よりも多様な表現的特徴を持ち，その成果物がシミュレーションであるか，それとも単なるアニメーションのようなものであるかをその表現から判断することは不可能なこともある。その表現の背後にある設計の類似性を示す理論的な枠組みを特定しない限り，教育的シミュレーションと呼ばれる大きく変化に富んだ種類のものすべてにあてはまる設計原理を定義することはほとんど不可能であるように思われる。本章では，そのようなスキームについて整理し，のちに 1 つずつ説明する。ここでは，以下の質問に解答することを目指す。

- 教育的シミュレーションおよびマイクロワールドとは何か？
- どのような構造的原理の下でそれらは関係づけられているか？
- どのような設計原理が，教育的シミュレーションおよびマイクロワールドというものすべてにあてはめることができるのか？

▌教育的シミュレーションの定義

本章では，教育的シミュレーションを次のように定義する。

1. 物理的または概念的な体系の 1 つ以上の動的なモデルであり，
2. 学習者に操作に対する状態変化を示すモデルとの相互作用に取り組ませ，
3. 非線形論理に従い，
4. 1 つ以上の教育効果を増加させるように設計された機能による補足を伴い，
5. 1 つ以上の教育ゴールの追求において用いられる。

第9章　シミュレーションを用いたアプローチ　187

教育的シミュレーションには，動的で変わりゆく計算可能なモデルとの相互作用が含まれる。モデルの新しい状態は，学習者のモデルに対する行為，またはモデル自身の継続的な計算によって決定される。一般的な目的のシミュレーションモデルからも学習することができるが，それが教育的であるとみなされるのは，学習者とモデルとの相互作用の中に何らかの方法で学習者を支援する１つ以上の補助的な教育機能が付加されている場合のみである（Gibbons, 2001; Gibbons et al., 1997）。そのような付加がないモデルはわずかな教育的価値しか持たず，教育的な非効率をもたらすことや，学習者を誤解や誤認に導くことがある。

シミュレーションは，変化する状況に応じた流動的な流れにおいて起こる多様な判断，決定，および行為からなる統合的なスキルの訓練に用いられる[1]。教育的シミュレーションの補助の下で学習され，実践されるものは，行為を瞬時的な問題解決の必要性に適合させる能力である。シミュレーションは，複雑な課題を実行すること，または，実行すべき課題を選択することの練習機会を提供する。また，シミュレーションは，学習方略を教えるため，そして学習者が自律的な学習の能力を修得することを助けるためにも用いられる。そして，教育的シミュレーションでは，このような教育ゴールを達成するために求められるパフォーマンスに適した何らかの足場かけ，コーチング，フィードバック，または実行時のヒントを環境に追加することで実現する。このようなダイナミズムが求められるため，教授事象やメッセージ，あるいは表現の順序が，必要なときに決定され，基本的構成要素および計算されたデータからその都度，構築されることになる。

シミュレーションは適応的で潜在的にコストの高い形態の教育であるため，３つの一般的な基準が，教育的シミュレーションの設計にあてはまる（Atkinson & Wilson, 1969）。

- 適応性（adaptivity）の基準：学習者の行為に基づいて教育経験の特性を変更する能力
- 生成性（generativity）の基準：実行時に教育的な人工物の一部を生成する能力
- 拡張性（scalability）の基準：コストが線形増加することなく，より大きなスケールの教育経験を生み出す能力

マイクロワールドの定義

マイクロワールドとは，設計者により供給された部品と道具を用いて，学習者

がモデルを構築する（construct），というモデルを中心とする環境である（Colella, Klopfer, & Resnick, 2001; Papert, 1993; Rieber, 1996）。学習者が構築したモデルの異なる実験条件の下でのふるまいを通じて，モデルのふるまいに関する原理および関係を指導つき，もしくは自主的な探究を通して学習するために用いられる。複数のモデルを構築し，それを用いて実験することは，単純なシステムが時折見せる複雑なふるまいについての学習だけではなく，最終的には自主的な実験を通して学習する方法を学ぶことにもつながる。これは「構築主義（constructionist）」と呼ばれる教育アプローチである（Kafai, 2006; Papert, 1993）。

　マイクロワールドは，教育的シミュレーションの一種とみなすことができる。つまり，マイクロワールドは教育的シミュレーションのすべての特長を保有している。しかし，マイクロワールドの概念は，教育的シミュレーションにはない特長も有している。

1. 動的モデルは，学習者により設計され，構築される。
2. 設計者が作成した構築環境では，モデルを構築するための基本的な要素が提供され，学習者がそれらを結合して因果関係を表すモデルを表現することができる。
3. 構築環境内での学習活動を支援するためのツールが，設計者により提供されることもある。
4. モデルを構築するための基本的な要素は，テーマに合わせて構成されることが多い。それらの要素は，学習者が語ることのできる複数のストーリーにおける登場人物のようなものである。
5. モデルを構築したり，実行する上での学習者の非線形な相互作用は，設計者から供給された基本要素や学習者が実行可能な操作によって制約された範囲内となる。
6. ガイド付きの探究や探究への支援が，通常は1つまたはそれ以上提供される。

　教育的な道具としてのマイクロワールドの価値は，構築環境および構築要素の設計者の洞察力や高度に訓練された設計および実施に依存する。マイクロワールドという概念は，不用意，または，不注意に用いられると，容易に標準的で手続き的な実験室実習と同じようなものになってしまう。マイクロワールドの主要な効果を達成するためには，学習者の意欲的な，さらには熱心な参加が必要である。足場かけ（scaffold）の過程を通じて，学習者は，構築したモデルの操作によって解答することができるように問題を定式化する方法を学習し，彼ら自身が知識の生産者となる。本章の残りに

第9章　シミュレーションを用いたアプローチ　　189

おいては,「シミュレーション」という用語をマイクロワールドや他の種類のシミュレーションを含むものとして用いる。

シミュレーションのアーキテクチャ

　教育的シミュレーションの設計アーキテクチャは,多くの下位設計物の合成としてみなすことができ,次のものを含んでいる。(1) モデルの状態変化を計算する主要部分,(2) モデルを使った体験を増強するための方略システム,(3) ユーザ制御システム,(4) メッセージ生成システム,(5) 表層表現を作成するためのシステム,(6) シミュレーションを実行するためのシステム,(7) データ管理のためのシステム[2]。シミュレーション設計の一般的なアプローチは,何らかのソフトウェアアーキテクチャをシステムの中心に据えることである。しかし,こうすることは,シミュレーション設計において,そのソフトウェアアーキテクチャと競合する部分が生じた場合には,その部分をソフトウェアアーキテクチャに強制的に適合させることに決めたことを暗黙に意味している。
　ここでは,以下にあげる7つの機能の観点から教育的シミュレーションの原理を説明する。

1.　コンテンツ機能：モデルのコンテンツを供給する。
2.　方略機能：教育的な増強を実装する。
3.　制御機能：ユーザ制御を提供する。
4.　メッセージ機能：個々のメッセージを生成する。
5.　表現機能：表現要素を生成し,組み立てる。
6.　メディア論理機能：表現や計算を実行する。
7.　データ管理機能：相互作用から生じるデータを管理する。

　ギボンズとロジャース（本書の第14章）は,これらの機能分類は教授設計一般に適用できることを示している。

1. コンテンツ機能：モデルのコンテンツを供給する

　この節では,教育的シミュレーションのコンテンツ機能のモジュールを組織化する

190　第 2 部　インストラクションへの異なるアプローチについての理論

ための原理を説明する。シミュレーションのコンテンツは，動的なモデルの形式をとる。本章では，「モデル」という用語は，不可視ではあるが，予測不可能な順序での操作に対して計算可能な実体を意味する。モデルは，現実，もしくは，想像上のシステムの動的な複製といえる。

原理：抽象モデル

設計者の頭の中にあるモデルとそれが模倣している実際のコンピュータプログラムや社会的構造との混同を避けるために，モデルは人によって利用可能なコンピュータコードや命令として具体化される前に，理論上はそれらとは独立に文書化されるべきである[3]。

原理：「正しい」モデル

教育的シミュレーションのためのモデルの選定には，時として設計者による微妙な区別が必要になる。ブランスフォード，ブラウン，クッキング（Bransford, Brown, & Cocking, 2000）は，「人は，ある数学的なアイデアや過程のための適切なモデルを選定することの複雑さに圧倒される」（p. 168）と述べている。設計者にとって重要なことは，最もよく可視化されておもしろいモデル，もしくは，最も構築が容易なモデルを選択する，というよくある誤りを避けることである[4]。ある設計チームは，ある設備（医療的な分析の機械）のモデルにおいて，表層的な相互作用やマルチメディアの魅力に魅了されてしまい，真の興味があったはずのパフォーマンスモデル（設備の出力に基づいて判断を行うモデル）を設計するのを忘れてしまった。

原理：3 種類のモデル

シミュレートされるモデルは，単一のモデルから構成される場合も，また複数のモデルから構成されることもある。教育的シミュレーションで用いられるモデルには 3 種類ある。(1) 環境モデル，(2) 因果システムモデル，(3) パフォーマンスモデルの 3 つである。環境モデルは，因果モデルおよび人間パフォーマンスモデルのための文脈を提供する。環境モデルはめったに教育の中心にはならないが，設計者はこれを設計しなければならない。それは，他の 2 つのモデルの状態に影響を与えるイベントを生成するからである。因果モデルは，自然の，もしくは，人工的な因果システムを模倣するものである。専門家パフォーマンスモデルのふるまいは，他の 2 つのモデルを

第9章　シミュレーションを用いたアプローチ　191

観察して解釈する，それらの未来の状態に関する予測を行う，因果関係を発見または説明する，これらのモデルを運用または制御する，モデルの状態の予期しない変化に応答する，目標とする望ましい状態に向かってモデルに影響を与えることである[5]。

▶ 原理：モデルの形態

モデルは次の形態をとる。

意味的ネットワーク：意味を表すノードとそれらの間の名づけられた関係による概念的ネットワークから構成される。これは命題的知識を表す。

プロダクションルール：決定行動に関する内容を構成する if-then ルールである。

方程式：システムの内部構造を記述することなくシステムのふるまいを記述する数学的および論理的な公式を含む。そのような公式の集合は，通常，公式が適用される順序も規定し，ある計算の出力がそれに続く計算への入力として用いられる。

ベイジアンネットワーク：システムの状態の間の確率論的な通路を定義する。ベイジアンネットワークは，概念的な内容とパフォーマンスに関連する内容の両方を表現するのに用いることができる。

システムダイナミクスモデル：システムダイナミクスモデル（Milrad, Spector, & Davidsen, 2002; Spector, 2000）は，関連づけられた入力および出力変数を伴うシステムの要素を特定する。公式およびルールが要素間の関係と関連して定められており，事象や変数の値の変化に応じてシステムの値を計算して更新することを可能とする。システムダイナミクスモデルは，複雑なシステムの内部の因果関係を詳細に記述するために有用である。

オブジェクト・モデル：このモデルの内容は，オブジェクトの集合として表される。各オブジェクトは，それ自身のアイデンティティ，変数の集合，ふるまい，内部変数の値を再計算するための規則，ならびにオブジェクト間のメッセージを通じて他のオブジェクトと情報を通信するための規則を伴う[6]。

▶ 原理：各モデルに対する入力／出力変数

学習者は，直接的および間接的な原因（モデルの入力状態やモデルに対する操作）に関連づけられた効果（または出力状態）を観察というモデルとの相互作用から学習する。限られた数のモデルの制御点が，操作可能な入力変数として学習者にとってア

クセス可能とされなければならない。モデルは，出力状態を再計算するために入力された値を用いる。シミュレーションは，学習者が影響を与えることのできる入力変数，ならびに環境モデルおよびシミュレーションにおける他のモデルによって影響される変数を明確にすべきである。また，設計者はモデルの出力として学習者に示されるべき再計算された値を明確にすべきである。いったんこの変数のリストを獲得したら，設計の進展につれて継続的に維持しなければならない。なぜならば，それは，モデルの特徴と学習パフォーマンス要件を連結するものだからである。

◤ 原理：忠実さおよび細かさのレベル

　モデルは本来的に，モデル化の対象となるシステムに比べて忠実さ（fidelity）および細かさ（resolution）が不足している。我々は，この不一致をモデルの「変性レベル（level of denaturing）」と呼ぶ（Gibbons, 2001; Gibbons et al., 1997）。メディアは現実，特に文脈から抜き出された現実を，忠実に表現することはできないため，変性を避けることはできない。それゆえ，表現のメディアは，表現の正確さ（忠実さ）またはその粒度（細かさ）を変化させる。モデルの忠実さおよび細かさのレベルは，シミュレーションのコストの制約の中で学習の必要性に適合しなければならない。

忠実さ　忠実さは，現実とそのモデルとの間の類似度を表す。忠実さは明らかにモデルでの状況の学びから現実の状況の学びへの移転の要因となる。忠実さのレベルを選択するための明確な指針はほとんどなく◆7，物的証拠によって容易に疑われるような生活の知恵のようなものしか存在しない。忠実さには多数の次元があり，設計者は，与えられた設計問題に応じてそれらに優先順位をつけていかなければならない。

- 学習者の行動選択に関連する忠実さ
  - 課題の忠実さ：学習者の取れる行動が，現実環境での行動にどれほど類似しているか
  - 環境の忠実さ：シミュレーションされた環境での応答における感覚が現実環境で生み出される感覚にどれほど類似しているか（におい，空間，音など）
  - 触覚の忠実さ：操作の実行がどれほど現実的に感じられるか
- モデルによる学習者行動の処理に関連する忠実さ
  - スピード／タイミングのよさ：モデルのスピードおよび応答のタイミングの現実との間の類似性
  - 精度：現実の結果と比較したモデル計算の精度

- 正確性：モデルのメカニズムと現実のメカニズムの動作の類似度
- モデルの状態および行動の外部表現に関連する忠実さ
- リアリズム：現実の設定において得られる感覚情報に対するモデルの外部表現から得られる感覚的経験の適合度

忠実さの問題は，教育的シミュレーションにおいて重大である。なぜならば，大量の情報が非言語的な経路で伝達されるからである。ほとんどのシミュレーションでは視覚的や聴覚的な経路を通じて，仮想現実の環境の場合は運動感覚や触角を通じて伝達される。不十分に設計され，不十分に同期化された非言語的情報の処理は，暗黙の誤認を生み出してしまうことになる。ライゲルースとシュワルツ（Reigeluth & Schwartz, 1989）は，次にあげる要因が教育的シミュレーションにおける忠実さに影響を与えることを示している。(1) 認知的な過負荷を起こす潜在的可能性，(2) 学習の転移を促進する能力，(3) 可能な動機づけ上の魅力，および (4) コスト，である◆8。ラザン，トレーシー，セブレッツ，クローソン，ヒギンズ（Lathan, Tracey, Sebrechts, Clawson, & Higgins, 2002）は，忠実さの決定を設計者が忠実性を変化させる3つのアプローチでまとめている。それらは，メディアの置換，フィルターとしきい値，そして変換である。

細かさ モデルの細かさは，モデルがユーザに現実を表現する際の詳細さまたは粒度のレベルとして定義することができる。モデルの細かさは，コンピュータ画面の解像度に多少類似したものである。細かいほど，つまり画面の解像度が高いほど，細部をよりよく識別でき，ある程度まではより多くの情報が伝達できる。動的モデルの場合，細かさは次の観点で計測される。(1) モデルの入力および出力，(2) モデルの値を再計算するための基礎として用いるタイミングの単位。

シミュレーションを用いる教育は，システムの複雑性を段階的に見せていくことだと捉えることができる（Burton, Brown, & Fischer, 1984; Gibbons et al., 1997; White & Frederiksen, 1990）。教授の進捗に合わせた細かさの体系的な変化は，時間とともにモデルをより複雑にし，システムをより詳細に開示する手段として用いることができる。レスゴールド（Lesgold, 1999）は，設計者は，学習者が推論に用いることができるような要素をモデルに組み込むことに注力し，学習者の利益にならない難解で詳細な技術的な仕組みを放棄するべきだと提案している。この観点に立てば，設計者は学習者が観測し，作用しなければならない入出力に基づいて，モデルの細部を選定することができる。

原理：モデル（および問題）の成長パターン

　モデルについての経験を積み重ねるにつれて，ある学習者にとってかつては困難であったことが容易になる。設計者は，上位のモデル，上位の問題，またはその両方の発展したものを供給することによって，難易度を上げることができる。モデルを徐々に複雑にしていくことについては，ホワイトとフレデリクセン（White & Frederiksen, 1990, 1998）によって広く記述されている。徐々に複雑になる演習環境の教育的な使用は，バートンら（Burton et al., 1984）によって記述されている。

▌2. 方略機能：教育的増強の実装

　方略の設計は，設計者が学習者とモデルとの相互作用を増強するために提供する教育的設定，社会的調整，ゴール，リソースの構造，イベントなどについての文脈の記述を伴う。これらは，これまでは「教育環境」と呼ばれてきたものである。ここではこれらを，モデルの**教育的増強**（augmentation）と呼び，また，**学習ガイド的機能**（learning companion function）とも呼ぶ◆9。方略に関する機能設計とは，多くの独立なサブ機能を設計することである。設計者は以下を規定しなければならない◆10。

- 物理的設定（教室，端末）
- 参加者，期待される役割，初期のルールを含む社会的設定
- 教育ゴールの構造
- 個々のイベントブロックに対するゴールの割り当てとイベントブロック相互の順序設定
- イベントの形態と種類の仕様
- イベントの種類ごとの方略（増強）ルール
- 印象的な文脈の使用
- 問題に関係する情報を学習者に提供する手段

　これらで，社会，ゴール，時間，イベント，成果物の構造を持つ1つのサイトが構成される。この構造の中で，学習者，仲間，インストラクタ，ソフトウェアといった複数の主体が動的な教育的会話を行うことができるようになる。

第9章 シミュレーションを用いたアプローチ　195

原理：教育の設定と環境づくり

　設定とは，物理的な教育環境とそこに含まれる設備のことである。環境づくりとは，仮想空間とその相互接続性の設計と機器構成のことである。これらは，設計とインフラ構築にとって主要なコミットメントを表している。教育シミュレーションの使用のための設定は，今日では，家庭，状況に関連づけて特別にデザインされた訓練環境，PDA に適したワイヤレス環境，そして，デジタル化された教室や実験室を含む（Dede, 2004; Schauble & Glaser, 1996）。この多様性により，環境づくりは，速度，即応性，存在感，文脈，ペルソナ，あるいは反応の即時性という新しい問題も引き起こす。設計には，学習環境間の一時的な専用ネットワークの構築のためのソフトウェア構成の設定が必要なこともある。また，学習環境間の通信チャンネルの決定や，共有作業空間表示の設計を含むこともある。

原理：社会的文脈

　社会的文脈は，設計において考慮すべき重要なものである。なぜなら，複数ユーザでのシミュレーションを行うことが増えてきたことから，設計者はユーザたちが自分たちでつくる共同体の影響を考慮しなければならないからである。社会的文脈に基づいて，設計者は学習者，インストラクタ，およびその他の教育エージェントの間で発生するコミュニケーションの形態とパターンを定義することになる。チーム活動の訓練のような場合には，社会的文脈は課題の性質によって決定されることがある。他にも，文化的障壁の克服の必要性（Cole, Engestrom, & Vasquez, 1997），協働スキルの習得の必要性，あるいは，実践コミュニティの形成または既存コミュニティ活用の必要性（Lave & Wenger, 1991），などといった他の価値観を示すため，設計者が特別に社会的文脈を設定することもある。レーラーとショイブレ（Lehrer & Schauble, 2006）は，社会的な問題の優れた要約を提示している。参加者の役割と主導権の共有パターンという社会的文脈の 2 つの側面が，シミュレーションの設計にとって特に重要である。

　シミュレーション中心の活動における学習者の役割は，ダイナミックで，その時々で変化することがある。このことは，仲間やインストラクタ，その他の教育エージェントとの主導権の共有を伴う（Colella et al., 2001; Gibbons et al., 1997; Johnson, Rickel, & Lester, 2000; Resnick, 1997; Rieber, 2004）。役割は教育が進むにつれてしだいに変化し，学習者により大きな責任と主導権を課すような学習課題にしなければならない◆[11]。教育支援は少なくなっていき，学習者の主導権が増えるようにならなけ

196　第2部　インストラクションへの異なるアプローチについての理論

ればならない。レイヴとウェンガー（Lave & Wenger, 1991）は，期待される役割が
コミュニティ内で現れてきて，学習者とインストラクタの両方に知られ，受容され
るということに比べれば，どの特定の役割が割り当てられるかはあまり重要ではな
いと述べている。それでも，役割の割り当ての詳細が，違いを生み出すこともある。
問題に基づいた学習（Barrows, 1998; Barrows & Tamblyn, 1980）および相互教授法
（Brown & Palincsar, 1989）は，学習者が，明確に定義された役割を受容し，実行す
るか否かに依存している。指定された役割を演じることに失敗すると，方略自体の失
敗につながる恐れがある。両方の学習法において，学習者は，しだいにフェードアウ
トする足場かけという文脈の中で，専門家のパフォーマンスをモデル化することに参
加する。

　主導権共有のルールは，学習者の役割がより高度なものになるにしたがってより重
要になる。教育シミュレーションは，学習者に，応答することだけでなく，方略の実施，
順次的でないイベントの管理，自発的なメッセージの発信と会話といったことに関し
て，主導権を取る機会を提供できる。マイクロワールドでは多くの場合，学習者にそ
れらの中の1つ以上のものについて主導権を取ることが求められる。主導権が共有さ
れ，交渉により取り決められる，もしくは学習者に課せられる方略の次元と，これら
の次元から構築される主導権を発揮するさまざまなパターン（Fox, 1993）については，
紙面の都合上，詳細を述べるスペースはないので割愛する。しかしながら，シミュレー
ション設計者は，可能な主導権の初期状態，その変化のパターン，そして，変化を取
り決める交渉メカニズムを，意図的に計画しなければならない。

◤ 原理：教育ゴール

　シミュレーションの本質は，教育目標についての伝統的な見方に対して疑問を投げ
かけるものであるといえる。シミュレーションにおける教育ゴールは，教科内容の目
標だけでなく，問題解決の目標，学び方を学ぶという目標をも同時に含みうる（Collins,
Brown, & Newman, 1989）。過去の分割化された内容中心のゴールは，シミュレーショ
ン設計で求められるパフォーマンス中心で，（スキル，態度，価値観を含む）統合的
なゴールとは相容れない。

　シミュレーション環境内における行動の範囲は広大で，教育目標を個別にリスト
アップして定義するにはゴールの統合範囲も広すぎて実用的ではない。それよりも有
用な方法は，対象のモデルの特性を記述し，モデルに関して学習者が実演できるよ
うにならなければいけないパフォーマンスとして求められる範囲を定義することであ
る（Gibbons, Nelson, & Richards, 2000a, 2000b, 2000c）◆12。この教育ゴールの形態は，

以下のように表現される。

「環境」の中で
1人かそれ以上の「行為者」が
「道具」を用いて，
「パフォーマンス」を実行し
「システムまたはシステムの過程」に影響を与え
「特性や質」を有する
「成果や物」を生産する。

　このように表現することは，環境，因果関係，専門家のパフォーマンスモデルの演繹的な推論によって設計プロセスを進める中でより詳しい要件を定めるための出発点となる。
　全体目標は，こうした言及の変更可能な点それぞれで設定可能な数値の範囲として表現され，形成されていく。つくるべき3つのタイプのモデルの観点から目標を特定することで，分析と設計の過程の間の橋渡しをすることになる。そして同時に，シミュレーションの範囲（simulation scope），つまり，シミュレーションしなければならないものとその外側との境界線も定義することを意味する（Gibbons et al., 1997）。

▶ 原理：特定の教育イベントのゴールとゴールの段階的発展

　教育ゴールは，個別的で一時的，瞬間的な教育の範囲である。シミュレーションの対象範囲全体の背景にして捉えることができ，時間限定のある特定の教育イベントに関連している。つまり，上述の変更可能な点で設定できる値の範囲を，特定の数値に収まるように時々刻々と制限する条件文からなっている。このように定義される個々の教育範囲は，モデルの段階的発展，期待されるパフォーマンスの軌跡，そしてパフォーマンスの評価ポイントをつくるのに用いられる（White & Frederiksen, 1990）。バンダーソン，ギボンズ，オルセン，ケースリー（Bunderson, Gibbons, Olsen, & Kearsley, 1981）が提案したワークモデル（work model）の概念と，ライゲルース（Reigeluth, 1999）が提案した精緻化（elaboration）の概念は，設計者にとって用語集，過程，製作についての有用なガイドラインを提供している。
　教育範囲（ゴール）の段階的発展を系列化するためには，多くの原理を使うことができる。例えば，すばやくカバーするための順序，最小の時間で最大にカバーするための順序，進捗幅を学習者の進行に合わせる順序，認知的負荷を考慮した順序，可能

198　第2部　インストラクションへの異なるアプローチについての理論

な限り広範囲の問題にふれさせるための順序などの原理がある◆13。スキルの教育の
ための一般的な系列化原理については，ヴァン・メリエンボアー（van Merriënboer,
1997）が記述している。

　教育シミュレーションは以下にあげる4種類の系列化がある。(1) 問題の固定され
た順序を使用する，(2) 問題の順序の動的な計算を提供する，(3) 学習者が問題の順
序を選択することを可能にする，あるいは，(4) 学習者が教育ゴールをつくることを
可能にする。上記のどれが用いられようとも，問題の選択とその系列は，シミュレー
ション教育の最中の没入度と難易度を維持，調整するために重要である。ヴィゴツキー
の最近接発達領域の概念（Vygotsky, 1978）は，学習者の準備状態に基づいた系列化
原理を示唆している。

　ゴール系列の選択はまた，問題が複数の次元の難易度に沿って精密に測れること
と，その次元に従ってインデックスづけできることを示している。バンダーソン，ワ
イリー，マクブライドによるドメイン構造の研究（本書第15章），ストロング＝クラ
ウス（Strong-Krause, 2001）および マクブライド（McBride, 2005）は，このような
インデックスづけは可能かもしれないが，現時点では測定過程が複雑で非常に膨大な
データベースを必要とすることを示唆している。

◤ 原理：標準のイベント形態

　イベント形態を記述するために一般的に共有されている設計用語として，レッスン，
ラボセッション，再現セッション（recitation session）などがある。これらの用語は
総称的なもので，シミュレーション設計のガイドとしては十分に精密ではないので，
追加的な仕様の定義が必要となる。シミュレーション設計者は，異なる内容に対して
繰り返し用いることができるように，イベント形態の定義の数を少なくすべきである。
イベント形態は，系列化が可能な教育要素の粒度を定義する。教育シミュレーション
中のイベントは，教育的対話における学習者側からの回答の流れに従って，予測不可
能な順番で発生することがある。イベント形態は，このような対話が取りうるパター
ンを定義する。この意味で，シミュレーション経験とは，創発的な（emergent）現
象なのである。

◤ 原理：教育的増強のタイプとルール

　教育シミュレーションにおける教育的増強とはモデルによって生み出されない教育
経験の補強（情報と相互作用を含む）を提供するものである。教育的増強は，さまざ

まな多くの機能からなっている。例えば，リマインダの提供，類推的または比喩的な連想の示唆，注意の方向づけ，学習者にとって困難な課題の一部代行，提案やヒントの提供，説明の提供，実演，アセスメントの提供，評価または自己評価の支援，原因の診断，行動の処方，質問や課題の問いかけなど，他にも多くの機能がある。教育シミュレーションにおいて，教育的増強は現在の学習課題に関連した情報と相互作用を提供しながら，モデル機能と並行，同期しながら機能する。

　教育的増強は，学習者によるモデルの観察，モデルの解釈，意思決定，新しい情報の組織化と処理，記憶，行為，判断，価値づけ，そして評価といった行動を支援する。モデルは，その操作に関して学習者が利用できる情報を生成する。一方の教育的増強は，学習者がモデルの情報を使って学ぶことを手助けする付加的な情報を提供する。

　設計の中に含まれるために選ばれた教育的増強は，それが人間によるものでもコンピュータによるものであっても，シミュレーションのための学習ガイド機能を果たす。学習ガイドは特に，学習者が学習過程に関して自ら気づき，自らを方向づける手助けになる点が重要である。意図的なメタ認知によって学習に向かう主導権が向上することを理解する手助けにもなる（Collins et al., 1989; Elen & Clarebout, 2005）。教育的増強機能のための計画を立てる際には，増強イベントで使用される単位構成要素一式と，増強イベントが行われる条件を記述する一連のルールを規定しなければならない◆14。教育的増強の計画は，学習者が自ら意思決定し，判断し，主導権を取ることを奨励するために，段階的に教育的増強を減少させていくべきである◆15。

◤ 原理：印象的な文脈

　教育問題は，シミュレーションされた架空の，もしくは想像上のパフォーマンスの設定において発生する仮想状況の文脈の中でつくられる。物語形式のシナリオによって仮想世界をつくることができる。この世界には，典型的で印象的な役割を持つ象徴的な登場人物（ペルソナ）がいて，彼らはゴールを持ち，障害に遭うが，ゴールに到達するためにそれを乗り越えていく（Schank & Berman, 2002）。これらは，完全に現実的なことも，逆に完全に想像的なこともある（Barab, Thomas, Dodge, Carteaux, & Tuzun, 2005; CTGV, 1992; Metcalf-Jackson, Krajcik, & Soloway, 2000）。

　問題にシナリオや物語の設定を用いることは，問題解決の環境を設計する必要性を示している。この環境には，単純なインターフェースのように複雑でないものや，あるいは，学習者が重要な情報を獲得することを導く情報提供場所の連携で構成される世界のように複雑なものも含まれる（Gibbons et al., 1997）。後者の場合には，設計者は情報と位置の統合構造をつくる必要がある。

第2部　インストラクションへの異なるアプローチについての理論

原理：問題の情報構造

　個別的な学習問題のための情報構造は，それを提起するための情報（問題の記述），そして，それを解決するための情報（解決のリソース）として必要とされる一連のデータと事実で構成される。その情報としては，モデルにより使用される，問題環境，問題の初期状態，望まれる最終の状態，そして，解法における重要な中間状態を規定するデータなどがある。情報構造は，問題を段階化し，解決策を判断し，コーチングやフィードバックといった教育的増強を提供するために必要である。この情報は，データベース，プロダクションルール（if-then ルール），または，計算可能な数理モデルとして，いくつかの形態で定義できる。教育方法が期待どおりに機能するために重要なことは，問題情報を与える際の問題に基づいた学習の「チュータ」の活動が問題情報と同様に明確に規定されねばならないということである（Barrows, 1988）。

3. 制御機能：ユーザ制御の提供

　シミュレーションデザインにおける制御機能とは，学習者が，経験の内容や方略もしくは他の動的な要素の展開に影響を及ぼすメッセージを伝達することが可能な方法を記述することである。制御システムの設計は，学習者の行動は動的な文脈の中で行われ，過去の情報や制御のやりとりの履歴を使用しなければならないために難しいがやりがいのあるものである。

原理：設計の各主要機能の制御

　制御システムは，以下の個々のシミュレーション機能を制御する個別の目的を持ったモジュール一式からなる。（1）学習者がモデルに働きかけるための制御，（2）教育的増強のパターンを調整する制御，（3）モデルの表現そのもの，または，学習者がモデルを観察するときの視点を調整する制御，そして（4）成果，パフォーマンス，進捗，傾向，履歴，スケジューリングをモニタリングするための個人情報の報告に関する制御，である。シミュレーションやマイクロワールドの制御設計のゴールは，単純さを維持すること，制御の透明性を維持すること，制御機能間の優先性を決定すること，そして，制御が利用可能もしくは一端停止とするための条件を計画すること，である。
　学習者のモデルへの働きかけに関する制御（上記の（1））については，クロフォード（Crawford, 2003）は「インターフェースをデザインする」という一般的なアプロー

チよりも,「相互作用のデザインの第1のルールは,動詞から始めること」(p. 62)であると提案している。「この過程において,設計者は,スクリーンがどう見えるか,プログラムが何をしてどのように動くか,という点ではなく,ユーザが何をするかを規定する」(p. 94,太字は原典より),とした。複数ユーザによる制御システムの設計はより複雑性を増すが,クロフォードの言葉に倣ってアプローチ可能である。新しい駆動デバイスが,制御における新しい手段を利用可能にした。例えば,身体部分の動き,ジェスチャー,音,バランスの移動,話し言葉,全身移動(運動),視線移動,顔の表情,パネルタッチなどである(Moggridge, 2007 を参照)。こうしたデバイスは,学習者がモデルに対して制御を伝えるときに用いる新しい「動詞」を提供する。

　教育的増強の制御(上述の(2))は,設計者が学習者にアクセス可能にする方略的決定を示すためのものである。マイクロワールドの設計においては,このことは支援レベルの変更またはヘルプの要求の制御を含む。そして,制御システムの設計は特に重要である。なぜならば,学習者はモデルを構築し,モデルを操作して実験を行うように求められるからである。モデルの構築と操作のために効率的で直観的な制御を設計することは,もう1つの挑戦となる。方略の点からは,クロフォードのいう「名詞」は作用を受ける教育的増強要素を意味し,「動詞」はそれらに適用される行動を意味する。

　(3)の表現に対する制御は,学習者が表現要素の表示・非表示を選択できるように,そして,学習者が環境とその内容を一望できるような視点を選択できるようにする。また,学習者が,モデルによってつくられた可視化されているバーチャルな世界,その教育的増強,そして,それらと関連づけられたすべての情報提供場所を探索できるようにする。モデル表現は,モデルの変数の変化に応じて変化しなければならない。さらに,モデルは異なる視点から,あるいは,異なる表現モード(図表,写実,表面,内部作用など)で見ることができる。この例におけるクロフォードの名詞と動詞は,操作することが可能な表現の要素もしくは効果と,それらに適用しうる操作にあたる。

　最後に,設計者は情報を学習者が意思決定の際に使えるようにしなければならない。データ報告機能は,進捗や状態,そしてスケジューリングについて,多くの情報を学習者に与える。(4)データ報告の制御では,学習者がこの情報にアクセスできるように設計する。この場合,クロフォードの名詞と動詞は,データ要素とそれらに対する操作からなる。

4. メッセージ機能：個々のメッセージの生成

　メッセージ構造は，シミュレーションと学習者との間のコミュニケーションの基本となる構築ブロックである。モデルとのインタラクティブな対話は，学習者とシミュレーションの間でやりとりされる数多くの個別的なメッセージのレベルで行われる。メッセージ構造は，シミュレーションの他の機能（教育的増強，制御，データ管理）が使うものでもあり，これによって学習者にメッセージを発信する。メッセージ構造は，いかなるメディアを使って発信するかにかかわらず，重要な設計の要素である。設計者は，対話のプロセスの中で人間インストラクタやチュータによって使用される個々のメッセージを設計すべきである（Barrows, 1998）。

　設計者がつくるメッセージ言語は，前述の制御言語を補完するものである。それらは2つが一緒になって，制御を通じた学習者からのコミュニケーションとメッセージを通じたシミュレーションからのコミュニケーションの品質を定義する。これらは，目に見えず抽象的だが，学習のインターフェースデザインの心臓部を構成する。

原理：メッセージ要素

　メッセージは，人間のチュータによる完全な順応性を持つ会話能力を用いて実行されるか，あるいはコンピュータ上での実行のために単純化され，ルーティン化される。コンピュータ化されたメッセージについては，フォックス（Fox, 1993）により設計の制約が示され，以下のような調整を必要とする。

- 学習者による中断が可能であるべき
- ものの参照（指示）とオブジェクト共有がさらに定式化されるべき
- 沈黙には意図的にフラグが立てられるべき
- バックチャネルにおける合図（感情の状態，ボディランゲージ，態度）によるコミュニケーションが促進されるべき
- 同じ話者から中断を挟まない，複数の順次的なメッセージが可能であるべき（例えば，思索の言語化）
- 再度考えて返答する必要があると学習者に気づかせるために，修正を求めるときに少しの応答の遅れを意図的に使うことができる
- 学習者の行動過程（思考）がチュータにわかるようにするような方法を見つけるべき

第 9 章　シミュレーションを用いたアプローチ　203

　上記のすべてが，人間間での教育とは違い，テクノロジによる教育で失われてしまう微妙な合図を再現する効果を持つ。

原理：メッセージ構造化のためのアプローチ

　(1) 対話形式の教育の構造化や (2) 教育的対話のメッセージ構造の分析を目的とするシステムを記述している理論家や研究者がいる（例えば，以下を参照：Horn, 1997; Merrill, 1994; Sawyer, 2006; Simon & Boyer, 1974; Smith & Meux, 1970)[16]。

原理：実行時のメッセージ構築

　メッセージは，瞬時の方略的要求に対応して，教育の実施中に基本要素から構築される。例えば，多くの設計者は，学習者の反応に応じて，それを確認または訂正する目的で，ある種のフィードバックを提供している。そこで用いられるメッセージは多くの場合，表 9.1 に示すように，より小さなメッセージ要素の合成体である。設計者の個人的な設計哲学によって，メッセージ要素とそれらを組み合わせる手段は異なるかもしれないが，メッセージ生成の原理は依然適用されている。それゆえ，表 9.1 に示す例は，多くの可能な組み合わせのうちの 1 つに過ぎない。

　ドレイク，ミルズ，ローレス，カレー，メリル（Drake, Mills, Lawless, Curry, & Merrill, 1998）は，運河の閉鎖システムの操作を教えるシミュレーションのために必要な説明，例示，練習に関連したメッセージすべてを生成するため，この方法を用いた。メッセージを生成する方法の 1 つの利点は，合成ルールを文脈の影響を受けるようにできるということであり，そのため，メッセージで与えられる支援の度合いを方略的に増減することができる。これは，真に適応的な教育の要件である。

表 9.1　学習者の行動に伴う典型的なフィードバックに含まれるメッセージ要素

メッセージ要素	メッセージの意図
正誤の通知	この時点において今の選択は適切ではありません。
学習者の反応	あなたは温度を＜値＞度に上昇させました。
期待された回答	温度を下げるか，沈殿装置の圧力を上げるべきでした。
期待回答の理由	そうすれば濃度が＜値＞未満に下がり沈殿が始まりました。
正しい原理	沈殿は，濃度表に赤字で示されている閾値未満にならないと開始されない。

5. 表現機能：表現要素の生成と組み立て

　コンピュータによる表現生成のための新しいテクノロジが急速に発達している。この急速な進歩の背景にある推進力の１つは，シミュレーションのためのより優れた可視化システムに対するニーズである。今日，表現を通じた二次元および三次元世界の創造は，重要なイノベーションの領域である。

　シミュレーション設計における表現の機能は，最も視覚的でかつ触覚的な部分である。その設計には，視覚，聴覚，触覚，運動感覚といったシミュレーション経験におけるあらゆる感覚的要素が含まれる。表現機能の設計では，あらゆる感覚的経験が段階化されており，そして，それらがどのように統合され，同期されるかが記述される。これまでに述べてきた内容，方略，制御およびメッセージの構造すべては抽象的なものであり，表現設計を通じて初めて可視化される。それゆえ，表現は，抽象的な設計要素と具体的な記号によるメディア要素の間を結ぶ架け橋となる。

　シミュレーション表現は，動的になれるし，コンスタントに変化させることができる。そして，現在のモデル，方略，制御，およびメッセージ機能の状態によって規定され，それらを反映する。マイクロワールドの設計者は，モデル実行の作業スペースと同じように，モデル構築の作業スペースも，おもしろく直感的なものにするために，視覚的や他の感覚的な要素を提供しなければならない。

　表現機能は，メッセージによって作動する。メッセージ要素は，表現要素に対応づけられる。コンピュータベースのシミュレーションにおける表現は，以下の２つの主な方法でつくられる。(1) 場面に応じた要求を満たすために静的で既成の表現要素を集めてつくる方法, あるいは(2)位置と動きの計算結果に基づきデータからグラフィック表示が生成される方法。これらの２つの方法を組み合わせるシミュレーションもある。

　表現機能がモジュール方式であることで，他の機能の動作を妨げることなく表現形式の変更が可能になる。例えば，ゼン・ガーデン（Mezzoblue.com）は，いかにしてスタイルシート（CSS）の発明によって同一のメッセージ要素が複数の多様な表示に展開可能になったかという一例を示している。CSSは，表現機能のいくつかをモジュール化するためのツールである。

◤ 原理：表現更新サイクル

　シミュレーションにおける表現の最も重要な課題は，見えないモデルの操作を，見

えるものにすることである（Collins et al., 1989; Gibbons, 2001）。モデル状態の表現は，モデルのサイクルに従って，変化しなければならない。

原理：視点と形式

　モデルは異なる視点から見ることができる。さらに，モデルは異なる形式化された形態で見ることができる。設計者は，現実空間または比喩的な空間において，学習者に他の観察視点を与える利点があるかどうかを判断するべきである。適切なモデル表現には，図式的，概念的，または現実的な表現などといった複数の形式を必要とすることがある。動作中の因果関係モデルの表現は，制御に関する現実的な表現に加えて，制御操作の内部効果についての記号的な表現を含むこともある。

原理：メッセージと表現の対応づけルール

　形成されうるあらゆるメッセージには，表現が与えられなければならない。メッセージと表現は1対1で対応づけされ，あるメッセージ要素に対し1つの表現が保存または生成される場合がある。しかし，1つのメッセージに複数の表現が同時に与えられたり，あるいはその逆に，複数のメッセージが1つの表現要素によってまとめて表現されるように規定されることもある。例えば，学習者の反応に対してフィードバックを与える1つのメッセージ単位（＜正答＞）は，同時に複数の表現要素に対応づけられ，学習者の答えが緑色に変わり，正解を意味する音が鳴り，テキストメッセージが表れる。この例においては，メッセージ単位と表現要素を別々に考えることの意義が明らかになる。1つのルールを用いて，複数のメッセージ単位と表現要素の間の関係を記述するように表現できる。同様に，特定のメッセージ単位の組み合わせが1つの表現を引き起こすようにもルールを表現できる。

原理：表示の組み立ておよび調整のルール

　シミュレーションの表示の調整は，同期を伴う。メイヤー（Mayer, 2001）は，同じメッセージに関連するメディアイベントが出現するタイミングの重要性を記述した。最も一般的なソフトウェアのいくつかが，メディア表現の調整に関してタイムライン構造に基づいていることは意義深いことである。将来のツールのバージョンアップにより，設計者はメディアイベントをメッセージ単位，方略的イベント，モデルイベントとも調整できるようになるだろう。連続的に変化する表示の実行のためのルールも，また

206　第2部　インストラクションへの異なるアプローチについての理論

デザインされなければならない。

■ 原理：時間と空間を操作するためのルール

　教育シミュレーションは，時間と空間を伸縮する。ゆっくりしたプロセスのスピードを速めたり，速いプロセスを遅くして，観察できるようにする。シミュレーションとは，ワープさせた時間内で，学習者の行動とモデルの行動を交互に配置するタイムマシンのようなものである。シミュレートされた条件下での反復練習をさせることで，多くの量の練習を一定の教育時間に詰め込むことができる。時間を伸縮させることは学習効率に貢献するが，学習者のパフォーマンスを現実世界向きのものにするため，学習者の能力が育つにつれて，最終的にタイミングは現実世界のスピードに近づけていかなければならない。

　空間も同様に，シミュレーションによって操作される。事実上，あらゆるシミュレーションは，シミュレーションそのものが必要とするよりも大きな行動スペースをつくっている。シミュレーションは，学習者が想像空間をズームインやズームアウトしたり，ナビゲーションを可能にすることで，空間を圧縮する。シミュレーション設計者は，よく考えて時間と空間の最大化に対応すべきである。

■ 原理：表現トレースのためのルール

　シミュレーションの有効性は，モデルへの働きかけに対する反応として表現されたモデルの状態の変化を検知するユーザの能力に依存している。しかしながら，より重要な価値のある情報は，変化の傾向を表現する視覚的ベクトルの中にある。このベクトルを我々はトレースと呼ぶ。表現トレースによって提供される情報履歴を用いて，学習者は疑問を提起し，その疑問に回答することができる。トレースは，入力変数の設定，内部モデルの作用，そして出力変数の3者間の相互作用の記録を保持している。

　シミュレーション設計者は，いかに視覚化するトレースを選択するか，いかに学習者がトレースを構築することを可能にするか，いかにトレースの詳細を通じてナビゲーションを容易にするか，いかに相関と比較が容易になるように複数のトレースを提示するか，いかにトレースの重要な要素を強調するか，そして，いかに学習者がトレース内のパターンを見いだしてそれを解釈する手助けをするかを検討しなければならない。トレースの例は，タフティ（Tufte, 1997），ワーマン（Wurman, 1997），エドガートン（Edgerton）（MIT-Libraries, n. d.）によって提供されている。

6. メディア論理機能：表現と計算の実行

　メディア論理機能は，表現を生成し，シミュレーション・イベントが起こす論理操作を行う。これには，計算とデータ収集も含まれることがある。すべてのシミュレーションがコンピュータによるものではないが，すべてのシミュレーションはメディア−論理機能を必要とする。設計におけるメディア論理機能は，設計の他のすべての機能領域を動的にし，その操作を同期することによって，概念構造を成立させる。ギボンズら（Gibbons et al., 2001）は，「ここが，設計者の抽象的な教育的構築物と開発ツールの具体的な論理的構築物が，一体になる場所である」と述べている。

　メディア論理機能は，以下を組み込まなければならない。（1）モデル実行のための指示，（2）教育的増強の調整された実行のための指示，（3）学習者の反応と制御行動を受容するための指示，（4）メッセージ形成のための指示，（5）学習者に表現を提供するための指示，（6）学習に関する意思決定においてユーザが利用できる個人データを収集，保持，処理，表示するための指示。

　人間ベースのシミュレーションのためのメディア論理は，挑戦的なものになる。なぜならば，人間のチュータは，デザイン上の統制を保持する一方で個別的な違いに対して頑丈なガイドラインを必要とするからである。コンピュータベースのシミュレーション設計者は，以下を考慮しなければならない。利用可能なハードウェアとソフトウェアのインフラ，配信方法，処理する場所，処理とネットワーク負荷，配信のための設備，開発スキル，ツール，プロセスの利用可能性，内容領域の専門家の利用可能性，ソフトウェア計画のライフサイクル，そしてセキュリティの問題である。

　メディア論理機能をモジュール方式にすることは，シミュレーションの長期間メンテナンスを考える上で重要である。ボールドウィンとクラーク（Baldwin & Clark, 2000）は，IBM によるコンピュータ OS ソフトウェアのモジュール方式化が，いかにコンピュータとソフトウェア両方の経済における革命を起こしたかについて記述した。従来のシステムの一枚岩的な性質が，他の進歩したシミュレーション中心の指導要素との統合に障害になっていたことが指摘されてきた。シミュレーション設計のためのモジュール方式のアーキテクチャは，ムンロ，シューモン，ピジニ（Munro, Surmon, & Pizzini, 2006）が示したように，要素の再利用，メンテナンス性の向上，すばやい順応性，そして幅広い指導アプリケーションの支援という点から利点となるだろう。

7. データ管理機能：相互作用から生じるデータの管理

教育シミュレーションのデータ管理機能は，個別学習者の行動と要求に適応することを支援し，それを可能にする。これは，学習者による最近の行動を学習者が参加する意思決定に組み込む機能を追加したという点で，既存のコンピュータ管理教育（CMI）の概念とは異なる。データ管理機能は，一連の教育イベントへの学習者の交渉を支援する。ユーザが進捗を把握したり，教育に関する意思決定に利用したりできるように，（潜在的には）大きな粒度で大量のデータを記録し，データを保管し，分析し，解釈し，レポートを提供する。

以下の原理の記述では，その言い回しから，データ収集と分析機能がコンピュータで処理されていることを示唆している。しかし，これらの原理はコンピュータ化されていないシミュレーションにもあてはまる。

原理：サンプリングポイントと変数

データ収集のポイントは，モデルの計算処理サイクルの点から定義され，イベントまたは時間によって駆動されるものである。データ収集のポイントにおいて，数値は特定の変数として記録され，分析と解釈のために，一部はすぐに，一部は後から，保存される。データ収集のポイントにおいて，数値は特定の変数として記録され，一部はすぐに，一部は後で分析・解釈されるために，保存される。

原理：解釈変数とルール

解釈変数は，生の相互作用データの解釈から生じる値を蓄積する。これらは，設計者が定めたルールと規則に基づいて決定した解釈値を保存する。解釈変数はそれ自身が，学習者の知識の状態，学習者の態度，および，学習者の獲得しつつあるスキルレベルに関する結論を導き出すことを目的としたさらなる分析の対象となりうる。

原理：データ収集フレームワーク

設計者は，分析と解釈のサイクルイベントのタイミングを規定しなければならない。これらのイベントでは，教育上の決定を行うために解釈変数の値を利用する。データ収集のフレームワークには，これらの操作が記述されると同時に，学習者が意思決定

第9章　シミュレーションを用いたアプローチ　209

するためのデータの蓄積と報告についても記述される。

原理：報告

シミュレーション設計者は，情報が学習者にとって利用可能になるポイントを規定する。これらのポイントは，少なくとも，学習者が選択肢を与えられて意思決定を行うポイントと一致すべきである。学習に関する決定を行う際に，データ報告を利用する方法を学習者に教える機会を捉えるために，学習者の進歩とパフォーマンスのデータが示されることもある。

結論

シミュレーションは特に強力で，効果的である。それは，シミュレーションは学習者の集中度と全体把握スキルを向上させ，多様なパフォーマンスの文脈における学習者のスキル統合を向上させ，動的パフォーマンス範囲を利用して多様な学習進度に対応し，学習者が動的システムにおいて時間経過とともにパターンを見つけることを助けるためである。我々はデザインの手引となる多くの原理を記述してきた。紙面の都合上，可能なガイドとなる原理のすべてを含むことはできなかったが，本章が教育シミュレーション設計のための共有知識基盤のための知識の現状を知る一助となると信じている。

原注

- ◆1　編者注：これはこの理論を使う前提条件である。
- ◆2　編者注：これらは，ギボンズとロジャースによる設計の7つのレイヤーに対応している（本書14章参照）。
- ◆3　編者注：これはインストラクションがどのようなものであるべきかの記述ではなく，計画のプロセスをどう進めるべきかについて書いたものである。したがって，教授計画理論であり，教授事象理論ではない。
- ◆4　編者注：これも教授計画理論である。どのようにして「正しい」理論を選択するべきかについてのガイダンスが含まれていないので，その最も表層的なレベルの記述であるといえる。
- ◆5　編者注：これも，最も表層的なレベルでの教授計画理論である。
- ◆6　編者注：この節全体で述べられているモデルの形態は，純粋に記述的である。設計理論ではない。しかし，設計者が形態について理解するためにはとても便利である。記述理論と設計理論を統合することの価値がここに示されている。
- ◆7　編者注：ここでは設計理論（特に教授事象理論）がこの点についてまだ開発されていないといっている。
- ◆8　編者注：ここにはガイダンスが少しある。つまり教授事象理論である。

210　第2部　インストラクションへの異なるアプローチについての理論

◆9　編者注：他の研究者がこれまで用いてきた専門用語を同定するこのアプローチは，共通の知識基盤を構築する助けになることから強く推奨される。

◆10　編者注：設計者が何をすべきかを述べている点では，これはガイダンス（設計理論）といえる。しかし，これらの規定する中身を決めるためのガイダンスが何もないため，記述レベルはきわめて表層的である。

◆11　編者注：「学習者が自らの学習により大きな責任を引き受けるよう支援する」というこの方法は，情報時代の教育パラダイムに重要な特徴である。生涯学習者になる準備となる。

◆12　編者注：これはカリキュラム設計理論である。教授事象理論と教授計画理論と適切に統合されている。

◆13　編者注：ここではいくつかの系列化の手法が説明されているが，設計理論となるためには，それぞれの方法をいつ使うべきか（状況依存性）を特定する必要がある。また，それぞれの方法をどのように用いるかという点で，より詳細に記述することで有用性が高まるだろう。

◆14　編者注：ここでは，教育的増強（方法）の異なるタイプのどれを選択するかについての状況依存性が定義されている。しかし，詳細化のレベルは不十分であり，各教育的増強についての状況依存性は描かれていない。

◆15　編者注：この最後の2つの文章は，設計理論（主として教授事象理論）であるといえる。しかし，詳細化のレベルは不十分であり，共通の知識基盤となるためにはさらなる貢献が必要である。

◆16　編者注：これらの異なるアプローチには，それぞれをいつ用いるべきかの状況依存性の説明が必要である。

第3部

インストラクションの異なる成果についての理論

　第2部ではインストラクションについての有望なアプローチをいくつかレビューした。この第3部では，どの方法を用いるかを決めるために有用な異なる種類の学習成果について検討する。これらの異なる学習成果は，区別することが可能なものである一方で，完全にバラバラなものではないことを理解することは重要である。異なるアプローチと同様に，異なる学習成果も互いに重なっていたり，あるいは他の学習成果を達成するために用いることも可能なものである。

　ここでは，ブルームが伝統的に学習成果を情意的・精神運動的・認知的なものに区分したこととは異なる方向を目指す。なぜならば，スキルに限らずほぼすべての学習成果には，ブルームの3つの種類が全部含まれていると考えるからである。また，すべての学習には情意的な要素が重要な役割を果たしているという有力な証拠もある（第12章参照）。ここで紹介するそれぞれの学習成果にはブルームの3領域すべてが要素として含まれている一方で，それぞれが独自性を持つため，異なる教授方法の銀河系が必要となる。

　第10章では，スキル学習を扱う。スキル学習の理論は，歴史的に見ればかなり早期に開発されてきた。スキルを「示された習熟レベルでタスクを実行する能力」と定義し，所持するかしないかの二分法を特徴とする知識と，経験とともに徐々に開発されるスキルとを区別している。この章で強調されている最も重要な点の1つは，習熟されたスキルを実行するためには，スキルと知識の両方が必要となることである。

212 第3部 インストラクションの異なる成果についての理論

スキルを実行することを学習することは，理解を深めたり，情意的な発達を学ぶような他の種類の学習とはまったく異なる教授方法が必要となる。スキルのインストラクションでは，一般化が必要である。異なる状況に対して十分に一般化できるようになるためには，多様な例示と練習が必要になる。したがって，スキル学習の段階としては，最初に何を実行しなければならないかについての知識を得て，第2にその行為を実行し，第3に目による制御から感覚による制御に移行し，そして最後にスキルを一般化する。これらのステップを実現するためには，（1）基礎知識を与え，（2）基礎スキルを与え，そして（3）習熟度を高めるようなインストラクションが必要になる。スキル習得はほぼすべての課題を遂行するために必須であるため，スキルのインストラクションを本書に含める必要があると判断した。知的スキル，メタ知識スキル，あるいは身体的スキルは，読み書きそろばんに不可欠な構築単位である。スキルは，高度な思考活動や多くの職務行動にも必要である。スキルは究極的には，我々がほぼすべてのことをなすことを可能にするものであり，最も重要な学習の1つであるといえよう。

　第11章では，理解の学習を扱う。ここでは，理解とは単に何らかの知識を所有していることを意味するのではなく，パフォーマンスを実行する能力の学習として定義している。これは，我々が理解という言葉を通常使う場合と異なる定義である。理解のための学習には，5つの要素が含まれている。生成的なカリキュラムのトピック，明示的な理解のゴール，豊かな系列による理解の実行，学習進行中のアセスメント，そして協同的で省察的なコミュニティの5つである。複雑さを増し，ますますダイナミックになっていく情報時代において，深い理解を学ぶニーズは高まっており，理解という種類の学習に注目していくことはとても重要であると考えている。学習者が学んだことを現実的な状況で創造的な方法で応用することが求められているため，この学習成果は情報時代に特にふさわしい。近年の情報技術の発達によって，理解のための学習を進めるための枠組みを実行することはより現実的になったという著者の見解に，我々も同意する。

　第12章では，感情的な発達を扱う。感情的な発達は，情意的な学習全般の基礎となるサブトピックとして捉えられている。感情的知能（emotional intelligence）は理知的知性（intellectual intelligence）よりも人生に成功をもたらすためにより重要であるとする著者の立場に同意する。この種の学習は，麻薬の誤用や暴力，十代の妊娠，さらには国際的な紛争などの社会的問題に対応するために不可欠である。社会では，感情的な発達によって，何が公正で平等で社会的な正義かを理解する手助けとなり，社会制度を維持することにも貢献できる。感情的知能には5つの普遍的教授原理がある。物語を使うこと，感情表現の言語を教えること，感情的知能のスキルのモ

第3部　インストラクションの異なる成果についての理論　213

デルを示すこと，感情を扱う時間を確保すること，そして感情的なコンピテンシーを発達させるための能動的で統合的な経験を与えること，である。

　第13章では，テーマ中心型教授を扱う。テーマ中心型教授は，「多様な領域の学習にまたがって行われるテーマによって統一された学習」と定義されている。総合的な学習は現実生活を反映し，ある特定のテーマを中心として多くの領域を混在した複雑なものとして迫ってくるものである。テーマ中心型教授はより自然な学習方法であるとする著者に同意できるものであり，より自然な形で学習成果を実行することができる省察的なものだといえよう。現実生活の学習には，スキルや理解，そして感情的な発達がすべて含まれている。算数や理科，国語，歴史，文学，そして社会科もすべて，現実世界の問題や状況に関連性が高い。全体は部分の総和よりも大きい。そのため，それぞれの教科を個別に学ぶことでは不十分である。学習者は，例えば算数と理科の教科間の関係も理解する必要がある。テーマ中心型教授には5つの普遍的原理がある。統一的なテーマを使うこと，インストラクションを主要な学習ゴールに焦点化すること，多様な教授活動を使うこと，有用な教授資源を与えること，そして，真正なアセスメントを用いて達成を評価すること，である。現実世界では物事は統合されているので，そのように教えるべきである。テーマ中心型教授は幅広く用いられており，学習を向上させてきたことが，すべての教育レベルからの豊富な事例を使って主張されている。

　この部では，精神運動的な身体的スキルを学習成果として区別して扱わなかった。それは，認知的スキルと重複している要素が圧倒的に多いため，教授方法にも類似点が多いためである。その他にも，例えば暗記などのように，この部で扱わなかった種類の他の学習成果も存在することは確かである。紙幅の都合もあって，すべての種類の学習成果を扱うことはできなかったが，他の理論家や研究者によって，それらの学習成果についても共通の知識基盤への貢献がなされていくことを期待したい。

（編者）

第3部 インストラクションの異なる成果についての理論

第 10 章

スキルの発達を促進する

アレクサンダー・ロミゾウスキー
(シラキュース大学・TTS グローバルコンサルティング)

アレクサンダー・ロミゾウスキー（Alexander Romiszowski）博士は，アメリカのシラキュース大学の教授設計開発専攻で教鞭をとる一方で，ブラジルの TTS グローバルコンサルティングの理事およびチーフコンサルタントとして活躍している。世界中の先進国や発展途上国において，さまざまなコース開発，カリキュラム開発，組織開発のプロジェクトに取り組んでいる。近年は，ブラジルやモザンビークの遠隔教育システムの設計と導入，アゼルバイジャンにおけるカリキュラム開発，東ティモールの教師の現職教育，ルーマニアの学校における ICT 統合のプロジェクトに携わってきた。彼の多くの業績のうち，出版物としては，「3部作」として知られている『教授システムの設計』『教授システムの構築』『自習教材の開発』がある。また，フレミングとレビーによる『教授メッセージ設計』の「精神運動タスク教授におけるメッセージ設計」の章や，チャールズ・ディルスとの共同編集による『教授開発パラダイム』があげられる。

第 10 章　スキルの発達を促進する　215

> ## 本 章 の 概 要

前提条件（どのようなときにこの理論を用いるか）

内容
- 全種類のスキル：再生的スキル，生産的スキル，アビリティ，コンピテンシー。

学習者
- すべての学習者：初等中等教育，企業，高等教育，その他を含む。

学習環境
- スキルを練習するための適切な空間と設備がある限りにおいて，すべての環境。

インストラクション開発上の制約
- あらゆるレベルの資源が利用可能であること。

価値観（何が重要であるかについての見解）

目的について（学習目的）
- スキルサイクルのすべての部分を学習したことを保証することが重要である（信号の受容，知覚と解釈，行為の決定，実行）。

優先事項について（インストラクションを成功させるための基準）
- 効果と効率がこの種類のインストラクションのほとんどで最も高く評価されるが，魅力を高めることも重要であると認識されてきつつある。

手段について（教授法）
- 方法の決定は，哲学（イデオロギー）よりも何が有効か（研究）に基づいてなされるべきである。

権限について（上記3条件についての意思決定）
- 教師が主導権を握るべきである。

普遍的方法

1. スキル発達の段階（学習の記述的モデル）
   a. 何がなされるべきかの知識を獲得する
   b. ステップごとに行為を実行する
   c. 視覚から他の感覚へ統制を移動する
   d. スキルを自動化する
   e. スキルを般化する
2. スキル発達のための教授方略の基本ステップ（教授の設計理論）
   a. 基本的な知識内容を教える

b. 基本的なスキルを教える

c. 熟達させる

状況依存原理

必要な情報を教えるために

- もしタスクが単純で，背景知識もわずかなものであるならば，絵物語のように例示と説明を行う。
- もしタスクが単純で，新しい知識がほとんど（あるいはまったく）ないものならば，単にそれを例示する。
- もしタスクが，構成要素間の関係が複雑で，新しい知識が多く，しかし新しいスキルはほとんどないものならば，アウトラインノートや身体的モデルを使った探索的活動を用いる。
- もしタスクが単純で連続的なステップを伴うものならば，学習者にそれを実行させる前に観察できるようにする。
- もし目標が手続きの習得にあるならば，行為者の視点からそれを例示する。

練習の機会を提供するために

- もし目標が総合的・統合的な活動を学習することにあるならば，「全体タスク法」を用いる。
- もしタスクが一連の独立した活動であるならば，「漸進的部分法」を用いる。
- もし前提となる下位スキルが，「最低の閾値レベル」よりも下にある状態から始めるならば，全体タスクの練習の前に，それらを発達させる。
- 高度に統合的で「生産的」タスクには，継続的な練習を提供する。
- 反復的で高速の「再生的」タスクには，分散練習を使う。
- もしタスクがヒューリスティクスに基づく生産的スキルを必要とするならば，メンタルリハーサル方略と行為中の省察（reflection-in-action）を利用する。
- もしタスクが，主に再生的スキルを必要とする順次的な手続きであるならば，言語的符号化や手がかりを，模範的な例示とあわせて提供する。
- 高速のタスクには，より速くできるスキルを習得させるためにペースの強制を行う。

フィードバックを与えるために

- もし目標が単純な感覚運動スキルを発達させることにあるならば，「学習フィードバック」（結果に関する情報）を用い，「行為のフィードバック」（制御に関する情報）は用いない。

- もし目標が複雑なスキルを発達させることにあるならば，フィードバックには成果だけでなくプロセスの情報を含める。
- 「生産的」スキルを教えるときは，「報告」や「行為中の省察」のプロセスを通して，パフォーマンスについての知識を提供する。

転移を促進するために

- もしタスクが生産的スキルならば，練習を変化させる。
- もしタスクが再生的ならば，練習を変化させる必要はない。
- 転移を目的に教えるときは，練習が学習者の頭にある運動概念や運動スキーマを定義したり，洗練すべきである。
- もしタスクが再生的ならば，過剰学習を用いる。
- もしタスクが生産的ならば，行為中および行為後の省察を促進するために，報告を用いる。

（編者）

218 第3部 インストラクションの異なる成果についての理論

本章の目的は，スキル開発の共通知識基盤を明らかにすることにある。スポーツや手作業のような身体的スキルだけでなく，あらゆる文脈で実践されるすべてのスキルが対象となる。

基本概念と定義

本章の範囲と焦点を明確にするために，利用する用語の定義を見直すことから始める。それには，知識，スキル，パフォーマンス，コンピテンスのような基本用語も含まれる。ここでの意図は，私的な定義を考案したり，洗練することではない。我々の領域における用語の利用傾向についての共通認識を模索し，さらに他領域の利用傾向との決定的な違いを明らかにすることにある。

知識（knowledge）とは，人間や組織，その他の実体が知っている情報である，という定義が最も一般的であろう。

スキル（skill）とは，効果や効率，速さ，その他の量や質の指標を伴う，特定のタスクや活動を遂行する能力である。スキルは一般的に，遂行能力（performance）の実行と管理に主に必要な実行部位によって以下のように分類される。頭脳の使用や管理が必要な知的・認知的スキル；身体の使用や管理が必要となる運動・感覚運動・精神運動スキル；感情の使用や管理が必要となる自己表現・自己主張・自己統制・自己鍛錬のような，反応スキルとも呼ばれる個人的スキル；そして，自己と他者の関係や交流の管理が必要となる対話・対人スキルがある。この分類は一見すると的確で，行為者についての論理的な分析に基づいているように見えるが，実のところかなりあいまいである。例えば，運動スキルには，通常，多かれ少なかれ必要とされる知的（認知的）活動が含まれている。また，特にスポーツのような文脈における運動スキルの遂行能力は，行為者の心理状態に左右される。そのために，個人の自己管理スキルが有能なパフォーマンスに不可欠となるかもしれない。

スキルの分類に関するアプローチには，複雑さや高度化の観点からのものがある。この分類は有用であり，次の2つに分けられる。

- 再生的スキル（reproductive skills）：反復的で，ほぼ自動的な，実践するときにはいつも同じ標準的な手続きの再生を必要とする活動である。目前のタスクに対して適切な手続きやアルゴリズムを選択・応用することだとみなすことができる。
- 生産的スキル（productive skills）：理論や一般原理，あるいは創造性を適用しながら，特定の状況に対して適切な手続きを計画することが必要とされる活動であ

第 10 章　スキルの発達を促進する　219

る。基礎となる知識は，アルゴリズムというよりもヒューリスティクスである。

　熟達したスキルを要する個々の活動は，再生的から生産的の尺度の中のどこかに位置づけられる。その位置づけは，最適な行為を計画する上で要求される認知プロセスの負荷量によって決まる。この文脈の中で，**行為**という言葉は，身体的，知的，個人的，あるいは対人的な活動を指す。したがって，熟達したスキルを要するあらゆる活動は，それがどのような種類だとしても，この尺度で分類できる。必要とされる思考がより深く内省的であればあるほど，スキルがより生産的なものとなる。

　アビリティ（ability）の定義は多様である。タスクの実行を可能にする人間の資質；達成を可能に，もしくは促進する資質；何かを行うか，何かを完了するために必要とされる資質（特に精神的な資質）の所持；手先の器用さ，視力や空間視力，あるいは概念的思考のような才能；身体機能や精神機能を実行する能力；あるいは，学習や作業，あるいは日々の状況におけるタスクを実行する手段を提供するもの，などである。アビリティは，スキルとほぼ同義語であるが，特定の種類の熟達スキルを要する活動を遂行するために必要とされる基本的な能力，または下位スキルを説明する際によく使われる。

　コンピテンス（competence，あるいはコンピテンシー）は，最近の教育機関や企業の人材開発の文脈で使われる専門用語としては，人間が特定の仕事をうまくこなすために所持するスキル，アビリティ，習慣，性格特性，知識の集合体として定義される。例えば，マネジメント・コンピテンシーには，システム思考や感情的知能，影響力や交渉に関するスキルといった特性が含まれている。

ID プロセスにおける知識とスキルの区別の重要性

　上述した知識とスキルに関する基本的な定義をふまえながら，いくつかの重要な意味について以下に述べる。

1．知識は「ある・なし（go-no go）」の量である。知識を保持しているか，していないかである。または，知識を保持していたとしても，知識の体制化の状況によってはそれを利用できない場合もある。不完全な知識とは，一部の情報の要素やそのかたまりだけを獲得・統合して他を含まなかった結果である。知識の学習は，(a) 貯蔵庫に新しい要素を追加することと，(b) 新しい知識構造を形成するために既存の要素と新しい要素の再体制化を行うことの組合せであ

る。さらに，この学習プロセスは単発で起こることが多い。すなわち，一瞬の
うちにアイデアを再体制化して重要な知見を得る「わかった！（eureka）」と
いう突発的な現象である。例えば2人に同じ情報（経験）を与える場合を考え
る。彼らの知識構造には，異なる情報の要素が組み込まれることになるかもし
れない。また，たとえ完全に同じ要素を獲得したとしても，異なる方法によっ
て既有知識と統合されることもあるかもしれない[1]。

2．一方で，スキルは経験と練習によって発達するものである。スキルの学習プ
ロセスは，単発で成立することはめったにない。繰り返しの伴う適切な練習が，
高次のコンピテンスの達成には必要となる。例えば2人が同じスキルを身につ
けている場合でも，発達の程度は異なっている。

3．熟達したスキルを要するパフォーマンスには当然ながら，知識の利用が要求
される。熟達したスキルを要する活動が高度で複雑になっていけばいくほど，
十分な知識基盤の存在とその適切な利用にますます依存することになる。十分
な知識基盤の存在は，事前学習の必要性を暗に示している。しかしながら，知
識の学習とスキルの練習を同時に行うことができるという都合のよい場合もあ
るだろう（これらはジャストインタイムの訓練が実現している場合である）。
他方で，必要な知識基盤の一部がそれまでに学んだこととは別に外から提供さ
れることもある。熟練したスキルが伴う活動を行うときに，正式に学んでこな
かった知識がパフォーマンス支援システムによって提供され，内的に蓄積され
た知識と組み合わせられるような場合である。

4．知識基盤（内的か外的にかかわらず）を適切に利用するためには，タスクの
内的な計画や統制のために，それを補助するスキル（例えば批判的思考）や知
識（例えば問題解決のヒューリスティクス）の使用が必要となることがある。
これらのメタスキルとメタ知識の要素は，内的なもので直接的には観察できな
いが，それらの存在や影響力は，熟達したスキルを用いた活動におけるコンピ
テンスから推測できるかもしれない。熟達したスキルを要する活動は，行為者
による自己評価が可能であり，むしろ実際にそのようにしていくべきである。
このプロセスは，省察（reflection）と呼ばれる。スキルが知識依存になれば
なるほど，その発達にとって省察の重要性が増す。

インストラクショナルデザインへのスキル分析アプローチ

運動スキルの獲得に主たる焦点を当てた多くの先行研究の弱点の1つは，単純な動

きや，単純な繰り返しのステップの順序を中心に扱ってきたことかもしれない。これらは実生活の中で，より複雑な活動の構成要素として実行されることが一般的であろう。ポールトン（Poulton, 1957）は，スポーツ訓練の文脈において「クローズド」タスクと「オープン」タスクの2種類の区別をした。前者は安定した環境（例えばボウリング）への反応を必要とし，後者はフットボールゲームのような予測できない変化する環境への継続的な調整を必要とするものである。英国パーキンスの工場で1960年代に行われた先駆的な研究では，産業の文脈における「計画」や「方略」スキルの重要性を明らかにした（Wellens, 1974）。これらはまた，行為者に特定の状況への反応生成を要求する「生産的」スキルとして引用されてきた。以降では，まずインストラクションの統合についての動向を見ていくことにする。その統合は，領域横断的であり，実際には行動心理学や認知心理学という対立する教授学習観の混合領域を横断する形で行われる。

スキルスキーマ

スキルを分析するための基本的なモデルとして，「再生的から生産的へ」というスキルの尺度による概念化が可能である。この尺度上のタスクの位置が，適切な教授法を決めるためにきわめて重要となる。図10. 1に，再生的−生産的尺度に4領域のスキル分類を組み合わせた枠組み（schema）を示す。これらの4領域は，教授の意思決定（例えばメディア選択）に影響を与えることもある。それに対して，再生的−生産的尺度におけるタスクの位置は，かなり根本的なところで教授上の意思決定に影響を及ぼす。例えば，説明的か経験的かの教授法の選択や，「深い処理」がどの程度，指導法の重要な部分であるかの議論（Romiszowski, 1981）に影響する。

図10. 1が示すもう1つのポイントは，学習目標の領域に関する再定義の可能性についてである。伝統的に受け入れられてきた3領域に，対人スキルに関連する4番目の領域を追加している。これは4つの内容領域を扱うモデルであり，それぞれが，思考を管理する，身体を管理する，感情を管理する，そして社会状況や他者の反応を管理するスキルについて言及するものである。しかし繰り返しになるが，生産的から再生的への次元におけるスキルの位置は，4領域のどれに位置づくかということよりも，教授上の問題という点ではより重要となってくるだろう。

スキルサイクル

熟達したスキルを要する活動は，環境からの情報の受容にはじまり，環境への行為

222　第3部　インストラクションの異なる成果についての理論

	スキルの尺度	
	再生的スキル	生産的スキル
熟達したスキルを要する活動の領域・分類	知識内容：標準的な手続きを適用する（アルゴリズム）	知識内容：原理や方略を適用する（ヒューリスティクス）
認知スキル ・意思決定 ・問題解決 ・論理的思考など	「問題」の既知のカテゴリに，既知の手続きを適用する（例えば，割り算をすることや，文法的に正しい文章を書くこと）	「新しい」問題を解決したり，新しい手続きを考案する（例えば，定理の証明や創造的に書くこと）
精神運動スキル ・身体的行為 ・知覚の鋭さなど	繰り返す・自動化されたスキル（例えば，タイプライタを打つ，ギヤを変える，速く走ること）	「方略」や「計画」スキル（例えば，絵を描く，安全運転をする，フットボールをすること）
応答スキル ・自己を相手にする：態度や感覚，習慣，自己統制	条件つきの習慣や態度：注意，反応（Krathwohl et al., 1964）；接近行動と回避行動（Mager, 1968）	自己統制スキル：心構えや価値観の発達（Krathwohl et al., 1964）；自己実現（Rogers, 1969）
対話スキル ・他者を相手にする：社会的慣習およびスキル	条件付きの社会的反応（例えば，マナーのよさ，心地よい口調，社会的行動）	対人統制スキル（例えば，リーダーシップ，監督，説得，販売術）

図10.1　スキルの枠組み（Romiszowski, 1981）

に至るまでの段階を踏むサイクルになることは，これまでにも多くの著者が述べてきた。例えば，ウィートクロフト（Wheatcroft, 1973）は，熟達したスキルを要する活動のサイクルを，行為者の頭の中でアイデアや目的を形成することから始まるものとして説明している。このサイクルは次のようなものである。

- 関係する情報の受容（「S」は信号，刺激，あるいは状況）
- その正しい知覚と解釈（さまざまなスキルがこの中に含まれる）
- 実行する適切な行為の決定（認知処理スキルが含まれる）
- そして最後に，行為となる（「R」は反応，返答，応答，あるいは省察）[2]

このサイクルは，行為，知覚，決定，さらに行為などの結果としてもたらされる，新しい情報をまた受容することで継続していく。これまでに述べてきた実行する手続

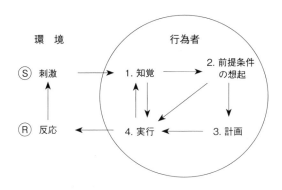

図10.2 4段階のパフォーマンスサイクル (Romiszowski, 1981)

きについての知識，あるいは適切な手続きを生成するために使われる原理の知識について，事前に獲得しておくことの必要性をこのモデルに追加すると，スキルサイクルは図10.2のように表される (Romiszowski, 1981)。

このモデルは，自動化されて再生的な（反射的，クローズド，などの）スキルと，生産的な（方略，計画，オープン，などの）スキルとの区別を可能にする。実際には，熟達したスキルを要する行動の3つの基本カテゴリを仮定している。

- 完全に反射的・自動的なスキル（タイピングのような）。それは意識的な認知処理が関与することなく，知覚された感覚情報が直接，身体的行為を駆動させる。そのようなスキルに対するパフォーマンスの「ループ」は，図10.2の「S－1－4－R」のように記述できる。
- 場合によっては複雑となるが，その本質はアルゴリズム的な手続きを想起し，一連の行為を順々に実行するスキル。多くの産業スキルやスポーツのスキルは，このカテゴリに入る。これらのスキルに対するパフォーマンスの「ループ」は，「S－1－2－4－R」のように記述できる。
- 状況に適切な行為を計画するために，そして場合によっては適切な行為を決定する前に選択すべき代替案と比較して計画を評価するために，新たに入ってくる感覚情報を分析することに依存するスキル。これらのスキルにおけるパフォーマンスループは「S－1－2－3－4－R」である。これは単純化したものであり，実際には多くの内部ループが同じように起こる。例えば，内部ループ（1－2－3－4）が繰り返されたり，あるいは，2－3－2－3－2の循環が発生したりするだろう。

224 第3部 インストラクションの異なる成果についての理論

　スキルサイクル図は，精神運動スキルの指導を行う際に，知覚や記憶，知的スキル，あるいは認知的方略のような要因を検討することの重要性に注意を向けさせる。これは特に認知的領域に特徴的な，計画の問題とかなり類似している。また，先述したスキルスキーマとの関係を考えてみると，この基本モデルが熟達したスキルを要する活動の分野全体を横断して適用可能であることがわかる。

スキル指導のための普遍的な原理と手法

　これまでに運動のタスクやスキルを分類する数多くの試みが行われてきた。それは認知的・情意的領域の2つの有名なタキソノミー（taxonomy）と同様の方法で，タキソノミーや枠組みを構築し，精神運動的領域の設計者を支援しようとするものであった（Bloom, Englehart, Hill, Furst, & Krathwohl, 1956; Krathwohl, Bloom, & Masia, 1964）。

　スキル発達の階層モデルは，産業スキルの獲得と，その習得が進む段階についての詳細な実験観察をもとに，シーモア（Seymour, 1954, 1966）によって提案された。これと似たような内容が，近年になって多くの文献に見られるようになった。それらは熟達したスキルを要する活動の他領域において独立して発展してきたものである。例えば，シュミット（Schmidt, 1975）による運動スキル学習のスキーマ理論モデルがある。また，その評価としてアドラー（Adler, 1981）のスポーツ活動の観察や，ゲントナー（Gentner, 1984）のタイピング技術の発達の観察が行われている。例えば，シュミット（Schmidt, 1975）による運動スキル学習のスキーマ理論モデルがある。また，スポーツ活動の観察に基づくアドラー（Adler, 1981）の報告や，タイピング技術の発達の観察に基づくゲントナー（Gentner, 1984）のものがある。

　以下に示すモデルは，精神運動スキル発達の5段階から構成され，上記の研究，特にシーモアのものに依拠している。このモデルは，本章の著者による研究を含め，実践スキルの訓練のための基盤として役立てられてきた（Romiszowski, 1974, 1981, 1993, 1999）◆[3]。

　第1段階：何をすべきかの知識を獲得する　どのような目的のために，どのような流れで，どのような手段で行うべきかの知識である。それ以上の知識は学習プロセスが進むにつれて獲得される。事前に必要とされるのは，意味のある形でタスクの実行を開始するために欠くことのできない最低限の知識である。

　第2段階：着実に1ステップずつ行為を実行する　それは活動のそれぞれのステップに対して行われる。この段階の特徴は次のようになる。知識が意識的に適用される

（つまり，活動の「どんな，どのように」という側面が，各ステップの意識的な思考によって統制される）。行為を開始し制御するのに必要となる知覚情報は，「いつ行うべきか，どの程度うまくやるか」という側面になるが，それは，大部分が視覚的（ときおり聴覚的）な情報となる。これらの２つの特徴の観察可能な側面として，タスクの実行にはミスが含まれ，不安定になるということがあげられる。ステップに費やされる時間も，試行ごとにかなり変わってくるかもしれない。

第３段階：視覚から他の感覚へ統制を移動する　すなわち，筋肉協調による運動感覚の統制へ移動する。運動の直接的な統制から視覚を解放（少なくとも部分的に）することで，次の運動についてより効率的な「事前計画」が立てられるようになる。その後の行為は，運動と次の運動の間が途切れることなく，滑らかに進んでいく。

第４段階：スキルが自動化される　行為への意識的な注意と「考えながら行動すること」の必要性が減少する。パフォーマンスが，反射的な行為になる。行為者が直接意識することなく，行為が次の行為を駆動する。この段階で見られる成長は，行為者がタスクを遂行するのと同時に，他の問題について思考したり話したりすることが可能になるということである。その環境の他の事象に注意を向けていても，タスク遂行の速さや質には，ほとんど影響を与えることがない。

第５段階：スキルを般化し，応用する状況の範囲を絶えず広げていく。この最終段階は，スキル尺度の末端に位置し，生産的／方略／計画スキルに適用される。実際に，大部分のスポーツ，工芸，設計スキルは，少なくともある意味では「生産的」である。必要とされる基本的な身体スキルは高度に自動化されているとしても，フットボール選手をその腕前で，ドライバーを「安全運転能力」で，旋盤操作者を作業の速さと質のバランスの取り方で，まだ差別化することは可能である。

上記で提案したスキル習得モデルは，教授プロセスの全体にわたって，３つの基本的なステップ，すなわち段階を提案している（図10.3参照）[4]。次の段落では，これらの各段階の理論的根拠と選択可能な教授方法について詳細に説明していく。これらの段階は１つずつ順番にくる場合もあるが，一方で複数の段階が複合されることや，逆の順番で実行されることもある。このような方法や順序の変化は，例えばそれが再生的−生産的スキル尺度のどこに位置づくのかといった，学習するスキルの性質によって決定される。

ステップ１：基本的な知識内容を教える　ここでは，なぜ，いつ，どのようにタスクを実行するのかを理解するために必要となる最低限の知識についてふれる。先に概略を述べた，スキル発達の第１段階に関連する。一般的に言えば，これは説明的方法（expository methods）によってももたらされる[5]。しかしながら，生産的スキルの場合には，必要な知識内容がヒューリスティクス（経験から獲得された暗黙知）の形式

226　第3部　インストラクションの異なる成果についての理論

	再生的スキル	生産的スキル
ステップ1 必要な知識内容を教える	説明的か経験的な手法が使われる（知識のカテゴリによる）。	経験的な手法が好まれる（概念や原理の学習がいつも必要とされる）。
ステップ2 基本的な精神運動スキルを教える	説明的な手法（例示や指示どおりの練習）は，「全体タスク法」か「漸進的部分法」のどちらかによる。 注：知識とスキルの内容を教えることが，場合によっては，1つのステップで組み合わされる。	説明的な手法（例示や指示どおりの練習）は，一般的に「全体タスク法」による。 注：前提となる精神運動スキルが十分に発達している状態で学習が開始する場合は，このステップが省略されるときがある。
ステップ3 熟達化（速さ，スタミナ，正確性）と般化（状況や事例への転移可能性）	全体タスクに関する指導を受けながらの実践や専用の模擬練習。 矯正的フィードバックの継続（結果の知識やパフォーマンスの知識）。	さまざまな範囲の事例を横断する経験的な手法（ガイドされた問題解決）。 省察のフィードバックの継続（報告；行為中の省察）。

図 10.3　スキル発達のための教授方略（Romiszowski, 1981）

になっているかもしれない。それゆえに，認知的領域における教授の一般原理に従い，実験[6]や発見学習の技法を用いて，この知識を発達させることが望ましい。これは次の2つのステップの知識に関係する成果となる。この場合，ステップ1は学習目標を提示する程度に制限される。幅広い文脈の中でこの学習の重要性を定義し，学習プロセスについて伝えるために利用される基本的な用語と定義を指導することくらいになる。

　ステップ2：基本スキルを教える　ここでは，指導されているタスクの最初の例示と統制された練習を行う。先に概略を述べた，スキル開発の第2段階に関連する。ここでの原則は，もしタスクを実行する「最適な」方法がある場合には，それを学習者に例示し，模範を示すべきである。前のステップであれば，概念学習において「正解と不正解」を提示することは，学習者の弁別力を高めることに有益であろう。しかしそれとは違い，このステップで学習者が間違った動きを練習しても何の利益も生まない。教わるべき基本知識が少ない事例であれば[7]，上記の2つのステップを一緒にすることが可能である。これらの事例には，前提知識にはあまり依存しない単純な再生的スキルが含まれる。また，経験によって最もよく獲得できる暗黙知に主として依存

する複雑な生産的スキルも含まれる。後者の場合には，このステップで暗黙知の獲得がはじまるが，次のステップにも継続していく。

　ステップ3：熟達させる　ここでは，習得に向けてさらに進んだ練習を行う上での，適切な条件を提供する。前節で概略を述べたスキル発達の残りの3段階（統制の移動，自動化，般化）に関連する。その最初の2つは，スキル尺度において，クローズドな，すなわち再生的な側に位置する場合に関係する[8]。3番目は生産的な側の端に位置するスキルと関係する。しかしながら，複雑な熟達したスキルを要する活動は，再生的－生産的スキルの両方の要素で構成されることが多い。例えば車の運転であれば，ギアのスムーズな変更，加速，自動的なバックミラーの確認が必要な一方で，安全な車間距離の判断，状況に応じたギアの選択，他の道路利用者による行動の予測，適切な安全運転方略の採用といった運転スキルも必要となる。系統だったスキルの訓練は，詳細なタスク分析に基づくべきである。その分析は，これらの再生的－生産的スキルの要素を，どのように教えるのが最もよいのか，どのような順序や組み合わせで教えるのが最もよいのかを同定しようとする[9]。

特定の状況における教授方策

　本節では，より具体的な研究に基づく教授原理（太字で記載する）を分析していく。これらの原理は先に提案した基本モデルの根拠になっている。これらの原理は4つのカテゴリに分けられる。

1.　情報（説明，例示，ガイダンス）
2.　練習（頻度，間隔，など）
3.　フィードバック（頻度，形式，質，など）
4.　転移と般化

学習者に本質的な情報を教える

　もしタスクが単純で，背景知識もわずかであるならば，絵物語のように例示と説明を同時に行う。しかし，もしそのタスクが行為の運動パターン以外に新しく学ぶ知識をほとんど必要としないならば，説明なしでも効果的に教えることが可能であり，単に「模範的なパフォーマンス」を例示すればよい。

運動タスクの習得における視覚的な例示（とフィードバック）の役割についての実験（Carroll & Bandura, 1982, 1987, 1990）では，学習を効果的にする要因として，視覚的なタスクをはっきりと十分に繰り返し再現することの重要性が支持されている。しかしながら，知識基盤スキルの場合には，言葉による適切な説明もあわせて例示を行うことが重要である。

> もしタスクが構造的に複雑で，タスクの構成要素の相互の関係を含み，多くの新しい知識を必要とする一方で新しいスキルはほとんどないならば，アウトラインノートや身体的モデルに従った探求活動（exploratory activity）を通して最もよく学習される。

手続き的な知識を含む複雑なタスクは，解説つきの例示後の実践を通してよりも，探求的実践（exploratory practice）後の解説的レビューを通しての学習のほうが，よりいっそう保持される。バジェット（Baggett, 1983）は，ヘリコプター模型を組み立てるタスクをすぐに達成できるかは，探求的実践を受けた総量に比例し，映画を視聴したことによるものではないことを発見した。しかし1週間を経て，最も成功していたのは，最も多くの探求的実践を行ってから映画を見た学生であった。このことは説明的学習（expository learning）と発見的学習（discovery learning）との対比を扱った一般的な論文からも説明がつく。組み立てタスクの各段階を通して支援することができる「模型組み立ての一般原理」が存在するならば，それらは「発見的」に学んだほうがよい。映画の長期的な効果は，たとえ映画の台本が「行為中の省察」を促進するようには設計されていなかったとしても，実践経験の中で得られた知識を深いレベルで処理し，体制化するのに役立ったことによるものだろう。実践の前に映画を見た人たちは，省察に関連する経験がなかったので，それゆえに深い処理が可能にならなかった。

> もしタスクが構造的に単純で，逐次的なステップや段階を伴うものならば，タスクを実行する前に，模範となる行為の流れを学習者に観察させる。

追跡スキルの研究は，戦時中に砲術やレーダーのニーズから生じたものであるが，これまでに議論してきた知見とは対照的な事実を示している。ポールトン（Poulton, 1957）の一連の実験によれば，実践前に追跡活動を観察することが，パフォーマンスの正確性を著しく向上させた。他の研究からも同様の結果が得られている（Carroll & Bandura, 1982）。これらの知見は，バジェットによって報告されたそ

れと必ずしも対立するものではない。より高い一般性の視点からは，お互いを支持していると考えられる。発見学習に基づいたバジェットの知見の説明は上記で述べたが，それは感覚情報の深い心的処理を含む教授法のほうがより効果的であるという仮説に基づいている。これら2つの実験状況の相違は，学習されるタスクの種類による。1つ目の事例では，視覚のパターンと構成要素間の関係が学習上重要である。もう一方の事例では，それは段階的な運動における系列やタイミングである。最初の事例では，実践的な探求が，部分間の視覚的な関係を提供している。それは映画の系列と比較して，重要な情報の心的表象の形成をよりよく促す方法であった。2つ目の事例では，映画（動画）が，心的表象の形成をよりよく促進する形で，タスクの系列を提供している。

> もし目標が手続きの実行を習得することならば，行為者の視点から常にそれを例示しなさい。多くのメディア表現で使われるような複数の多様な視点は，目標がプロセスの理解のときにだけ役立つ。

インストラクタはよく，学習者集団と対面しながら運動の流れを例示することがある。これは，タスクの概念的な理解には効果的だが，その実行を支援する意味では効果的ではない。なぜなら，学習者は頭の中で例示を「反転」しなければならず，それはよく混乱や不要な困難さをもたらす。学習者が例示者の肩越しからのぞき込むように，学習者が実行するときに見る光景を正確に例示することが最善である（Greenwald & Albert, 1968; Roshal, 1961）。映画と動画の利用はこのプロセスを促進する。しかしながら，複数台のカメラやズーム，その他の視覚的な機能を利用したいという誘惑を避けなければならない。それらは望まれる目標の達成には邪魔になることが多いからである。

▶ 練習の機会を提供する

> もし目標が，総合的・統合的な活動を学習することならば，「全体タスク（whole task）法」を用いる。

いくつかの研究では，練習中に個別の運動が統合され，全体としてタスクが練習されるときに学習がより効果的であることが示されている（Knapp, 1963; McGuigan & MacCaslin, 1955; Naylor & Briggs, 1963）。この知見は，実験室だけでなく，実際の産業スキルやスポーツにおいてもあてはまると思われる。

230 第3部 インストラクションの異なる成果についての理論

もしタスクが一連の比較的独立した活動で構成されているならば,「漸進的部分
(progressive parts) 法」でそれを教える。

「逐次的部分(sequential parts)法」では,4ステップのタスク(例えばA-B-C-
D)が4段階で実践され,1つの部分ごとに集中する。つまりAだけ,次にBだけ…
と進んでいき,すべての部分が個別に練習され終わるまで続く。一方の「漸進的部分法」
では,練習の段階が累積的に増える。例えば,最初にAだけ,次にB,そしてAとB,
次にCだけ,そしてAとBとC,次にDとなり,最後に全体タスクのA-B-C-Dと
なる。いくつかの研究では,これらの両方のアプローチが,同じくらい効果的であり,
単純で逐次的なタスクの学習であれば,全体タスク法よりも効果的であることを示し
ている。しかしながら研究の大半が,逐次的なタスクでは漸進的部分法が優位である
ことを支持している(Naylor & Briggs, 1963; Seymour, 1954; Welford, 1968)。

もし前提となる下位スキルが,「最低の閾値レベル」よりも下にある状態から始
めるならば,全体タスクの練習の前に,それらを発達させる。

産業スキルを対象としたそのような事前訓練の事例とその効果が,シーモア
(Seymour, 1954, 1966)によって示されている。注意してほしいのは,特定の運動や
知覚の下位スキルの事前訓練は,それらをより複雑な活動に統合する前になされるも
のであり,学習する活動自体を部分に分けて個別に練習することと同じではないとい
うことである。

高度に統合的で「生産的」タスクには,継続的に練習を提供するが,その一方で
反復的で高速の「再生的」タスクには,分散練習(spaced practice)を使う。

いくつかの研究では,高度な意思決定が要求されるか,あるいは高次の協調やリ
ズム活動のあるより複雑なタスクにとっては,長期間の継続的な練習のほうが,分
散練習よりも効果的であることが示されている(Welford, 1968)。シンガー(Singer,
1982)によれば,分散練習は一連の試行の直後には有利であるが,時間とともに大幅
に失われる。他の研究では,「再生的」な性質を有する反復で高速のスキルにおい
ては,いくつかの試行ごとに短い休憩をはさんだ訓練のほうが,より効果が高いこと
を示している(Lee & Genovese, 1988)。

もしタスクがヒューリスティクスに基づく生産的スキルを必要とするならば,初

期学習や長期保持を強化するために，休憩の間に通しで考え抜いたり，「行為中の省察」活動によって，タスクのメンタルリハーサル（mental rehearsal）を奨励し促進する。

メンタルリハーサルの理論的根拠は，多くの研究者によって提供されている（例えば，Luria, 1961; Meichenbaum & Goodman, 1971）。シャスビー（Shasby, 1984）は，この技法を精神運動的領域の学習に適用した研究をレビューしている。スキルの訓練技法としてのメンタルリハーサルの使用は長い歴史を持つ。例えば，フットボールの戦略についてゲーム前に考え抜いて話し合うことである。さらにこのような「考え抜く」集まりでは，各戦略をゲーム中に思い出しやすくするために暗号名がたびたび付与される。戦略のステップや構成要素も同じように名づけられることがある。選手は適切な暗号によって各ステップの順序，速さ，性質を思い出すことができる。我々は，生産的な精神運動スキルの習得のためにメンタルリハーサルを用いる方法と，複雑でヒューリスティクスな認知スキルの習得のために推奨される「行為中の知（knowing-in-action）」や「行為中の省察」の手続きが，かなり類似していると考えている。ショーン（Schön, 1987）は，建築家，医師，経営者，音楽家のような専門家が，よく知っている事例として認識された問題状況を扱う場合のパフォーマンスと，よく知らない多少の驚きが含まれる状況におけるパフォーマンスとの対比を行っている。よく知っている状況では，周知の事実やルール，手続きを応用することが多い（行為中の知）。一方のよく知らない状況では，その事例に適切な新しいルールや手続きを構築する上で，現在の事例が基準とどの程度異なるのか，専門における基本的な原理とパラダイムがどのように適用され，採用され，拡張されなければならないのかを振り返るために，専門家が内的な対話に入っていく（行為中の省察）。彼は両事例において，専門家を「コーチング」するプロセスでは，コーチが問題解決プロセスのリハーサルを促す必要があることを強調している。それは，専門家のメンタルリハーサルの内的能力を発達させるために，最初は外部からの議論や例示を通して行われる。

もしタスクが，主に再生的スキルを必要とする逐次的な手続きであるならば，学習者が行為の心的表象を形成することを助けるために，言語的符号化や，模範的な例示を伴う手がかりの提供を行う。

バンデューラとジェフリー（Bandura & Jeffery, 1973）は，逐次的な運動スキルの長期保持の観点から，言語ラベルがシンボルとして特に効果があることを発見した。この知見は，運動スキルの内面化を助ける言語的な手がかりを，一般に提供すべきで

232　第3部　インストラクションの異なる成果についての理論

あることを示している。また，これらの手がかりは，学習者にとって意味のあるもので，できる限り簡単で専門用語の理解を必要としないものにすべきである。ここで，認知的領域における記憶術の利用と類似していることに気づいた人もいるかもしれない。しかし，キャロルとバンデューラ（Carroll & Bandura, 1990）によれば，実演や練習機会を十分に与えない不完全なインストラクショナルデザインの克服には，言語的な符号化や手がかり自体による効果は見られなかった。それゆえに，純粋に言語的なインストラクションだけでは，最も簡単なものを除いたすべての身体的タスクについて，一般に不十分であると予想できる。ここにも，事実情報の再生のような認知的領域のとても単純な記憶のタスクだけが，純粋に言語的な説明によってうまく教えられることとの類似性がある。概念を利用するスキル発達には，言語的定義に加えて，厳選された正事例と負事例のセットを提示することが必要とされる。また，問題解決スキルの発達は，上記のすべてに加えて，問題解決プロセス自体の省察や，問題の特定のクラスにのみあてはめることができるヒューリスティクスな暗黙知の創造を促進する練習機会をも必要とする。

　　高速のタスクの場合は，ペースを強制することが習得への近道である。

　ペースの強制については，高速な産業タスクの練習（Agar, 1962）や，タイピングスキル（Sormunen, 1986）に適用された際に，学習率がとても向上し，到達する最終的なパフォーマンスレベルが，自分のペースで練習するときよりもかなり高くなっていた。この原理は，自己ペースの原理が過度に強調されていることもあり，よく見過ごされがちである。速さが基準となるタスクの場合に，学習者が「自分のペースで」進めることを許容する原理については，注意深く解釈する必要があろう。学習者が自分のペースでタスクを実行できるように許容することと，タスクをより速く実行していけるように成長する速さの違いを許容することには違いがある。これは，高速の産業用機械の操作者を訓練するスウェーデンの RITT システムのような効果の高いスキル訓練プログラム（Agar, 1962; Romiszowski, 1986）や，パスクによる初期のコンピュータベースの SAKI キーボードスキル訓練機（Pask, 1960; Romiszowski, 1986）によく現れている。前者は，異なるタスク実行速度で録音された音声テープ教材を使用し，学習者のパフォーマンスの現状の実行速度よりやや上に調整された練習を提供した。一方で，あるタスク実行速度から次の実行速度での練習に進むタイミングは自分で決められた。後者は，キーボード上のすべてのキーについて各学習者の反応速度を測定し，個々のパフォーマンスが示す現状の速度よりも，常に少しだけ高い速度で練習素材を提供した。しかしながら，学習者が自分のパフォーマンス速度を上

げるために必要なだけ，長い時間をかけて練習を何度も繰り返すことは許されていた。SAKIの実験では，たいていの行為者のタイピング速度が，最初の速度よりも数倍に増加した。しかし一方で，ペースを速めると，パフォーマンスの改善に効果がなくなるばかりでなく，実際に速度や正確さの両方とも低下してしまうという閾値が存在した。いくつかの事例ではかなり大幅な低下が見られた。パスクは，精神運動スキルの訓練におけるこの現象が，認知スキルの学習において神経が衰弱する症状に類似すると考えた。それは，より複雑で困難な問題へと過度に速く進むことが情報過多の現象をまねくときに，観察されることである。また，情報過多の発現を防いだり避けたりすることに役立つ，いくつかのアプローチが研究されてきた（Welford, 1976）。入ってくる情報をうまく扱えるようにする「かたまりにわける（chunking）」方法を考案する，行為者が注意を向けるべき情報を選択できるような方法を考案する，情報過多を避けるためにタスクのペースを調整するよりよい方法を考案する，行為者のために現実的な「閾値」を設定してその中で作業することがあげられる。

▚ スキルのインストラクションにおけるフィードバック

> もし目標が簡単な感覚運動スキルを発達させることにあるならば，「学習のフィードバック」（結果の情報）は学習を促進するが，「行為のフィードバック」（統制の情報）は促進しない。

　アネット（Annett, 1959）は，バネばかりを押すという課題で学習者に目盛りの情報を提示したところ，多くの試行を重ねても一定の圧力で正確に押すことを学習しなかったことを発見した。逆に，試行中には目盛りが覆われていて試行の後にだけ示された場合には，彼らは学習した。つまり，加えられた圧力についての連続的な知識（行為のフィードバック）が視覚的に提供されている条件では，エラーのない練習ができることを保証していたものの，正しい圧力を加えるという「感覚」の学習をもたらしてはいなかった。一方で，事後知識（結果の知識）によって，試行がしだいにより正確となるように促進され，タスクを実行する「感覚」の効果的な学習を導いていた（それゆえに学習フィードバックという）。これは，視覚的な情報を用いた練習においては，筋肉でタスクの「感覚」を理解し評価する必要がなく，持続的な行為フィードバックによって学習者がパフォーマンスを統制することができたということを説明している。したがって目から腕の筋肉への統制の移動が生じなかった。このことは，多重知能理論（the theory of multiple intelligences）（Gardner, 1983; 1993）によれば，空間的領域から身体・運動的な領域への必要な移動の欠如として解釈できるだろう。

234　第3部　インストラクションの異なる成果についての理論

　もし，目標が複雑なスキルをより発達させることで，取りうる行為の決定や相互
に依存するタスクの実行を必要とするならば，成果だけでなくプロセスについて
より完全な情報を伝えるときに，フィードバックは学習の促進により効果的とな
る。

　練習の試行における結果の知識（knowledge of the results: KOR）と，パフォーマ
ンスの知識（knowledge of performance: KOP——結果がどのように達成されたか）
とは，インストラクタがタスクの不十分なパフォーマンスを修正するための2つの方
法である。身体スキルがより複雑になる事例ほど，KOP の提示がより効果的である
ことがわかっている（Wallace & Hagler, 1979）。なぜならば，KOR は反応の正しさと，
ときにはエラーの方向と程度の情報を提供するだけだが，KOP はさらにタスク実行
のプロセスの側面について解説し修正するからである。スキルがより複雑になり，概
念知識により高く依存するようになると，KOP の役割は（多重知能理論の観点から
見ると），空間的・博物的な領域から言語的領域や論理・数学的な領域へ統制の移動
を促進すると考えられる。

　「生産的」スキルを教えるときには，「報告」や「行為中の省察」のプロセスを通
して，パフォーマンスの知識を提供する。

　高い水準の方略の計画と意思決定を必要とするスキルの場合には，適切なフィード
バックとするために KOP の形式を利用できる。むしろ，そのようにすべきである。
これらのスキルでは，期待と結果を比較することだけでは十分とはいえない。観察の
原因を分析し，実施された計画を省察し，その欠点の理由を評価することが必要とな
る。これらすべてが，次の実践の試行に向けての新しい計画や方略の統合につながる。
そのような省察的な報告（インストラクタ主導であっても自然発生であっても）は，
どの領域でも生産的スキルの発達に必須の要素として認識されている。精神運動的領
域では，例えばスポーツの文脈において，試合の前後にロッカールームで戦略会議を
行うことがあげられる。それはまた，手術のような専門的なスキル開発で「行為中
の省察」アプローチが強調されていることにもよく現れている（Schön, 1983, 1987）。
しかし，ショーンがはっきりと指摘したように，身体スキル領域における手術のよう
な卓越したスキルの発達に適用されるのと同様の原理が，建築や経営，指導のような
知的スキル領域にも適用される。

🔳 転移や保持のための指導

生産的スキルの場合には，さまざまな実践演習をすることが転移（transfer）と般化（generalization）を促進する。しかし，再生的スキルの場合は，実践的なタスクを変化させることを通して獲得されることは少ない。

ガバード（Gabbard, 1984）によれば，スキーマ理論が主に予測しているのは，「特定のタスクのさまざまな実践を増やせば，同じような動きを持つクラスの新しいタスクへの転移が増える」ということである。しかしながら，スポーツや高速な反復を要する多くの産業スキルにおける経験からは，多様性練習（variability-of-practice）の原理は支持されてこなかった。これは「スキルの尺度」によって説明できる。活動がこの尺度の生産的な側に向かえば向かうほど，効果的な転移を確実なものとするためには，多様性の範囲を横断した実践がより重要となる。一方で，活動が再生的な側に向かえば向かうほど，実行の多様性がほとんど許容されなくなり，多様性練習はほとんど意味をなさなくなる（むしろ有害となるかもしれない）。

転移に向けての指導の場合には，実践演習の多様性が，学習者の頭の中に「運動概念」や「運動スキーマ」を定義し洗練していくように設計されるべきである。

シュミット（Schmidt, 1975）の理論によれば，運動スキーマは「運動概念」相互の構造であり，それは認知的スキーマの構造と類似している。認知的領域における概念は，およそ精密にその「境界」を規定する，いくつかの属性によって定義される。それと同じように，運動領域の概念も，例えば「正確にボールを投げる」という運動概念であれば，「飛距離」「力加減」「ボールを離す角度」「ボールを離す瞬間の腕の速さ」のように，特定の属性によって境界が規定される。もちろんこれらの属性は，言語的や数学的には定義されない。しかし，刺激として飛距離が要求されると，その反応として他の属性の適切な組み合わせを生み出すように，選手の中で各属性が「理解され」「相互に関連づけられる」。このことから得られるインストラクションへの示唆は，練習が運動概念の重要な属性のすべてについて，変化を持たせるように設計されるべきであるということである。再度になるが，精神運動スキルの学習原理と認知スキルの学習原理はかなり類似していることがわかる。

再生的スキルの転移や保持は「過剰学習（overlearning）」によって高まり，生産的スキルでは「行為中・後の省察」を促進する「報告」によって高まる。

スキルに関する多くの事例では，「学習転移の量は，初期練習の量に比例する」ということを，実践の観察や実験の証拠の双方が支持している（Gagné, 1954）。シンガー（Singer, 1982）はさらに，「過剰学習」や「過剰練習」が長期保持に有効であるという証拠を示している。一方で，効力の収穫逓減（diminishing returns）の法則もあり，その法則が定める制限を超えると，正式に計画された「過剰練習」はコスト効果が低くなってしまう。しかも，そのような過剰学習は，タスクにおける生産的スキルの構成要素に対しては，あまり有効ではない。なぜなら，パフォーマンスが向上することは，タスクを繰り返す回数よりも，洞察の獲得により依存するからである。つまり，生産的スキルは，行為の適切な方略を計画するためには，概念知識の応用に左右される。その概念知識は学習プロセスの特定の瞬間に得られる知見を通して（個人的発見の「わかった！」という瞬間を通して）獲得される傾向にあるからである。それゆえに転移の学習は，この場合のようにタスクの実行が成功したプロセスの省察や分析を通して最も促進される（Romiszowski, 1984）。

すべてを1つにつなぎあわせる

本章のこれまでの節を通して，新しいスキルの習得に不可欠な，知識の指導と学習に関する重要な役割について言及してきた。また，生産的スキルと再生的スキルとを区別し，それらの習得に必要な知識の学習の有無を区別することで，インストラクションへの説明的[10]・経験的[11]アプローチの両方を，適切なときに利用していくことを推奨してきた。スキルの習得は，遂行する仕事や行為者が興味を持ち引きつけられている娯楽という実世界の文脈にたいていの場合，基づいている[12]。したがって，学習者に関連する真正なタスクの実行に，ほぼ必ず基づいていることになる。生産的スキルについては，これらの真正なタスクが，解決すべき問題という形をとる。したがって，そのインストラクショナルデザインは，問題解決型学習（problem-based learning: PBL）の特徴をふまえることになる[13]。生産的スキルの習得はタスク実行のプロセスとその結果についての省察に強く依存するので，適切なインストラクショナルデザインは，議論法や対話法からも強く影響を受ける[14]。これらは現実に基づいたりケーススタディやシミュレーションに基づくものとなるかもしれないが[15]，すべての場合において，経験の内省的分析を通じてスキル開発（熟達）の「第3段階」を実施することになる[16]。

一方で，再生的スキルについては，PBLや他の経験学習アプローチはめったに適さない。つまり，その教授・学習プロセスの大部分は，直接教授法となる[17]。これ

第 10 章　スキルの発達を促進する　237

は現実的なタスクに基づくか，さまざまな現実的な理由によってシミュレーションに基づくかもしれない。したがって，我々のアプローチは経験的あるいは説明的なシミュレーション利用の両方に対応し，各アプローチが適切となる場合に実際に処方されることになる。

行為者とタスクの統合：スキルサイクルの拡張版

　本章で提供されるモデルやアプローチは，したがって，本書の第 3 部全体でより深く議論される多くのアプローチについての，一種の統合（精緻化）の役割を果たす。統合のプロセスは，異なるカテゴリのスキルに対する学習要件と，スキル実行の基礎として必要とされる異なるカテゴリ（事実，概念，手続き，原理など）の知識内容について，慎重に区別することを通して発展してきた。しかし，さらにもう 1 つの方法がある。それは，熟達したスキルを要する活動が確実に有能なものとなるように，熟達したスキルを要するパフォーマンスを分析することによって，関係するすべての要因をより完全に統合していくという方法である。本章の最終節では，最初の節で定義・分析した概念に立ち返り，統合を進める土台としてそれらの概念を利用する。その際に実世界の文脈でヒューマンパフォーマンスに影響する他の要因をさらにつけ加えていく。

　これまでに，熟達したスキルが必要となる反応を求める状況を学習者がどのように知覚するのかを検討してきた。学習者が知覚された情報をどのように解釈し，事前の関連学習をどのように想起するのか，そして適切な反応の方略を計画するために，これら両方の知識資源をどのように（生産的スキルの場合には）利用するのかの各側面を検討してきた。その一方で，プロセスの最終段階，すなわち適切な反応としての実際のパフォーマンスについては，ほとんど述べてこなかった。また，このプロセスにおける人格や感情の役割についても，ほとんど述べてこなかった。これらのさまざまな要因を，熟達したスキルを要するパフォーマンスの統合モデルとして一緒に提示したものが，スキルサイクルの拡張版である。

　このモデルを図 10.4 に示す。このモデルは，4 つの主要な活動のサイクルで構成されている。それらの活動は図 10.2 で紹介した熟達したスキルを要する活動の遂行に必要となる 4 つである。それぞれの活動の遂行は，能力や性向に左右される。このモデルは，12 の基本的なアビリティを提案している。これらのアビリティを適切に発達させることが，特定のタスクカテゴリの望ましいスキル水準での実行を保証するために必要となる。また，このモデルは，熟達したスキルを要する実行の最終レベルが行為者の「内なる自己」に依存することも示している。潜在意識のレベルに蓄積さ

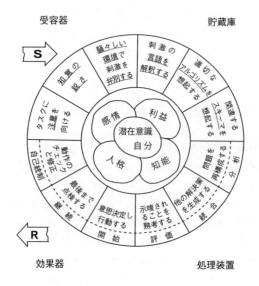

図10.4　スキルサイクルの拡張版：スキルパフォーマンス分析の強力なツール

れていることが多い人格や知能，感覚，信念，そして過去の多くの経験は，タスクの内容とおそらく直接的には関係しないが，それにもかかわらず，タスクの実行に影響を与える。

　ヒューマンパフォーマンスのこのモデルは，異なるレベルの問題解決に利用することができる。すべての内的な構成要素を無視するとすれば，環境から刺激情報を受け取り，適切に反応する行為者の（行動主義的な）「ブラックボックス」モデルとなる。そこから，たまねぎの皮むきのように，1層はがすことによって，認知主義の研究において熟達したタスクの実行に潜在的に重要であるとされてきた，基本的なアビリティの配列が明らかとなる。さらに1枚，深く掘り下げていけば，そのプロセスの重要な部分を演じる行為者の「内なる自己」をあばくことになる。これらの要因が特定のタスクカテゴリの実行にどのように影響を与えるかの事例を検討することで，本章の結びとしたい。

　このモデルは，特殊なタスク分析に適用できる。それは12のアビリティが熟達したスキルを要するタスクの実行中に担うことが可能な役割についての検討に基づいたタスク分析である。ここで，可能なという言葉を強調しておきたい。なぜなら，すべてのアビリティが，すべてのスキルにとって等しく重要だとは限らないからである。このタスク分析のゴールは，関連するアビリティが何で，それらがタスクの実行にど

第 10 章　スキルの発達を促進する　239

のような影響を与えるかを同定することにある。そして，それらのアビリティが行為者の中に存在し十分に発達しているかどうかを評価して，すべての関連要因を考慮した教授方略を立案するのである。

■ 比較的複雑で生産的な精神運動活動

まず，テニスの試合について検討する。

1. ここでは，注意を向けるアビリティが最も重要となる，熟達したスキルを要する活動の事例を紹介する。テニスのコーチは，「ボールから目を離すな！」という「呪文（mantra）」を口にするが，これは全体として試合に「注意を向ける」という複合的なプロセスを単純化したものである。

2. テニス選手のパフォーマンスは，そのために，知覚の鋭さのレベルに影響を受ける。これには，生得的な部分と育成される部分がある。つまり，生まれつき保有するアビリティと学習された習慣との組み合わせである。トレーナーは選手の知覚の鋭さに影響を与える要因を同定し，適切な練習計画を立てる必要がある。

3. しかしながら，ボールの軌道は知覚すべき要因の１つにしか過ぎない。他に知覚すべき関連要因としては，相手が打ったボールの強さや種類，ボールを打ってからのコート上での相手の動き，風や明るさのような環境要因などがあげられる。これらすべての要因を知覚するだけでなく，個別の状況においてどの要因が最も関係するかを弁別するアビリティも，学習プロセスにおいてきわめて重要な部分を占める。

4. 入ってくる情報のすべてが，選手によって即座に解釈され，次の行為を導く。

5. コートの相手側にボールを返すために，可能な打ち方の種類を１つ選択する。

6. この試合のこの瞬間を最もよく表す「運動スキーマ」を想起する。

7，8，9．　相手側のコートにボールを落とす場所と，そのために最適な方法を計画する。

10，11，12．　行為の適切な流れを開始する。そして，その終わりまで行為を点検する。相手の動きについての追加的な情報を知覚し，解釈し，分析することで，場合によってはこの打ち返す流れを計画し実行するプロセスの間に，同時に，行為を修正していく。

選手に対するトレーナーの役割の１つは，これらのさまざまな側面から成立してい

240 第3部 インストラクションの異なる成果についての理論

るパフォーマンスのすべてを分析することであり，さらにどんな訓練が役に立つのか，どのようにすれば最もよく達成できるのかを正確に同定することにある。この分析自体が，高いスキルを要するタスクである。この点についてはギルバートとギルバート（Gilbert & Gilbert, 1988）が，フットボールの伝説的コーチで「クマ」の愛称を持つブライアントの成功事例の分析を通して，とてもうまく説明している。しかし，スポーツのコーチ（ならびにそこから類推される複合的な熟達したスキルを要する活動のすべてのトレーナー）はもう1つの役割も担っている。それは，パフォーマンスに影響する他の側面を同定するために，選手の態度，自己信念，自信の強さ，自己主張など，選手の行動全体を分析することである。これらの要因が組み合わされて，試合における心理学を創造することができる。もともとはガルウェイ（Gallway, 1974, 1997）が「テニスの内なるゲーム」として説明したものである。その後，他のスポーツ活動にも適用されたが，彼の著作である『仕事の内なるゲーム（*The Inner Game of Work*）』（Gallwey, 2000）においては，スポーツではない他の領域にまで拡張された。

◤ 単純で再生的な精神運動活動

　上記の例とは対照的に，比較的単純で再生的な作業に関係する精神運動スキルとして，タイプライターやコンピュータのタッチタイピングについて検討する。

1. (2) タスクに注意を払い，集中できるアビリティが関連要因の1つとなる。知覚の鋭さが関連することもある。例えば，下手な手書きの原稿の内容を打ち込む場合が考えられる。
3. 4. 弁別と解釈はほとんど必要とされない。
5. 　しかし，与えられた文字列を打ち込むために必要となる適切な指の動きを速く正確に思い出すことが最も関連する。
6, 7, 8, 9. 計画は伴わない。要求される指の動きが想起されれば，その実行が直接生じる。
10, 11. しかしながら，この段階では，正確な作業や満足なタイピング速度を維持するアビリティは身体的な要因に影響を受ける。器用さや筋肉の統制が不十分であると，エラーが頻繁に起こるかもしれない。また，パフォーマンスの低下やエラー率の増加が進むのは疲労によるものかもしれない。これらの要因は統制可能であり，適正な器用さと体力をつける訓練を通して，影響を最小にできる。
12. 　タイピングのように手作業の高速タスクでは，いったん開始すると，反応を

修正する機会はほとんどない。よって，訓練プログラムは，正しい反応が想起され開始されるように専念しなければならない。

　最後になるが，「内なる自己」の要因によって引き起こされるエラーには，他の原因も考えられる。例えば，失読症の傾向がある人が文字列の並びを入れ替える場合には，専門家や，場合によっては医師による対応を必要とする。自己防衛の傾向がある人は，タイピングの能力があるにもかかわらず，「目立つ」ことを避けるために，他の人より遅く打ち込むことがあるかもしれない。これは，目立つパフォーマンスに報酬を与える代わりに，課題をより速くうまくこなす人に課題を上乗せすることによって，それを「罰している」ようにしがちな，不十分な設計や管理による作業環境で起こる。この例は，スキルサイクルの拡張版が，行為者のスキルやパフォーマンスに影響する作業の文脈の要因についての重要な側面を同定するために役立つことを示している。それらは，訓練プログラムの設計でよく見落とされるものである。

◪ 再生的な認知活動

　いかなるスキルの分類や領域に対しても，このタスク分析を適用することは明らかに可能である。単純で再生的な認知スキルとして，算数の基本的な計算のパフォーマンスの例を示す。これにはタイピングの例と比べると，類似する側面もあれば，かなり異なる側面もある。

1. 算数のタスクに集中するためのアビリティや注意が関連要因となる。
2. 知覚の鋭さはそれほど強く関係するというわけではない。しかし…
3. 算数のタスクの種類を識別したり，タスクのカテゴリを見分けるアビリティが，数式から言葉の問題に「置きかわって」しまうと，学習を困難にする主な原因となる。
4. そして，それは数学の記号言語を解釈するアビリティにも同様にあてはまる。
5. 算数の手続きに必要とされる適切なアルゴリズムを想起するアビリティは，パフォーマンスに不可欠な要因である。
6, 7, 8, 9. しかし，それは再生的な性質のスキルの場合には，関連しない。
10, 11. そのタスクが，疲労や体調不良になりにくい，ゆっくりとした知的活動であるので，これらは不可欠な要因とはならない。
12. しかし，タスクの実行中に，進み方を統制し，パフォーマンスを自己修正するアビリティが，きわめて重要になる。

242 第3部　インストラクションの異なる成果についての理論

　最後に，算数においてよく思考停止に至る「内なる自己」の要因や，そのようなスキルは自分の能力を超えるという信念については，綿密に分析を加え，インストラクショナルデザインに配慮する必要がある。

熟達したスキルを要する活動全体への適用

　対人（対話）スキルについて同様の分析を行うことで，人的管理のすべてを学習したマネジャーやスーパーバイザーが，模擬練習では実際にうまくふるまうことができるにもかかわらず，従業員の実生活における規律上の問題を適切に管理することができない理由が明らかになる。応答スキルや自己統制スキルを分析することによって，なぜ人々が他者の行動に用いる基準をそのまま適用しないで，彼ら自身の行動については違う基準を適用しがちであるのかを明らかにするだろう。これらの知見は，学習目標の同定やそれらをカテゴリと領域に分類するために利用されてきた伝統的な内容分析手法やタスク分析手法の結果に付加できる洞察となる。それらは，インストラクショナルデザインの質を高めるために，インストラクショナルデザイナに役立つ追加情報を提供する。また，学習やパフォーマンス全体の効果に影響を与えるすべての要因が，統合的な方法で扱われることを保証するだろう。

≫≫ 原注

- ◆1　編者注：このカテゴリは明らかに，オーズベルによって定義された丸暗記と有意味な知識の両方を含んでいる（第4章を参照）。
- ◆2　編者注：これは，何を教えるべきかを扱うため，カリキュラム理論の一部とみなせる。
- ◆3　編者注：このモデルは自然な学習プロセスを描く記述的モデルとして提供されている。
- ◆4　編者注：これは，教授理論の基本である。
- ◆5　編者注：ここでは共通の構成要素法が示されており，それに続いてあまり共通ではない他の代替的な方法が示されている。2つのうちのどちらを選択するかの決め手となる状況性は，スキルが生産的か再生的かどうかである。
- ◆6　編者注：第7章を参照のこと。
- ◆7　編者注：これはもう1つの状況性である。
- ◆8　編者注：ご推察のとおり！　もう1つの状況性である！
- ◆9　編者注：ここでは，あなたが行う分析が，状況性に焦点化すべきであることが明らかにされている。教授理論に含まれる選択肢の中からどれを選択するかを決めるために必要なのは状況性である。設計上の多くの意思決定については，それが実現可能でコスト効果が高い場合には，その直前にジャストインタイムで分析を行うことが通常は望ましい。
- ◆10　編者注：第5章を参照のこと。
- ◆11　編者注：第7章を参照のこと。
- ◆12　編者注：感情の優先度が高いときには重要である。
- ◆13　編者注：第8章を参照のこと。
- ◆14　編者注：第6章を参照のこと。
- ◆15　編者注：第9章を参照のこと。

第 10 章　スキルの発達を促進する　　243

◆16　編者注：この段落は，複数のアプローチ（第 2 部）が 1 種類の学習成果（第 3 部）を教えるためにどのように使われる可能性があるのかを示している。
◆17　編者注：これは，哲学よりは実用論（何が実際に一番効果的か）に基づいて教授上の意思決定をすることの重要性を示している。

第 11 章

理解を促進する

マーシャ・ストーン・ウィスケ（ハーバード大学）
ブライアン・J・ベイティ（サンフランシスコ州立大学）

マーシャ・ストーン・ウィスケ（Martha Stone Wiske）は，ハーバード大学大学院教育学研究科講師として，指導・学習・職能開発のための新しいテクノロジ統合を分析している。彼女は，ハーバード大学の WIDE World (http://wideworld.gse.harvard.edu) の共同創設者である。100 か国以上の教師・コーチ・学校リーダーにオンラインで職能開発の機会を提供する双方向のコーチプログラムである。その使命は，学校における授業やリーダーシップ，ならびに統合的変革を強化することで学習者のパフォーマンスを向上させることにある。ウィスケ博士は，『理解のための教育：研究と実践をつなぐ（*Teaching for Understanding: Linking Research with Practice*)』(Jossey-Bass 社，1998 年）の編者であり，『理解のための教育のためのテクノロジ（*Teaching for Understanding with Technology*)』(Jossey-Bass 社，2005 年）の筆頭著者である。

ブライアン・J・ベイティ（Brian J. Beatty）は，カリフォルニア州サンフランシスコ州立大学教授工学学科の助教授（教育学）である。彼は，教授システム設計，遠隔教育，e ラーニング開発，プロジェクトマネジメント，テクノロジ統合についての大学院レベルの科目を担当している。彼の研究は，教授学習環境におけるインターネット技術の活用を中心としており，その範囲は初等中等教育の教室，大学，企業研修システムを含んでいる。とりわけ，インターネット技術を応用した仮想・ハイブリッド・完全ネットワーク型の学習コミュニティの創造に興味を持っている。最近の研究としては，ハイブリッドコース設計モデル HyFlex がある。初等中等教育の数学・理科の教師ならびにカリキュラムデザイナとして 10 年間の経験がある。ブライアンは，その他に，企業や軍隊での技術研修の設計・開発にも長年，携わってきた。

第 11 章　理解を促進する　　245

> **本 章 の 概 要**

前提条件（どのようなときにこの理論を用いるか）

内容
- 深い理解を柔軟に応用することを指向する多くの内容領域

学習者
- すべての種類の学習者

学習環境
- オープンな文脈で多くの教示や狭く定義された成果の基準が要求されないときに用いるのがベストである。

インストラクション開発上の制約
- リソース（開発時間と費用）はあまり必要としない。

価値観（何が重要であるかについての見解）

目的について（学習目的）
- 深い理解は重要である。
- 理解はパフォーマンス能力の1つである。

優先事項について（インストラクションを成功させるための基準）
- 魅力と効果が最高位に置かれる。効率はそれほど重要視されない。

手段について（教授方法）
- 新しいテクノロジによって，より生成的で活動的な学習やコミュニティ形成が支援できるが，必須とはみなさない。

権限について（上記3条件についての意思決定）
- 権限は最終的に教師に委ねられるべきであるが，彼らは学習者にある程度の（徐々に度合いを高める）権限移譲をすべきである。

普遍的方法

1. 理解を深めるためのトピックを同定する
   - 学問的な教科・領域・科目内，あるいはそれらをまたがる複数の重要なアイデアと関連しているものであること。
   - 学習者にとって真性で，アクセス可能で，興味深いものとして組み立てられていること。
   - 教師にとって魅惑的で引きつけられるものであること。

- 多元的なエントリーポイントからアプローチ可能なものであること。
- 継続的な探究を生み出し，ほめたたえるように組み立てられていること。
- ネットワーク化されたマルチメディア技術を使うと向上する可能性があること。

2. 理解のゴールを定義して公表する
- 与えられる情報を超えて自分たち独自の理解を構築してそれを柔軟に応用することを学習者に迫るものであること。
- 理解の4側面（知識・知識の構築方法・学習の目的・表現の方法）を含む可能性があること。
- カリキュラム計画の複数のレベルをまたがって首尾一貫した連結をもたらすものであること。
- ネットワーク化されたマルチメディア技術を使うことで，よりアクセス可能性や達成の可能性が高まるものであること。

3. 理解に基づくパフォーマンスを促進する
- 活動的で創造的な学習を必要とするものであること。
- 学習者がすでに知っていることの上に積み上げられるように，実行が徐々に発展するものであること。
- ガイドつきの探究パフォーマンスサイクルの形を取り，教師が説明し・例示し，学習者による調査をガイドし，のちに理想的には真正な聴衆の前で行うプレゼンテーションにつながるような独力による作業につながるものであること。
- ネットワーク化されたマルチメディア技術を応用することで，学習者が自らの理解を発達させて例証する方法をより豊かにする可能性があること。

4. 頻繁な学習進行中の評価によって学習を追いかけ，評価し，向上させる
- 理解のゴールに直接的に関係する明示的で公開ずみの基準に基づくものであること。
- 学習者の作業と教え方の両面について向上させる提案を創造するものであること。
- 正式の評価活動とともに，インフォーマルな活動も含むものであること。
- 教師や外部評価者，そして学習者自身（相互評価・自己評価）により行われるものであること。
- 学習者と一緒に評価のためのルーブリックを用意すること。
- 「フィードバックのはしご」を用いて，アセスメントに参加する4段階についての明示的な提案が与えられること。

- テクノロジを用いてシステム的なレビューと改善が支援される可能性があること。

5. 学習者を内省的で協同的なコミュニティに関与させる
   - 自分の理解について，教師が対話と省察に学習者を関与させるものであること。
   - 多様な見方や互恵関係，そして協同作業に価値を置く学習文化を，教師が培うものであること。
   - 省察と協同を支援するためにテクノロジを用いる可能性があること。

状況依存原理

生成的トピックに関して
   - テーマに基づく教授の文脈では，テーマに関連した生成的トピックを選択すること。
   - 柔軟性に乏しいカリキュラム計画を扱うときには，学習者にとって生成的に思えるように，必須のトピックを徐々にシフトしていくこと。

理解のゴールに関して
   - 文脈のゴールが理解のゴールに合致しないときには，一致する領域から始めること。
   - 基準と行動目標が要求されるときには，理解の側面を支援するように現在のゴール記述を改訂する可能性があること。

理解に基づくパフォーマンスに関して
   - 学習者が理解のための教授原理に不慣れなときには，よりアクセスしやすい理解に基づくパフォーマンスから始めて徐々により複雑なものへと発展させること。

学習進行中の評価に関して
   - 標準と標準テストが達成の主たる指標である場合には，学習進行中の評価の焦点に理解を指向した質問を用いるように試みること。
   - 学習進行中の評価に慣れていない場合には，ゴールに合致したより単純なフィードバックを用いて，作業中のドラフトを分析して改善するという文化が根づいて，それに慣れて大丈夫になるまで待つこと。

内省的で協同的なコミュニティに関して
   - 競争が標準である場合には，協同する条件を整えて，ゴール設定とアセスメント基準の設定プロセスに学習者を関与させること。

テクノロジの活用に関して
- テクノロジが基礎的・限定的である場合には，優先的なゴールに役立つ簡単な技術から始めること。
- テクノロジが利用可能であるが，教師が利用に不慣れな場合には，効果的な実践モデルを示して助けとなるような補助者やゲストを活用すること。
- テクノロジがすぐに利用可能な場合には，目指す理解のゴールを支援する新しいコミュニケーションツールを統合することに焦点化すること。

(編者)

第11章　理解を促進する　249

　この章では，指導における「理解のための教育（teaching for understanding）」ア
プローチと新しいテクノロジを用いたその実施方法について説明する。また，このフ
レームワークをメリルの第一原理（第3章）を含む他のインストラクショナルデザイ
ン（ID）のモデルと比較する。最後に，このアプローチの実施に影響を与える状況
変数を，徐々に実施内容を変化させていくための提言として述べる。

「理解のための教育」への導入

　「理解のための教育」のフレームワークは，授業案やカリキュラムの設計，学習者
を伴った教育実践，そして学習の進捗評価のための効果的な方略を，総合的に扱うも
のである。ハーバード大学大学院の教育学研究科では，多くの内省的な学校教師と
共に6年以上にわたる複数回の共同研究を通して，最初のフレームワークを開発し
た。その目的は，学習者の理解をうまく促進するための教育実践の特徴をあきらか
にすることであった。まず，理解を知的な所有物というよりもむしろ"実践する能
力（performance capability）"として考え，理解というものの定義を明確にすること
から始めた（Perkins, 1998）[1]。ある事柄を理解した学習者は，それに関する知識を
実践的な状況を含んださまざまな事象に柔軟かつ創造的に応用することができる。教
師と研究者は特にこの「理解」を発展させたと考えられるカリキュラムの単元と教育
実践の事例研究を行い，これらの事例と効果的な教育と学習に関する最近の理論との
関連についてのパターンを分析した。実証的な発見と分析的な発見を合わせること
で，教師にとって実践的なガイダンスを提供するためのフレームワークを形成した
（Blythe, 1998; Wiske, 1998）。
　「理解のための教育」の最初のフレームワークは，明示的な基準を伴った4つの要
素からなる。教師はこれらの基準を使って教育活動を設計し，実践し，評価するこ
とができる。4つの要素とは，理解を深めるためのカリキュラムトピック[2]，明確な
理解のゴール，理解に基づくパフォーマンス[3]を進めるための充実した系列，学習
者の学習成果の学習進行中の評価であり，次の節でより詳しく説明する。最近では，
新しい教育技術と組み合わせてこのフレームワークを使う場合には5つ目の要因で
ある，協同的で内省的なコミュニティがつけ加えられている（Wiske, Rennebohm-
Franz, & Breit, 2005）。この5つ目の要因は，もとのフレームワークでも暗示されて
いた特徴でもあり，教師や学習者がネットワーク技術を使えるようになったことで特
に重要で実現可能となった特徴を強調するものとなっている。
　「理解のための教育」フレームワークは，科目や学年，文脈を超えて幅広く適用可

能なものである。このことに教育者は気づいてきた。このフレームワークは，ある特定のカリキュラムを定義するものではなく，価値のあるカリキュラムの単元やゴールを特定して定義するための方法について明確なガイダンスを教師に提供するものである。これは非常に詳細な教育の決まったやり方や技法を規定するものではなく，教師が教育活動の系列を設定し，学習進行中に学習成果の評価を統合するための具体的な原理を提供するものである。言い換えれば，ゆったりしたものであると同時に具体的なフレームワークである。

「理解のための教育」フレームワークは，学習者が知ったことを社会において柔軟かつ創造的に応用することのできるような理解を身につけさせることを目的としている教師へのガイダンスとなる。このような理解を身につけさせることを目的とするということは，行動的な目標という狭い範囲に焦点を当てて目的を設定することとは異なる。また，構造的な多肢選択式のテストに答えるのに求められる事実や公式や手続きを思い出せるようにすることを目的とすることとも異なるし，さまざまな環境において知識を検索し，スムーズに応用できる能力とは関係なく概念的な知識を身につけることを目的とすることとも異なったものである。

2つの相乗的な理由で，「理解のための教育」の改訂版では，もとのフレームワークに新しい教育技術を統合することに焦点を当てている（Wiske et al., 2005）。まず始めに，「理解のための教育」フレームワークは，重要なゴールについての学習者の理解を特に促進する方法で新しいテクノロジの利用をガイドする。学校のカリキュラムや教育学についての現状での多くの分析では，21世紀における仕事や公民権に向けた準備を学習者にさせるために，学校における教育や学習に新しいテクノロジを統合することを主張している。21世紀の特徴は，労働者に求められる活動の種類を変えるような情報コミュニケーション技術の変革があったことである。コンピュータが多くの定型的な処理や機械的作業を引き受けることができるようになり，人間の労働者は「熟達者としての思考」と「複雑なコミュニケーション」を行うことがますます求められている（Levy & Murnane, 2004）。コミュニケーション技術や輸送技術によって世界規模で物や情報，サービスの協同や移動が可能になった21世紀において，責任をもった優良な公民になるためには，学習者は自分とまったく違う他人とも効果的にコミュニケーションをとり，協力できるようにならなければならない。コンピュータやネットワーク技術をうまく使えるようになることは，労働者や市民にとってグローバル情報経済において必要とされる能力の1つである。新しいテクノロジを学校に融合するためのこれらのすべての理由によって，多くの学校においてハードウェアやソフトウェアを購入することになった。しかし，この導入が教育的に新しいテクノロジの効果的な利用につながったとは限らない（Cuban, 2001）。「理解のための教育」

フレームワークは，学習者による重要なゴールの理解を直接的に改善する方法としてテクノロジの選択と利用のガイドとなる。

「理解のための教育」に新しいテクノロジを統合する2つ目の理由は，「理解のための教育」を実現する基準を満たすことにおいて，多くの新しい教育ツールのほうが伝統的な学校の教材よりも明らかに優れていることである。インタラクティブでさまざまなメディアに対応しネットワーク接続されたテクノロジは，カリキュラムをより理解を深めるためのものにし，豊富な学習活動によってゴールを達成可能にし，学習進行中の評価，フィードバック，改善を可能にし，学習者のコミュニティにおける協同や省察を支援する。したがって，この章では体系的に新しいテクノロジと統合された「理解のための教育」の形を詳説する。

▌「理解のための教育」フレームワークの普遍的な構成要素

「理解のための教育」フレームワークは，互いに密に，かつ相補的に関係している5つの要素によって構成される。これらはすべての教育者が教授を設計し，実践する際に答えなければならない基本的な質問に対処するためのものである。

1. 生成的トピック：どのトピックが学ぶ価値があるか？
2. 理解のゴール：そのトピックについて学習者が何を理解できるようになるべきか？
3. 理解に基づくパフォーマンス：学習者はその理解のゴールをどう高め，例示すればよいのか？
4. 学習進行中の評価：学習者と教師はどのようにして学習を追跡し，評価し，改善するか？
5. 内省的で協同的なコミュニティ：学習者と教師はどのように共に学ぶか？

この節では，それぞれの要素をより明確な基準の定義を含めて説明し，新しいテクノロジがどのようにこれらの基準を満たすことに特別な利点を提供するのかについて記述する。

◢ 生成的トピック

理解を深めるためのカリキュラムのトピックを練るとき，教師はいくつかの基準◆4

を同時に満たすように試みるべきである。生成的トピック（generative topic）は，ある学術的な専門性や分野，主題の範囲内もしくは複数のものにまたがった多様で重要なアイデアとつながっている。そのようなトピックは学習者にとって，真正で，利用しやすく，興味深いだけではなく，学習者の経験に関連した方法で組み立てられるべきである。理想的には，教師にとっても魅了的で，説得力のあるものであれば，そのトピックに情熱を注ぐことができる。さらに，生成的トピックとは，ハワード・ガードナー（Gardner, 1991）が「多元的なエントリーポイント」と呼んでいる複数の入口からアプローチできるものである。トピックは，視覚的芸術，音楽，基礎的もしくは哲学的問い，物語，数学，あるいはダンスを通して研究されることもある。多元的なエントリーポイントを提供するトピックを選択することで，学習者の具体的な興味や強みを学びと結びつける手段が得られる。最終的に，生成的トピックは，学習者がそのトピックを徹底的に掘り下げていく中で生じてくる新たな質問によって継続的な探究を生み出し，推奨するような枠組みで示されるべきである。

　新しいテクノロジは，理解をより深めるためのカリキュラムトピックをつくる際に，どのように重要な影響力を発揮するのだろうか？　まず始めに，ネットワーク技術によって教師はインターネットを利用して資料や最新の情報にアクセスすることができる。インターネットは，学習者が授業と「現実世界」において実際に興味が持たれている問題やトピックとの間のつながりを見いだす助けになる。2点目に，マルチメディア技術は，伝統的な技術◆5では編成することが難しかったり，不便だったりすることを，教師や学習者が多元的なエントリーポイントと連携して作業できるようにする。最終的に，新しいテクノロジによって教師が多くの選択肢を持って授業を提供できるようになる。例えば WebQuest は，学習者が探究していく中でいくつかの選択肢を提供し学習者が選ぶことを許している。このように，新しいテクノロジは，学習者の変化に富んだ興味に関連づけ，多様な学習形態を使えるようにすることによって，理解をより深めるカリキュラムトピックをつくることができる。

理解のゴール

　学習者と教師の努力に焦点を当てるために，学習者が生成的トピックを学ぶことで理解できるようになるべきものについて明確なゴールを定義し，公表することが重要である。教育者はゴールを公開し，明確に示すべきである。そのことが，より大きな目的に向かう学習過程にすべての人が没入する支援になる。「理解のための教育」フレームワークは，学習者に「与えられた情報（Bruner, 1990）」の範囲を超え，彼ら自身の理解を構成し，そこで得た知識を柔軟かつ創造的に応用することを必要とする

ゴールを重要視する。学習者の理解は，ある状況の範囲内ですでに知っていることを使って，柔軟かつ適切に行動する能力として考えられる。

多くのカリキュラムガイドが主として特定の内容を学習することに焦点を当てているが，理解のゴールは他の側面も含むべきである。「理解のための教育」プロジェクトでは，4つの側面から専門分野内もしくは専門分野間にわたる理解のゴールを定義する。(1) 知識（重要な理論や概念，「大切なこと」），(2) 1つ，もしくは多くの専門分野において，知識を集め，分析し，実証する方法，(3) 学習の目的の理解（理解の種類ごとの有用性と限界，個人的な学習目的を形成する自律性の開発も含む），(4) 表現形態（知識を効果的に伝達するために聴衆ごとに適した表現や修辞的な慣習を用いること）[6]。理解におけるこれら4つの側面について，教師は自分が取り組むように求められているカリキュラムの必須事項と標準について見直すべきである。彼らは複数の側面から理解を深めるトピックに焦点を当てた理解のゴールを形成することで，授業項目どうしを組み合わせ，関連づけることができるかもしれない。それによって，学習者にとって意味のあるやり方で，定められたカリキュラムの多くの部分を達成することができると考えられる。

理解のゴール設定の最後の基準[7]は，カリキュラム計画のレベルの間を首尾一貫してつなぐことである。例えば，カリキュラム内の一つひとつの単元における特定のゴールを，1学期もしくは1年間のより包括的なゴールに対して，「一直線に」はっきりと関連させる，ということである。似たような話として，ある授業や活動における理解のゴールがその単元全体のゴールとはっきりとつながっている，ということである。もちろん，学習者は教材を暗記したり，機械的なスキルを練習をしたり，トピックに関する情報を単に受け入れることも必要になる。しかし，これらの低レベルのタスクは，いつも，より高いレベルの理解のゴールを追求する中で実行されるべきである。理解のゴールが公式に述べられていれば，学習者と教師双方が，それらの個々の課題や活動に取り組む理由を理解のゴールと関係づけることができる。

どのようにして，新しいテクノロジによって理解のゴールをより身近に達成しやすくすることができるだろうか？　ハイパーリンクで表現された授業教材は，リマインダや支援する情報をリンクでつなげることができるので，学習者が目標を明確で明示的なものとする助けになる。コンピュータソフトウェアによって，難解で密接に関係のある概念を動的でインタラクティブなシミュレーションによって学習者が理解することができる。このようなシミュレーションは自然界では実際には観察できず，静的なメディアでは簡単に表現できない重要な概念のふるまいを示すことができる。例えば，概念的に強化されたシミュレーション（Snir, Smith, & Grosslight, 1995）は，熱と温度，重量と密度がどのように関連しているかを示し，運動に影響を与える摩擦の

役割を説明するために役立つ。このようなテクノロジの利用は，学習者が概念的に難しい理解のゴールの意味を把握するのに役立つ。

　新しいテクノロジは，数学の関数のような相互に関連のあるものをさまざまな表現[8]で示すこともできる。数式とグラフの両方で関数の表現ができるグラフ計算機は，学習者がこの2つの数学的な表現を関係づけることや，それぞれの表現を用いるともっと効果的に示せる問題の種類は何かを理解する助けになる。もちろん，このようなテクノロジは，理解を促進するのではなく，理解をうやむやにし，弱体化させることにつながる可能性もある。ゴールを明確にして公にすること，そしてそれを学習者がいつでも見えるようにし続けることは，新たな教育技術を使って重要な教育的影響力を得る方法である。

■ 理解に基づくパフォーマンス

　理解というものを実行する能力として定義することで，「理解のための教育」は学習の本質的な側面として知識の活動的な適用に注目している。実際のところ，フレームワークは「理解に基づくパフォーマンス」を学習者がゴールを理解し，その結果を示す主要な方法とする。理解に基づくパフォーマンスは，教えられた定型作業を練習することや教えられたことを思い出すこと以上のことである。理解の実行は，主体的な学習（アクティブラーニング）や創造的な思考を必要とし，その中で対象となるトピックやゴールの知識を構築して応用できるように学習者が考えを拡大していくことを要求する。

　「理解のための教育」フレームワークは，どのように理解が深まっていくかを教師が周到に計画することを推奨する[9]。これは，学習者がより複雑で洗練された理解を徐々に開発するために，まずその基礎となるものを構築することを助けることを意味する。理解に基づくパフォーマンスを効果的な系列で積み重ねることによって，学習者は豊富な範囲の教材や多元的なエントリーポイント，あるいは「多重知能」(Gardner, 1999) を使って学習したり理解を表現したりすることができる。まず，理解に基づくパフォーマンスの入門では，「戯れること（messing about）」(Hawkins, 1965) によって，学習者は既有の知識や経験とこれから学ぶトピックを関連づけ，彼らが学びたいと思っている内容についての質問をつくれるようになる。これらの情報に基づいて，教師は学習者がすでに知っていたり，関心を持っている内容に関連づけて新しい知識を示すことができる。

　2番目として，教師は「ガイドされた探究」の実行サイクルを構築する。教師はゴールと照らし合わせながら，概念を説明し，学習方法を例示し，効果的な学習方略や事

例などのモデルを示す。実行のこの段階では，教師がすることは，学習者が調査を実施する中でのガイダンスや注意を向けさせることをするとともに，得られた理解を示すための成果物の雛形をつくってあげることである。実行の次の段階で教師がすることは，学習者が彼らの理解を表現して，それを高めていくための調査を実施し，成果物のドラフトを準備していくかたわらで，ガイダンスを与え，学習者の注意を焦点化することである。最後に，「実行の最終段階」では，学習者がより自立的に作業をする機会を与える必要がある。それまでに身につけた知識や技能を統合し，成果物をつくり，それを洗練することを通して，彼らの理解を応用できるような機会が与えられなければならない。

　これらの一連の実行を通して学習者が進歩するにつれて，学習者は自身の理解を適用する中で，より自主的，自律的に実践できる方法を学んでいくため，教師は提供してきたコーチングの量を減らす。実行の最終段階をより理解を深めるものにする方法の１つとして，学習者に真正な聴衆に対して彼らの知識を披露させることができるとよい。そうすることで，学習者は実際の世界の問題と関連づけて彼らの考えを説明し，意味のある質問に回答し，他人に対して彼らの理解を明確にする機会を得ることができる。

　新しいテクノロジは学習者が理解を発展させ，それを示すためのさまざまな方法を提供する。もし，理解に基づくパフォーマンスをさまざまなメディアやフォーマットを用いたタスクや資源として示すことができるのであれば，さまざまな長所や興味を持つ学習者たちが取り組みやすく，より多くを学ぶことができるようになるだろう（Rose & Meyer, 2002）。マルチメディア技術によって，学習者は多重知能，つまり，自身の理解を構造化し表現する中で，数学的記号化の知能，運動感覚的知能，言語的知能，映像的知能，聴覚的知能，対人的知能，内省的知能などを使えるようになる。インターネットを含んだ新しい技術によって，学習者は作品を作成したり，統合することができるようになった。映像や音楽，アニメーションその他の，かつては洗練された専門的なツールや技術が必要であったさまざまなメディアを組み合わせ，遠隔地の聴衆に向けてさえ表現することができる。WebQuestやその他の探究的構造化による教育的なソフトウェアパッケージは，学習者が違った道筋をたどったり，違う役割を演じた後でそれぞれの知見を比較しながら協同できるように，学習者たちがチームで探究する方法を提供する（Brown & Campione, 1990）。「理解のための教育」フレームワークは焦点を絞ったガイダンスを教師や学習者に提供する。それは，このような非常に魅力的な道具を使う場合にも，到達ゴールとする理解を生み出すことが活動の中心となるためである。

学習進行中の評価

「理解のための教育」プロジェクトで示された4つ目の要素は，学習進行中の評価（ongoing assessment）である。「理解のための教育」プロジェクトによって調査された成功した教授でも，他の効果的な教授に関するさまざまな理論と同様に，理解のゴールに直接関係する明確で公の基準に基づいた学習者の行動をしばしば評価することの価値を強調している。評価は頻繁に実施すること，そして，それを通じて改善のための提案をすることでその価値が最も高まる。実行が完了する最後の過程にだけ行っても価値はない。改善案は，学習成果だけでなく，教授[10] についてであってもよい。「理解のための教育」フレームワークは，フォーマルな評価活動（ルーブリックによる構造的な分析など）と同じくらい，教師がインフォーマルな評価（例えば，学習者の議論のインフォーマルな観察，レポートの簡単なレビューなど）を学習過程に埋め込むことを勧めている。

さまざまな資料を使って評価することは，理解を促進する。学習者は，教師よりも専門家やコーチ，政策立案者のような真正な聴衆，あるいは他の学習者などの他者から批判やフィードバックを聞いたほうが有用であることも多い。評価基準は公開されるべきである。そうすることによって学習者は自分自身や他の学習者の仕事に対して効果的な評価を行うことができる。評価ルーブリックの開発や利用に学習者も加えることによって，質の高い成果の基準を理解でき，基準を満たすための代替案も考えることができる。

自分自身の仕事[11] に対する評価における責任と権限を背負うことに慣れていない学習者は，効果的なフィードバックを提供するための方略に関する特有のコーチングから利益を得ることができる。ハーバード大学のプロジェクト Zero の研究者は，「フィードバックのはしご（ladder of feedback）」（Perkins, 2003）と呼んでいる特別な実施方法を推奨している。これは，評価に参加する4つのフェーズを明確に示したものである。これらのフェーズは，明らかにしたいことを尋ねる，強みを評価する，課題を確認する，改善のための提案を提供する，の4つである。この方法は，基準やルーブリックなどの公表されたものと関連づけて，威嚇的ではなく建設的なフィードバックを提供する手順を構造化するものである。

レビューや改善を支援することにおいて新しいテクノロジが持つ可能性は明らかである。学習成果をデジタル化して集めることで，改善の過程は劇的に簡単になる。学習者は学習成果を蓄積でき，彼らの作品の強い部分を残したまま，弱い部分だけを変えることができるようになるからである。下書きや修正にワープロを使うことで，消しゴムで消せない太い赤鉛筆を使って書いている小学校1年生と比べて，評価や改善

もとても簡単になった。ネットワーク技術によって，学習者はさまざまな人たちと学習成果を共有でき，教室外の真正な批評家に意見を求めたりすることができるかもしれない。

内省的で協同的なコミュニティ

　新しいテクノロジとともに「理解のための教育」フレームワークを使った人の中には，もとのフレームワークでは明確な名前がつけられていないが，暗示されていた5つ目の要因があることを認識した人がいた。学習者を内省的で協同的なコミュニティ（reflective, collaborative communities）に引き込む要素である[12]。ネットワーク技術が省察や協同の支援を提供する特別な機会を増やしていることに伴って，学習のための社会的相互作用の重要性がますます強く認識されることで，フレームワークにこの要因が加わることになった（Wiske et al., 2005）。

　教師は，共有されたゴールや共通言語を用いて学習者に彼ら自身の理解について対話させ，省察させるべきである。学習者は学んでいるものに対する異なる視点や考え方の違いからの学びによって恩恵を受けることができる。相互評価は，学習者に取り組んでいる問題やプロジェクトに対する他者のさまざまな反応を調べるために共有している評価基準を使う機会を与えるという点でも価値がある。学習者は，さまざまな事例が成果の質の高さに関する基準とどのように関係しているのかを分析し，議論することによって学ぶ。このような意見交換が学びの支援になるのは，個々の成功と同じくらい協同による成果の達成に価値を置くコミュニティのメンバー間において行われるときであり，尊敬や互恵関係，協同の雰囲気があるときである。

　「理解のための教育」のこの要因において，新しい教育技術を使うことの利点は明白である。学習者がデジタル技術を使って成果を生み出すことによって，各自が分担した成果を容易に協同の成果に結びつけることができる。ネットワーク技術によって，時間的，距離的に離れている協力者とも容易に成果の交換，統合，改善を行うことができる。電子メールや電子会議ソフトウェアなどのネットワークコミュニケーションによって成立する協同は，典型的に書き言葉やその他の具体的な人工物によって実践される。考えを具体的な人工物という形として残す過程は，口頭や非言語的なコミュニケーションにおいては必要とされない分析や省察を促進する。そこで形が残された物には評価や注釈をすることができるようになる。だから，オンラインによる協同は，省察を促進することにおいて特に効果的なのである。

258 第3部 インストラクションの異なる成果についての理論

「理解のための教育」とその他の教育フレームワーク

「理解のための教育」フレームワークは，効果的な教育に関する経験的や理論的な研究から知見の要旨を抽出したものである。それゆえ，このフレームワークの要素とIDのメリルの第一原理（第3章；Merrill, 2002）のような他のモデルや統合理論と関連づけることは容易である。

生成的トピック

生成的トピックの要素は，メリルの原理のいくつかと関連している。生成的トピックとは，学習者がある一連の理解を身につけ応用できるような探究において継続的で有意義な視点を提供する問題やプロジェクトと表現することができる。この点において，生成的トピックの要素は，プロジェクト学習と同様のものとみなすことができ，その結果として生じる学習経験はメリルの1つ目の原理「課題中心の教授」（第3章）を実践するものであろう。また，生成的トピックは学習者の興味と経験に関連する。したがって，この要素はメリルの2つ目の原理「学習者の既有知識の活性化」と対応する。この基準は，全米研究評議会（National Research Council, 1999）によって特徴づけられた，効果的な学習環境における「学習者中心」の特徴も思い起こさせるものである。

生成的トピックの他の基準に従うと，必ずトピックやプロジェクトは1つ以上の学問分野の重要なアイデアに直接関連するものとなる。生成的トピックを効果的に追及すると，学習者が新しい知識とスキルを実際の生活に応用する機会を生み出すことにもなる。このことにより，おそらく，メリルの原理4「応用」，および，原理5「統合」もまた実施される可能性が高い。

理解のゴール

「理解のための教育」フレームワークの基準によれば，理解のゴールのレベルは，授業目標から単元目標，1学期または1年間の包括的な目標と首尾一貫して通じるものである。この一貫した発展は，メリルが原理1「課題中心学習」として結論づけたことに対応する。それは，学習者が進展していく問題をお互いに明示的に比較して解決していくとき，学習は推進されるということである。理解のゴールを多様な面から見ることで，学習者には複数の観点から問題を解決し，課題を勉強する機会が提供さ

知識	手法	目的	形式
A. 変換された直観的信念	A. 健康的な懐疑感	A. 知識の目的の認知	A. 実行ジャンルの熟達
B. 統一的で豊かな概念の網	B. ある領域・教科の知識構築方法	B. 知識の利用	B. シンボルシステムの効果的な利用
		C. オーナーシップと自律性	C. 聴衆と文脈に対する考慮

図 11.1　理解の次元とそれぞれの特徴（Boix-Mansilla & Gardner, 1998, p. 198）

れる。これは，メリルの原理4「応用」に対応するものである。

　「理解のための教育」フレームワークのこの要素は，明らかに全米教育評議会の学習のための効果的なデザインの特徴の1要素である「知識中心」に関連している。しかしながら，「理解のための教育」フレームワークでは，さまざまな面から理解を論じており，それは単なる課題の内容以上のものを包み，「知識」の概念を拡大するものである。図11.1で示されているように，理解には，知識（概念と信念），手法（知識の構築や確認のための態度と手順），目的（知識の利用と限界の認知），形式（聴衆に対する考慮と連結した分野とシンボルのシステムの熟達）の次元が含まれる。

◤ 理解に基づくパフォーマンス

　「理解のための教育」フレームワークに従って「理解に基づくパフォーマンス」を効果的に実施することは，メリルの原理2から原理5で説明されているメリルの各指導段階に対応する。すなわち，「学習の既有知識の活性化」は初期の「戯れること」という実践活動に，「例示と応用」は，ガイドされた探究活動に，そして，「統合」は最終的な実践活動を行うことといえる。「理解に基づくパフォーマンス」の基準としてまとめられている能動的な学習の体系的発展は，他のいくつかの学習理論を連想させるものでもある。ブラウンら（Brown, Collins, & Duguid, 1989）による「状況的認知」理論は，知識を有意義な作業において適用することで学習者の理解が発展することの重要性を強調している。彼らの認知的徒弟制の考え方は，まず，模範となる人の実践活動を観察して学習し，次に指導を受けながら同様の実践活動を試み，そして支援を減らしながら専門知識を徐々に開発し，学習者がより独立して実行できるようになるという学習段階を提唱している。

　「理解のための教育」フレームワークに関してよく誤解される点は，教師からの直接的な指導がまったくなしで，学習者を「発見学習」のために自由に行動させるというものである。もちろん，学習者は核となる内容と基本スキルを学習する必要があり，

260 第3部　インストラクションの異なる成果についての理論

そのためには直接的な指導方法[13]が適切で有益な場合もある。「理解のための教育」フレームワークでは，基本となる学習内容を教える際には，それらを生成的トピックを学習する過程や，さらに高い目標に向けた学習者の理解の深める過程の一部として扱うことを推奨している。例えば，学習者はプレゼンテーションのために文章を書くことを通じて，適切な文法やスペル，あるいは新しい語彙を学ぶことができる。興味深く有意義な作業をしている過程で基礎を学べば，学習者はこれらの基礎的な授業を記憶し，感謝する可能性が高くなる。

学習進行中の評価

「理解のための教育」フレームワークにおける学習進行中の評価は，総合評価を推奨する効果的な学習や教育に関する数多くの他の理論と一致している。全米研究評議会（The National Research Council, 1999）のフレームワークは，学習のための「評価中心」のデザインを推奨している。その基準は，公開されており，頻繁に評価してフィードバックをし，学習者自身にも評価をさせるものであり，「理解のための教育」フレームワークと密接に関連している。フィードバックは，学習者を指導する際の最も重要な構成要素として広く認められている（Andre, 1997; Gagné, 1985）。学習者の作業に対する記録と批評の責任を徐々に学習者に移行していく点は，学習者としての自立性と自信を持たせることの重要性を強調する数多くの理論と一致する[14](Collins, Brown, & Holum, 1991; Palincsar & Brown, 1984; Scardamalia & Bereiter, 1985)。

「理解のための教育」における学習進行中の評価の要素は，メリルの原理のいくつかと密接に関連するものである。学習者が自分の行ったことに対するフィードバックを受け取る機会を頻繁かつ多様に提供することは，メリルの原理4「応用」の効果的な実施の一部となりえる。学習進行中の評価によって，さまざまな状況下で学習者の理解を深め，応用することを助けるための指導を最適化するための情報を教師は得られる。この過程は理解の発展に貢献し，そこで得られる理解は伝統的な授業で得られるものよりも有用であり，メリルの原理5「統合」を実践するものになりえる。「理解のための教育」フレームワークが多様な情報源からの評価の価値を強調するのは，統合段階において，学習者が自分の知識についてよく考え，他者と話し合い，防御する機会を持てるようにしたほうがいいとメリルが推奨していることと一致する。

内省的で協同的なコミュニティ

内省的で協同的なコミュニティの要素は，会話や交流，モデル化，あるいは実践に

関連する原理を検討することの価値を強調する数多くの理論と一致する。デューイ（Dewey, 1916/1966）とヴィゴツキー（Vygotsky, 1978）は，学習を成立させることにおける言語を含むツールの重要性に注目した。彼らの理論を発展させて，社会構築主義者たちは，個人の中での理解形成を高める足場かけ（scaffolding）を提供するものとして，コーチと仲間の双方の価値に着目した（Burton& Brown, 1979; Collins et al., 1987）。認知的徒弟制の教授モデル（Collings et al., 1991）は，学習者にチームでプロジェクトに取り組ませ，望ましい実践活動の手本を見せ，コーチする指導者をつけた。レイヴとウェンガー（Lave &Wenger, 1990）は，共通のゴールを共有し，行う作業を共同で定義し，発展させていくとき，人々は相互から，あるいはともに，効果的な学習を実現できると指摘している。この見解は，公式の教育環境というよりは自然な環境における学習を観察した上でもたらされたものである。省察（Schön, 1983; Eraut, 1994）は，実行者が原理と関連させて実践を分析するものであり，一般に専門職の学習において重要であるとしてもてはやされている。しかし，学習目標を知識を用いて実行する能力として定義するならば，すべての学習者にとって有益であると考えられる。

　「理解のための教育」フレームワークの方針に沿って発展した学習コミュニティは，メリルの第一原理のいくつかを実現するのに役立つかもしれない。学習コミュニティは，コミュニティメンバーが学ぶ内容に関するアイデア，質問，感情を共有するので，学習者の興味と経験を活性化する場（原理2「活性化」）になるかもしれない。省察と協同は，コミュニティのメンバーがお互いに新しい知識を例示（原理3「例示」）し，学習中の内容を応用して内省する（原理4「応用」）機会を提供することで学習過程を促進するかもしれない。そして，学習コミュニティがメンバーに対して理解に対する新しい表現方法の創出に学習進行中の支援を提供し，メンバーが表すこれらの表現や理解に関して省察するときに，コミュニティはメリルの原理5「統合」を構成する複数の要素を実践している。

◥ 本節のまとめ

　「理解のための教育」の原理とメリルの第一原理との関係を，図11.2にまとめている。関連する原理の関係は十分ありえる（関係が存在しそう）か，可能である（状況によっては存在する），間接的である（間接的に関係している）と分類されている。

262 第3部 インストラクションの異なる成果についての理論

「理解のための教育」の要素	メリルの第一原理				
	1. 問題中心	2. 活性化	3. 例示	4. 応用	5. 統合
生成的トピック	可能である	可能である		間接的である	間接的である
理解のゴール	十分ありえる			可能である	
理解に基づいた実行		十分ありえる	十分ありえる	十分ありえる	十分ありえる
学習進行中の評価				十分ありえる	可能である
内省的で協同的なコミュニティ		可能である	可能である	可能である	可能である

図11.2 「理解のための教育」の要素とメリルの第一原理との関係

「理解のための教育」のための状況依存原理

　どんな教授理論でも同じように，教師が新しいテクノロジをどのように「理解のための教育」に効果的に適用するかは状況的な要因によって影響を受ける。おそらく，状況による最も重要な影響要因は，知識，信念，技能，態度を含めた，教師と学習者自身である。文脈的な要因も重要である。例えば，キーアクター（管理者，教える仲間，学習者仲間，そして学習者の家族），政策，資源，組織構造，教育環境やコミュニティの文化的な特徴などである。これらの要因は教師がどのように「理解のための教育」フレームワークのそれぞれの要素を解釈し，適用するか，どのようにそれらの要素を一貫性を持って関連づけるか，あるいはどのように新しいテクノロジと統合するかに影響を与える。

　この後の節で，実際の（そして複雑な）教育環境において「理解のための教育」フレームワークの要素を適用することに影響を与える重要な状況性に注目する。

▶ 生成的トピック

　学校によっては，教師がトピックやテーマを中心にカリキュラムを組織化することを推奨したり，それを求めているところもある。もしくは，問題に取り組んだり，有意義なプロジェクトを実施することを通して学習することを勧める学校もある。このような状況では，教師が自分の熱意と学習者の興味に関連する方法でトピックに取り組むための柔軟性とリソースを持つ限り，教師は生成的トピックについてのカリキュ

ラムを構造化すべきである。

　しかし，他の多くの学校では，教師と学習者は，有意義なプロジェクトや問題に基づいて組織化されていない特定の教科書やプログラム化された一連の教材を通して学習することが期待される。このような状況下では，教師は生成的トピックに基づいてカリキュラムを組織化するように徐々に変えていくことを余儀なくされる場合もある。例えば，教師は，本章でここまでに述べられたすべての原理をすぐに実行するのではなく，教師自身の興味や学習者の経験に関係した芸術作品や詩，音楽，あるいは問題を使って学ぶべきトピックを導入する方法だけを設計するのがよいかもしれない。教師は，必要とされる内容を単に「カバーする」のではなく，そのトピックについて興味をそそる質問をつくることで，学習者が継続的な探究活動に招待されたように感じさせるのがよいこともある。徐々に生成的トピックのいくつかの基準を段階的に取り入れることで，必要とされるカリキュラムから遠く離れてそれてしまうことなしに，学習者にとってより意味のある学びをつくることができる。学習者が理解を深める方法で教えられることで対象とするトピックを理解する経験を重ねるにつれて，教師は生成的トピックの基準をより多く満たすようなカリキュラムを形成することがだんだんできるようになるだろう。

　「理解のための教育」フレームワークが一般的に意味していることの１つは，規範や教材，あるいは要求事項に注意しながら，どのように学習者が関わるトピックを調整し，学習経験を設計するかを教師が判断すべきである，ということである。教師は，自分の受け持つ学習者の興味や経験に関する知識に基づいて，特定の学習者にとっての理解をより豊富にするような生成的トピックを形成し，扱うように修正することもできる。

▼ 理解のゴール

　教師や学習者，内容からの教育ゴールについての観点と「理解のための教育」のゴールをどの程度一致させることができるかによって，教師が理解のゴールというこのフレームワークの一要素を解釈し適用するための最も効果的な方法が決まる。最初は，理解のゴールには必要とされるカリキュラムの内容，教師自身の熟達と判断，「理解のための教育」フレームワークの推奨との間で合意する範囲が何であるかが反映される。例えば，教師が厳格に規定されたカリキュラムの基準に対応し，この基準にひもづいた標準化された評価に向けて学習者に準備をさせる必要があるときには，理解のゴールの基準を満たす項目を特定することが難しくなる。言い回しを少し変えることで低いレベルのゴールを，より活動的な学習，より高度な思考，あるいはより意義の

264 第3部 インストラクションの異なる成果についての理論

ある応用に取り組ませるようなものに変えていけることもある。例えば，「学習者は
ある科学的な手法の順番を学ぶ」といった低いレベルのゴールでは，学習者は科学的
な研究モデルの諸段階で何かを記憶することのみが求められていることが示唆されて
いる。それに対して，「学習者が科学的な調査における体系的な手法を適用する方法
を理解する」といった理解のゴールでは，低いレベルのゴールだけでなく，より野心
的で意義のある，活動的な学習のねらいを組み込むことになる。理解の次元を意識す
ることを通じて，教師は生成的トピックにおける多元的なカリキュラムのゴールを達
成するために，内容，方法，目的，そして形式を扱う標準を統合する方法がわかるか
もしれない。

理解に基づくパフォーマンス

「理解のための教育」フレームワークでは，学習者は彼らの知っていることを使っ
て考えることを要求する実行を通して，理解を深め，それを示させることを強調して
いる。したがって，このフレームワークは学習者に理解に基づくパフォーマンスを通
して活動的な学習をさせることを提唱している。しかしながら，これらの教育学的な
価値観と取り組みは，多くの学校で学習者が行っている作業と矛盾する。グッドラッ
ド（Goodlad, 1984）がまとめた学校での学習活動の特徴は，教師が「教壇からの授
業（frontal teaching）」を行い，学習者は聞くことと言われたことを学んだことを示
すだけの時間が圧倒的に長いことである。

教師と学習者が「理解のための教育」の原理に基づく取り組みに慣れていなかった
り，あるいは文脈がその助けにならない状況では，教師は単純な理解に基づくパフォー
マンスから始め，学習者がこの取り組みに慣れてから，より複雑な実行を取り入れて
いくのがよい。より単純な取り組みが必要な場合には，授業を中断して正しい答えが
1つではない質問をすることだけで，学習者が理解を発展させ，それを示せるような
実行をし始めるようになるかもしれない。評価と改善を繰り返すオープンエンドな質
問をすることに学習者と教師が慣れてくるにつれて，より複雑で挑戦的な実践活動を
行う準備が整うことになる。学習者の理解をそのように徐々に改善，統合していくこ
とによって，真正な聴衆に対して知識を披露することを含んだ，より野心的な目標を
持った最終段階の実践活動につながるだろう。教師は，学習者がより公なプレゼンテー
ションを試みる前に，クラスの他のメンバーと共に効果的に彼らの作業を共有するこ
とを助けることもできる。内容が聴衆にとって興味があるもので学習者が共有すべき
意味のある新しい理解を生み出すことができたとき，公のパフォーマンスは特によく
機能する。

🔖 学習進行中の評価

　いくつかの理由により，「理解のための教育」アプローチの学習進行中の評価の要素は成立させるのが最も難しいかもしれない。この要因を実行するには，フレームワークの他の要因がうまく作用している必要がある。ゴールと関連した明確で周知の基準によって評価を実行するためには，教師ははっきりと理解のゴールを定義し，学習者と共有しなければならない。学習者が評価するための作業を行うためには，学習者は何らかの作品づくりや実行ができるような一連の活動をしなければならない。最後に，有用なフィードバックを生成する頻繁な評価を学習者が行うための基準を満たすためには，教師が洗練された作品だけをほめるのではなく，学習者が「最初の案」を共有することを奨励するような雰囲気をつくることが必要となる。

　アメリカにおける現在の教育風潮として，影響力が強い割に偶然性が支配する（high-stakes）標準テストの結果責任を学校や教師，そして学習者に持たせることに焦点が当てられている。多くの場合に，これらのテストは主として多肢選択か短答式の問題で構成される。事実を思い出したり，定義された問題を回答したりする能力を測るためのものであり，柔軟な理解は必要とされない。標準テストの点数によって教育の達成度を測る文脈では，代替的な観点を考えたり，困難でやりがいのある問題に思案したり，より複雑で洗練された理解を開発するためにドラフトを何回も改善したりすることに時間を費やすよりも，早く正しい回答を生み出すことのほうが，より価値の高いものとされることが多い。

　彼らは「必須テストの中でどの項目が理解のための教育に価値のあるものですか？」と尋ねるかもしれない。例えば，たいていの標準テストには，学習者が複雑な問題を解くことや，展開された文章を理解すること，あるいは筋の通った明瞭な散文を1段落かそれ以上創作することを必要とする問いが含まれている。教師は，学習進行中の評価の原理をそのような項目に適用するかもしれない。例えば，これらの項目に対する効果的な反応の基準を学習者と定義して，それに基づいて回答案をつくり，学習者の作業のレビューをし，改善するサイクルの基礎とするなどである。

　「理解のための教育」フレームワークの他の要因と同様に，教師や学習者が学習進行中に行う評価に慣れていないときには，徐々に移行していくことが適切である。例えば，学習者が最終作品を完成させなければならない期限よりもはるか前に評価基準をしっかり公表しておくことなどから始めて，教師は徐々に学習進行中の評価の観点を徐々に織り込み始めることもできる。学習者の準備ができたときには，学習者に基準と関係づけてドラフトを分析する機会を与え，その改善のための助言をすることなどによって学習進行中の評価の取り組みを強化することができる。学習進行中の評価

を行うにあたって根本的に新しい評価の取り組みが必要な場合には，評価の一部は，学習者に例えばすでに言及した「フィードバックのはしご」アプローチのような相互評価や自己評価を行うための明確な行動や語彙を教えることになる。学習者と教師が相互評価や自己評価をすることに精通している場合には，彼ら自身やクラスメイトのパフォーマンス評価への参加スキルが高まり，さらに教育的な価値があることに気づくようになる。

■ 内省的で協同的なコミュニティ

　学習者のコミュニティでの省察や協同の規範をはぐくむことも，状況性に依存するものである。以前に言及したように，教師は学習者との規範を設立し，自身の行動を通してコミュニティ実践（尊敬や互恵関係，そして多様な視点や共同の努力のための配慮）の重要性を形にして表現する必要がある。もし，学習者が高い成績や限りある資源のために競争することに慣れていたら，教師は違う価値観や方略が成功や満足感につながるような状況を定義し，それをつくる必要がある。学習過程の目に見えやすい部分に協同を位置づけて，実践の評価と成績で有効なチームワークを褒賞することは，学習者にとって他者と協同作業することに対する動機づけになるかもしれない。
　学習者は特定の基準と関連づけて作業を分析し，省察することも必要とするかもしれない。学習者を基準の定義づけの過程に巻き込むことによって，学習者は作品やパフォーマンスを分析する基準の意味や，基準を使う過程を理解できる。学習者が協同的な学習コミュニティを経験し，参加する動機づけを高めてしまえば，学習環境のコミュニティの観点を明示的に教える必要はなくなる。むしろ，省察的で協同的なコミュニティは，教師と学習者，あるいは他のコミュニティのメンバーとの日々の継続的なインタラクションを通して実現する。

■ テクノロジ

　状況的な要因は，教師が新しいテクノロジを実践に導入できる方法にも影響を与える。安定したテクノロジを使えるということだけが重要な検討事項ではない。教師と学習者の技術的な専門知識もまた重要であり，重要な学習ゴールと関連させてこの専門知識を有効に利用する能力も重要である。例えば，教師はワープロソフトの堪能なユーザかもしれない。しかし，ワープロを学習者の作文を改善するために使う有効な方法を彼らに教えるための明確な計画を持っているとは限らない。学習者が限られた数のコンピュータしか使えない状況では，教師は学習者が交替で，もしくはグループ

第 11 章　理解を促進する　267

で作業するための有効な方略を身につけることを助ける必要がある。インターネット
とつながったコンピュータなどの複雑なテクノロジを統合したい教師は，おそらく教
師仲間や両親，あるいは技術的なアシスタントとともに作業することで，信頼できる
技術支援の体制を構築する必要もある。

　テクノロジや技術的な専門知識，教育にテクノロジを統合する方略，あるいは技術
的な支援が基本的なものに限定されているような状況では，教師は彼らの資源を圧迫
しない比較的に単純な革新から始めるべきである。テクノロジを使う単純なアプロー
チとしては，静的なプレゼンテーションをつくったり，電子メールでクラスの外との
コミュニケーションを行うなど，学習者と教師が基本的なソフトウェアを使うことも
考えられるだろう。学校外の生活で慣れないテクノロジにまごつきながら習得してい
くことに平気な学習者は，規律のある生産的なクラスの雰囲気を維持する責任がある
と感じている教師に比べて，試行錯誤を通して成功することに積極的な場合が多い。
教師が新しいテクノロジを使うことに慣れていないがテクノロジは利用可能である場
合には，新しいツールを使うことになったときに教室に支援者（両親や年上の学習者，
あるいは学校やコミュニティからの技術支援者）を招待することも有効な方略である。
　一方で，教師と学習者が学校内外で先進的なテクノロジを日々使っているような文
脈では，テクノロジの利用はかなり異なる。教室でのプレゼンテーションには，ビデ
オや音声，グラフィックやアニメーションなどの複数のメディアを使うだろう。コミュ
ニケーションツールとしては，電子メールやチャット，オンライン協同ツールを伴っ
た仮想教室環境などが含まれるかもしれない。そのようなクラスの学習者は，他のク
ラスにとって優れた支援者になるだろう。このような状況では，統合されたテクノロ
ジは日々の教育と学習の過程に埋め込まれることになる。すなわち，公的な学校での
時間を超えて，未来の生涯学習のための備えになるだろう。

▌「理解のための教育」と新しいテクノロジとの統合

　「理解のための教育」と新しいテクノロジを統合して教室に導入することは挑戦的
な変革であり，小さなステップのサイクルを繰り返し行うことが最も効果的である。
新しいハードウェアやソフトウェアとともに，なじみのない教育方略を試すことより
も，新しい要因を1つずつ，徐々に導入するように助言したい。学習者の能力に関
する教師の信念と教師自身の専門知識は，彼らが新しい方略に挑戦していく過程で
徐々に変化する。学習者が教師の想像以上に，独立して，責任をもって，有効に作業
できることを発見することも多い（Sandoltz, Ringstaff, & Dwyer, 1997; Wiske et al.,

2005)。

　新しい教育やテクノロジの導入を試みるときには，教師は自分自身の学習過程に「理解のための教育」の原理を適応することができるかもしれない。これらの過程について理解を深めるものにするためには，教師はこの枠組みを彼ら自身の経験や情熱，あるいは主要な問題にどのように関連づけるか考えることができるだろう。教師は特に見込みや価値があるように思える「理解のための教育」のいくつかの要素を同定し，個人のための理解のゴールを定義するとよい。例えば，生成的トピックに注目しながら学習進行中の評価を統合しようとすることが，最初のうちはとても複雑であると思う教師もいるだろう。それに挑戦する代わりに，最初のゴールとしては，理解に基づくパフォーマンスをもっと自分の授業に統合する方法を学ぶことや，いくつかの理解のゴールを明確に提示する方法を学ぶことにするかもしれない。もしくは，テクノロジを利用することで，学習者が難しいカリキュラムの優先事項について熟達を高める確実な方法を理解したいと思うかもしれない。

　その教師にとって自分自身の理解のゴールが心の中ではっきりすれば，理解を発展させるための一連の行動を設計できる。それはすなわち，学習者と作業することを通して教師自身の理解を応用し，発展させる方法である。例えば，新しいテクノロジを統合する単元を始める前に，そのことが自分自身の理解のゴールであることを学習者に報告するかもしれない。単純な学習進行中の評価の活動としては，教師自身が理解のゴールと関連づけてこの経験を振り返ることが考えられる。この内省の方法は，「理解のための教育」の関連性のある要素の基準を参考にして定められる。このようなインフォーマルな評価を行うことで，次回のアプローチを改善するためのアイデアが生み出されるかもしれない。このフレームワークを探索するために協同することに興味をもっている教師仲間を1人，もしくは数人見つけることは，挑戦と満足感を共有するための優れた方法である。この方法で仲間と協同で作業することは，新しいテクノロジで「理解のための教育」について学ぶことを支援する協同的で内省的なコミュニティを発展させるという方略である。

　この取り組みを探求することに興味のある教師は，「新しいテクノロジを用いた教育（Education with New Technologies）」と呼ばれるウェブサイト（http://learnweb.harvard.edu/ent）にあるリソースを調べたくなるだろう。このウェブサイトは，教室でテクノロジを統合するために「理解のための教育」を活用している教師の生き生きとした事例集が含まれている。このウェブサイトには，リソースの図書館があり，双方向のオンラインツールを使った「理解のための教育」に基づいたカリキュラム開発ワークショップも提供している。このウェブサイトは，無料で利用可能である。もっと支援がほしいと思う教育者，あるいはグループや学校，地域に「理解

のための教育」のフレームワークや関連した考えを使うようにさせたいと思う教育
者たちは，ハーバード大学大学院教育学研究科が WIDE World（http://wideworld.
pz.harvard.edu）で提供しているオンラインの専門性開発コースを受講することも考
えられる。WIDE World のコースでは，「理解のための教育」フレームワークを含ん
だ教育学の研究成果に基づいた個別コーチングが提供される。

┃結論

　我々は，本章が教育の実践家や研究者が理解のための教授方法について共通の知識
基盤を構築することの支援になることを望んでいる。多くの観点から，「理解のため
の教育」フレームワークの要素は，多くの思慮深い教師や学校のリーダー，そして効
果的な教育の分析者によく知られていることである。カリキュラムが生成的トピック
に焦点を当てることや，理解のゴールを公にすること，学習者が目標となる理解を深
めるための意義ある活動に従事すること，頻繁なフィードバックに改善のための助言
を統合すること，協同学習のコミュニティを促進することは，たいていの教育者が支
持する方略であり，自ら実践していると信じていることである。しかし彼らは，これ
らのゴールに焦点を当てた特定な共通理解や体系的な進化，そして信頼できる評価を
促進するための精密な言語を欠いている。「理解のための教育」フレームワークを使っ
て実践しているすばらしい教師でさえ，これらの要素をより十分に一貫性を持って成
立させるためにはまだ通常の授業を微調整できる余地がいくつかあることを実感して
いる。同様に，教育の指導者や研究者は，このフレームワークが教育の改善を定義し，
促進し，評価するための具体的な支援となることを理解している。
　そのようなフレームワークは，新しいテクノロジを用いることで，もっと必要でもっ
と実行可能なものになる。新しい道具が実際によりよい教授や学習を支援するために
は，このフレームワークはより必要性を高める。また，デジタルやマルチメディア，ネッ
トワークにつながった道具が，伝統的な教科書やチョークと黒板よりもより豊富な方
法で活動的で意味のある学習を支援するために，このフレームワークがさらに実行可
能になる。新しいテクノロジを彼らのレパートリーに統合したいと願っている教育者
は，彼らが複雑で新しい実践を展開し評価するプロセスを始めるにつれて，このフレー
ムワークが示す原理をより明示的に適用したいと思うようになるだろう。

≫≫ 原注

◆1　編者注：これはカリキュラム理論の一部であり，教えるものに関連している。

270　第3部　インストラクションの異なる成果についての理論

◆2　編者注：これもカリキュラム理論の一部であるが，この種のトピックに関係なく密接に教授方法に関係しており，この方法は不可能である。これは，単一の文書で複数の理論に対処する上での値を示している。

◆3　編者注：これは学生評価理論の一部である。

◆4　編者注：この方法は，部品や種類より，むしろ基準を特定することによってより詳細なガイダンスを提供するために詳述されている。

◆5　編者注：これは，主に設計のメディア論理レイヤーであるが，おそらく，メッセージ，制御，および表現レイヤーにおける決定が必要になり，データ管理レイヤーも伴う可能性がある。

◆6　編者注：再び，これはカリキュラム理論の一部であるが，適切に教授理論と統合されている。

◆7　編者注：再び，基準は方法，「現在の理解のゴール」をより詳細に提供するために用いられる。

◆8　編者注：これは明らかに設計の表現レイヤーである。

◆9　編者注：第2章で識別されたカテゴリにおいて，この方法は「コンテンツの順序」である。理解のための教育は「教育的アプローチ」である。理解に基づくパフォーマンスは「教育的要素」であり，パフォーマンスが最高潮に達する（次の段落参照）ことは，この要素の1つである。

◆10　編者注：もちろん，これはもはや学生評価理論ではなく，教授評価理論である。明確に，この2つは強く相関しており，ここで適切に一緒に取り扱われる。

◆11　編者注：ここで，学生のエンパワーメントに焦点を当て，理論の価値を理解する。これは，知識労働のため，情報時代の教育システムのために非常に重要である。

◆12　編者注：これは設計の戦略レイヤーである。

◆13　編者注：詳細は第5章を参照のこと。再び，ここでは，教授において異なるアプローチを用いることがしばしば有効であることが示されている。

◆14　編者注：繰り返しになるが，学生をエンパワーすることは，情報時代の教育システムにとって重要な価値がある。

第 12 章
情意的な発達を促進する
感情的知能

バーバラ・A・ビチェルマイヤー（インディアナ大学）
ジェームス・マーケン（オールド・ドミニオン大学）
タマラ・ハリス（IBM ラーニング・ディベロプメント）
メラニー・ミサンチャク（グルフ大学）
エミリー・ヒクソン（パーデュー大学カルメット校）

バーバラ・A・ビチェルマイヤー（Barbara A. Bichelmeyer）博士は，インディアナ大学の教授システム工学専攻准教授であり，副学部長を務めている。准教授としての研究，教育，職務活動では，パフォーマンス向上や対人能力開発，インストラクショナルデザイン（instructional design），授業・プログラム評価，成人学習，教育環境へのテクノロジ統合といった領域を専門としている。副学部長としては，カリキュラム開発や単位互換，学位協定といった業務実績を残している。また，P＆G，イーライリリー，そしてマイクロソフトなどの組織に対して，教育プログラムの設計，開発，評価のためのコンサルティングも行っている。学士号（ジャーナリズム）（1982 年）・学士号（英語）（1986 年），修士号（教育政策・管理）（1988 年），博士号（教育コミュニケーションおよび教育工学）（1991 年）の 4 つの学位をカンザス大学から受けている。

ジェームス・マーケン（James Marken）博士は，2006 年の夏，インディアナ大学で教授システム工学の博士号を取得。現在は，オールド・ドミニオン大学のダーデン教育学部の助教授であり，インストラクショナルデザインと教育工学を専門としている。マーケンの研究における関心は，人間のパフォーマンスに作用する組織における社会的，構造的相互関係，特に国際的な文脈における影響である。教育に関しては，ニーズ分析やタスク分析，ヒューマンパフォーマンステクノロジ，ナレッジマネジメントをはじめ，人間行動に関する領域を担当している。また，国内外のいくつかの専門組織，特にAECT（Association for Educational Communications and Technology）やISPI（International Society for Performance Improvement）において，活発に研究活動を行っている。

タマラ・ハリス（Tamara Harris）は，西イリノイ大学で経営学士号（1992年）を取得し，インディアナ大学ブルーミントン校で教授システム工学修士号（2000年）を取得している。キャリア初期には，アイオワ州デモインにあるプリンシパル・ファイナンシャルグループにて技術訓練と支援窓口の専門家として従事した。その後，インディアナ州インディアナポリスにあるベル・インダストリーズ・システムインテグレーショングループにて，技術訓練，インストラクショナルデザイン，プロジェクトマネジメント，ネットワークサポートに関するスキルを伸ばした。その後数年のインストラクショナルデザインの実践を経て，ハリスはアクセンチュア（元アンダーセン・コンサルティング）に所属し，ヒューマンパフォーマンスのコンサルタントへと業務を移行した。そこでは，アトランタの主要電信会社にてビジネスプロセス・リエンジニアリングを主導して実施した。2006年，ハリスはラーニングスペシャリスト／インストラクショナルデザイナとしてIBMラーニング・ディベロプメントに移籍した。

メラニー・ミサンチャク（Melanie Misanchuk）博士は，カナダ・オンタリオ州にあるグルフ大学のオープンラーニング事務局にて，遠隔教育プログラムのスペシャリストとして勤務している。大学教員との協働のみならず，営利企業の顧客も持っており，遠隔教育配信のコースデザインを提供している。インディアナ大学から博士号（教授システム工学），カルガリー大学から修士号（フランス言語学）を取得している。

エミリー・ヒクソン（Emily Hixon）博士は，パーデュー大学カルメット校の教員養成学科にて教育心理学の助教授を務めている。インディアナ大学ブルーミントン校で教授システム工学の修士号・博士号，ならびに教育心理学修士号を取得している。2006年にパーデュー大学カルメット校の一員となる前には，大学教育・学習センターにおいてインストラクショナルデザイナとして，ファカルティディベロプメント（FD）の領域で5年間従事していた。彼女の研究の関心として，中等・初等教育ならびに高等教育における，FD推進と効果的なテクノロジの統合があげられる。また，多くの遠隔教育を主導しており，その分野の研究にも同様に従事している。

第 12 章　情意的な発達を促進する　273

> ## 本 章 の 概 要

前提条件（どのようなときにこの理論を用いるか）

内容

- 感情的知能（emotional intelligence）に内容として焦点を当てる。

学習者

- 正規カリキュラムでは初等中等教育に焦点化してきたが，すべての学習者を対象としている。

学習環境

- すべての環境を対象としている。

インストラクション開発上の制約

- （時間やお金など）特筆すべき制限はない。

価値観（何が重要であるかについての見解）

目的について（学習目的）

- 感情的知能の重要性
- 認知学習に対する感情学習の重要性
- 合理的思考のための感情と認知の重要性

優先事項について（インストラクションを成功させるための基準）

- 特に指定なし。

手段について（教授方法）

- 学習を促すために，すべての学習者の感情にとって健全な環境を創出する。
- 抽象的な教え方はできない。

権限について（上記 3 条件についての意思決定）

- モデルは主として理論家から提示されるが，教師によって現場で適応される。

普遍的方法

1. 問題の導入においてストーリーを使う。

- 感情を，私的なものと捉えないですむように，ストーリーの中で導入する。
- ストーリーの中で登場人物が持つ感情について，意図的に探究する。
- ストーリーの中で起こっていることと，教室の子どもたちに日々起こっている出来事とを直接的に結びつける。

2. 感情に関する言い回しや概念を教える。
3. 感情的知能の能力をモデリングする。

274　第3部　インストラクションの異なる成果についての理論

- 感情的に健全な方法で環境に反応する。
- 感情的に健全な方法で教える。

4. 感情を扱うことに時間を割く。

- さまざまな状況で能力を適用できるように，変化に富んだ多数の実践的経験が得られる機会を教室の中に生み出す。
- 感情的知能を育成する活動を認知学習に入れ込む。

5. 感情に関する能力を育成するために，能動的で複合的な経験の機会を提供する。

- さまざまなストーリーを探究する。
- 学習者には，自分自身に沸いてきた感情について振り返らせ，考えさせ，名前をつけさせる。
- 感情的知能を育成する教授活動を，認知的，精神運動的，社会的発達を促す学習に組み入れる。

状況依存原理

- 感情的知能がまだ育っていない，とても幼い子どもの場合には，物事が我々の感情をどのように変化させるのかについて，明示的に探らせる。
- より自己制御できる，年長の子どもの場合には，彼らが自分自身で感情表現する方法をつくり出せるような手助けをする。
- 幼い子どもの場合には，ストーリーを使ったり，ガイドつきのディスカッションを通して感情移入させることができる。
- より年長の子どもの場合には，他者によって自分がどのような感情になるかを議論させたり，他の人の前で自分がどのように感情を表出しているかを推定させる。
- 極端な感情の問題や不適切な感情表現に対しては，活動強化，活動活性化，障害対応支援，干渉信号といったカウンセリングの伝統的な方法を利用する。
- 感情に関わる経験を同化することやその知識をその後の異なる状況で適用することが得意でない子どもの場合には，日記や日誌をつけさせることが有効である。また，成功体験のストーリーも有効である。
- 不適切な対処方法がすでに自宅で身についてしまっているような場合には，絵や物語，あるいは日誌などを利用することで，学習者が感情的な反応を制御することや教師が彼らを理解することの助けになる。

(編者)

第 12 章　情意的な発達を促進する　275

　認知領域の教育目標を分類した「ブルームのタキソノミー」（Bloom, Englehart, Furst, Hill, & Krathwhol, 1956）は，教育分野の研究者の間では最もよく知られているモデルである。だから，ブルームのタキソノミーが認知領域だけではなく情意領域の教育目標のタキソノミー（Krathwhol, Bloom, & Masia, 1956）も伴っていることは驚きかもしれない。ブルームらは序文にこう記している。「情意領域の構築が本当に困難だった。そして，その成果にはあまり満足できていない。しかし，情意領域の専門用語の問題に注意を促すことができる程度には，十分な前進を表すものと願ってやまない」（p. v）。

情意領域について

　クラスウォールのタキソノミーは，情意領域の幅広く，焦点の定まらない本質をまとめた典型例である。

▶ 定義

　ブルームによって定義された 3 つの学習領域のうちの 1 つとして（3 番目は精神運動領域），教育における情意の位置づけは長い間，大きく誤解されてきた。教育における情意領域の役割を理解する上での問題は，まさにその定義づけのところから始まっている。マーティンとブリッグス（Martin & Briggs, 1986）は次のように説明している。

　　情意領域とそれを構成する概念の定義は，とても広く，焦点が定まらないことが多いため，はっきりと認知領域や精神運動領域とわかる行動ではないものはすべて情意領域としてひとまとめに区分されている。例えば，次にあげるすべての用語は，情意と関連づけられている。自己概念（self-concept），動機づけ（motivation），興味（interests），態度（attitudes），信念（beliefs），価値観（values），自尊心（self-esteem），道徳感（morality），自我の発達（ego development），感情（feelings），達成欲求（need achievement），統制の所在（locus of control），好奇心（curiosity），創造性（creativity），自立（independence），メンタルヘルス（mental health），自己成長（personal growth），集団力学（group dynamics），心的イメージ（mental imagery），そして個性（personality）…これら一切をまとめる用語として，「情意領域」という用語が使われてきた。（p. 12）

276　第3部　インストラクションの異なる成果についての理論

◢ この章で取り扱う範囲

　マーティンとブリッグスの定義が除外した用語のうちの1つが，感情（emotion）であることは興味深い。上記のリストにあがっているその他の特性の多くのものの基本的要素として，感情は根源的で根底をなすものである。クラスウォールらが情意領域のためのタキソノミーを構築してから50年以上の間に，感情自体に関することとそれがどのように学習と関連するかというテーマは，多くの研究の対象となってきた。そもそも感情とは何であり，なぜ我々がそれを持つのか？　という普遍的な問いに対して努力を重ねてきた研究者が多くいる（Calhoun & Solomon, 1984; Damasio, 1994; 2000; LeDoux, 1996; Plutchik, 1994）。その一方で，知能や学習における感情の役割に注視している研究者もいる（Elias et al., 1997; Greenspan & Blenderly, 1997; Martin & Briggs, 1986; Salovey & Sluyter, 1997）。そして，学習において感情が重要な役割を果たしているということが徐々に認められつつある（Elias et al., 1997; Kovalik & Olsen, 1998; Vail, 1994）。

　感情と，それが知能と学習において果たす役割に関する理解について近年重大な進歩があることから，この章では，感情という情意領域における基本要素の1つに焦点を当てる。知能や情緒的発達過程，そして学習者の感情的知能の発達を支える教育の原理において感情が果たす役割について，ここでは調査していく。

　本章では明示的には扱わないが，学習者の内的動機づけや態度（Pintrich & Schunk, 1996），自己効力感（Bandura, 1997），そして対人的知能（Gardner, 1983）などの情意領域の他の要素も重要なものであるとみなしている。けれども，感情的知能とその発達について明示的かつ排他的に焦点を当てることによって，時に人の感じる感情の原因となったり，生み出したりする動機づけや態度と同様に，感情が生まれる社会的環境を間接的に示すことになるだろうと筆者らは信じている（Ekman & Davidson, 1994; Lewis & Haviland, 1993; Plutchik, 1994）。

◢ 背景にある理論

　マーティンとブリッグスによる情意領域の説明は，ソクラテスやプラトンといったギリシャの哲学者たちから始まり，特にデカルトに強く支持され，長い間続いている西洋文明における長年の考え方を示している好例である。つまり，感情と認知は別個の領域のものであり（Damasio, 1994; Hunt, 1993），その観点は多くの人々に支持され続けて今日に至っている。西洋文化における認知と感情の関連性についての典型的な考え方は次のようなものである。感情は，思考と知能の純然たる合理性に影響する

ものではない（むしろ，すべきでない）。もし感情が認知に影響を与えるとすれば，それは否定的な種類の「認知の衝動（goad to cognition）」（Zimiles, 1981, p. 52）となる。

　神経生物学や精神医学，そして研究心理学のような分野からなる最近の学問では，デカルトや先人たちの論理と感情の二重性に反論している。そして，脳と精神は，思考と感情，そして感覚が人間による経験と世界に対する理解をもたらすために協働している統合的単一体であると説得力を持って論証している（Damasio, 1994; Greenspan& Benderly, 1997; LeDoux, 1996; Plutchik, 1994）。「感情的な」経験が認知的側面を持つということは，古くから知られている（Izard, 1972; Plutchik, 1962）。最近の研究では，最も知的な営みでさえ，感情的なニュアンスで満ちあふれている，と説得力のある例証を示している（Mayer & Geher, 1996; Mayer & Salovey, 1993, 1997; Salovey & Mayer, 1989-1990; Salovey & Sluyter, 1997）。最近の研究では，認知と感情を二元論的に考えるよりもむしろ，学ぶことと存在することについてのそれらの２つの側面を統合することを我々に求めている。

　認知と感情の関係に関連する研究は，明確に区分できるいくつかの異なる方向性によって分類できる。神経学者であるアントニオ・ダマシオ（Damasio, 1994, 2000）は，脳に障害を持つ患者について調査した結果，感情は合理的思考に欠くことのできないものであり，感情の欠落は合理性を阻害することを例証した。グリーンスパンとベンダリー（Greenspan & Benderly, 1997）は，自閉症の児童に関する研究成果から，感覚の意味をつかむ能力，意図的に行動する能力，形やアイデア，あるいは記号を理解する能力などの認知的発育に感情が影響を与えていることを発見した。カウンセリング心理学者としての活動を通じて，サーニ（Saarni, 1999）は感情的能力につながる８つの認知的スキルを特定した。それは，自己効力感のための能力，感情についての語彙を使う能力，あるいは経験を区別する能力などである。

　メイヤーとサロベイ（Mayer & Salovey, 1993, 1997）は，「感情的知能（emotional intelligence）」という構成概念を定義した。これは，1995 年のベストセラーとなった，その構成概念と同名の著書でジャーナリストのダニエル・ゴールマンによって紹介され，広まった。ゴールマン（Goleman, 1995）による感情的知能の概念は，彼の著書が人気を博したおかげで最も知られるものになったといえる。一般的によく知られている感情的知能の５領域は，(1) 自分の感情を知ること，(2) 感情を管理すること，(3) 自分自身を動機づけること，(4) 他者の感情を認識すること，そして (5) 関係をやりくりすることの５つである。ゴールマンは，感情的知能（EQ）は認知的知能（IQ）よりも，人生の成功をよりよく反映すると主張している。これは説得力のある主張であり，間違いなく教育や企業研修において感情的知能という概念が注目を集めたきっかけをつくったといえる。

■ この概念の重要性

感情が学習の成否に強い影響を与えるということは，ある程度の時間を教室で過ごしたことがある人にとっては意外なことではないだろう。例えば，学習者が数学について不安に思っている感情が原因で，何を言われているのかまったく理解できないことがある。あるいは，博物館での展示物にとても興奮したために史実の日付までも覚えてしまったという場合も感情が何かの役割を果たしている事例である。同じ史実を教室で先生から前に紹介されたときの記憶は思い出すことができないのにもかかわらず，である[1]。

感情が学習に影響を与えることは教師にとって意外なことではないが，学校は一般的には感情の領域ではなく，認知的な領域に対して責任を持つものであると一般的にはみなされている。感情の発達に対する責任は学校の教師ではなく，むしろ家庭での両親に委ねられているものとみなされている。実際，学校教育という正規の教育環境に感情の要素を統合することに対するよくある反対意見は，それをある種の洗脳であると考えている人たちによるものである（Martin & Reigeluth, 1999）。

これらの意見をよそに，近年の研究により感情と認知は密接にリンクしていることが示されており，もはや感情の発達に対する責任が教師にあるかどうかを議論する余地はない。情意と認知の同時性についての記述として，ビーン（Beane, 1990）は「教育とは，認知的でなければならず，非認知的であることがないのと同じように，それは情意的でなければならず，それ以外には他に何もない」（p. 10）と述べている。ビーンは「情意を無視したり，否定するような学習や学校教育についての理論は，不完全であり，非人間的である」（p. 7）と主張している。

EQ が IQ よりも重要であるというゴールマンの主張は真実かもしれないし，そうでないかもしれない。しかし，これを引用してきた研究者たちは，個々の学習の成功において，あるいは人生の質，社会的経験，コミュニケーション，学習と発達，そして，基本的な人としての認知プロセスとその作動，といった点において感情が重要であることを示す優位な証拠を集めてきた。日常生活においては，感情と認知は連鎖しているところがとても多く，そして，感情的知能は正規の教育や授業の中で歴史的に見過ごされてきた経緯がある。したがって，正規の学校教育や授業において，感情により注目することも，感情と認知の役割をよりよく理解しようとする試みと並行して求められてきた。

だから，感情に関する研究の近年の進展は，教師の実践の中に新しい意味をもたらす。ここで投げかけるべき質問は次のとおりである。「教師はどの範囲まで，教室の中で学習者のために感情的知能の発達を促進する授業取り組みに従事し，その環境を

生み出すことができるのだろうか？」この章の残りの部分では，感情的知能の発達を支援する教授方略についての最新の知識を統合していく。

感情的知能のための教授モデルについての概説

感情的知能の概念を取り扱うさまざまな教授モデルが，初等中等教育の場面で実施されてきた。これらのモデルは，3つのカテゴリに区分される。(1) 教育学的アプローチや教授方法が感情的知能に関連する能力を必要とするモデル，(2) 認知的学習をよりよく促進するために感情と認知の相互関係を取り扱うモデル，(3) 感情的知能を教授目標（内容）として扱うプログラム。この章では，3番目のカテゴリに焦点を当てる。しかしまず，最初の2つのカテゴリに含まれる教授モデルを少し見てみよう。

教育学的アプローチに見られる感情的能力

感情的能力を教育手法に組み入れた教授モデルの特筆すべき事例が，学校をより思いやりのある共同体にしようと積極的に取り組む多くの教師の実践から生み出されている。ノッディングス（Noddings, 1992）は，子どもたちの能力発達の促進と同様に，思いやりの心を育てる教室での実践に携わる教育へのもう1つのアプローチとして，『学校におけるケアへの挑戦』を発刊している。バティスチッチら（Battistich, Solomon, Watson, & Schaps, 1997）は，「構成メンバーが気遣い，お互いにサポートでき，積極的に参画し，グループの活動や判断に影響を与え，グループに対する所属性や一体感を感じ，そして共通の規範と目標，価値観を持っている」(p. 137) ような「コミュニティ」の発達を促進している。ルイスは，研究仲間（Lewis, Schaps, & Watson, 1996）と共に，「思いやりのある学習者コミュニティ」を生み出すために必要となる互いに独立した5原則として，暖かく協力的であり安定した関係性，構成的な学習，重要で挑戦的なカリキュラム，内発的な動機づけ，そして，学習の社会的・倫理的側面への注意をあげている。このような思いやりのある共同体としての学校は，子どもと教師が一定の感情的知能に関わる能力を持っており，積極的に感情の能力獲得に取り組んでいるものであると仮定している。

感情的知能を考慮した授業アプローチに対する要求は，確かに正当で多くの利点がある。けれどもこの章では，授業への教育方法アプローチとしてよりもむしろ，授業の目標・内容として，感情的知能に焦点を当てている。確かにこれら2つのカテゴリには重複するところがある（教師に期待されることは，子どもに達成してほしいと思

うことは授業の中で自らが手本を示していることであろう）。しかし，教授の手段としての感情的知能と，授業目標としての感情的知能との違いは，重要な区分といえる。

認知発達のための感覚と思考の統合

　認知的スキルの学習をよりよいものにするために，思考と感覚の相関関係に着目した授業アプローチがあることにも言及する。ケインとケイン（Caine & Caine, 1994）による「脳の構造に基づいた教育（brain-based schooling）」アプローチや，「統合主題授業（integrated thematic instruction）」（Kovalik & McGeehan, 1999; Kovalik & Olsen, 1998）といったモデルがこれに含まれる。これらのモデルは，感情的知能を授業の目的として扱う授業モデルとは明らかに別のものである。しかし，このようなモデルは比較的新しく，学習や全般的な学業成績における感情の重要性を認識しているものであることを特筆しておく。

感情的知能のためのプログラム教育

　ここまでは，感情的知能を他の考え方で扱う授業モデルを紹介してきた。ここからは，授業の目的として感情的知能の概念に焦点を当てて初等中等教育において実践されてきたさまざまな授業プログラムに注目する。多くの授業プログラムが存在する中で，最もよく知られ，研究が進んでいるものには次のものがある。発想の転換方策促進プログラム（the Promoting Alternative Thinking Strategies (PATHS) program），シアトル社会性開発プロジェクト（the Seattle Social Development Project），対立を創造的に解決するプログラム（the Resolving Conflict Creativity Program），社会意識向上と社会課題解決プロジェクト（Improving Social Awareness-Social Problem Solving Project: ISA/SPSP），カリフォルニア州オークランド市の子どもの発達プロジェクト（the Child Development Project in Oakland, California），エール大学・ニューヘイブン社会的能力促進プログラム（the Yale-New Haven Social Competence Promotion Program），コンフォートコーナー（Comfort Corner），サンフランシスコ・ヌエバ校における自分を科学する教育プログラム（the Self-Science program at Nueva School in San Francisco）などである。これらのプログラムがすべて，学習者の「社会性と感情の学習（social-emotional learning: SEL）」の発達を目的とする一方で，各プログラムは対象学習者やカリキュラム素材，活用される授業アプローチといった面でそれぞれ違った特徴を持っている。以下では，K-12（幼稚園から高等学校卒業までの 13 年間），初等教育，英才教育，特別支援教育にお

けるいくつかのプログラムについて述べる。

　社会意識向上と社会課題解決プロジェクトは，特に小学校と中学校に重点をおいて，幼稚園児から高校3年生までを対象としている。このプログラムは，ラトガース大学で心理学を専攻するモーリス・エリアス（Maurice Elias）教授が，多くの共同研究者との協働を得て開発したものである。このプログラムの目的は，対人関係を有効に保てるようにすることである。社会性の伴う意思決定や問題解決の作業がこのプログラムの至るところに組み込まれている。このプログラムは各学年ごとに25〜30時間程度の教室での活動を高度に構造化しており，ストレス管理と衝動制御，社会的な課題解決と情報処理，ならびに行動に関する社会的スキル，という3つの感情的知能の構成要素を扱う。基本は1週間に2回，40分の授業で構成されており，教師は，子どもの意思判断や認知発達を促進するための定められた質問方略についての訓練を受ける。各授業においては，スキルモデリング，ガイドつき練習，ロールプレイング，グループ共同作業プロジェクト，記述式の課題といった活動が含まれる。このプログラムで行った学習の評価結果では，最後まで終了した学習者は自身の行動の結果をよく理解しており，最後までプログラムを終了できなかった者に比べて，より他者の感覚に敏感であったことが示されている。プログラム完了者はまた，未完了者と比べて，自己制御がよりよくでき，社会的な意識も高く，また，より強い社会的意思決定スキルを持っている兆候が見られた（Matthews, Zeidner, & Roberts, 2004）。

　ワシントン大学のマーク・グリーンバーグ（Mark Greenberg）によって開発されたPATHSプログラムは，小学校1年生から5年生を対象に，感情を理解・表現・制御する能力や社会的な問題解決スキルの向上を目的として設計された。グリーンバーグら（Greenberg et al., 1995）によると，このプログラムの評価結果から，プログラム参加者には，感情の認識と理解の領域で向上があり，認知的タスク解決のための計画スキルや自己制御にも向上が認められた。そして，より効果的な対立解決能力を発揮して行動前思考を行う能力にも向上があった，と報告している。

　カレン・ストーン＝マッカウン（Karen Stone-McCown）とハル・ディレハント（Hal Dillehunt）によって開発された，自分を科学するプログラムはサンフランシスコの優秀で才能のある子どもたちを対象に現在もヌエバ校で利用されている。このプログラムでは，総合的学習の時間やクリエイティブアートの時間と同様に，「社会性と感情の学習」を強調している（http://www.nuevaschool.org）。そのモットーは，「習うより慣れよ，世話して学べ（learn by doing, learn by caring）」であり，学校として「生涯学び続ける情熱を呼び起こす。…社会的，感情的な知能を磨く。…そして，想像的な心を養う」ことを目指している。ハラー＝パーマーとバーゴ（Haller Palmer & Vargo, 1999）は，「ヌエバ校における自分を科学するプログラムは，個々の学習者の「個

282 第3部 インストラクションの異なる成果についての理論

人的知性と対人的知性」を育てること，自分の行動や選択について批判的思考をするための「認知ライブラリー」を発達させること，そして創造的で人間らしく，感受性の高い人生を送るための準備に取り掛からせることを目指している」（p. 1）と記している。

特別なニーズを持つ学習者をターゲットにした社会性と感情の学習もある。そのようなプログラムの1つとして「コンフォートコーナー（居心地のよい場所）」があげられる。これは，教室で自分の役割をうまく果たすことが困難な小学生を思いやるコミュニティを提供しようとするものである。コンフォートコーナーは，危険な状態にある子どもたちが行くことができる小学校の中にある1つの部屋である。そこでは，歌ったり，踊ったり，本を読んだり，絵を描いたり，ビデオを見たり，菓子を食べたり，人形で遊んだり，手紙を書いたり，ゲームで遊んだり，おしゃべりをしたり，といった活動に参加できる。このプログラムの目的は，子どもたちの友情を育むスキルやコミュニケーションスキル，あるいは自尊心を高めるための支援をすることによって，学校生活を健全に始められるように，安全で支援的な場所を提供するものである（Novick, 1998）。

感情的知能のための普遍的教授原理

感情的知能のための教授を行うには2つの方法がある。（前節で記述したように）感情に関する能力を発達させるためにデザインされた学校単位，もしくは地域のプログラムを通して行うものと，教師によって個々のクラスの中で実施されるものである。感情的知能のための教育プログラムは，学習者に感情に関するスキルを発達させるとともに，個々の教師に対してもより多くの支援を提供できるという利点がある（Elias et al., 1997）。しかし，これらのプログラムを使うことが教師個々の努力よりも効果があると言っても，教師個々が無力だと言っているわけではない。感情面によい影響を与える環境を教室に生み出すために教師ができることは少なくない。学習者の感情的知能の発達を支援するためにもさまざまなことができる。

本章のこの節では，個々の教師が使える教授方略を同定し，議論する枠組みとして，メリルのID第一原理（第3章参照）を利用する。その目的を，学習者が感情的知能の能力を高めることと，すべての学習者の学習経験を最大化できるような感情的に肯定的環境を生み出すこととを支援することに置く。以下に列記する方略は研究に基づいている。しかし，感情的知能を促進するための教授アプローチをけっして議論し尽くしたものではない。

課題中心の原理：ストーリーを使う

　メリルの課題中心の原理では，「学びは，学習者が現実世界の課題の解決に取り組んだときに促進される」（Merrill, 2002, p. 45）と考えている。感情とは経験の１つである。したがって，感情は，抽象的に教えられたり，学んだりできるものではない。したがって，情緒的に教えたり，情緒について学ぶ場合は，いつも課題中心であることが必要になる（Bar-On & Parker, 2000; Martin & Briggs, 1986; Salovey & Mayer, 1990）。しかし，教師にとって，教室で感情に関する問題を導入するのに最適な方法とはどんなものだろう？　明らかに，学習者にとって現実的な状況を使って感情に訴えることは，不必要な緊張と不安を生む可能性がある。だから，感情を扱う際には，個人的にならない導入の仕方を見つけることが最善である。ストーリーは，子どもたちが直面するかもしれない環境で発生する感情に関する問題についての話をする場合や，人々が異なる環境ではどのように感じるのかについて話し合う場合，そして，どのように感じるのが適切なのか，それはなぜか，について思索する場合にはすばらしいスタート地点を与えてくれる。

　メイヤーとサロベイ（Mayer & Salovey, 1997）は，文学を「感情的知能の最初の故郷」（p. 20）とさえ呼んでいる。小学校の教師や中学校の社会科担当の教師は，一般的に教室での活動にストーリーを組み入れいている。ここで達成しなければならないことは，意図的にストーリーの登場人物の感情を探索させることと，ストーリーの中の出来事を教室にいる子どもたち自身の人生の中で起こっている実際の出来事に結びつけさせることである。学校の勉強と実際の生活との結びつきに気づくことは，子どもたちの感情の理解や学習への関心を高め，感情的知能の発達を促進するメッセージを内面化することを助けてくれるはずである。

活性化の原理：感情を表す言葉を教える

　メリルの活性化の原理では，「学びは，関連性のある経験が得られたときに促進される」としている。この原理には，「学びは，新しい知識を組織するために使える構造が提供されたり，それを思い出すことを促されたときに促進される」（Merrill, 2002, p. 46）と仮定する，構造に関する必然的帰結を含んでいる。感情に関しては，最も衝動的で攻撃的な行動を見せた子どもは，自分の感情表現を明確にするための，言葉や概念的構造を持っていないことが多い（Greenberg & Snell, 1997）[2]。このようなケースでは，感情に関する言葉を学習者に教えることを，感情に関する能力の基礎スキルを上げるのに必要な構造を提供する活性化方法として使える[3]。怒りの感情

を持ったときに，激昂してしまうのではなく，「私は今，怒っているぞ！」と言うことで，もしくはさらに間接的に「それが私を怒らせている原因だ」と言うことで感情を処理できる子どもは，感情的知能の重要なスキルを発達させているといえる。そして，感情に関する言葉や概念を教えるために活性化の原理を使って，子どもの感情に対する自己認識能力を育成しようとする教師は，子どもの感情に関する能力を発達させる手助けができる。自分自身の感情を表せないことから来るフラストレーションは，子どもたちがしばしば見せる破壊的な行動の一因になっているともいえる[4]。子どもが自分の経験している感情を自己認識し，表すことができる程度に応じて，感情的な行動は熟考され，検討され，理解されうる。子どもが口頭で感情表現ができる程度と，感情をうまく扱えているかどうかについての教師による評価の間には，正の相関があることが研究結果として示されている（Eisenberg, Fabes, & Losoya, 1997）。

✅ 例示の原理：感情的知能のスキルの手本を示す

メリルの例示の原理では，「学びは，これから学ぶことについて，単に言葉で説明して情報を与えるよりも，例示することによって促進される」（Merrill, 2002, p. 47）と考えている。教師にとって，感情的知能の発達（たいていの他の認知的，精神運動的スキルの発達も同様）を促進する最善の方法は，モデリングを通して感情的知能の例示をすることである。言い換えるなら，教師は，子どもたちのために適切な感情的行動を具体化して手本として見せてやるべきなのだ（Elias et al., 1997）。他者とのやりとりの中で肯定的な感情を保つことによって，教師は，子どもたちにも望まれている感情的行動とはどんなことかを彼らに例示できる。

感情に関して典型的な発達をしている学習者にとっては，教師の彼らの感情に関わる環境に対する積極的な貢献によって，彼らが感情の管理について他の機会に学んだ教訓を関係づけ，感情に関する反応を制御できるようになるのを後押しするだろう。

家庭の中で感情的行動のよい見本を与えられていない子どもたちにとっては，教師が少なくともいくつかの手本を見せることがよりいっそう重要になる。そんな場合に問題なのは，教師が影響を与えることができる範囲が限られているということである。これは，教師が比較的短い時間しか子どもと接していないから，という理由からだけでなく，子どもが学校に通うようになったときに，すでに教室で望まれるものと相容れない感情的行動を身につけてしまっているかもしれないことにもよる。例えば，身体的に怒りを露にすることは，自宅では受け入れられる行動かもしれないが，教室ではそのような表現は不適切であると理解させるまでに相当のフラストレーションを伴うであろうことを教師はあらかじめ覚悟しておかなければならない。このような場合，

手本を見せるだけでは問題を解決できないだろう◆5。しかしながら，教師が信じているものとどう行動するのかが一致していることを示すことは大切である。

モデルを示すというのは，単にその環境に対して感情的に健全な方法で反応することだけを意味するのではない。それは，感情的に健全な方法で教えることでもある。「格別に重要なのは，教師が教室における認知的で対人的な意思決定や問題解決を奨励する方法である」（Greenberg & Snell, 1997, p. 113）。教師は，子どもが教室における学習の中で経験する失敗を恐れるといったような潜在的に否定的な感情を扱う際は，子どもに自信を持たせるような手本を示すべきである。例えば，教師がある課題が達成できるかどうか確信が持てない，もしくは子どもたちが取り組んでいることが彼らにとっては難しいことだということが何らかの形で伝わってしまうと，子どもたちはその課題を受け入れがたく感じたり自分たちにはできないと思い込んでしまうだろう。これは，教師がある特定の課題が子どもたちにとって難しいものだということを同情的に認めるべきでない，と言おうとしているのではない。教師は，子どもたちが学んでいることが，その課題を解決することを可能にしてくれることを加えて強調すべきだと指摘している。「私たちはできるんだ。君たちはできるんだ」と。

ポジティブな感情的行動の手本を示すポイントは，教室での経験に，子どもたちを感情を伴って参画させることにある。学校での学習に感情を伴って参加している子どもたちは，あらゆる学習においてよりよく学ぶことが例証されている（Wolfe & Brandt, 1998）。授業内容に感情的に関わる手本を示すことが，教師は子どもたちに刺激を与え，自分からその内容に，教師が見せたのと同じように感情的に参画するようになるのを支援することになる。これは子どもたちの学習経験を高めるばかりでなく，同時により健全な教室環境を創造することにもなるだろう。

▶ 応用の原理：じっくりと時間をかけて感情に対処する

メリルの応用の原理は，課題中心の原理と密接に関係している。応用の原理では，「学びは，学習者が問題解決のために新しい知識やスキルを使うことを必要とされるとき促進される」（Merrill, 2002, p. 49）としている。この原理から導かれることは，練習においてその一貫性を保つこと，多様な練習問題を使うこと，そして学習者が受け取る指導の量を時間をかけて減らしていくことの重要性である。

この節のはじめのほうで記したように，感情的知能を発達させるには，問題指向が求められる。すなわち，与えられた状況で自分の感情を認識する能力とそれらの感情にどのように適切に対応するかを決定する能力が必要である。感情的反応の妥当性は状況依存であり，感情に関するスキルをある状況から他の状況へ転移させるのは簡単

286　第3部　インストラクションの異なる成果についての理論

ではなく，またその方法も明確ではない。したがって，感情に関する能力を教えたり，学んだりするためには，能力を文脈に適応するのと同様に，さまざまな多くの実践経験が必要となるのは明らかである。そうすれば，子どもたちはそのスキルを新しい方法で使ったり，これまでなかった文脈で使ったりする方法を学ぶことができる（Goleman, 1995）。初等中等教育においては，歴史的には情動と感情の問題は一般的に見過ごされ，しばしば積極的に排除されてもきた。このような状況の中では，教室での日常的な活動で生じる感情に対して，教師たちは時間をかけて取り組まなければならない。

　時間をかけて感情に取り組む必要性のわかりやすい一例としては，子どもが感情をうまくコントロールできないために授業を邪魔してしまうときがあげられる。座っていられないほどやたらにハッピーだからか，焦っていて他人を邪魔してしまっているからかなど，その理由はさまざまあるだろう。このようなケースは対処が必要な問題として見がちだが，長い目で見れば，このような状況はよい機会と考えたほうがよいかもしれない。グリーンバーグとスネル（Greenberg & Snell, 1997）によれば，「感情をうまく処理したり，感情について話し合ったり，そして感情を管理したりするための健全な方略を教えることは，勉強面の，そして対人関係的な学習の文脈で子どもたちの注意と集中力を維持する助けとなる」（p. 113）。教師は，子どもが授業を邪魔してしまうような態度でふるまう原因となっている感情を言葉で表すことができるかどうかを確かめるために，じっくり時間をかけて感情に対処すべきである。これは，その子どもを注目の的にすることを意味するものではない。感情をコントロールするためのよい方法，適切な方法があるということをその子どもに示すことを意味する。さらに，教師は，問題になるような妨害行動にのみ対処するという落とし穴にはまらないよう心がけるべきである。時には，子どもの感情的経験を高めることが適切な場面もある。例えば，達成したときに子どもが喜びを膨らませるのを助けること，または，うまくできたときにポジティブな感情表現をすることを奨励することなどである。子どもは，受け入れ難い感情的行動があることだけでなく，よいもので快く受け入れられる感情的行動があることも知る必要がある。このようなポジティブな感情に関する経験に時間をかけることは，授業時間の有効利用といえよう。

　もう1つ，時間をかけて感情に取り組むための，あまり知られていない事例として，語学や歴史，社会科学・自然科学といった認知的な授業に感情的知能を促進する活動を導入してみることがあげられる。歴史的出来事や，ある本の一節に込められた著者の意図について議論する際に，教師は，どんな感情が現れているのか，感情が登場人物をどのように動機づけているのか，これらの感情を管理するためにできる対処方法とはどんなものか，そして，展開されているシナリオの中で登場人物間の関係に感情

がどのような影響を与えているのか，といった質問を子どもに投げかけることによって，感情的知能の能力の促進を支援することに時間をかけることができる。

統合の原理：感情的な能力を育成するために活動的で総合的な経験を提供する

　メリルの統合の原理では，例示や省察，その他の創造的な活動を通して，「学習者が新しい知識やスキルを日々の生活に統合することを促されたときに学びが促進される」（Merrill, 2002, p. 50）と述べている。感情というのは，何はともあれ，感覚の経験である（LeDoux, 1996）。然るがゆえに，学習経験における学習者の自発的な参加なくして感情は理解されず，そして感情的知能は発達も，育成も，もしくは，取り扱うことさえもできない。感情的知能の発達を支える活動的で総合的な経験は多くの形式を取りうる◆6。そのうちのいくつかはこの節で論じたような，ストーリーの探求や学習者に自分自身の感情的な反応への自省を促し，思慮させ，名前をつけさせること，そして，感情的知能を促進させるような活動を認知的，精神運動的，あるいは社会的発達を促進する授業に組み入れることなどである。

　感情的知能の発達のための授業を他の領域の能力開発を促進する教授活動の中に取り入れる価値については，感情はそれ自体単独ではけっして生まれないことを例証したダマシオ（Damasio, 1994）やグリーンスパンとベンダリー（Greenspan & Benderly, 1997）などによる研究成果にその起源がある。感情は，認知と感覚運動体験に完全に結びついたものなので，学習者のいずれの領域（認知，情意，または感覚運動）における発達も，教授活動がすべての領域を総合的に対象としているときに最も効果的となる（Elias et al., 1997）。

感情的知能発達のための状況依存原理

　もちろん，教授プログラムと上述した普遍的原理は，学習者の感情的知能の発達をどうやって促進するかについての重要な手引きを提供している。しかし，この章に表されているように，これらのプログラムや原理は，必然的に理想的で抽象的である。教室での現実には，子どもの発達レベルにばらつきがあり，そして，感情的知能の発達を助ける上で教育者の成功に大きな影響を与える子どもの内的，外的要因が多くある。この節では，教室における学習者の感情発達を促進することを試みる際に教育者が注意すべき状況依存原理を同定する。

288　第 3 部　インストラクションの異なる成果についての理論

状況依存原理：学習者の感情発達レベルを考慮する

　子どもたちの感情の発達に関する研究は，これまで数多くなされてきた。当然のことながら，各個人が本当に多様であることが常に再認識されている。結局，我々は人間を取り扱っているのだ。それにもかかわらず，感情のスキルは順を追って発達し（Mascolo & Griffin, 1998; Saarni, 1999），感情の発達に典型的な筋道を構成するパターンがあることも明らかである。表 12. 1 に，サーニ（Saarni, 1999）による，感情制御（処理），表現行動，そして人間関係構築の領域における感情発達に関するパターン分けを示す。当然のことながら，これらのパターンは，他のすべての条件が等しいとすると，年長の子どもは，年少の子どもよりも感情制御，表現，人間関係構築に長けていることを示している。感情的知能に関するスキルの発達を目指した授業を設計し，

表 12. 1　感情の能力発達に関する典型的な経路（Saarni, 1999 を改変）

発達レベル	行動
学校入学前： 2 歳半〜5 歳	感情の制御：他者との会話が，自分自身の感覚や感情が引き起こす事象についての自己評価や気づきを発達させる。 表現行動：偽りの表情が，その感情についての誤解を他者に招きかねないということに実際的に気づく。 人間関係の構築：まわりの仲間に対して共感的で向社会的に行動する。
小学校低学年： 5〜7 歳	感情の制御：自己意識の感情（例えば，「困惑」）を制御の対象とする。 表現行動：まわりの仲間に対して「冷静な感情を表に出すこと」を選ぶ。 人間関係の構築：自身の感情や他者の感情と社会的能力との調整力を増加させる。
小学校中学年： 7〜10 歳	感情の制御：制御レベルの知覚次第で，対処法として子どもが自分で問題の解決を目指すか距離を置くかの決定に影響する。 表現行動：表現行動についての規範（norms）を理解する。 人間関係の構築：同一人物に対しても多様な感情があることを気づく。
青年期前： 10〜13 歳	感情の制御：ストレス対処のために複数の解決策を生み出したり，分化した方略を適用できる。 表現行動：ごく親しい友人に見せる偽りのない感情表現と，他者への繕った表現を区別する。 人間関係の構築：社会的な役割に基づく感情の「台本」に気づき，社会的感受性を高める。
青年期： 13 歳以上	感情の制御：自身の感情にサイクルがあることに気づく（例えば，怒ったことに後で罪悪感を感じる）ことで洞察に優れた対応が促進される。 表現行動：印象操作のための自己表現の選択に熟達する。 人間関係の構築：関係性の質に影響を与えるものとして，感情の相互・対話的コミュニケーションの存在に気づく。

実施する際は，教師は，子どもが授業の目的や目標を達成するために必要な適切な発達段階を通って進歩してきたかどうかについてよく考えなければならない。

この後の節では，教師が子どもたちの感情に関する発達レベルを評価する際に使えるいくつかの手法を紹介する[7]。また，子どもがある特定の段階を超えて感情の発達ができるように提案されている方略もあわせて示す。ただし，これらのアプローチはあくまで提案に過ぎないことを強調しておきたい。これらは，ある特定の感情発達レベルに焦点化しており，学習者の発達レベルがそこからより向上するように促進することに主眼を置いた授業の例である。

子どもの感情状態と感情表示を制御する能力の発達　年長の子どもよりも幼い子どものほうが，より強く感情を感じていると思われる（Brown, Covell, & Abramovitch, 1991）。実際，自己報告による感情の激しさは，年を追うにつれ弱くなっていくようである（Gross et al., 1997）。感情の激しさの違いに加えて，年代によって自己の感情的反応を制御する能力も多様である。苦痛を伴う状況に出くわしたとき，多くの子どもは親指をしゃぶる。もしくは，それまで頼っていた優しい大人の代わりとして，動物のぬいぐるみのようなものを「移行対象（transitional objects）」として使う子もいる。また，お気に入りのおもちゃで遊ぶことなど，自分の気を散らすユニークな方法を見つける子どももいる（Kopp, 1989）。この段階にある子どもたちは，大人が感じ取っているような仕方で意識的に気づいているとはいえないが，自分自身の感情の状態についてあるレベルではっきり気づいている[8]。このような状況性，つまり子どもたちの感情の状態とその表現を制御する能力がさまざまであることは，主として年齢にもとづいている。

教師が幼い子どもの感情制御能力を高めることを支援したいと願うときには，授業時間を割いて，どのように事物が我々の感情を異なる状態へと動かしていくのかを明示的に調べる教授方法を使うこともできる[9]。例えば，異なる感情を連想させる物（クモ，花，ヘビ，スポーツカー，テディベアなど）について本物のように見えるニセモノを授業の中で紹介し，これらの物を見たり，触ったり，抱きしめたり，匂いを嗅いだりしたときにどう感じるかを話してみるよう促す。この活動のポイントは，我々は事物に対して感情的に反応してしまうことがあり，実際にそう反応してしまっていることを子どもたちに理解させることにある。それだけでなく，意図的に，何らかの形で感じるようにするために感情を使うこともできる，と理解させることもポイントである。感情を引き出す物を活用した上記の活動を，音楽や芸術，物語や身体運動，といったほかの事物が，我々の人生においてどんな感情的影響を与えているのかについての議論につなげることも可能だろう。このような議論は，例えば音楽の授業のよう

290 第3部 インストラクションの異なる成果についての理論

な，他の教科へと滑らかに移行していく一助となる。あるいはその逆に，音楽の授業の中で自分たちが感じている感情への気づきや感情に関するコメントを求めることもできるだろう。

　子どもたちは，歳を重ねるにつれ，自分自身の感情の状態だけでなく，その状態の表現をも制御するようになり始める。コール（Cole, 1986）は，3〜4歳の子どもになると自分の感情表現を制御できるようになることを明らかにした。コールの研究では，「ガッカリする」状況を設定したところ，最も幼い子どもですら落胆の表現を制御する能力を例証して見せた。その他にも，子どもたちが，誰と一緒にいるのかによって感情的な状況設定に対して異なる反応を見せたり，聞き手によって感情表現を変えたりする，とする研究もある（Zeman & Garber, 1996; Zeman, Penza, Shipman, & Young, 1997）。

　教師は，より自己制御のできる年齢にある子どもには，感情表示のための自分自身の方略を生み出すことを支援するべきである。そんな方略を子どもたちに授けることによって，教師は，(1) 感情を表現する方法は数多くあること，また，(2) 適切に感情を表現できる方法があること，という2つの価値ある教訓を与えることになる。幼い子どもたちが適切に感情表現できるようにさせたいという教師の中にはコールの研究手法を教授方法として適応したいと考える人もいるだろう。教師は，ガッカリした感情を表したり，プライドを示したり，といった感情を表現するのにさまざまな方法があることについて話すために，教室において自然に起こりうる状況，例えば，残念なテスト結果を受け取ったときや，スペリングコンテストで勝ったときなどの場面設定を使うことができる。より年長の子どもたちに感情表現の制御を実践する機会を与える他の手法としては，異なる感情の状態の人々の写真を見せ，子どもたちにその人がどんな感情を持っているのかについて想像させる，というものがある。子どもたちはなぜそのように想像したのかを共有してもらうこともできよう。そうすることで，子どもたちは他の子どもが想像した感情を組み合わせてモデル化することができる。また，これを2回やることで変化をつけることができる。つまり，1回目は全身を使って，そして2回目は顔だけで表現してみる。この方法は，感情表現の強さの変化を経験させるのに役立つだろう。

他人の感情を制御するための子どもたちの発達的な能力　幼い子どもたちは，自分自身の感情表現や反応を制御できるようになってくると，他の人も感情を持っているということを理解するようになる（Saarni, 1997, 1999）。この気づきを使って，2種類目の感情制御，すなわち他人の感情的反応を制御する試みが可能になる。5歳，8歳，12歳の子どもたちを観察することにより，マッコイとマスターズ（McCoy &

Masters, 1985）は，次のような発見をした。最も幼い子どもでさえ，落胆するよう
な出来事の中でその相手を元気づけるといったような，仲間の感情の状態を変化させ
る方策を考え出すことができた。ただし，より年齢が高い子どもがとった手法とは方
法が異なっていた。最も幼い子どもが選んだのは，逆の感情で置き換えるという方法
であった。もしある人が悲しんでいたら，おもちゃを与えれば幸せになるだろう，と
考えた。より年齢が高い子どもたちは，感情は，それを引き起こした状況に直接的に
結びついているので（Brown et al., 1991; McCoy & Masters, 1985），状況を変えれば
その感情は消え去ることになるだろうと仮定していた。

　教師は，子どもたちの他人の感情を認識し，反応し，そして影響を与える能力は発
育上それぞれ異なるということを認識しておかなければならない。文学や物語の利用
は，他人の感情に対して認識し，反応し，そして影響を与える能力を高める一助とな
る興味深い，既成の教育資源となりうる。例えば，教師は，物語を読み聞かせ，子ど
もたちに物語中の登場人物に異なる感情を持たせるためにはどうすればよいかを問い
かけることができる。このとき，教師は子どもたちが感情そのものを変化させようと
するのか，それとも状況設定を変えようとするのかについて，注意を払っておくべき
である。ある授業の活動の中で，ある子どもが特定の感情をはっきりと表示したとき
には，その子どもが幸せ，感激，静穏といった他の異なる感情を感じられるようにす
るためには何ができるのかクラス全員で議論してみてもよいだろう。年齢が高い子ど
もであれば，ここからさらに，わざと否定的な感情を起こさせるようなことをしても
よいかどうかについての議論を導くこともできよう。

　子どもは成長するにつれて言語に対する洗練性が増し，感情を表現したり扱ったり
するための語彙が増える（Brenner & Salovey, 1997; Brown et al., 1991; Greenberg
& Snell, 1997; McCoy & Masters, 1985）。幼い子どもたちは感情を状況固有のものと
して考えてしまうのに対して，年齢の高い子どもたちは異なる理由をもって感情表示
の制御を行う（Zeman & Garber, 1996）。年齢の高い子どもたちは，ある感情を表す
ことが傍にいる人の感情に影響を及ぼすことを理解している。彼らは，単に自分自身
に対する否定的な結果を避けようとするためだけではなく，同時に，その状況につい
て周りの人に少しでもよく感じてもらおうと考えて，感情表示を制御しようと試みる
ことがある。感情を表現することが引き起こす結果についての議論を促進するために，
教師は子どもに対して，幸せな，悲しい，もしくは怒っている人々と一緒にいるとき
にどう感じるのか質問するとよい。

292 第 3 部　インストラクションの異なる成果についての理論

◾ 状況依存原理：子どもの感情的発達に影響を与える内的要因について考える

　学習者が感情を管理し，制御する能力を発達させるためにどういった手法を選ぶかを考えるとき，2 つの内的要因が重要となる。1 つ目は，子どもたちが感じる感情の強さに性格が影響を及ぼすこと，そして 2 つ目は，脳の成熟が子どもの感情的経験を蓄積する（assimilate）能力に影響を与えることである。

性格と感情の強さ　性格は，子どもがどうやって感情を表現するか，そして，どの程度容易にその感情が引き起こされるか，に影響を与える。他者より強い感情を持つ子どももいれば，そうではない子どももいる。そして，その性格の違いが，自分自身や他人の感情を制御し管理する能力にも相違を生むこともある。クラクジンスキとカミングス（Klaczynski & Cummings, 1989）は，感情の激しさが強い子どもが他の子どもたちと比べてより攻撃的であることを発見した。一方，ラーセンとディーナー（Larsen & Diener, 1987）は，感情の激しさが強い方が，より興奮しやすいとしている。このような感情の激しさが強い子どもたちは，自分自身の感情的な反応を管理しようとする際に大きなハードルを抱えることになる。そして，実際に家庭でも学校でも問題行動を多く引き起こしている（Eisenberg et al., 1997）。

　ここまでに確認してきた感情の制御に関する教授方法は，このような子どもたちに自分の感情を制御する練習の機会を与えるものとして利用できる。教室には不適切であったり，極端であったりする情緒的問題を持つ子どものために，カウンセリング心理学を通して発達した，行動に影響を与えるためのより伝統的な手法に頼ることが教師には必要なこともある。その手法とは，例えばイトウ（Ito, 1997）によってまとめられているように，活動強化，活動活性化，障害対応支援，干渉信号といったものである。これらはすべて，子どもの不適切な感情的行動が他の子どもたちに悪影響を与えるような危機的レベルに達する前に，その行動がエスカレートしないように教師が抑えるのを助けるアプローチである。

経験を蓄積する能力　子どもが経験を蓄積する能力（そして，感情の経験を処理する方法について決断を下すために後でこれらの経験を取り出す能力）は，感情制御に影響を与えるもう 1 つの内的要因である。とても幼い子どもたちでさえ，その環境に応じてさまざまな方法で実験することを試みる。「このおもちゃで遊ぶのは楽しい。悲しいのはイヤだから，このおもちゃで遊んでみよう。そうしたら，やっぱりよい気分になった！」このような環境との相互作用の結果を蓄積する能力と，それらを後で一

第 12 章　情意的な発達を促進する　293

般化する能力がある子どもは，自分の感情をよりよく管理し，制御することができる。ロスバートとベイツ（Rothbart & Bates, 1997）は，子どもによって感情に関する経験を蓄積する能力に違いがあり，その違いが感情的になった状況でうまく対処する能力にも違いを生む結果となることを発見した。加えて，ブレナーとサロベイ（Brenner & Salovey, 1997）は，子どもたちの感情に関する経験を蓄積する能力の差異が，自分自身の感情を制御する能力にも差異を生むことを明らかにしている。

　子どもたちに経験を蓄積するための学びを進めさせるために教師ができる方法の1つとして，子どもたちに「感情の日記（emotion diary）」を書かせることがあげられる。子どもたちが何らかの感情を抱いたときに，まずそれを書き留めさせる。それから，その感情をどのように処理したかを書かせるのである。そのとき，子どもはその感情に名前をつけることができたか？　そして，その感情を楽しめたか？　もしその感情が否定的なものだったとしたら，それを和らげるために何をしたか（もし何かあれば）？　それは成功したか？　他にどんな行動ができただろうか？　教師は，感情についての蓄積と制御に関して特に成功した例を共有したいと思うこともあるだろう。それをきっかけとして過去の経験を活用して，子どもたちが現在抱いている，もしくは未来に抱くであろう感情を処理するよう奨励してもよいだろう。

状況依存原理：子どもの感情的発達に影響を与える外的要因について考える

　ここまでに概説した内的要因に加え，子どもの性別や文化的背景といったいくつかの外的要因が，子どもたちの感情制御能力の発達のための方法の選択に影響を与えうる。そのうち教師に最も関連のある要因は，子どもの自宅での生活である。親の性格特性や感情表現の方法は，子どもたちの今の言動に影響を与え，また，これからの発達にも影響を与える。ゴットマンら（Gottman, Katz, & Hooven, 1997）は，感情に関して敏感な家庭で育てられた子どもたちは，気持ちを制御することを学んでいるので，過度に興奮したり，攻撃的になったり，または引っ込み思案になったりせずに，むしろ，他の子どもたちに気を遣って適切に友だちの輪に加われると主張している。逆に，消沈していたり，怒っていたり，または夫婦間に葛藤のある両親を見ることによって，子どもは感情を管理するのに不適応な方略を学んでしまうかもしれない。自宅における否定的な表現は，肯定的な感情表現をとても困難にするように思われる（Garner & Power, 1996）。その一方，肯定的な表情を自宅で多く使っていれば，とても向社会的な行動が子どもに芽生えるようである（Zeman et al., 1997）。加えて，「自分のおもちゃは自分できれいに片づけなさい」のように子どもへの期待を投げかけた

り，そのような期待に沿うよう手助けする家庭では，子どもたちは感情制御の実践機会を多く得ることになる（Kopp, 1989）。シッケダンツ（Schickedanz, 1994）は，「権威的（authoritative）」な親と「権威主義的（authoritarian）」な親を対比している。権威主義的な親は，単に従うことを求め，そして，しばしば高圧的な，または懲罰的な基準を用いる。そこには，要求についての理由説明もなければ，まだルールを学んでいる途上の子どもを許容する環境もない。権威主義的な親に育てられた子どもはしばしば，感情行動についての基準をうまく自分のものにできない。そして，感情的状況に適切な方法で対処することに困難を抱えてしまう。

　子どもの感情の発達にとって家庭の生活は大切であるけれど，そこは教師がほとんど，もしくはまったく介入することができない領域である。したがって，この問題を直接的に扱える方策を示すことは難しい。教師は，（もし他の何にも役立たないとしても，自分自身を非難しないために）自分にできることには限界があるということを心得ておくことだけでよいのかもしれない。それでもなお，絵や物語などを使って自宅での生活における感情の表現を描かせることで，子どもが自分の感情の反応を制御することを助けたり，教師が子どもをよりよく理解するための助けにすることもできよう。「感情の日記」を書かせることは，健全な感情の発達が望めない家庭生活にある子どもにとって特に重要だろう。

┃感情的知能の測定と評価

　この章の目的は，普遍的原理と状況依存原理の形式で，感情的知能を発達させる教育の指針についての最新の知識をまとめることにあった。そして，その作業を通じて，感情的知能の発達に関する共有知識基盤を構築することを目指した。

　この章を執筆するにあたり，筆者らは，感情的知能が心理学的構成概念となりうるものであり，測定，教育，評価できるものであると仮定していた。しかし，感情的知能に関わる重要な哲学的，そして技術的課題は，引き続き学術的に議論の余地がある。本章の紙面の制約では，これらの課題は取り扱えない。しかし，感情的知能に関する重要な構成概念の概念化手法，感情的知能の評価に関わる課題や手法，そして，感情的知性に関する理解に影響を与える研究課題についてもっと知りたいという方には，下記の2つのすばらしい文献を薦めたい。リューベン・バルオンとジェームズ・パーカーによる『感情的知能（*The Handbook of Emotional intelligence*）』（Bar-On & Parker, 2000）とジェラルド・マシューズらによる『感情的知能：その科学と神話（*Emotional Intelligence: Science and Myth*）』（Matthews, Zeidner, & Roberts, 2004）で

ある。

結論

　この章で紹介した教育プログラムや原理をまとめてながめると，我々がすでに知っていることが何かを気づかせてくれる。それは，感情に関するスキルを教えようとすると，認知的スキルを教えるのとまったく異なる領域に突入するということである。感情の複雑さと状況性は，感情に関するスキルの階層を構築できないことを意味している。そして，それは，子どもたちの能力を正解・不正解に基づいて評価することはできないということでもある。最も重要なことは，ある状況で修得されたスキルを他の状況に転移させて活用するということにはほとんど確実性がないことである。

　これらの限界にもかかわらず（または，おそらくその限界のために），感情的知能に関するスキルを教えることは，人間関係がコミュニケーションや輸送技術の利用を通して密接になっている今だからこそ，ことさら重要なのである。現在は，自分とは異なる文化，階級，人種の人と接する機会がより頻繁となっているので，誤解を起こす可能性も高まっている。そして，誤解の結果がこれまでにないほどの害を及ぼすものになりうる時代である。この理由からだけでも，子どもたちの感情的知能のスキルを発達させようと意識的に指導するという考えは，初等中等教育を改革しようとさまざまな手法を提唱している教育者によって提案されたいかなる方策よりも，より賢明なことだといえるかもしれない。この章が学者の皆さんにとって，この重要な領域に関する設計理論の共有知識基盤を構築する一助となることを願って，この章を締めくくる。

⫸ 原注

- ◆1　編者注：認知的学習を促進するための手段として，そして同時に，それ自身を重要な学習の種類の1つとして，教育において感情を扱うことは，情報時代の教育パラダイムにおける重要な特徴である。
- ◆2　編者注：これは記述的原理である。
- ◆3　編者注：これは設計の原理である。
- ◆4　編者注：これはもう1つの記述的原理である。
- ◆5　編者注：これはすべて記述的理論である。あいまいな原理を精緻化するものではない。
- ◆6　編者注：これは，方法についての複数の種類を同定することによって，方法を精緻化するものである。
- ◆7　編者注：このような方法は教授事象理論ではない。何を教えるべきか判断するのに利用するなら，それは教授分析理論である。一方で，学習者が何を学んだかを評価するために使われるのなら，それは学習者評価理論である。

296 第3部 インストラクションの異なる成果についての理論

◆8 編者注：情報世代の教育システムの一側面は，教師と親の間のパートナーシップにある。この
ようなパートナーシップを持つことは，子どもの感情に関する親の関わり合いに影響を与える
機会を教師に提供することになる。
◆9 編者注：これはすべて記述的理論である。

第 13 章
複数の領域にわたる総合的学習を促進する

ブライアン・J・ベイティ（サンフランシスコ州立大学）

ブライアン・J・ベイティ（Brian J. Beatty）は，カリフォルニア州サンフランシスコ州立大学教授工学科の教育学准教授である。大学院レベルの教授システム設計や遠隔教育，e ラーニング開発，プロジェクトマネジメント，ならびにテクノロジ統合について教えている。研究関心は，インターネット技術の教育利用を中心としており，初等中等教育の教室や高等教育機関，そして企業内研修システムなどの学習環境を含んでいる。特に，インターネット技術を中心に応用した仮想，ハイブリッド，ならびに完全にネットワーク化された学習コミュニティに興味を寄せている。最近の仕事には，ハイブリッドのコース設計を行うための HyFlex モデルがある。彼の背景には，初等中等教育における算数と理科の授業を担当する教室教師とカリキュラム設計者として約 10 年間の経験がある。ブライアンは，長年にわたり，企業内教育や軍隊のトレーニングを設計開発した経験も有している。

298　第3部　インストラクションの異なる成果についての理論

本章の概要

前提条件（どのようなときにこの理論を用いるか）
内容
- 複数の学習領域にわたる必要がある。

学習者
- すべての学習者

学習環境
- すべての種類，ただし教師と行政機構が協力的でなければならない。

インストラクション開発上の制約
- 比較的多くの開発時間と従来と異なるリソースを必要とし，教師が共同で計画する時間が必要である。

価値観（何が重要であるかについての見解）
目的について（学習目的）
- 学習は学習者の生活に関連していなければならない。
- 領域間の関係は学ぶために重要である。
- 「現実世界」への転移が重要である。

優先事項について（インストラクションを成功させるための基準）
- 効果と魅力が非常に重要である。
- 効率はどちらかといえば重要ではない。

手段について（教授方法）
- ゴールと活動，リソース，そして評価がすべて統括的テーマに直接結びついていなければならない。
- 豊かなリソースとさまざまな教授活動が重要である。

権限について（上記3条件についての意思決定）
- 教師はいくつかの要素を直接管理することをあきらめる覚悟をする必要がある。
- 厳しい行政の要求や州のカリキュラム要件を超えた柔軟性が必要である。

普遍的方法
1. すべてのインストラクションが関連する統括的テーマを用いること
   - 選択の基準には次のものが含まれる。テーマが学習者にとって興味深いものであること，学習者の生活に直接関連すること，学習目標を支持するものであること，学習者の年齢と経験に対して適切であること，学習経験のために豊かな

環境を提供すること。

- 可能ならば，学習者が全員参加してテーマを選択する。
- 1つの統括的テーマを，1年間かけて学ぶ。
- テーマは問題指向，課題指向，またはトピック指向でよい。
- テーマは学習者にとって受け入れやすいものであり，統合的でなければならない。

2. インストラクションを最も重要な学習ゴールに集中させること

- ゴールは学習者が学ばなければならないことの観点から述べられる。
- テーマはカリキュラム要素に分けられ，次に具体的なトピックに分割され，そしてさらにキーポイント（概念，スキル，知識）に分けられる。
- 学習者が学習ゴールを決定する上で何らかの役割を持つこともある。

3. さまざまな教授活動を用いること

- これらには一般に，導入と例示，フィードバックを伴う練習の機会，そして最終的な学習成果の評価が含まれる。
- 学習者の概念的理解が緩やかなものから速いものへ，小さなものから大きなものへ，単純なものから複雑なものへと移行するのを促進するように学習活動が構成される。
- 学習者は具体的な経験のサイクルの中で学習する。具体的な経験の後に省察的な観察を行い，その後に抽象的な概念化をし，最終的にまた具体的な経験として積極的な実験を行う。
- 具体的な活動を決定するのを学習者が手伝うときもある。また，一連の授業をすべて詳細に規定する単元計画と授業計画が教師に与えられる場合もある。しかし多くの場合には，教師が授業を即興的，適応的に行う。
- 学習者が学んだことを楽しく有意義な方法で応用する多様な機会が提供されるべきである。
- テーマ中心型単元（thematic unit）には仕上げの（culminating）活動が含まれ，一般にはその結果が最終的に重要な成果物となることが多い。

4. 有益な教授リソースを提供すること

- 教室内のリソースのみならず，内容の専門家やコミュニティグループ，あるいはテクノロジなどの現実世界のリソースを使う。

5. 真正な評価活動を通じて成果を評価すること

- ポートフォリオや公開プレゼンテーション，作成物についての省察と修正，省察レポート，仕上げの経験を用いる。

- 可能であれば，学習者相互や学習コミュニティの他のメンバーとの協調作業が必要な活動にする。
- 自己評価を頻繁にさせるべきである。特に成人学習者には必要である。

状況依存原理

- 十分に柔軟性のある行政機構が存在しない場合には，教師は許された柔軟性の中で活動しなければならない。例えば，たまに学級を合体させたり，教育の責務を交換したりといったことである。
- 非常に柔軟で自由な参加／自由な退出の仕組みがある場合には，単元をモジュール化したり，複数学年にまたがる頻繁な交流を確立する。
- 学習者個人のニーズに合わせて教授は柔軟性を持つべきである。
  a. 活動やリソースをうまく組み合わせることができない場合には，代替案を探す。
  b. 学習ゴールが高度すぎる場合には，新しいゴールを設定する必要があるかもしれない。
  c. 学習者の間に大きな差がある場合には，複数学年にまたがる教授活動をより多く提供する。
  d. 学習者の多様性が重視される場合には，その認識を高めるように活動を構成することができる。
- 科目間の統合の程度は，5段階で区別する必要があるだろう。
  a. 運営上の柔軟性が最低である場合には，教師個人によって統合が行われる。
  b. 最も柔軟性が高い場合には，複数の学年と複数の科目にまたがって首尾一貫したテーマを設定する。
- 統合の程度は，局面によって変化する。すなわち，多科目的，科目連携的，科目横断的である。これらのどれを選択するかは，スケジュールの自由度，職員のサポート，そしてカリキュラムの要件によって異なる。

(編者)

定義

　テーマ中心型教授（theme-based instruction）は，統括的なテーマを設定することで，さまざまな学習領域を1つにまとめて学習を促進するアプローチである。テーマ中心型教授は，さまざまな名称で呼ばれている。テーマに関する総合的教授（ITI: integrated thematic instruction; Kovalik & McGeehan, 1999; Kovalik & Olsen, 2002），テーマ中心型総合的教授（ITB: integrated theme-based instruction; Dirkx & Prenger, 1997），総合的あるいは学際的カリキュラム（integrated or interdisciplinary curriculum; Jacobs, 1989, 1991a; Walker, 1996），分野横断的あるいは全体論的学習（transdisciplinary or holistic learning; Drake, 1991; Miller, Cassie, & Drake, 1990）などである。これらのアプローチにすべてに共通するのは，具体的なカリキュラムのための教授開発であり，統括的（あるいは包含的，根本的，基礎的など）なテーマに直接結びついた教授ゴール（instructional goals）や活動，リソース，そして評価を伴うことである。統括的なテーマは，カリキュラムと学習経験をながめるためのレンズの役割を果たす（Perkins, 1989）。このテーマについては，教授プログラム全体を通して学習者にはっきりとした形で伝えられる。

重要性

　テーマ中心型教授の重要性は，教授内容と学習活動を統括的テーマと関連させることで学習を向上できるという研究成果により示されている（Bergeron & Rudenga, 1993; Haas, 2000; Ritter, 1999; Ross, McCormick, & Krisak, 1986; Swartz, 1991; Yorks & Folio, 1993）。テーマ中心型教授は，より自然な学習形態であると論じる人もいる。伝統的な（テーマベースではない）学習プログラムに参加しないことが，人が学ぶ最高の方法だろうということである[1]。多くの学校環境において，テーマ中心型教授による教育プログラムやアプローチが採用されている。初等中等教育のあらゆる学年段階で，教区プログラムや事例をあげることができる。多くの成人学習プログラムにもテーマ中心型教授が採用されており，特に生活技術訓練プログラムに多い。

　（単一科目に関する）テーマ中心型単元（thematic unit）や，教科横断的なテーマ中心型単元（interdisciplinary thematic units: ITUs）は，長年にわたってすべての学年において用いられてきた（Roberts & Kellough, 2000; Vars, 1991）。初等中等教育の授業で用いられるテーマ中心型単元には，次のようなものがある。

- 「ガリバーとの旅行（My Travels with Gulliver）」は，4～6年の算数，文学，ライティング，図画工作を総合したものである（Kleiman, 1991）。
- 「少しずつ〜一緒につくろう（Bit by Bit—Building It Together）」は，1年生の理科を中心とした単元であるが，すべての科目を総合したものである。これはある学校での抜本的な再編成の中で開発されたものである（Greene, 1991）。
- 「未来に生きる（Living in the Future）」は，中学2年生の生徒が長期間にわたって全教科にまたがる内容と活動の計画と開発に関与して選ばれたテーマである（Beane, 1991）。
- 「人間学（Humanitas）」は，複数学年の複数教科をまとめた高校生向けの分野連携型単元であり，主に人文科学に焦点を合わせている。その主なゴールは，教師とともに研究者コミュニティに参加し，非常に熱心に活動し，批判的に考える生徒を育てることである（Aschbacher, 1991）。

実際に，あらゆる教科と学年の組み合わせについて，テーマ中心型単元を列挙し説明する本が，多く書かれてきた。これらの単元の多くは，教師の出発点になるという観点からは有益である。その一方で，テーマ中心型単元を教師が開発することを推奨するプログラムや手引きは他にもある。なぜならば，教師が自ら開発したテーマ中心型単元は，個別地域の文脈を扱うのにより適合し，特定の学習者集団に特有のニーズを強調することができ，そして教師の専門職としての成長を助けるからである。

次に，テーマ中心型教授の実践の理論的基盤について簡潔にまとめる。

理論的基盤

テーマ中心型教授理論の重要な理論的基盤は，脳研究に基づく教育的研究と多重知能理論（multiple intelligence theory）で構成される。この節では，それぞれについて簡潔に概観していく。

脳研究に基づく教育研究

脳研究は，人がどのように学ぶかを生物学的観点から理解するのに寄与してきた。脳研究で得られた知見を用いることは，子どもと成人の学習環境を設計し，学習経験を開発するにあたって意義がある。もし脳の生物学上の仕組み（化学的，神経学，感情など）に働きかける経験と環境をつくり出すことができれば，おそらく有意義な学

表 13.1 ITI の 5 つの学習原理（Kovalik & Olsen, 2002, p. xiv）

1. 知能は経験と相関する。
2. 学習とは脳と身体の間の不可分のパートナー関係である。
3. 問題解決や生産的な行為のためには，多様な知能と方法がある。
4. 学習とは 2 段階のプロセスである。(1) 問題解決を通じてのパターンの探索や意味の創出，(2)
   理解したことを利用し，それを長期記憶に結びつける脳内処理プログラムの開発。
5. 人格は学習とパフォーマンスに影響を与える。

習の可能性が増大し，教育制度を改善することができるだろう[2]。

　コヴァリックとオルセン（Kovalik & Olsen, 2002）のテーマに関する総合的教授（integrated thematic instruction: ITI）モデルは，脳研究から導き出された 5 つの学習基本原理を基盤としている。これらの 5 つの原理を表 13.1 に示す。

　この章の議論に最も関連する脳研究は，有意義な問題解決を通じたパターン形成の重要性を示すものであり，長期記憶に役立つといわれるものを利用する教育プログラムの開発に用いられることになる。

有意義な問題解決を通じたパターン形成　パターンを識別して理解する脳の能力は，人間や状況，そして抽象的概念の実例を認識するのを可能にし，子どもと大人の両方にとって効果的な学習経験を生み出す鍵となる。ハート（Hart, 1999）は，学習を 2 段階のプロセスとして定義している。そのプロセスはパターンの発見と識別で始まり（それが意味形成を可能とし），そして新しく理解したことを利用し記憶するために，有意味な脳内処理プログラムを開発する。このように学習を捉える観点は，ゴールドバーグの脳機能の勾配・分散モデルと一致する（Goldberg, 2001）。学習プロセスの各段階における脳の活動を追跡すると，それぞれの段階で脳の異なる部分がより活発になることがわかる。学習者がパターンを識別する段階では，主に関わる脳の部分は右前頭葉である。学習者が意味を創出する段階では，左前頭葉へと変化する。学習者が外部からの支援を得ながら新しい知識を使うことができる頃は，初期のプログラム構成が始まっている段階であり，脳の活動の中心は脳の後方に向かって移動する。最終的に，学習がより無意識に行われるものとなり新たな知識が長期記憶に格納される段階になると，脳の活動はさらに後方の低い位置，脳の古い領域へと移動する。人の学習がこのように行われるという複数の証拠があるので，この自然な学習の進行を支援することが教授環境において重要である。

　テーマ中心型教授は，常に学習経験（資源，活動，内容）の中心に包括的テーマを位置づける。学習が進行するにつれて，人の脳が持つ能力を活用する機会を与え，パターンを認識して理解することの必要性を提供する。テーマ中心型教授アプローチで

304 第3部 インストラクションの異なる成果についての理論

は，新しい情報を個々の学習のまとまりや個別のトピックやテーマにおいてバラバラに経験するのではなく，概念やトピック，あるいはテーマ間のつながりを強調する。多くの場合，テーマそのものが主要な学習対象となる。さまざまな分野からの知識が要素として導入され，テーマについての理解を助けることになる。コヴァリックとオルセン（Kovalik & Olsen, 2002）は，ITIモデルにある9つの身体−脳適合要素（Kovalik & Olsen, 2002, p. xiv）としてまとめられている特定の教授方略がどのようにパターン形成の強化に役立ったかを説明している。

■ 多重知能理論

伝統的に，知能は教育場面における個人の学習能力を示すことを試みる試験によって測定されてきた（Daniel, 1997; Saltier, 2002; Sternberg, 1997）。これらの試験の重大な限界は，主に抽象的な推論の技術と能力を測定するものであり，他の重要な知識獲得方法を測るものではないということである。今日の一般的な学校環境では，インストラクションや学習，そして評価の大部分は論理的（すなわち数学的あるいは科学的な推論）または言語的（すなわちリーディングとライティング）に考える方法に重点を置いている。他の知識獲得方法がますます認識され，議論され，評価されるようになるにつれて，我々の知能に関する理解はより複雑になってきた（Gardner, 1999; Lazear, 1994; Perkins, 1998; Wiggins & McTighe, 2005）。

ハワード・ガードナーによる多重知能の明確化と説明に関する研究は広く知られており，多くの教育場面で取り入れられている（Gardner, 1983, 1999）。ガードナーは，人の知能が最もよく理解されるのは，人が知的になる（問題を解決したり作品をつくり出したりできる）ことに関する多様な観点や見方を通じてであると主張している。我々の知能の理解（そして，測定，評価，向上の追求）を，典型的なIQテストによって測られるものに限定するのではなく，ガードナーが人間の学習の証明として捉えた10（あるいはそれ以上）種類の知能によって理解するべきである。これらの知能を表13.2に列挙する。

テーマ中心型教授環境は，さまざまな種類の知能の発達と表出を助ける有意義な機会を提供し，複数の知能によって学習者の経験と内容の探求を促進する活動が含まれることが特徴的である。うまく設計されたテーマ中心型教授環境では，学習者に論理・数理的知能と言語的な知能だけを応用させる活動だけではなく，学習者がさまざまな知能全体を用いて問題解決に携わり成果を生み出すことができるようになる。各学習者は，自分の考え学ぶ方法に最も適した方法で，自由に専門的知識を発達させて表出することができる。

表 13.2　人間の多重な知能（Gardner, 1999 による）

1. 論理・数学的
2. 言語的
3. 空間的
4. 身体・運動感覚的
5. 音楽的
6. 個人の内面的
7. 対人関係的
8. 自然主義的
9. 実存主義的
10. 精神的

重要な前提条件

　テーマ中心型教授の支持者は，このアプローチはどんな内容でもほとんどあらゆる教育の場でも応用できると力説するかもしれない。しかし，このアプローチの活用を妨げる可能性のある重要な前提条件が１つある。それは，現在の教育制度における行政機構（administrative structure）の種類と大きさである。ある種の状況下では，行政機構がテーマ中心型教授の妨げになるかもしれない。

　教育制度によっては，行政が中央集権化し，監督が強力で，融通が効かないものもある。そのような行政の下では，テーマ中心型教授をより効果的に実施するためのプログラムの柔軟性や変化は許されないかもしれない。学区でカリキュラム指針を非常に詳細に制定している場合には，その学区のすべての学校で各学年の教師全員が同じ時期に同じ内容を教えることが義務づけられるところもある[3]。この融通の効かなさによって，学区レベルでの行政がすべての学校でテーマ中心型教授を実施することを決定しない限り，採用は不可能となる。また，カリキュラムと教育プログラムに対する大きな権限が学校に与えられていたとしても，学校レベルの経営者が教室での日々の教授内容と実践を規定するかもしれない。この場合もまた，学校経営者が直接関わって協力し，特に教師がさまざまな教授活動用に豊富なリソースを用意し，個々の学習者のニーズに合わせることに必要な柔軟性が許されない限り，教師は効果的なテーマ中心型教授を実施することは不可能だろう。

306 第3部 インストラクションの異なる成果についての理論

テーマ中心型教授の普遍的原理

　概して，テーマ中心型教授の理論はメリルの教授の第一原理（第3章を参照）と合致する。簡単に言えば，メリルが明らかにした第一原理には，学習者にとって意味のある問題をインストラクションの中心に置くこと，学習者の先行知識を活性化すること，学習者に新しい知識を例示すること，学習者にその知識を何らかの真正な方法で応用させること，そして学習者が学んだことを教育場面の外の「現実世界」に転移させることを助けることが含まれる。この節では，テーマ中心型教授理論に見いだされる5つの基本的原理を提示し，それぞれがメリルの第一原理とどのように合致するのか簡潔に論評する。

　教育と学習の改善のために，テーマ中心型教授の考案と実施の重要性が増している。その結果，独自のテーマ中心型単元を設計したいと考える教育者のための多様な手引きがつくられてきた（Dirkx & Prenger, 1997; Kovalik & Olsen, 2002; これらの手引きは，テーマに関する総合的教授（ITI）の基本的手法を提示し，用語を定義し，テーマ中心型単元の設計手順を解説するものである。教授理論には教授を考案する手順は含まれていないので[4]（第1章参照），この章ではテーマ構成の指針について最小限のみ言及する。

　これらの手引きで示されている多様なテーマ中心型教授モデルの普遍的原理には以下が含まれる。(1) すべての教授が関連する統括的テーマ（unitying theme）を用いること。(2) 主要な学習ゴールに教授の焦点を合わせること。(3) さまざまな教授活動を用いること。(4) 学習に役立つ教授リソースを提供すること。(5) 真正な評価の実施によって成績を評価すること。メリルの第一原理を満たすテーマ中心型教授をうまく設計し，効果的に実施するためのこれらの原理について，次に述べていく。

1. 統括的テーマを利用すること

　テーマ中心型教授モデルの真髄は，インストラクション（教授と学習）は基本的なテーマの文脈において行われるという点である。このテーマが，問題空間，すなわち学習のための実践の場を提供する。つくられる学習環境は，一般にこのテーマの主な特徴に直接に結びつけられる。テーマが学習者とともに（あるいは学習者によって）選ばれたとしても，もしくは教師，さらにはカリキュラム開発者によって選ばれたとしても[5]，学習者にとって興味深く，学習者の生活に直接に関連し，学習経験に豊かな環境をもたらすテーマを選択しなければならない[6]。中心となるテーマの考案に学

習者を巻き込むこと（Dirkx & Prenger, 1997）は，学習者の先行経験を活性化する強力な機会をもたらす。これはメリルの第一原理の2番目にあたる。

ITI における年間を通じたテーマ[7]　ITI モデルは，教室で脳研究の成果を実施する学習環境の構築についての包括的なアプローチを非常に明確に説明している（Kovalik & Olsen, 2002）。ITI で重要なことは，総合的テーマの実施である。全体をガイドするテーマ（guiding theme）を1つ設定することの目的は，「巨大なパターンとなる大きな網を頭の中につくり出すことによって，脳によるパターンと意味の探索を向上させる」ことである（Kovalik & Olsen, 2002, p. 14.5.1）。包括的で年間を通じたテーマは，標準カリキュラムに直接結びつけて選択されるが，同時に，学習者にとって地域性があり，独立して取り組めるもので，「現実」生活と関係づけて没入感を満たす。テーマは，カリキュラムの主な構成要素を組織化し，概念的テーマを相互に拡張するために用いられる（図13.1を参照）。

成人（生涯学習）スキル　学習者が個人的目標を満たすために新しい知識を追い求める生涯学習者（life-long learners）になるように助けることが，ますます重要な教育のゴールとなっている（Strube, 1993）。成人教育の分野は，学習者の生涯学習スキルを構築する手法の開発をリードしており，テーマ中心型教授が効果的なアプローチであることを多くの教育者が発見している。ディルクスとプレンジャー（Dirkx & Prenger, 1997）は，成人識字能力や第二言語としての英語（english as a second

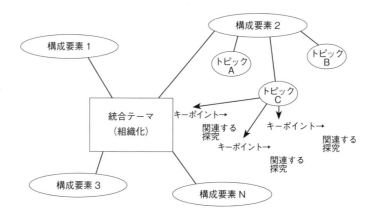

図13.1　ITI モデルのテーマ構造（Kovalk & Olsen, 2002 から引用）

308 　第 3 部　インストラクションの異なる成果についての理論

language: ESL), 家族リテラシー (family literacy) といった開発教育プログラムにおいて, 成人教育者がテーマ中心型総合的教授 (integrated theme-based instruction: ITB) を利用する助けとなる指針を準備した。これらのプログラムにおける学習者の大きな共通点は, 生活経験と目標指向の成人学習への参加が密接に関係していることであると認識したため, 彼らは ITB アプローチを採用した。

　テーマによって主な教授内容と活動が決まるので, テーマの選択が ITB にとって重要な課題である。成人学習者の背景 (経験とゴール) は, 動機づけと最終的には学習に大きく影響するので, テーマを決定するタスクには成人学習者を参加させるべきである。ディルクスとプレンジャーは, テーマが学習者の (もし可能であれば) 全面的参加によって選択された場合に ITB が最も効果的であることを発見した。先に述べたように, これはメリルの 2 番目の原理である先行経験の活性化につながる。いくつかのプログラムでは制約があり, あらかじめ決められたテーマを押しつけられたり, 話し合いとチームワークに十分な時間がなかったりする場合がある。そのような場合, テーマの展開や教授プログラムの選択の際には, 成人学習者の経験と背景についての知見を考慮するべきである。テーマを選択したならば, 学習者にとっての有意義さ, 学習者 (と教師) の関心の強さ, 豊富さ, プログラムの目的達成への貢献度, 「現実生活」への実際の応用可能性, さらには学習者の年齢と経験への妥当性に基づいてテーマを評価しなければならない。もしテーマがこれらの基準を満たさない場合には, 修正や変更を行うべきである。

問題としてのテーマ　テーマはメリルの問題中心 (現在では課題中心, 第 3 章を参照) の第一原理を満たしているだろうか?　この質問への答えは, 「時には」である。確かに, 適切なテーマが選ばれた場合には「幅広い範囲の活動で, 学習者がインストラクションの後に世界で遭遇する典型的なもの」(Merrill, 2002, p. 45) を提供する。例えば, 「成長するって何 (growing up)」「人間になる (becoming a person)」「仕事探し (finding a job)」「スポーツにおける物理学 (physics in sports)」といったものがテーマの実例としてあげられるが, これらには学習活動の中心となる重要で興味深い問題 (または複雑なタスク) が含まれている。他方で, いくつかのテーマはトピックをより中心としたもの◆8 もあり, 問題解決やプロジェクト (または複雑なタスク) の完了には重点を置いていない。トピック指向のテーマの例には, 「一年の季節 (seasons of the year)」「時間 (time)」「温度 (temperature)」「身近な動物 (animals in the neighborhood)」「生活様式 (patterns of life)」などがある。ここで注意してほしい重要なことは, テーマの選択は, 問題を中心とした教授の実施を強制したり妨げたりするものではないということである。メリルの第一原理によれば, より必然的

に問題指向アプローチに適応しているテーマのほうが，結果としてより効果的な学習につながるかもしれない。

広がりと総合[9]　適切な総合的（integrative）テーマは，カリキュラムに含まれる主要な分野に広く適用される。カリキュラムで扱う概念やトピックとテーマとの間の体系的つながりを発見することは難しいことではないだろう。例えば，物理学と幾何学を含むカリキュラムのために広範囲な（pervasive）テーマを選択すれば，両方の科目のあらゆる主要なトピックに当然応用できるだろう。テーマはカリキュラムの根底にある重要なパターンを描き出し，教科内と教科間の類似性と差異を明らかにするものでなければならない（Kovalik & Olsen, 2002; Meinbach et al., 1995; Roberts & Kellough, 2000）。

2. 主要な学習ゴールに教授の焦点を合わせること

　ひとたびテーマが決まったならば，主要な学習ゴールを設定しなければならない[10]。テーマ中心型教授の指針には，主要な学習ゴールの決定に学習者が関わることを強く推奨するものもある。他の指針では，教師と学習者の代わりに，カリキュラム開発者が学習ゴールを決定してよいとする場合もある。こうして設定される学習のゴールは，学習のニーズを反映していなければならない。学習ニーズには，教授プログラム（カリキュラム）のゴールや学習者の関心と表明された学習への要望事項が含まれる。全体に関わるゴールは，学習者が問題解決やプロジェクト学習の目的を達成するために学ぶべき内容の観点から設定されることもある。例えば，「環境と調和した生活をする」というテーマのプログラムでは，学習のゴールを「学習者が環境計画を立てる方法を学ぶ」こととし，それを達成することによって目指す問題解決のゴールを「身近にある重要な環境問題を解決する計画を立案し，その責任を負う地方行政に提案する！」と設定することもできる。このゴールは，メリルの問題中心の第一原理の好例である。

　ITI では，カリキュラムの主要な構成要素とは，相互に関係する概念的テーマの拡張であり，それを組織化するためにテーマが用いられる。各構成要素が学習の具体的なトピックを中心として配置され，その単元の主要な学習ゴールを反映したものになる。トピックは構成要素の一面であり，学習者がその構成要素の基本的概念を学ぶのを助ける。それぞれのトピックについて，学習者が学ぶべき特定の概念やスキル，あるいは知識が要点リストとして列挙される。その要点は，主要な学習ゴールやカリキュラム標準，あるいは学習者の身近な現実世界の関心と連携している。

310 第3部 インストラクションの異なる成果についての理論

■ 3. さまざまな教授活動を活用すること

　学習ゴールを設定したならば，学習者に学習ゴールを達成させるために特定の教授活動を選択する。コヴァリックとオルセンはこれを「要点および関連する探求活動」と呼ぶ。これらの活動の実行には，導入と例示，フィードバックを伴う練習，そして評価を伴う最終パフォーマンスといった，教室での授業の伝統的な段階が一般に含まれる[11]。例えば，「古代ギリシャ文明」というテーマ中心型単元における教授活動では，学習者にギリシャ文明についてのある観点からのプレゼンテーションを，少人数で，自分たちが選択した形式で行わせる（Roberts & Kellough, 2000）。短い劇（演劇）を創作することを選んだり，ギリシャのニュース番組の台本を書くグループもあるだろう。また，古代ギリシャの人物のロールプレイを行い，北欧の人々との交易の見識について議論をするグループもあるかもしれない。

　ITBの教授は，ディルクスとプレンジャーの説明によれば，文脈中心型の学習アプローチをとる（Vella, 1994）。学習活動は，学習者の概念的理解が，緩やかなものから速いものへ，小さなものから大きなものへ，単純なものから複雑なものへと移行するのを促進するように構成される。コルブ（Kolb, 1984）は経験学習を，一般に具体的経験で始まり，省察的観察が後に続き，抽象的概念化へとつながり，最終的に積極的な実験に至るサイクルとして提案している。実験は新たな学習を導き，より複雑で，より速い，あるいはより広い概念と経験のレベルで，再び学習のサイクルが始まる。テーマを中心として教授活動を構成する場合，経験学習のサイクルはタマネギの皮のように考えることができる。サイクルを繰り返すにつれてより深い層まで取り除かれ，ついには中心つまり，本来の学習ゴールの達成と系統的なテーマの完了に学習者が到達する。

　テーマ中心型教授では，具体的な活動の実施は教師と学習者の創造性と活力に委ねられることが多い。学習者が活動の決定を手伝う場合もある。また，教師に授業の流れの詳細を記述した単元計画と授業計画が提供される場合もある。しかし，その他の多くの場合では，学習者の具体的な要求やニーズ，要望と，時間や天気といった状況的要因に合わせて，教師がその場で即興的に授業をつくり上げて適応させる。いずれにしても，メリルの第3の原理である例示は，個々の教師が必要に応じて実行するのに任される。

　教授活動の展開についての一般的な指針では，学習者が学んでいることを楽しく意義のある方法で応用する機会を多くつくり出すことにも焦点を当てている。学習者に最近行った科学実験を説明する短い記事を地方新聞に書くように求めたり，身のまわりの世界で気づいた仮説を試すために，科学実験をデザインさせたりする（例えば，「な

ぜ商業地区の彫像はすべて緑色なのか？」)。多くのテーマ中心型単元には，中心となるプロジェクトで学んだ多くのことをまとめる手段として，学習者が仕上げをするための最後の活動が含まれる。普通は，この中心となるプロジェクトによって，学習者の学習の深さと広さを表す重要な成果物が得られる。

クラス内の学習者の知識，スキル，能力のレベルがかなり広い場合には（2学年以上を合同にしたクラスの場合など），教師は学習者のさまざまなニーズに合わせて幅広い活動を用いることもできる[12]。これは「マルチレベル教室（multilevel instruction)」とも呼ばれる。

マルチレベル教室　マルチレベル教室とは，複数の学習者または複数の学習者集団が，同一または異なる学習目標を達成するために，それぞれが異なるタスクに取り組む教授環境のことである。教授活動やリソースは，学習者個人の好みと相違（強みと弱み）に応じて学ぶ助けになる。テーマ中心型教授では多くの場合，学習者が学習目標を達成するための複数の方法を提供するようにさまざまな教授活動を教師がつくり出す。そのため，多種多様なタスクが同時に進行する学習環境をつくり出すことが，テーマ中心型教授環境にとって重要である。例えば，分類タスクをすべての学習者ができたとしても，それは能力や関心に応じて異なる方法で行った結果だったかもしれない。同様に，学習者が自分自身の学習目標を設定し，その結果として，目標を達成するための活動も設定する場合，設定されたテーマのもとで，異なるときに異なる方法で，レベルの異なる要素にそれぞれ取り組むことになるだろう[13]。

簡潔に言い換えると，教授活動の一環として知識を応用する機会は多種多様である。メリルの第4の原理である応用は，テーマ中心型教授の主要部分であるかもしれないが，同時にその実施は個々の教師の創造性，熱意，資源の余地に委ねられている。

4. 有益な教授リソースを提供すること

テーマ中心型教授の単元には，提案された教授活動を実施するのに役立つ，あるいは必要となる具体的なリソースが含まれていることが多い。一般に，テーマ中心型教授のモデルでは現実の生活にあるリソースを使う必要性を強調する。特に，新聞や古典文学，音声記録やビデオ，さまざまな分野の専門家（親を含む），地域組織と地域の中心的人物，地方の地理書，あるいは文化的イベントその他の教科書ではないリソースである（Meinbach et al., 1995）。コヴァリックとオルセン（Kovalik & Olsen, 2002）は，ITIの実施のための基本的な準備の1つに，充実した環境（enriched environment）をつくり出すことをあげていた。すなわち，学習者を学習テーマに引

312 第3部 インストラクションの異なる成果についての理論

き込むことができるような経験的リソースに富む環境である[14]。ロバーツとケラフ（Roberts & Kellough, 2000）は，学校内部のリソースと学校外部にあるその他のリソースの両方を使うことを強調している。学校外のリソースには，内容に関する専門家や地域団体，テクノロジ，あるいは金銭など，ITU を実施するために必要なありとあらゆるものが含まれる[15]。教科書以外のリソースを使うことによって，学習者を「やってみる，考えてみる」学習活動に引き込む手助けとなるかもしれない（Roberts & Kellough, 2000）。豊かなリソースの中に学習者を没頭させ，これらのリソースを真正で有益な方法で使わせる教授活動に学習者を引き込むことは，有益である。特に，先行経験の活性化（メリルの第2の原理）や有益な方法での新たな知識の例示（メリルの第3の原理），そして新しい知識を真正な実践で応用する機会の提供や真正な成果物の作成（メリルの第4の原理）に役立つであろう。

5. 真正なアセスメントを用いて達成を評価すること

テーマ中心型教授では，学習を評価するのに真正な評価活動を用いる[16]。このような評価活動には，テーマ中心型単元全体にわたって学生の作品をポートフォリオに蓄積することなどがある。他にも，学習の証拠を示す作品の公開プレゼンテーション（教室や学校，コミュニティのレベルで）の準備を求めること，作品についての省察と改訂を奨励すること，あるいは，学習者に評価対象となるパフォーマンスを決定させたり，評価に使われる作品のサンプルを選択させたりすることが含まれる[17]。学習者にポートフォリオから作品を選び出して，それについての内省的なレポートを書くことを求めるプログラムもある。作品の披露や公開プレゼンテーションをアーカイブするために，学習者が音声やビデオの録画を用いる機会もあるかもしれない。ロバーツとケラフ（Roberts & Kellough, 2000）らは，学習の評価と単元のまとめのための，最後を飾る仕上げの経験や活動の利用を強調している。可能であれば，必要に応じて，この活動に学習者どうしや学習コミュニティの他のメンバー（すなわち親や地域の指導者）との共同作業を取り入れるべきである。

特に成人向けのテーマ中心型教授プログラムでは，学習者が自分自身の学習を評価することの援助が強調されている[18]（Dirkx & Prenger, 1997）。（「私は仕事につけるだろうか？」「私は家計をデザインして小切手帳の帳尻をあわせることができるだろうか？」）。学習者は実際の職場での実績で自己評価を行うこともある。それがおそらく真正な評価の究極的な適用であろう。これらの実践はすべて，メリルの4番目と5番目の原理である「応用」と「統合」の実施にあたる。

表 13.3 は，テーマ中心型教授の原理とメリルの第一原理との関係をまとめたもの

第 13 章　複数の領域にわたる総合的学習を促進する　313

表 13. 3　テーマ中心型教授の原理とメリルの第一原理との関係

テーマ中心型教授の原理	メリルの第一原理				
	1：課題中心	2：活性化	3：例示	4：応用	5：統合
統括的なテーマを利用する	時には	時には			
主要な学習ゴールに教授の焦点を合わせる	時には				
さまざまな教授活動を活用する		ありうる	期待できる	期待できる	
有益な教授リソースを提供する		ありうる	ありうる	ありうる	
真正なアセスメントを用いて達成を評価する				期待できる	期待できる

である。

テーマ中心型教授における状況依存原理

　テーマ中心型教授は，多種多様な方法で実施される。テーマ中心型教授のさまざまなモデルは，いくつかの主要な状況依存原理，すなわち状況依存性（situationalities）について説明しており，教授者が自身の具体的な文脈においてテーマ中心型教授を実践する最善の方法を決定する助けとなるだろう。これらの状況依存性には次のものが含まれる。(1) 行政機構の性質（統制的か支援的か）。(2) 個々の学習者に教授を適合させる教授プログラムを実施する意思と能力。(3) 教科を統合する度合い。この節では，普遍的な教授方法を実際に実施する方法に影響を与える，これらの重要な状況依存原理について説明する。

◤ 1. 行政機構

　行政機構の制御の大きさは（前述のように）重要な前提条件の1つである。しかし，テーマ中心型教授が許されるほどに行政機構が柔軟であった場合にも，その量と質は，状況依存性の1つとなる。教師には，学級，生徒，教科を，雇用されたときの条件から変更する柔軟性が与えられているだろうか？　理想とするテーマ中心型教授の実施に必要な柔軟性が教師に与えられない場合には，許される範囲をよく考え，その制限

の中で活動しなければならない。おそらく教師は，常にではないが，時にはクラスを合同にすることもできるかもしれない（例えば週に２回）。単元全体（6〜8週間続く）ではなく，短い期間（例えば特定の週）であれば，教えるべき内容を教師間で交換することができるかもしれない。このように，時間，柔軟性，リソースを提供する行政の能力と意思が，テーマ中心型単元のデザインに影響する。

　成人教育のプログラムでは，プログラム運営があまりにも組織化されていない場合には別の問題が存在するかもしれない。多くの成人教育プログラムでは，学習者がいつ参加してもいつ辞めても構わない（一般に参加自由／退出自由と呼ばれる）。コースの活動を非同期のスケジュール（自分のペース）で完了することさえも認められていることもある。成人を対象としたプログラムの多くは非常に個人主義的なものなので，このような柔軟な参加の方針がとられている。しかしながら，テーマ中心型教授を実施しようとする教授者は，学習者の不連続性という厄介な問題に気づく。テーマ中心型単元の多くは社会的で双方向性な学習活動に依存しており，各人がより効果的に学ぶのを助けるために，学習者間の相互関係の育成が推進される。教授プログラムに学習者が不定期に出たり入ったりと絶えず変化するので，教授者は有意義な学習コミュニティの維持に苦労し，教授の全体的な効果が下がるかもしれない。テーマ中心型単元の期間に学習者の大きな入れ替わりがある場合には，それでも異なる学習段階の学習者が参加できるように，教師は単元をモジュール化することができるだろう。教師はこの状況でも，さまざまなレベルの学習者が頻繁に相互交流できる活動（例えば，インフォーマルな討論グループやテーマ別円卓情報交換など）を組み込むこともできるかもしれない。それによって，コミュニティの連帯感も強められるだろう。

◤ 2. 教授の個別化と適応性

　学習に意義深い学習者間の違いは，すべての教授環境において自然に表面化する。うまくいくテーマ中心型教授は，学習者が自分の強みの分野で学び，また，もともと弱かった学習能力を強化する自然な機会となる。このようなことを起こす理想的な教授を行うためには学習者個人のニーズに柔軟に適応したものでなければならない。教師は，教授が始まる前に学習者個人のニーズをいくらかは明らかにすることができるかもしれない。しかし，ほとんどの場合には，教授が進むにつれて個人のニーズをさらに認識する。そのときこそ，教師が学習者に合わせて教授を適応させなければならない。もし教師が教授活動（あるいはリソース）を適応させることができなければ，代わりの活動（あるいはリソース）を使わなければならない。もし計画されていた教授が学習者にとってあまりにも高度である，あるいは簡単すぎる場合には，代わりの

学習ゴールが必要となるだろう。このような場合には，教師はより適切な学習ゴールや活動，リソース，あるいは評価のデザインに学習者を関与させるべきである。

同時に，ほとんどの教育プログラムは学校や地域組織といった集団に基づく環境で実施されるので，外部からの期待（学習者の評価など）に応じたり，異なる大きさの集団に適した運用を効果的に実施することが必要となる。テーマ中心型教授で考慮すべき重要な問題は，プログラムに適切な個々の学習者の特性（能力のレベル，学習嗜好，先行経験など）と，集団の特性（大きさ，異質性など）の範囲である。学習者間に大きな差異がある場合には，教授活動のマルチレベル化をより多くすることが必要になる。学習者間の違いに大きな価値を置く場合には，グループ活動を行い，個々の違いやテーマに関連したこれまでの経験を学習者が互いに意識するのを助けるとよい。

3. 科目統合の程度

テーマ中心型教授では常に科目やカリキュラムが統合される。統合の度合いによって，共同作業やスケジュールの柔軟さなどについての要求が異なる。ロバーツとケラフ（Roberts & Kellough, 2000）は，5段階で構成される一連の統合段階を発表している。以下に示すドレイク（Drake, 1991）とジェイコブズ（Jacobs, 1989, 1991a, 1991b）のカリキュラム統合の観点と同様に，この統合段階は伝統的な科目に基づくカリキュラム構成から始まる。そこでは，教師の特定の科目領域（数学や物理科学など）の制約の範囲の中で，それぞれの教師とその学習者によってテーマに沿った何らかの統合が行われる。異なる科目のトピックどうしが1つのテーマと一致する場合でも，それはせいぜい偶然か特別な出来事に過ぎない。

統合段階には，この他に4つがある。最も統合された段階では複数学年や複数教科分野の教師が，学習者と共同で有意義な内容の説明と学習ゴールを伴う一貫したテーマを決定する。統合の各段階（IからV）では，教授環境の重要な側面がそれぞれ変化する。教科分野の内容的境界がはっきりしなくなったり，教師間の共同作業が増したり，テーマ中心型単元の開発への学習者の参加が起きたりする。教授者が意図するカリキュラム統合のレベルは，多かれ少なかれこれらの側面をそれぞれ必要とするものとして表すことができる。高いレベルでの統合は，教授者と教育制度がテーマの統合と上述の基本的価値観を認めているほうがより成功しやすい。

ドレイク（Drake, 1991）は，カリキュラムの統合を3つのレベルに分けている。それらは，多教科段階（multidisciplinary），教科連携段階（interdisciplinary），そして教科融合段階（transdisciplinary）である。統合の段階が上がるにしたがって，多教科段階から，教科連携，教科融合へと移行する。表13.4は，それぞれのレベルに

316　第 3 部　インストラクションの異なる成果についての理論

表 13. 4　カリキュラム統合アプローチの進展（Drake, 1991 から引用）

多教科的→	教科連携的→	教科融合的
複数の教科がそれらをまとめる 1 つのテーマに結びついている。	まとめるテーマの性質によって，教科が自然と互いに結びつき，重なり合っている。	複数教科とテーマが 1 つの存在になっている。共通テーマ，方略，スキルが一体化している。
教師はある教科の専門家として，自分の教科を全体のテーマに結びつける場所を探す。	教師は教科の専門家であり，他の教師との共同者でもある。	教師は接続の専門家であり，テーマ中心のゴール達成を支援するためにさまざまな内容を教える。

おける教科と教師の役割との関係の種類を簡単にまとめたものである。

　ジェイコブズ（Jacobs, 1989, 1991a, 1991b）は，教科を基盤とした伝統的な教育プログラムから，学習者の生活と学習経験が十分に統合されている完全統合型プログラムまでの段階的な区分を示している。「運動」に関心のある学習者は，幅広い学術分野（物理学，数学，歴史，社会科学など）の視点で「運動」という現象をさまざまな角度から探求することに丸一日，いや何週間をも費やすこともできる。このような集中的に統合され個人に合わせたプログラムを支援してくれる学校や教育環境も一部にはあるが，ほとんどはそうではない。ジェイコブズが示した他の選択肢としては，複数教科を扱う授業の中に科目連携的な単元を置き，総合的な 1 日のプログラム（科目融合アプローチの形態）を行うという例がある。これらのアプローチでは，統合レベルを徐々に高めるようにカリキュラムと授業をまとめるために，テーマ中心型教授を実践している。

　ドレイク（Drake, 1991）とジェイコブズ（Jacobs, 1989, 1991a, 1991b）のモデルは，全体的なアプローチを選択する上で重要な 3 つの主要な検討事項を提案している。

1.　スケジュールの柔軟性：教授環境において，教師が自分で計画を立てたり他の教師と協力する時間が許されているか？　さまざまな長さの学習活動を支援するためにスケジュールの再編成がどの程度（学級の時限，日，あるいは週）まで許されるか？　柔軟であればあるほど，より統合的なアプローチが可能となる。

2.　教育スタッフからの変化への支援：教育と学習の新たな構造化の方法に対して，教師や経営者がどの程度関心を持ち，支援してくれるか？　このような概念に初めて接するスタッフは，より高度に統合されたアプローチにとりかかる前に，単純な協働と小規模の単元や一連のトピックのみの多教科型の総合的なアプローチから始めることが有益だろう。

3.　カリキュラム要件の性質：統合とテーマ中心型のアプローチを制限する，ある

いは可能にする（かもしれない）カリキュラムの制約条件には，どんなものが存在するのか？　テーマの統合が自然に起こるのはどこか？　標準カリキュラムとそれへの期待から生じる課題は何か？　地域のお祭りや地理，あるいは文化といったテーマを中心として統合できる特別な機会をカリキュラムで与えることが可能か？　カリキュラムに含まれる対象分野間の自然なつながりが多ければ多いほど，統合の可能性がより高くなる。そして，教師と管理者が柔軟で総合的なカリキュラムをつくり出そうと努力する意志があればあるほど，統合が起こりやすくなる。

テーマ中心型教授の実施

　テーマ中心型の単元が計画あるいは選択されたならば，教師と管理者は単元をどのように実施するかを決定しなければならない[19]。実施されたならば，状況性に応じて（前節で説明したように）具体的な教授方法の見直しも行われるだろう。実施に関する主な検討事項には，以下の事項が含まれる。(1) 教師やその他の教育組織の重要なステークホルダー（行政官，保護者など）の価値観と信念体系。(2) 実施に必要な時間。(3) 教師の準備。(4) 真正な評価実践への移行。(5) 標準化された評価システムの中で取り組むこと。次にこれらの検討事項について，それぞれ説明していく。

1. 価値観と信念体系

　学習に関して教授者が持つ根本的な価値観によって，その教授者がつくり出す学習環境の基礎が形成される。このことは，教育制度全体にも同様にあてはまる。例えば，教科連携的あるいは教科融合的な学習コミュニティの発展を尊重する教授者（あるいは教育制度）は，教科間の連続やテーマ主導の文脈での各教科の学習を支持する価値観に従って，学習ゴールの達成と教授方法の実施のための学習環境をデザインするだろう。一方で，主に特定の教科における試験の点数や順位に高い価値を置く教育制度では，学力試験やテストの点数の向上，あるいは同級生間での教科ごとの競争に勝つことに重点を置くシステムが設計されるだろう。テーマ中心型教授プログラムにはさまざまな種類があるが，基盤となる価値観は共通している。すなわち，学習者中心，学問分野の相互関連性，成果よりも過程中心，知識や学習の方法は多種多様で一人ひとり異なるといった共通の価値観である[20]。

　テーマ中心型教授を効果的に実施するには，教育システム内の主要なメンバーがこ

318　第3部　インストラクションの異なる成果についての理論

のような価値観を共有し，実践していくことが必要である。教師には，授業において直接的に統制できていた重要な要素をあきらめる意思が必要である。行政は，時間と他のリソースの柔軟な（時には散らかり放題の）計画を進んで認めなければならない。そして保護者は，自分たちの教育を支配していた「教科の枠組み」にとらわれない考え方を持たなければならない[21]。もし参加している教師や行政官の中に，このような価値観が他の人々よりも弱い人が含まれていると，テーマ中心型アプローチの保全にあまり熱心に取り組まないだろう。その結果，リソースが少なかったり，活動計画が柔軟性に欠けていたり，評価形態に制約があったりなどという事態がもたらされる。この場合には，テーマ中心型教授の手法を用いることはできるが，期待される学習の肯定的効果は十分には出ないだろう。価値観の変革にはかなりの時間がかかることが多い。完了するまでには数年間をかけて，学習コミュニティのメンバーの中での定期的かつ頻繁な再検討，省察，修正を着実に行う必要があることも多い。

　実施の前と実施中には，教育制度に関わる人々は企業や他の組織における指導者の交替に関する教訓について，検討してみるとよいだろう。企業などで重要視されてきた情報の収集と共有，重要な問題についての公式と非公式の議論，基本的な価値観や信念についての合意への到達，心配や懸念を認めて検討すること，そして短期の目標を伴う長期計画を策定することについて得られた教訓は，教育組織においても役立つ。テーマ中心型教授が最終的に成功するために重要な（上記の）価値観を人々が受け入れる助けになるだろう[22]。もちろん，教育システム全体で重要な価値観を強く共有している場合には，価値観の変革を強調する必要はあまりない。

2. 実施に必要な時間

　一般に，テーマ中心型教授は直接教授法のような伝統的なアプローチよりも実施に時間がかかる。特にテーマや主要な教授ゴール，あるいは学習活動の決定に学習者が関わる場合には，これまで教授のために使われてきた時間のうちのいくらかが，選択肢の調査と議論に当てられることになる[23]。学習者の関与を尊重するならば，学習者が教授の計画過程にできるだけ早くから，かつ頻繁に関わる時間を取ることができるようにしなければならない。もし教授プログラムにコースの長さを増やす柔軟性があれば，おそらく学習者を中心とした計画段階の支援になるだろう。そして，計画と意思決定のプロセスに学習者が関わることそのものが，学習者が重要な学習ゴールを達成する助けになるだろう。さらに，学習者が計画に関わることが高い動機づけにつながるならば，選択肢を調査するのに使われた時間を埋め合わせる以上に，学習により活発に取り組み，学習の速度も上がるかもしれない。

学習者が教授プロセスに参加する前に，教授者がテーマ中心型単元の計画をほとんど（あるいはすべて）完了していたとしても，教授単元の構成要素の計画と開発にはさらなる時間が必要である。同じ地区や学校の教師がチームを組んでこのプロセスを一緒に行う場合には，効果的な単元を実施できるようになるまでに，スケジュールの調整にも時間がかかる。また，1つの集団として普通に活動できるようになるのにも時間がかかるだろう。学校が次年度のテーマ中心型単元の開発のために，年間を通じて計画の時間を確保しておく場合もある。あるいは，その年度の後半で使うテーマ中心型単元をデザインするために，教師グループで定期的な企画会議を予定することもある。いずれの場合でも，カリキュラム計画と教授リソースの開発のために「十分な」時間を取っておく必要がある。一般に，時間が少ないよりは多いほうが望ましい。

◤ 3. 教師の準備

これまでテーマ中心型単元を開発したことがない教師は，効果的な単元の計画，開発，実施のすべてを自分で行うことに苦労するだろう。第1に，教師は（上述のような）テーマ中心型教授法に重要な価値観を理解し，意義を見いださなければならない。テーマ中心型単元を利用して学んだことがない教師は，学習者としてテーマ中心型単元を経験したことがある教師と比較すると不利であるかもしれない。個別の教科に注目する伝統的な教育プログラムは，同じような意識を持つ教師を生み出しやすい。多くの教師は学校で，重要な意味を持つテーマではなく，教科ごとでよい成績を取っていたことを覚えている。教師の間ですら，「私は海洋システムについて学んだ」，「生活様式を調査したのを覚えている」というよりは，「私は歴史が好きだった」あるいは「数学はいつも得意だった」といった意見がより一般的である。さらに，教師養成プログラムのコースの多くは，概して中等教育の数学や，小学校の図画工作，あるいは国語の読解などといった特定の教科に着目している。教師が効果的なテーマ中心型単元を開発・実施できるようになるためには，このような互いに解離した内容領域についての一般的概念を捨てる「学びほぐし（unlearn）」が必要だろう。

テーマ中心型単元が特に学習者の生活や関心ごとに基づいて開発される場合には，教師はカリキュラムと教授活動への特権的な統制をあきらめることを厭わず，実行できなくてはならない。（反対に，学習者は活動の計画へ参加する責任を自ら進んで受け入れようとしなければならない。）中には，この授業構造と統制の縮小に不安を感じなくなるまでには時間がかかる教師もいるだろう。テーマ中心型単元を用いる授業では，学習者がさまざまな個人活動やグループ活動に携わるので，混乱していて騒々しいと感じられるかもしれない。多くの教師はテーマ中心型教授を用いると，さまざ

まな年齢の学習コミュニティができ，教師は子どもとともに学習者にもなることに気づく。教師が自分たちの役割の変化を理解し，受け入れ，成長するためには，そのための時間と専門的な職能開発のための支援が必要である。おそらく，テーマ中心型教授をモデルとして，教師を学習者として携わらせるようなテーマ中心型の専門的職能開発プログラムを体験することによって，教師がより効果的なテーマ中心型単元を実施する準備ができるかもしれない。

　教師の準備に関連するもう1つの重要な要素は，教授リソースを発見し活用する能力である。テーマ中心型単元を効果的に実施するために必要なリソース（例えば，教授素材，視聴覚教材，外部の専門家，コミュニティグループなど）を教師が自由に利用できるようになっているだろうか？　もしリソースが足りなくとも，教師は自分で準備したり，個人的にリソースを共有してくれる他の教師を探したりできるかもしれない。オンラインの教師コミュニティには，リソースを探し出す手伝いができる人がいるだろう。地域によっては助けを求められれば企業が教師を援助することにとても前向きなところもある。必要なリソースを熱心に探し求める教師は，さまざまな場でリソースを発見することが多い。

◢ 4. 真正なアセスメント

　学習が内容（知識，スキル，態度）と教授手法と密接に結びつく方法で評価される場合に，真正なアセスメントとなる。評価活動そのものも，学習者にとって有意義で妥当なものでなければならない（Archbald & Newmann, 1988; Cumming & Maxwell, 1999; Herman, Aschbacher, & Winters, 1992; Wiggins, 1990）。テーマ中心型教授では，全体に関わるテーマに直接に結びついた学習成果の例示を通じて学習者の評価が達成されなければならない。学習の真正な例示としては，調査レポートや地域や広いコミュニティに向けての調査や他の情報の公開プレゼンテーション，オンラインや地域のプレゼン会場でのマルチメディアを用いたプレゼンテーション，芸術的構想の表現，あるいは舞台でのパフォーマンスといったものがあげられる。

　真正な評価手法を選択する最初の主要な関門は，評価と学習目標を一致させることである。評価者（多くの場合は教師）は選択した評価手法によって，学習者の学びが起こったかどうか，そしてどの程度まで起こったのかを判断することが可能だろうか？　例えば，中学1年生の文章表現のクラスで「私たちの生態系の中の動物たち」という包括的なテーマが用いられるとき，地方新聞に短編小説を書いたり，地域の生態系で見られる動物のキャラクターを使って幼い子どものための読み聞かせ絵本を書いたりする課題は，適切で真正な評価手法であるといえよう。しかしながら，単に地

域の地図上である動物が見られる場所にその動物の写真を組み合わせることを要求するような課題は，真正であるとはいえない。（読者は，この課題が真正な評価活動として機能するにはどのように改善されるべきか考えてみるとよい。）レポートや他の作品の公表プレゼンテーションが含まれるテーマ中心型単元では，学習者がその地方の環境について学ぶことを選んだ内容について地域コミュニティに伝えるという意味で，課題は真正である。

　保証しなければならないもう1つの要点は，学んだことを証明する適切なタスクを完成させるように学習者に求めることである。評価と包括的なテーマの表面上のつながりをつくり出すことは簡単であり，一般的に実践で行われている。しかし，それではそのテーマを通じて学習者が学んだことを教師は効果的に評価することができない。もう一度，中学1年生の文章表現のクラスの仮想例を検討してみよう。文章表現のカリキュラムを実施する一環として，教師が学習者に小論文形式で説得力のある論証を書く方法を教えようとしたとする。説得力のある小論文を書く課題として，地方新聞にその地方の1種類以上の動物の生息地を守ることを主張する論説を書かせる。そのことによって，「私たちの生態系の中の動物たち」という全体を包含するテーマに直接結びつけることができる。しかし，地域に住む動物の役割を各自が想定し，他の動物が邪魔するのをやめるように説得するエッセイをその動物に向けて書くように求める課題は，さほど真正ではない。地域の海岸を対象としたテーマ中心型単元では，海岸地域の重要な歴史的側面を調査して発表するグループ課題を設けることができよう。個々の学習者グループは関心のあるトピックを決定し，歴史の調査を行い，見解や出来事について公開プレゼンテーションを制作することができる。

　できる限り，テーマ中心型教授プログラムでの学習を評価するには，真正な評価活動を通じて示された証拠に基づくべきである。そのような評価活動では，評価そのものを通じて，学習者の学んだことが全体を包含するテーマにどの程度自然に結びついているかも，ある程度評価するべきである。

5. 標準化された評価システムの範囲内での取り組み

　多くの学校環境では，教師には子どもが学んだことを評価する最も効果的な手法を決定する余裕や責任はない。上で述べてきたような真正な評価手法は，子どもが学んだことや学校全体と教師の実績の総括的評価（summative evaluation）には適切ではないと考えられることが多い。多くの公立の学校組織では，認可された国や州，地方の基準に照らして全体の成績を判断するために，何らかの形式の標準化された評価システムが用いられる。テーマ中心型教授は，標準化された評価を用いる教授組織にお

322 第3部 インストラクションの異なる成果についての理論

いてどのように適応できるだろうか？

　学習者の学びを評価するために標準化された評価システムを用いている場合には，テーマ中心型教授を行う教師は，基準あるいは集団準拠型の試験システムにおいても学習者が学んだことを例示できるように準備させておく必要がある。カリキュラムに関しては，教授プログラムが州の規準に従っている限り，テーマ中心型教授も学習者にとっては試験に向けた準備になる。テーマ中心型教授を使って，どんなカリキュラム（内容）でも教えることができるだろう。多くのアプローチと同様に，テーマ中心型教授が効果的であるかどうかは，教師の創造性，スキル，リソースによって左右される。適切なテーマと学習ゴール，ならびに教授活動を選択すれば，学習者にとって標準化された試験において学んだことを披露する訓練ともなり，学生の動機づけも高くなる可能性が高い。

結論

　テーマ中心型教授を支持する人々は，学習者を学習に没頭させ，新たな知識を学習者の経験や周囲の現実世界と結びつけることを促進し，効果的な学習コミュニティをつくり出す強力な教授方略であると，説得力を持って主張している。これらの有効性の主張を裏づける実証的研究はほとんどない（Ritter, 1999）が，テーマ中心型教授が学習の成功につながることを示唆する逸話や事例研究は数多くある。

　テーマ中心型教授には，短期的な単純な教科連携単元から，統合された教科融合的な複数年のプログラムまで，多くの形態がある。テーマ中心型教授を設計する際に考慮すべき重要な要素としては，テーマ中心型教授プログラムに対する教師，学習者，行政の経験と支援，計画に利用できる時間，スケジュールの柔軟性，教室の利用と構造の制限，他の必要な教授リソース，改変可能で一人ひとりに合わせた教授をつくり出す機会があげられる。

　テーマ中心型教授を成功させるには，メリルが明らかにした教授原理をすべて満たす必要がある。真正なテーマによって，答えを探したくなるような興味深い問題や疑問が導かれる。参加を没入的にすることと興味深い教授活動を提供することは先行知識と経験の活性化につながり，学習者が新しい知識を入手し，有効に活用できるようになる。多くの多様な教授リソースを使うことによって，新しい知識を多様な観点から例示する機会が数多く提供される。興味深い活動（重要な点を中心とする探求）によって，学習者は新しい知識の応用を実践できる。そして最終的に，主要なプロジェクトのプレゼンテーションや他の真正な評価手法を用いて，経験を完結させる仕上げ

を行うことで現実世界への知識の転移を自然と促進させるだろう。

≫≫ 原注

◆1 編者注：実際に，総合的な教授は，情報時代の教育パラダイムの重要な特徴の1つである。これは，教授の問題中心型アプローチ（第8章）と同様に，理解に関する成果（第11章）や情意に関する成果（第12章）についての理論の中で明示的に示される部分であり，この巻の残りの理論とも両立するものである。

◆2 編者注：学習者の選抜に焦点を当てていた工業時代と比較すると，学習に重点を当てており，これこそが教育の情報時代のパラダイム全体の重要な基礎となる（第1章を参照）。

◆3 編者注：このような標準化は，教育の工業時代のパラダイムの特性であり，情報時代のパラダイムの柔軟で個別化されたアプローチに反するものである（第1章を参照）。

◆4 編者注：この点についての知識基盤（knowledge base）は一般にISDプロセスモデルとして知られており，主に教授分析理論，教授計画理論，教授構築理論が含まれる（第1章を参照）。

◆5 編者注：明らかに権限についての価値観に柔軟性があるということである。

◆6 編者注：この手法の精巧さは，種類や部分というよりも，むしろ基準であることに注意。

◆7 編者注：これは統括的テーマの一種である。

◆8 編者注：これは，複数の種類を明示することによって手法の精度を高めた精緻化である。すなわち，問題指向あるいは課題指向に対して，トピック指向を区別している。これは，実践者がどの手段をいつ用いるか決めるのを助けるためには，状況性が必要であることを意味する。

◆9 編者注：これらの手法の精緻化は，基準についてである。

◆10 編者注：これは教授計画理論であることに注意。

◆11 編者注：これらは部分か種類か？　一般的な意味では，これらは教授活動の種類（kind）である。しかしながら，第1章での区別に基づくと，種類とは与えられた状況下で1つだけを選び出すための選択肢群である。だが，どんな状況においてもこれらの教授活動のすべてとは言わなくとも一般的にはほとんどを用いるだろう。よって，これらはこの手法の部分を構成するものである。

◆12 編者注：これは教授の状況依存原理であることに注意。

◆13 編者注：この種の柔軟性と個別化は，情報時代の教育のパラダイムの特徴である。

◆14 編者注：これを行うための時間と費用は，この理論を用いる前提条件となる教授開発の主な制約の構成要素である。

◆15 編者注：これはデザインのどのレイヤーの部分だと考えるか？

◆16 編者注：これは学習者評価理論である。それを，教授事象理論（instructional-event theory）と統合することが非常に望ましい。その主な理由は，情報時代の教育システムでは学習者の評価が教授と統合されるべきだからである。

◆17 編者注：これらの手法の精緻化は，代替の種類であり，そのすべてがどんな状況でも使われるわけではないことに注意。この理論をさらに精緻化するためには，それぞれを使用すべき場合と使用すべきでない場合についての指針を提示する必要が生じるだろう。

◆18 編者注：これは重要な状況依存性である。

◆19 編者注：ここでの指針は教授実践理論を表している。

◆20 編者注：これは情報時代の教育システムの根底にある価値観であり，この理論を用いるにあたって重要な前提条件である。

◆21 編者注：これもこの理論を用いる際の重要な前提条件である。

◆22 編者注：これはこの理論を大規模で用いるための重要な前提条件である。

◆23 編者注：これらは教授開発上の制約であり，この理論を用いる前提条件の1つである。

第4部

共通知識基盤を構築するためのツール

　第4部では，教授事象理論の領域を発展させるために有用であると思われる概念ツールをいくつか扱う。もちろんここで紹介する認知的ツールは共通知識基盤を発展させるために有用なツールをすべて含むわけではない。しかし，以下に述べるように，これらのツールは最も有望なものであると考えている。

　第14章では，レイヤーをツールとして検討する。この概念は教授理論を理解し，構築していく上でとても価値が高いものなので，第1章でも簡単にその概要を紹介した。レイヤー化することによって，教授設計の柔軟性が高まる。なぜならば，設計全体を変更することなく，ある1つのレイヤーだけを変更することが可能になるからである。異なるレイヤーが存在することを理解することで，教授理論家が構築する理論の中で，重要なレイヤーを見過ごすことも防げる。教授理論が各レイヤーを個別に，あるいはまとめて扱うことは有用であると考えている。あるアドバイスを1つのレイヤーに適用する際には，影響が及ぶかもしれないと考えられる他のレイヤーの方略についても検討するとよい。このことは教授設計についてのより繊細で複雑な理解であり，理論的な概念を単純化することを避ける意味を持つことに同意する。また，教授理論のアーキテクチャを理解することによって，設計の質が高まり，より統一的で効率的な成果が得られ，デザイナ間の相互理解がより明確になり，効果的に意志疎通できる能力が強化されるとする著者の意見にも同意する。最後の点は特に，共通の知識基盤と言語に向けて移行するというより大きな目的にとっても有効に作用するだ

ろう。したがって，第14章には，我々が教授事象理論を発展させるために不可欠であると考えるツールや言語，あるいは方法を発展させる要素が含まれている。

第15章では，一般的な領域理論と量的ドメインマッピング（QDM）に関する方法を検討する。QDMは，理論と研究データの両方で支えられている特定の領域を描写するための方法である。領域理論は，異なる学習者の学習経験をカスタマイズするための強力なツールである。なぜならば，学習者ごとに異なるコンピテンシーの多様性やレベルに応じて領域をマッピングできるからである。QDMを用いることで，直感や類推の域を超えて実際に何が学習の過程で起きているのかを把握し，抽象的な領域でより的確な測定が可能になる。標準的な測定法の提案によって，教育者が累積的な長期的発達を把握するという意義が期待できる。したがって，このツールは適用範囲が広く，方法が特定されている点で，特に強力なものであると考えている。

第16章では，今日では比較的知られるようになった学習オブジェクトについて検討する。基本的な考え方としては，インストラクションを既存の要素を組み合わせて構築するということである。学習オブジェクトが教授事象理論を発展させるために重要なツールとなると考える主たる理由は，容易な再利用性を約束している点にある。これは，教授設計と開発に革命的な変化をもたらす可能性を秘めている。したがって，教授事象理論は，再利用性を考慮する必要がある。このことは，レイヤーという考え方に通じるものがある。学習オブジェクトあるいはレイヤーのいずれの形をとるにせよ，設計に含まれる構成要素間の関連をより洗練させることによって，教授事象理論が格段に発展する手助けになると考えている。学習オブジェクトとして，あるいはレイヤー化された教授要素としてデザインしたものが，時空を超えて古くなったときに簡便に取り替えられるようになる。これは理想的な状況ではないだろうか？　レイヤーや学習オブジェクトによって，単一システムに古い要素と新しい要素を混在させることが促進される。1つ注意を要する点があるとすれば，我々は，システム全体の統一性を考慮することなしに教授に含まれる構成要素をまったく独立したもので取り替え可能なものとして扱うことを支持しているわけではない。近い将来，現実のあるいは仮想の「棚」からインストラクションの断片をいくつか取り出し，それらを合体させれば1つのレッスンが自動的に構築できるようになると考えているわけではない。そうではなく，学習オブジェクトが約束することは，知識の豊富なデザイナの手によって学習効果が検証されている既存のオブジェクトを再利用できるという可能性なのである。

第17章では，理論構築のための異なるアプローチを議論する。記述的な知識と設計知識を区別した上で，教授理論を発展させるためにはその両者が必要である点を指摘する。その上で，本書の目的のためには設計知識に焦点化する必要を説く。妥当性

第4部　共通知識基盤を構築するためのツール　　327

ではなく「好ましさ」に基礎を置くデザイン研究の折衷的な枠組みを提起した後で，共通の知識基盤に対して形成的な示唆を与えるためのデザイン研究の課題を提唱している。そして，設計理論を構築するための4つのアプローチに焦点化する。それは，データに基づく，価値に基づく，方法に基づく，そして実践者に基づく理論開発である。これらのアプローチについて，グラウンデッドセオリーやデザイン研究，あるいは形成的研究を含めた研究方法の観点から探求していく。最後に，第17章は本書全体の主張である汎用的な言語と共通の知識基盤と関連させながら将来の研究を行うことの重要性で締めくくられる。研究開発を筋の通ったアプローチで行うことで領域全体が発展していくとする著者の見解に同意する。新しい教授活動理論を進化発展させていくことの重要性を特に強く感じているため，本書の締めくくりに近いこの場所にこの章を配置した。

　第18章では，本書で焦点を当ててきた共通の言語と共通の知識基盤を構築することをより広範囲の教育システムが抱えるニーズに応える方法に展開する。学校のシステム的な性質にふれ，インストラクションが教育システムのニーズに応えることから，教育システムがより広範な地域や社会のニーズに応えることにつなげていく必要性を指摘する。農業社会や工業社会でかつて注目してきたことと比べれば，教育システムに対して今日要求されていることは大きく異なる。この社会からの教育へのニーズは，これまで大きく変化してきたし，今後も変化し続けていく。情報時代の教育システムを展望し，カスタム化と多様化，イニシアチブと自己主導，協同と感情的発達，そして全体主義と統合の原理など，情報時代の教育ニーズの中核的な動向に基盤を置くべきであるとする。システムの主たる特徴とその中でテクノロジが果たすべき役割について概観する。そして，教授理論家がそのような新しい教育パラダイムの構築を支援する共通の知識基盤の創造に貢献することを呼びかける。学校や社会のより広範なニーズに応えるためには学習経験と環境が重要な役割を果たすことを理解することにより，長年にわたり我々が共有し，蓄積してきた多くの目的がつながり，教授理論のさらなる発展という本書の主目的に結実した。このことは，さらなる知識の共有というより大きな目的を目指す必要性を示している。

（編者）

第14章

教授理論のアーキテクチャ

アンドリュー・S・ギボンズ（ブリガム・ヤング大学）
P・クリント・ロジャース（ヨエンスー大学）

アンドリュー・S・ギボンズ（Andrew S. Gibbons）は，ブリガム・ヤング大学の教育心理学・工学科長である。それ以前にはユタ州立大学の教員であった。ワイキャットシステムズ社やコースウェア社でインストラクショナルデザイン（ID）の営利プロジェクトを18年間率いていた。ギボンズ博士の仕事には，大規模訓練開発プロジェクトやISD開発のリエンジニアリング，コンピュータ支援教育，米軍と商用の飛行訓練開発，ならびに教育シミュレーションの研究開発が含まれてきた。ギボンズ博士の現在の研究は，IDのアーキテクチャに焦点化されている。モデル中心の教授法についてのデザイン理論を出版し，IDの一般的レイヤーモデルを提唱し，現在，適応的で生成的で拡張可能な教授システムを創造する手段としてのデザインレイヤーに関連したデザイン言語を研究している。

P・クリント・ロジャース（P. Clint Rogers）博士は，教員であり，研究者であり，インストラクショナルデザイン（ID）理論，ウェブ分析，そして異文化間のオンライン協調活動や技術革新を主としたコンサルティング業務を行っている。彼は，ブリガム・ヤング大学に勤めるとともに，フィンランドのヨエンスー大学にて，異文化間研究グループのコーディネータやIMPDET（International Multidisciplinary PhD Studies in Educational Technology）プログラム（www.impdet.org）における博士論文指導教員を務めてきた。彼は，教育心理学・工学の博士号を取得しており，ID理論や世界規模の仮想チーム，人間の潜在能力の促進，オンラインにおける協調活動とその革新の文化的カスタマイズ，教育と科学の哲学的ルーツのほか，国際開発，ビジネスならびに社会変化における技術的普及のインパクトに関する研究に関心を寄せている。そして，IDにおけるレイヤーと言語に関する研究への関心はことさら高い。彼の最近の業績や関心については，http://www.clintrogersonline.com/blog を参照されたい。

第 14 章　教授理論のアーキテクチャ　329

本章の概要

ビジョン

- 教授理論とインストラクショナルデザイン（ID）理論を関連づけること

理論の種類

- 2種類の理論：教授理論と ID 理論
- 設計理論：あらゆる設計領域を超えて適用する。
- ドメイン理論：1つの設計領域に特定する。例）インストラクション
- 設計理論とドメイン理論の区分のための基盤：工学設計の複数カテゴリ
- 設計媒介物と ID 理論（機能的な分解 対 手順の分解）

機能的な分解による設計のレイヤー化

- 建築学，コンピュータとソフトウェア設計，マルチメディア設計などといった数多くのデザイン領域において使われている。
- レイヤーを意識することにより，動的で変化する文脈での設計が可能となる。

設計のレイヤー化と ID

- ID のためのレイヤー化の考え方は以下のとおり。
  - コンテンツレイヤー
  - 方略レイヤー
  - メッセージレイヤー
  - 制御レイヤー
  - 表現レイヤー
  - メディア論理レイヤー
  - データ管理レイヤー

デザイン言語

- デザイン言語と自然言語は，基本用語と構文，そして意味論において異なる。
- デザイン言語は，過去の設計におけるパターンを通して抽象化される。
- デザイン言語が進化し，我々にとってその活用が容易になったとき，設計の洗練さ，有効性，生産性，そして設計品質の向上が促進される。

操作原理と教授理論

- 操作原理は，デザインレイヤーならびにデザイン言語を教授理論とリンクする。

330 第 4 部　共通知識基盤を構築するためのツール

レイヤー，言語，操作原理，そして教授理論

- ID 理論はレイヤーによる構成フレームワークを提供し，その範囲内で教授理論を比較・分析することが可能になる。
- レイヤーに関連する教授理論における研究は，非常に多くなされている。

(編者)

第 14 章　教授理論のアーキテクチャ　　331

　本章は，1 世紀近くにわたり続けられている教授理論に関する論議に加わるもので
ある。ただし，それは以下の点で，従前の論議から離れる。(1) 教授理論を科学的理
論の一種としてよりもむしろ技術理論の一種として捉えている[1]。このことは，異な
る場所（Gibbons, 2003a）でより詳細に述べたとおりである。(2) インストラクショ
ナルデザイナの職務に関わる個別の技術理論体系が多数存在している，とする本著の
はじめの章で取り上げられている視点を採用している。(3) 相互の関連性を記述する
ことによって，2 つの理論体系の性質について，それぞれ固有の視野を明確にしよう
と試みている。そして，(4) ヴィンセンティ（Vincenti, 1990）の記述に基づき，補
足的理論体系に関する将来の探究の方向性を示唆している。その他の可能性のある
理論開発の展望については，ライゲルースとカー＝シェルマン（Reigeluth & Carr-
Chellman, 本書第 1 章）やビチェルマイヤー，ボーリングとギボンズ（Bichelmeyer,
Boling, & Gibbons, 2006）の論文の中に記述されている。将来の理論開発に対する諸
見解は，それぞれ異なるスタート地点から始まっており，興味深い探究の選択肢を示
唆している。おそらく ID における理論の役割に関する議論を新しい次元に導いてい
くであろう。

　最近の ID 実践家の多くは，教授理論が彼らの授業設計にどのように影響を与えて
いるかについて，一般的な表現以外で説明することに困難を覚えている。もし設計理
論家が，日々の設計コンセプトや実践に直接的に理論を関連づけるように，教授理論
をより詳細な形で説明することができるならば，この状況は改善すると我々は考えて
いる。本章では，ID の各要素を教授理論と結びつける教授理論のアーキテクチャに
ついてより詳細な方法で記述する。このアーキテクチャは，ある設計の起源を 1 つの
教授理論へと遡ることよりもむしろ，ある設計の異なる特徴が，異なる，ローカルな
教授理論と関連づけられるべきであることを示唆している。これらのローカルな諸理
論が ID 理論のより大きなフレームワークの中で有効に機能する，と我々は提案する。
教授理論と ID 理論という，これら 2 つの異なる 2 つの理論体系と相互の関連性が本
章の主題である。

2 種類の理論を区別する

　我々の考察において強調するのは，教授理論と ID 理論の間の区別についてである。
これはライゲルースとカー＝シェルマン（Reigeluth & Carr-Chellman, 本書第 1 章）
による**教授事象理論**と**教授計画理論**に関する考察と一致するものである。しかし，本
章でこれら 2 つの理論体系について言及する際には，より聞き慣れた用語（**教授理論**

332 第4部 共通知識基盤を構築するためのツール

と ID 理論）を用いる。最初に，すでに一般的に用いられているが混乱のもととなっている用語をはっきり説明し，その次に，ヴィンセンティの設計観[◆2] との一貫性を維持することを目指す。

　話を始めるためには，まず我々が理解している教授理論と ID 理論との対比を記述すべきであろう。我々の考え方においては，教授理論は教授上の対話の構造について取り扱うものであり，他方の ID 理論はそれらの対話構造の要素が選択され，特徴が示され，そして設計に統合される方法について取り扱うものである。これが示すことは，最初の理論体系（ID 理論）は，2番目の理論体系（教授理論）が適用されうる範囲についてのフレームワークを提供するということである。この見方においては，教授理論の実体は，いくつかに分類される設計の構築単位（building block）と，異なるデザインとして形成するために構築単位を関連づけるルールで構成される。他方で，ID 理論の実体は，設計上の問題を分析し，分解する手法，設計構造の分類，そして異なる種類の設計上の問題に適用する設計プロセスを導き出す諸原理で構成されている。もしも教授理論が，ある特定の理論家による効果的な教授についての構造の考え方や教授時の運営方法を反映するとすれば，ID 理論は，効果的なデザインについての構造の考え方や設計時の運営方法を反映するものになる。

　ID に関連するこれらの2種類の理論を区別することは，一般的なデザイン領域（design field）における理論についての観点と相似している。ほとんどすべての成熟したデザイン領域には，基盤的な構築単位と，これらの構築単位をまとめて実行可能な方法に関連づけるためのルールについての，さまざまな理論家の考え方を記述したドメイン理論が複数存在する。同時に，それらの領域にはデザインを決定する過程に影響を与える理論が存在する。どちらの理論も，その領域でのデザイン実践の進歩にきわめて重要である。この観点から，我々は教授理論とそのアーキテクチャを，デザインレイヤー（design layers）とデザイン言語（design language）で表現する ID 理論のフレームワークで記述することにより，より詳細に説明していく。我々は，この ID 理論の考え方が，既存の教授理論に関するより詳細な考察や，共通の背景に対するそれらの比較をどのように可能にするかを示していく。我々の主張の要旨は以下のとおりである。また，いくつかのキーポイントに関するより詳細な考察を後述し，補足説明する。

　過去においては，ID 理論への最も一般的なアプローチは，包括的な設計手順に関するもの（主として，ADDIE モデル）であった。しかしプロセスは，設計上の問題を分解し，解決可能な下位問題とするための多くの可能なアプローチのうちの1つに過ぎないと我々は提起する。我々は，他の設計領域においてうまく活用されている代替的な分解の仕組みについて検討する。例えば，メッセージ構造の形成，五感へのメッ

セージ構造の表現，そして，戦略的な交流の実行，といった人工物の機能面における分解である。機能設計の分解は，多少独立的に取り組むことができる設計の下位問題を表す個別のデザインレイヤー群を生み出す。それぞれのレイヤーは，やがて完成されたデザインに統合される個々の機能についての設計上の判断を明らかにする。抽象的な構造の集合であるデザイン言語は，これらのレイヤー群の中の設計上の特徴に対し，具体的な構造と質を供給する。デザイン言語の用語は，設計者らに共有されているコミュニティ言語によって供給されている。その中には教授理論のような特定のドメイン理論の語彙を含む。それぞれのデザインレイヤーにおける問題は，レイヤー関連言語を使って解決される。したがって，すべての設計は，複数のデザイン言語の用語で表され，各用語は理論的，実践的基礎の組み合わせでできている。

特定の設計（そして結果としてその設計を生み出すために使われる言語）に含まれる特定のレイヤーと下位レイヤーは，設計上の判断，制約，基準，資源，ツール，新しいテクノロジ，構成（開発）手法，そして利用できる設計者の能力と気づきに基づいて発展し，変化する。例えば，（ビデオテープのような）ある特定の配信メディアの利用を確約した場合，設計にいくつかの下位レイヤーとデザイン言語を導入することになり，（コンピュータに係る下位レイヤーやデザイン言語のような）それ以外の要素を考慮から外す可能性がある。したがって，それぞれの設計は，それぞれ特有の下位レイヤーの組み合わせを持つことになる。最も詳細なレベルでは，レイヤー群は当該プロジェクトにおける判断と力学によってつくり出されたり，壊されたりする。本章においては，概ねすべての教授設計に対して汎用的と思われる，高次のレイヤーについて列記していく。

ID 理論についてのこの考え方では，ある教授理論は 1 つのドメイン理論として記述することができる。それは，複数のデザインレイヤーにまたがって割り当てられる定義用語からなる，特化され相互に整合性のとれたデザイン言語の集合である。すなわち，教授理論家は，1 つもしくは複数のレイヤーで活用するための合理的な設計用語を構成する構築単位の要素を提供することになる。この洞察は，ID 理論と教授理論との関係性を示すものである。設計理論は，特定の教授理論が分析され，比較されうる構造的フレームワークを提供する。教授理論は機能的デザインレイヤー群のフレームワークの中で有効であるが，それらのレイヤーは理論家によって解釈されるのである。

▌設計理論

先述したとおり，設計理論は設計上の理論体系である。それは，その設計がなされ

334 第4部 共通知識基盤を構築するためのツール

る特定の領域に限定されることなく検討されうる。サイモン（Simon, 1999）は，コンピュータの出現と利用普及によって，設計アーキテクチャや設計プロセス，そして設計理論への関心がどのように引き起こされたかについて記述している。設計理論体系の創出は，設計作業にコンピュータの力を利用したいという欲望によって主に動機づけられてきた。それゆえに，サイモンは，特定の適用にかかわらない，独立した一般的な「人工物の設計科学（design science of the artificial）」の設立についての議論を投げかけた。彼は設計理論家に対し，「設計の科学，つまり知的に堅牢で，分析的であり，部分的に定型化可能で，さらに部分的に経験主義的な，教授可能な設計プロセスに関する理論の体系を発見すること」（pp. 131-132）を要求している。その他の研究者たち（Alexander, 1964, 1979, 1996; Edmondson, 1987; Gross, Ervin, Anderson, & Fleisher, 1987; Newsome, Spillers, & Finger, 1989; Schon, 1987）も，特定領域に依存しない設計理論の研究について同様の立場を取っている。

　サイモン（Simon, 1999）は，設計を管理する論理を，一連の制約と基準を満たす代替的な解決策の形成と探究，ならびにそれに続く優先度付与ルールに基づく選択肢の選択として描写している。複数の許容可能な（サイモンの用語では「満足させる（satisficing）」）代替的解決方法を効率的に生成することが鍵となる活動であり，単なる組み合わせ論と盲目的な探索を避けるためには，それは理論主導でなければならない。これは設計理論の本質に関する手がかりである。もしテクノロジの本質的な活動が代替構造を創造することであるならば，前もって効果的であることが見込まれる選択肢を効率的に生成することは理論的な誘導が求められる課題であるといえる。設計理論は，それゆえに構造化と統合に活用されるための理論なのである（Gibbons, 2003a）。人工物は概念的実体として始まる。そして，設計理論の機能は（1）概念的実体と（2）有効な人工物設計と人工物建築のための計画との間に架け橋を供給することである。諸設計理論は相互に，その成果における1つもしくは複数の側面において測定される，具体的成果達成の優劣によって競い合う。問題が変われば基準も変わり，制作することが可能である人工物の範囲や生み出す成果，そして理論に随伴する副次的な効果という点でそれぞれの理論は偏っているので，複数の種類の複数の理論が必要なのである。

┃ドメイン理論

　設計理論は，工学設計，コンピュータとコンピュータチップ設計，建築設計，製造設計，構造設計などのように，設計の特定分野を扱うドメイン理論と対比される。有

益なドメイン理論の最も重要な成果は，とりわけモデル構築を通したコンピュータ支援設計における，設計の品質と精巧さの向上を促進することである（Kuehlmann, 2003）。

　我々は，他分野において進展された諸理論に対する意図と同様に，教授理論をドメイン理論として分類している。ID における関心理論領域は，教授上の対話の間に起こる行為にある。理論という単語の利用は，かつては科学に制限されていた。しかし教授工学者を含む，工学者は，設計ドメイン理論に関する確信を持つようになって，より頻繁にこの単語をあてるようになった。ブルーナー（Bruner, 1966），ゲイジ（Gage, 1964），ガニェ（Gagné, 1985），オズワルド（Oswald, 1989），ライゲルース（Reigeluth, 1999），メリル（Merrill & Twitchell, 1994），スネルベッカー（Snelbecker, 1985）など多くの研究者は，学習理論とは区別し，そして多くの教授理論の性質と内容を調査した上で，教授理論について言及している。しかし，科学ではなく，設計技術に適用する場合に理論が意味するものが不確定であることから，多くの技術者は未だに理論という用語を用いることを躊躇している。

　サイモン（Simon, 1999）は，技術（または設計）理論の性質と，科学理論と技術理論の性質の相違点に関する議論を発展させた。彼は次のように説明している。「自然科学は，物事は実際にどのようになっているのか（how things are）という点に関心を寄せている。一方，設計は，ゴールに到達するために人工物を発明しつつ，物事がどのようにあるべきか（how things ought to be）という点に関心を寄せている。自然科学に適した論理的思考の形式が，設計にも適しているかどうかという点を疑ってはどうだろうか」（pp. 114-115）。

設計理論とドメイン理論を区分するための根拠

　科学的（もしくは記述的）理論というものは，数多くの制限された「ローカルな」理論として記述され，そしていつの日か科学者が「万物の理論（theory of everything）」（Hawking, 1998）を見つけるだろうという期待に支えられている。設計に関する「万物の理論」を考えることが適切かどうかは定かではないが，我々は，ローカルな設計理論や，その種類の多様さに関しては説明することができる。ヴィンセンティ（Vincenti, 1991）は，設計者によって使用されうる理論の種類について洞察を与えている。彼は，技術的（もしくは設計上の）問題の解決に必要な，系統立てた工学設計知見の複数の区分について記述している。この分類には，操作原理，正常な配置，基準と仕様書，知的概念，数学的ツール，数学的構造化知識，装置特有の数学的

関係性，現象学的理論，量的仮説，量的データ，実践的配慮，そして設計媒介物が含まれる。

　これらすべての分類は，設計理論の考察において重要性を持っている。それぞれの分類は将来的に，統合的な（設計に関連する）理論体系に進化するための対象なのである。これらの設計関連知識の分類のうち，理論的含意を概説するために我々は2項目に焦点化する。それは，操作原理と設計媒介物である。この2項目を選択したのは，これらが設計の核心事項を取り扱うからだ。1つは諸設計に結合されていく概念構造に関することであり，もう1つは概念構造が設計に統合されていくプロセスに関することである。これらの事項は，設計中に埋められるギャップの2つの側面，つまり，設計者の考えの中にある概念的世界と設計された人工物としての具体的世界，を表している。次に我々は，IDに関連するものとして，設計媒介物の知識について説明する。後半部分では，操作原理に関する知識の分類へと話を戻していく。

▌設計媒介物と ID 理論

　インストラクショナルデザイナのための設計媒介物についての膨大な文献が存在する。しかし，最近の設計実践についての理論的根源をこれらの文献にたどることは困難である。ID関連研究において普及している主流の形式論は，一連の教授計画方法論である。それはADDIEモデル，ISD（教授システム設計）モデル，システム的アプローチ，もしくはシステム的開発モデルと呼ばれるものである。これらの方法は一般システム理論から派生していると主張されている。しかし，その方法はしばしば，基盤的理論をさほど参照することなく，高い度合いで起こるローカルな変形後の姿で教えられている。このことは，しばしば設計プロセスと教授理論の混合を起こす。そのため，設計プロセスは理論的裏づけがあるものと誤解されている。その結果は，基準としてよりも理想的なものとして専門的に示され，大まかに特定され，非標準的で非常に変化しやすい一連の設計活動となって現れる。そして，それは特定の教授ドメイン理論と設計プロセスを混合させている。

　精査してみると，システム的アプローチによる実践は，実践的プロジェクトマネジメント手法と教授理論，そして一般常識の組み合わせであると思われる。アンドリュースとグッドソン（Andrews & Goodson, 1991）は，一般的な設計プロセス要素を異なる組み合わせと順序にしただけの設計開発モデルが数多く存在することを明らかにしている。これは誇張ではなく，工業，商業，政府，軍隊，そして教育組織の研修部局では，オーダーメイドのローカル版システム的プロセスの記述として，数百，数千に

さえ及ぶ設計開発モデルが存在している。

　システム的な ID は，他の設計分野において初期に発見され，その後あまり重視されなくなったウォーターフォールプロセスに類似した，設計問題解決へのプロセスアプローチである。このアプローチは，大きく複雑な設計問題をより簡単に解決できる下位問題に細分化するための手法である。サイモン（Simon, 1999）ら多くの研究者は，問題解決において問題の分解を重要なステップとして同定しており，そして，問題を分解できるさまざまな方法を記述している。プロセス分解は，その方法の１つである。プロセス分解の最も卓越した代案は，機能的分解である（Baldwin & Clark, 2000）。機能的分解は，その目的達成を可能にする，設計された人工物が実行する機能に対応するレイヤー化された下位問題を生み出す。ブランド（Brand, 1994）は，建築設計に関するこの種の分解について記述している。

┃設計のレイヤー化

　ブランド（Brand, 1994）は，建築物のデザインについてレイヤー群（layers）と呼ぶ，いくつかの統合された下位設計に関して記述している。ブランドのデザインレイヤーは，人工物機能に関する当初の設計上の問題を，分解することによって引き出された設計の下位問題ごとに解決していく方法を示している。結果として彼は，調整され，統合された複数の下位設計の集合体として，完成した建築物の設計を特徴づけている。ブランドによれば，レイヤーは「建築物がいかに実際に作用するかを理解するための基礎」（p. 17）である。設計のそれぞれのレイヤーは，完成した設計において１つもしくはそれ以上の機能を果たす。設計者が，図面から図面へ，レイヤーから次のレイヤーへと進んで行く際には，レイヤー群の中にある構造は，レイヤーを越えて調和させていく必要がある。しかし一方で，１つのレイヤーにおける設計が相互の機能を壊すことはないという点において，レイヤー群は，お互いに十分独立している，とブランドは主張する。ボールドウィンとクラーク（Baldwin & Clark, 2000）は，このことを設計のモジュール化と呼んでおり，コンピュータの設計と経済面に革命を起こした IBM360 の OS 設計においてどのように機能的設計の分解が用いられたのかについての詳細なケーススタディを提供した。ブランドは，図 14. 1 に表すとおり，実質的にすべての現代建築設計の中に存在するレイヤーについて記述している。

　ブランドは，以下のようにレイヤー群を定義している。

- 敷地（site）：境界と環境を含む，地理的設定と法律的に定義された区画

- 構造（structure）：建物の基礎および荷重支持要素
- 外装（skin）：外壁の表面
- サービス（service）：通信配線，電気配線，配管工事，スプリンクラー装置，HVAC（冷暖房空調設備），およびエレベータやエスカレータのような可動部品
- 空間計画（space plan）：内装レイアウト——壁，天井，床，ドアをどこに置くか
- 什器等（stuff）：椅子，机，電話，絵画，キッチン器具，ランプなど，空間内部の可動部品（Brand, 1994, p. 13）

　これらのレイヤー群は，いつも建築設計の一部として考えられているわけではない。専門家のコミュニティにおけるデザインレイヤー群の概念は，その分野の成熟度を測る物差しとして解釈できる。
　ブランドは，設計におけるレイヤー意識の影響についての重要な含意について，次のように言及している。

- 各レイヤーは，異なる進度で成熟し，変化する。しかし，それらは相対的に独立し，他の個別レイヤーに非破壊的な変化を許容する範囲で設計され，接続されうる。
- レイヤーによる設計は，それゆえに適応性があり，永続する人工物を創出することができる。
- 「敷地」から「什器等」へのレイヤーの系列は，設計と建築の両方にあてはまる一般的順序である。さらに，それは異なるレイヤーそれぞれの経年速度と関連がある（注：この点で我々は，後述のとおりブランドに異議を唱えている）。
- それぞれのレイヤーには，それぞれに異なるアジェンダや設計ゴール，そして解

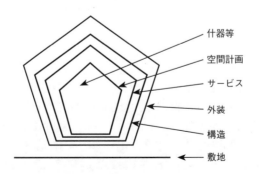

図 14.1　ブランドの建築設計のレイヤー群（Brand, 1994 より）

決し統合すべき問題があり，異なる設計スキルセットが要求されることを示す。

- 建築の力学——レイヤー間ならびにレイヤー内の変化の速度——は，緩やかに変化する構成要素に支配される。速やかに変化する構成要素は，それらに「随伴する」。
- いくつかのレイヤーを一緒に埋め込むことは一見効率的に見えるが，究極的には，変化がだんだんと破壊的になるにつれて，建築物の寿命を短くする。

ブランドが記述したレイヤーの視点で建築物の設計者が自らの設計を捉えているかどうかは，重要な問いであろう。確かに，近代の設計基準の傾向としては，表層下に重ねたレイヤーにアクセスし，修繕したり，最小の崩壊にとどめて変化させたりすることまでを許すような設計方法を支持している。標準オフィス建築設計は，内部の作業領域とそれらの背後にあるサービス・レイヤーの再構成を明らかに促進している。そして，この設計哲学は，専用の工具，構造用部品，そして建築方法論といったいくつかのシステムを生み出してきた。アメリカにおける初期の住宅設計を調べてみれば，設計の適応性よりも単純な建築が優先されていた時代があったことが示されている。19世紀の終わりから20世紀初頭には，「バルーン構造」と呼ばれる技術革新が住宅設計に革命を起こし，意識的にレイヤーを組み込んだ設計が生み出された（Peterson, 2000）。この標準レイヤーセットは，長い年月のうちに進化したレイヤー化構造が明示的にではなかったものの合意された設計実践の形式として設計者に受け入れられてきたものである。レイヤーの発展が世代を超えた現象であるということを示している。

　住宅設計におけるレイヤー意識は，一連の予測可能な段階を通して発展してきたように見える。設計のレイヤー化は，設計基準がより厳格になり，そして設計上の問題がより複雑で多くを要求するものになるにつれて，自然に発生する。本来多能な人材によって行われてきた個人的な判断と計画が，複数の設計専門家の支援を含むローカル設計にゆっくりと分解される。レイヤー群は，統合され，組織化される独立した下位設計で構成され始める設計そのものに明らかに表れるようになる。レイヤー群がやがて，設計そのものの中に明らかに表れるようになり，それが，統合されて組織化される独立した複数の下位設計で構成され始める。新しく，そしてより詳細な設計の下位レイヤーは，技術革新を通して存在するようになる。基準が厳格さを増し続けるにつれて，結果的には，完成された，一貫した，そして統合された設計を制作するためには，複数の専門家で構成され，主任設計者によって調整される設計チームがやがて必要とされるようになる。

　ブランドの建築レイヤーの事例は，設計分野の成熟に伴い，設計が専門化し，レイヤー化した計画が導入されてきたことを示す，多くの近代事例の中の1つにしかすぎ

ない。さらなる事例は，近年のコンピュータチップ設計，ソフトウェア設計，自動車・飛行機に関する機械工学，建築学，コンピュータネットワーク設計などの歴史にも見ることができる（Baldwin & Clark, 2000; Kuehlmann, 2003; Saabagh, 1996）。マックラウド（McCloud, 1994）は，漫画デザインに関連するレイヤー化原理について記述している。多くのケースで，設計分野における急速な発展は，コンピュータ利用を受け入れられるレイヤーごとのデザイン言語の創造を通して可能とされている。そしてその結果として，設計活動におけるコンピュータの活用が飛躍的に増加した。

設計のレイヤー化とインストラクショナルデザイン

ギボンズ（Gibbons, 2004）は，事実上すべてのインストラクショナルデザイン（ID）の機能的な特徴からなるレイヤー群について述べている。これらのレイヤーは，ID全体の問題を，機能ごとに分解したときに生じる，特定の設計の下位問題を表している。代表的な ID 問題は，ギボンズ（Gibbons, 2003b）によって，次のように命名，詳述されている。

- コンテンツレイヤー（content layer）
  設計は，教える抽象的な内容の構造を規定しなければならない。また，その内容を分割する単位を明確にしなければならない。そして，他のレイヤーで実行される教育的機能において，どのように内容の構成要素を利用できるのかを記述しておかなければならない。
- 方略レイヤー（strategy layer）
  設計は，学習スペースの物理的な構造，参加者の社会的な組織，参加者の役割と責任，学習のゴール，時間が設定された事象構造への各ゴールの割り当て，学習者と教育経験との間の相互作用についての方略的なパターンを規定していなければならない。
- メッセージレイヤー（message layer）
  設計は，内容から派生した情報を，学習者に対話形式で伝えて教育経験とすることができるような方策的メッセージ言語の構造を規定しなければならない。
- 管理レイヤー（control layer）
  設計は，学習経験の源に対して発するメッセージやアクションを通じて学習者が行う管理構造の言語を規定していなければならない。

- 表現レイヤー（representation layer）

  設計はメッセージの要素を可視・可聴化，またはその他の感じることのできる形で表現する方法を規定しなければならない。そして，使用されるメディアの表現チャンネル，メッセージ要素をメディアチャンネルへ割り当てるルールや，表現の形式および文法，複数のチャンネルを通じたメッセージの同期方法，ならびに内容の表現を規定していなければならない。

- メディア論理レイヤー（media-logic layer）

  設計は，設計または計算された順序で表現が駆動されるようにするメカニズムを規定していなければならない。

- データ管理レイヤー（data management layer）

  設計は，どのようなデータを捉え，記録し，分析し，解釈し，報告するのかを規定していなければならない。

　デザインレイヤーという考え方は，ID を創造する構築理論の構成要素が何かを示している。それぞれのレイヤーは，レイヤーに特化した機能についてどのような種類の決定がなされるかを説明するものである。最終的には，それらがすべて，完成されたデザインの一部となる。我々が示すレイヤーの区分は，科学的に導き出されたものではない。そしてそれは「真実」として提示されてはいない。レイヤーは，特にデザインの細かいレベルでは，デザイン上の制約，基準，リソース，ツール，テクノロジ，構築方法，あるいは利用可能なデザイナのスキルといった数々の要因を含んだデザイナにとっての実用性に基づいて発展し，変化していくものである。我々が提案するレイヤーのリストは，実質的にすべてのID プロジェクトにおいて汎用性を持つ。しかし，特定の下位レイヤーの配置の仕方を変えることで，他の配置方法よりも優位になる場合もあり，それがデザイナにメリットをもたらすこともあるだろう。ここで強調しておきたいのは，我々が列挙した特定のレイヤー群の持つ力ではなく，ID をレイヤー化して考えるという思考法の力についてである。我々は，それが ID の特性を考える上で，また，教授理論と ID 理論との関係を考える上で，発展をもたらす道を示していると信じている。

デザイン言語

　ショーン（Schön, 1987）は，レイヤーを言語の領域とみなしている。「デザイン言語の要素は，クラスターに分けられ，私は12要素を同定している。…これらのデザ

イン領域は，要素，特徴，関係，ならびに活動の名称と，問題，結末，そして示唆を評価するために用いる基準を含んでいる」（p. 58）。彼は次のように続けている。「デザイン言語コミュニティの向上心あふれるメンバーたちは，複数の参照元を探し，文脈に沿って特定の意味を区別し，いくつかのデザイン領域を見通すことができるように，複数の参照先を利用することを学んでいる」（p. 61）。ギボンズとブリューワー（Gibbons & Brewer, 2005），ウォーターズとギボンズ（Waters & Gibbons, 2004）は，デザイン言語の詳細と，それらを公開・共有するための表記法について述べている。

自然言語とデザイン言語

自然言語は，語根（primitives）と統語論（syntax）と意味論（semantic）から構成されるのが一般的である（Berlinski, 2000; Cooke, 2003; Jackendoff , 2002））。表14. 1は，それらの面において，自然言語とデザイン言語の違いを表したものである。自然言語の用語は，利用することによって生まれてくる傾向がある。モノや事象が日常の経験の中で何度も繰り返して起こるにつれて，経験の抽象化が行われ，名前やシンボルが与えられることになる。その用語を一定の期間にわたって，一般的・社会的に使うことで，言語化される。デザイン言語は，問題解決およびデザイン統合用のツールとして存在している。デザイン言語が表現するものは，用語がつくられた問題領域の内部でのみ，意味を持つ。

表14. 1　自然言語とデザイン言語の語根，統語論，意味論における比較

	自然言語	デザイン言語
語根	日常的なモノやイベントが中心。経験を抽象化したもの。	領域内におけるツール，プロセス，テクノロジ，理論またはベスト・プラクティスが中心。
統語論	表現手段としての言葉に基づくため，線形または配置の順序が非常に重要。	課題解決・解消の手段に依存する。時間，場所，または視野が中心。
意味論	この世で経験したことや伝達可能な，あるいはそれが望ましいことから派生している。	問題領域や領域内の問題の文脈，そして利用可能なテクノロジから派生している。

デザイン概念の抽象化とネーミング

たいていのデザインでは既存のデザインを抽象化した，もしくは「借用」してきた構造を採用しており，それは，デザイン言語の用語として特徴づけられるものである。

アレクサンダー（Alexander, 1979）は，近い将来のデザインに適用することを目的として，建築のパターン（すなわち建築物についてのパターン言語）の抽象化について説明している。「パターンは，我々の環境の中で何度も繰り返し起こるある問題について説明している。そして，それは，この後，100万回以上の事例に使えるようなコアな問題への解決方法を示す」（Alexander, 1979, p. x）。ヴィンセンティ（Vincenti, 1990）は，彼の専門技術知識の種類を，操作原理，正常構造，知的コンセプトなどと名づけた。これらは，デザイン言語と非常に密接な関係がある。「人工物について考え，分析することは，人間の心的思考を必要とする。…知的コンセプト（および操作原理や正常構造）はそのような思考に言語を与える」（p. 215）。

■ デザイン言語とデザイン実践の進展

デザインの精巧さや効率，生産性，そして品質の急速な進歩は，デザイン言語を改善することによって可能となってきた。これらの多くには，デザインプロセスの自動化が付随した。このことから，過去30年間にわたるコンピュータ支援設計（CAD）やコンピュータ支援製造（CAM）の発展は，問題を表現し，解決策を提示するための特別な言語の開発，つまりコンピュータが計算することのできる言語への翻訳によってもたらされたものである（Kalay, 1987; Newsome et al., 1989）。

初期のCAD/CAMシステムは，設計士によって入力されたデータを認識する以外には，ほとんど何もできなかった。ソフトウェアは高いレベルで抽象化された内容を認識する能力に欠けており，建物の壁や油圧カップリングとして表されるであろう複数の描線をグループ化して計算する能力も持たなかった。グループ化された抽象概念がプログラムのデザイン言語として用いられるにつれて，プログラムはその概念について論理的に判断し始めることが可能になり，デザインの抽象的な構成単位としての判断をより多く行うことができるようになった。

自動化されたチップ設計システムの発達に関する文献によると，設計における下位問題の要素と解決の要素をコンピュータに伝達するためのローカル言語が開発されるに伴い，ローカルな問題が自動化もしくは半自動化された。今日では，チップ設計時におけるルーチン設計決定の大半は，コンピュータによって行われている。その結果，設計時間が大幅に短縮されているにもかかわらず，はるかに複雑で強力な設計が可能になっている。

我々は，このセクションで，ヴィンセンティのデザイン手段の技術的知識の分類がIDをつくるための理論体系，つまりID理論というものを予見したものであることについて述べてきた[3]。我々は，デザイン構造のレイヤー理論を提案した。それは，分

解原理としてプロセスを用いるアプローチではなく，アーティファクト（人工物）が有する機能を用いたデザイン課題の断片化という代替的なアプローチに基づいている。そして，さらに，レイヤーと下位レイヤーの設計上の問題解決に用いられる複数のデザイン言語という観点からレイヤーを定義できると提案した。以下のセクションでは，ヴィンセンティのもう1つの分類である**動作原理**を見ることによって，どのようにデザインが作用するのかについての異なるタイプの理論，つまり教授理論について提案する。

動作原理と教授理論

　教授理論は，デザイン言語の主たる源泉である（その他のものとして，伝統的な実践，スタンダードの設定，比喩的拡張，よくある言い回し，そして直感や発明がある）。

デザイン言語と動作原理

　ヴィンセンティの技術知識カテゴリのうち，**動作原理**と呼ばれるものは，デザインレイヤーとデザイン言語をつなげるものとして，教授理論にとって大変重要なものである。デザイン言語で使われる用語の意味論的な文脈となる抽象概念を提供し，それが教授理論の中心的な構造要素になる。
　ポランニー（Polanyi, 1958）によると，動作原理は「工夫の理論（logic of contriving）」の一部だとされている。

　　この理論は，人間が造ったものがどのように作用するのかについて説明している。手続きのすべての手順やマシンのあらゆる部分については，明記できる理由が存在する。そしてそれと同様に，いくつかの手順や多種多様なパーツが共通の目的を達成するために結びついている理由も明記できる。このような一連の理由づけが，プロセスまたはマシンの動作原理の中に現れる。(p. 332)

　動作原理は，人間が設計した人工物に組み込みうる原動力の抵抗と協調を抽象化して説明したものであり，それが機能的な人工物に必須の内部活動（inner working）となる。この原理は，エネルギーと情報の伝導および変換という活動が固有の材料形態とは独立していることを述べている。動作原理は，人工物のデザインを生み出すパワーを持っている。特定の材質や材料が，設計の中で，1つまたは複数の動作原理の

抽象的要素に割り当てられる。

　動作原理は，置き換えることを通じて実行される。

　　　代数学の規則が，あらゆる数字の組み合わせの定数を代入して実行できること
　　を表すのとまったく同様に，動作原理も原理に沿って組み合わせて機能するいか
　　なる部品の集まりにも適応できる。(Polanyi, 1958, p. 329)

　ある1つの動作原理は，原理を構成している抽象的要素に，特定のメカニズムや材
料をあてはめることによって，複数の人工物の構成をつくり出すために用いることが
できる。レイトン（Layton, 1992）は，設計は，要素間の抽象的な関連を示す概念構
造に特定の材料と大きさをあてはめることによって行われると述べている。レイトン
は，抽象概念にある大きさにあてはめるという設計の活動は，特定の大きさにできる
限り依存しない関係を発見しようとする科学の活動とは異なるものであるとしてい
る。

┃レイヤー，言語，動作原理，そして教授理論

　我々は，教授理論家が教授理論として表現するものは，専門的で，相互に一致した
デザイン言語であり，理論家の定義によって構成されていると考えている。また，こ
れらはID理論によって定義された複数のデザインレイヤーにまたがって存在するも
のだと考える。ID理論は，レイヤーの構造的な枠組みを提供しており，それによって，
特定の教授理論を分析，比較することが可能になる。異なる観察者であってもレイヤー
の共通定義に同意できる範囲において，共同かつオープンにそのような分析や比較を
行うことができる。
　教授理論は，外面上，理論家が選んで定義したデザイン言語の用語と関連した言葉
による命題で構成されている。これらの命題を通じて，我々は理論家が支持する教授
理論における主要な仮定（つまり現実を構成する素材）が何であるかを，動作原理と
して見いだすことができる。教授理論の基盤となる動作原理と理論家の持つ命題や分
類が，複数の教育的人工物デザインを生み出す創造的なメカニズムを提供している。
それらは，表面上は違った形をしていながら，その背後には共通の構造を持つもので
ある。新しいパラダイムの教育事例がいくつか，ギボンズとフェアウェザー（Gibbons
& Fairweather, 1998）によってレビューされているが，それらは似たような構造を
持つことがわかっている。それは，「モデル中心型教育」と呼ばれる1つの動作原理

を使って説明されている（Gibbons, 2001 も参照のこと）。

表14.2は，よく知られている教授理論をレイヤーごとに比較したものである。ジョン・R・アンダーソンの知的チュータリング（Anderson, Corbett, Koedinger, & Pelletier, 1995），認知的徒弟制（Collins, Brown, & Newman, 1989），そして，ガニェの学習の条件理論である（Gagné, 1985）。これらの理論を選択したのは，明確に表現され，広く知られていること，そしてこれまで広範囲に利用されてきたからである。表14.2には，それぞれの理論が1つもしくは複数のデザインレイヤーにおいて，デザイン言語の用語定義をしていることが示されている。

アンダーソンの教授理論は，デザインのコンテンツレイヤーの組織化に関する命題を含んでいる。この理論は，2つのタイプの知識，つまりプロダクションルールとワーキングメモリ（作業記憶）要素という仮定に基づいている。認知的徒弟制は4つの知識分類を定義しており，それは，内容構成の分析結果がそれらの分類として表現されることを意味している。分類は識別されているが，分類と方略パターンをつなぐ命題は特定されていない。それに対して，ガニェの5つに分類された学習成果と，そのうちの1つでありいくつかの下位カテゴリに分類された知的技能は，ガニェの理論の中核をなす「特定のコンテンツの種類を，教授方略の設計を限定するために使うことができる」という前提と密接に結びついている。

一番重要なことは，これら3つの教授理論ともが，コンテンツがもともと備えている性質があり，それを分類するための適切な区分があることを支持しているということである。理論家によるコンテンツ分類の仕方に同意するデザイナは，その理論を使うことができる。そして，コンテンツのデザイン言語を分析のために用いることができる。ギボンズと彼の共同研究者たち（Gibbons, Nelson, & Richards, 2000a, 2000b）は，コンテンツレイヤーのデザインに関する課題をある程度詳細に扱っている設計前の分析についての基本的な原理のレビューを行っている。

表14.2で比較対象とした3人の理論家は，彼らがデザインの方略レイヤーとして提案した構造と言語の点でも異なっている。アンダーソンの理論は，すでに記したとおり，コンテンツの構造を相互作用と密接に関係づけており，また，計算された系列で練習されるルール体系を中核に据えたカリキュラムを持つ傾向がある。認知的徒弟制は，特定のコンテンツのタイプと特定の教授法とを結びつけていない。しかしながら，この理論はアンダーソンやガニェの理論よりも，方略レイヤーの構造の特定化に重点を置いている。6つの教授方法の記述に加えて，認知的徒弟制は，それとは別の社会的組織（実践専門家の文化）や，教育を目的とした社会的影響力（競争環境や協力環境の活用）の行使を説明している。これらの点については，他の理論では言及されないことが多い。コリンズら（Collins et al., 1989）の表1では，認知的徒弟制の

表 14.2　ID 理論の基礎となるレイヤーの枠組みと教授理論との関係を示すための著名な教授理論の分析

理論	アンダーソン	認知的徒弟制	ガニェ
コンテンツレイヤー	コンテンツは「プロダクションルール」と意味的な単位である「ワーキングメモリ要素」の2つのタイプに分けられる。	以下の4つのコンテンツタイプがある。 • ドメイン知識 • 問題解決の方略および経験則 • 制御方略 • 学習方略	タキソノミーによって，知識は5つの主たるタイプに分類される。その1つである知的技能は，複数のサブカテゴリに分割される。
方略レイヤー	• プロダクションルールは前もって決められた順序どおりに学ぶ。 • 実践と誤りの修正から学ぶ。	6つの方法 • モデリング • コーチング • 足場かけ • 省察 • アーティキュレーション（外化） • 探索 5つの社会的方略 • 状況に埋め込まれた学習 • 実践専門家の文化 • 内発的動機づけ • 競争の活用 • 協力の活用 3つの系列化方略 • 複雑性を高める • 多様性を高める • ローカルの前にグローバル	学習支援の条件は，習得すべき知識の種類によって決定される。 9教授事象は，それらの条件を表現するのにふさわしい場面を提示する。
制御レイヤー	制御はシステムが行う。学習者は提示された問題に答える。	徒弟的対人関係が示唆されているが，指定されてはいない。	インストラクタによる制御が示唆されている。学習者は指示に答える。
メッセージレイヤー	メッセージ構造のガイドラインは形式化されていない。	メッセージ構造のガイドラインは形式化されていない。	メッセージの類型は実例の中で使われているが，メッセージガイドラインは形式化されていない。
表現レイヤー	表現の用語またはガイドラインは形式化されていない。	表現の用語またはガイドラインは形式化されていない。	表現の類型は実例の中で使われているが，表現の用語またはガイドラインは形式化されていない。
メディア論理レイヤー	メディア論理のガイドラインは形式化されていない。	メディア論理のガイドラインは形式化されていない。	メディア論理のガイドラインは形式化されていない。
データ管理レイヤー	データ管理としては，将来システムが提示する問題の選択に影響を与える過去の応答データを利用することが特定されている。	データ管理のガイドラインは形式化されていない。	データ管理のガイドラインは形式化されていない。

348 第4部　共通知識基盤を構築するためのツール

18の原理が，4つのレイヤーに似た見出しで要約されている。その多くは，外見上かなり異なる多様なデザインが生成可能な抽象化された動作原理を示す形式で表現されている。社会的影響力の構造に加えて，認知的徒弟制のデザイン言語用語は，教育系列の設計をサポートしている。

　ガニェの理論は，先に述べたように，インストラクションの方法と学習タイプの分類とを結びつけている。加えて，ガニェはそれらの方法をさらに定義するものとして，9教授事象を説明している。彼の理論は組織の社会的な側面については焦点を当ててはいないが，教授者と学習者の役割に関する広義の仮説については，明白である。この点については，ギボンズら（Gibbons et al., 印刷中）において説明されている。9教授事象は系列構造として述べられてはいない。また，9教授事象が明確な時間の切れ目と対応する関係にもなっていない点に注意が喚起されている。しかしながら，ガニェが提示した事象の多くには，避けることのできない時間との関係が存在している。

　表14. 2で比較した3人の理論家たちは，その他のレイヤーにおけるデザインの構造については，ほとんど言及していない。我々は，理論家にとってそれらのレイヤーが重要ではなかったとは思っていない。それよりも，理論家たちは，焦点にすべき喫緊の課題について書く必要があったからであろうと思う。理論家たちが重要だと考えるレイヤーに，最も多くの注意が払われている。我々は，これを，デザインが画一的な理論よりも，レイヤーに特化した複数のローカルな理論が関与していることの明白な証拠だと考えている。そしてこのことは，IDの文献の中でも時折，示されている。

　表14. 3は，他の理論家が異なるレイヤーについて言及した内容を示している。これらの理論家や研究では，デザイン原理についての膨大な著述が，レイヤーと何らかの関連があることを単に示唆する段階にとどまっている。いくつかのレイヤー，例えば制御レイヤーについての記述は，設計理論の文献の中にはほとんど見られない。しかしながら，制御レイヤは，テレビゲームやシミュレーション教育，あるいはマイクロワールドプログラムなどのデザイナにとって関心の的となりつつある。それらは，ユーザに対して複雑な情報や物理的な問題解決の領域をナビゲートするための制御システムを必要としているからである。

　メッセージレイヤーについても，昨今の教育において社会的相互作用に力点が置かれているにもかかわらず，現状の文献ではほとんど扱われていない。しかしながら，ソーヤー（Sawyer, 2006）は，メッセージの構造についてのレビューを行い，デザイン言語の分野における初期の研究関心について述べている（Simon & Boyer, 1967も参照のこと）。ほとんどのメディアにおいて，メッセージは，前もって構成された形の（描画とテキスト，アニメーション，またはビデオ）コンテンツとして発信される。しかし，将来的には，教育におけるメッセージは，利用時に多様なソースを瞬時に組

第 14 章　教授理論のアーキテクチャ　　349

表14.3　レイヤー関連原理について言及している理論家または研究評論家の例

レイヤー	理論家／著者	原理
制御	クロフォード (Crawford, 2003)	ユーザとシステムの間の豊かなコミュニケーションを支えるための双方向的な対話やインターフェースのデザイン。
	ギボンズ＆フェアウェザー (Gibbons & Fairweather, 1998)	教育における多様な人間とマシン（学習者とシステム間）のコミュニケーションとそれを実行できるコンピュータの能力。
メッセージ	メリル (Merrill, 1994)	教授方略を構成するメッセージ要素を分類したもの。あるメッセージを優先づけたり、ある情報を前面に据えるといったテキスト加工原理。
	ホーン (Horn, 1997)	情報の描写（tableau）を論理的にグループ化して分類するもの。メッセージ表現よりも、グループ化されたメッセージの根底にある関係性を強調。
	サイモン＆ボイヤー (Simon & Boyer, 1967)	学習者と教員のコミュニケーションや、授業中行われる解釈可能な活動について分析する手法を概観したもの。
表現	メイヤー (Mayer, 2001)	学習者が適切なメンタルモデルを形成することを支援するように教育情報を伝えるための同期型マルチメディアチャンネルの利用原理。
	タフティ (Tufte, 1990, 1997)	複雑で動的な情報を示すためにグラフィカルな表現を使う際の原理。
	ワーマン (Wurman, 1997)	ビジュアルとテキストの構造を用いて説明するときの原理をビジュアルデザイナが説明し例示するもの。
	ハリス (Harris, 1999)	データをグラフィック形式で表示する多様な方法とデータ表現を構築するための原理。
	フレミング (Fleming, 1993)	情報の表現に集中したメッセージデザインの原理。
メディア論理	ギボンズら (Gibbons et al., 2001)	メディアの構造を他のデザイン構造に組み入れる原理。
	シールズら (Seels et al., 1996)	テレビを用いる教育のデザインに関連した原理と豊富な用語集（その多くは専門的デザイン言語の用語）。
	ハナフィンら (Hannafin et al., 1996)	コンピュータを用いる教育のデザインに関連した原理。
	ロミゾウスキー＆メイソン (Romiszowski & Mason, 1996)	コンピュータを介したコミュニケーションのデザインに関連した原理。
	スタンニー (Stanney, 2002)	仮想環境のデザインに関連した原理。
データ管理	ウェンガー (Wenger, 1987)	コンピュータを用いた知的な ID 原理の総括で、適応型教育を生成するためのデータ利用を含む。
	ストルロウ (Stolurow, 1969)	教育の相互作用から、将来の教育事象への経路を決定するためのデータ活用原理に関する初期の概念。プログラム学習を参照する古い資料だが、原理は妥当。

350　第4部　共通知識基盤を構築するためのツール

み合わせて発信されることが増えていくだろう。この傾向は，教育以外のウェブサイトのマーケティングにおける競争上の優位点としてすでに使われている。このような観点で見た場合，ニーズがある時点で，多様なソースから必要に応じて特定のコンテンツをつくり出すことのできるよく練られたメッセージパターンのデザインは，視覚的表現を構成するため，生の素材を組み合わせるときに，重要な中間的役割を果たす。この観点から考えると，教授方略設計の基本だとされることの多いメリルの画面構成理論（Merrill, 1994）は，個々のメッセージが学習者主導またはシステム主導の教授方略で構成されるというメッセージデザイン言語の1つのタイプであると見ることができる。メッセージのデザイン言語は，表現する内容をそのまま記すことなく，教育コミュニケーションの意図を伝えるメッセージの変数名（token）を定めるものである。

　表現理論やそれに付随する言語は，ほとんどのデザイナには見えないものである。それは，長い間，前もって構成される強力な視覚的コンテンツとの関係において，表現技術が，メッセージやメディア論理と混同されてきたからである。しかしながら，近年の表現技術の革新によって，デザイナはより多くの情報を提示できるようになった。時には，特定のコンテンツをつくる必要が生じたその瞬間に，データを即座に手に入れることができるようにもなった。多くの視覚表現が使うときに創作され，アレンジされるようになるにつれて，理論に沿った表現のデザインを用いることは，個別の表現を蓄積することよりも優先されるようになる。

　メディア論理のデザイン言語は，新しい手法，ツール，技術とともにもたらされる。メディア制作は，よく知られたID言語と，図書館やウェブ上にあふれている数多くの用語集や語彙集を結びつけるものである。

　データ管理レイヤーに関連する関心は，適応型教育や生成的な教育のゴールがここ30年間の生産性やコスト削減のためになおざりにされてきたため，沈黙の状態にあった。ストルロウ（Stolurow, 1969）は，理想的な適応型教育を，プログラム学習的なものだと述べている。現代において，教育実践の構成は流行によって変わっているが，ストルロウが著した適応性の原理は変わっていない。ウェンガー（Wenger, 1987）は，適応型教育の初期の実験を描写し，教育の相互作用によって生じたデータが，その後の教育事象の選択と系列化に用いられている数多くの事例を紹介している。適応型教育，適応型カリキュラム，さらには適応型教育機関への関心が高まるにつれて，データ管理システムを設計するデザイン言語がより重要になるだろう。

第14章 教授理論のアーキテクチャ 351

結論

　我々の目的は，機能に関わるデザインレイヤーについてのID理論の枠組みの中にある教授理論の構造について，1つの見解を述べることであった。我々は教授理論の本体を分割することと，他のデザイン領域においても同様の分離分割が起きてきたこととを関連づけた。理論的なアイデアに関するより詳細な枠組みを持つことで，より細かい粒度での決定が行われ，また，デザインのプロセスよりも，設計されたアーティファクト（人工物）の機能的な性質に集中することができることを述べた。

　我々は，レイヤー化された構造を持つ教授理論は，次のようなことを実現するだろうと考える。それは，デザイナが一貫して質の高いデザインを創作できるようなツールを与え，デザインと理論についての対話を促進し，デザイナがより深い相互理解に基づいて効率的にチーム内で働けるようになり，より先進的で生産的なデザインツールの機能を提案し，そして，経験豊富なデザイナが，デザインの知識と判断について，初心者とのコミュニケーションを迅速に行えるようにするだろう。

≫≫ 原注

- ◆1 編者注：この区別は，第1章にて，設計理論と記述的理論とを区別したことと似ている。
- ◆2 編者注：ID理論という用語における困惑は，長らくの，そして深く根深いものであるため，1つの意味に総意集約されることはなく，あいまいさが少ない別の用語を使ったほうがよい，というのが我々の見解である。この区分がとても重要であるという点には同意できるが，用語の選択に関しては同意できない。
- ◆3 編者注：これは，我々が教授計画理論と呼ぶものと，教授構築理論と呼ぶものとの複合形である（第1章を参照のこと）。［著者注：私はこの2つを区別することの価値を知ることとなったが，この本の出版直前だったため，現状の用語をそのまま使うことにした。］

第15章
教育のドメイン理論
学習者中心教育を可能にする到達度マッピング

C・ビクター・バンダーソン（エデュメトリクス研究所）
デービッド・A・ワイリー（ユタ州立大学）
レオ・H・マクブライド（ヘルツィング・カレッジ・オンライン）

C・ビクター・バンダーソン（C. Victor Bunderson）がこれまで行ってきたことの中心は，学習と評価との統合である。彼は能力評価や学習嗜好（preferences），そして一番困難で重要な学習中の進捗測定についての科学的な課題を調査し，テクノロジを開発してきた。彼の博士論文研究は，プリンストン大学でエデュケーショナル・テスティング・サービス（ETS）との心理測定についての共同研究の特別研究員として行われた。その数年後に，研究マネジメント担当副社長として ETS に戻った。彼は，1970年代の全米科学財団（National Science Foundation）の資金による大プロジェクトである TICCIT を含め，統合のあるべき姿にアプローチするテクノロジを開発してきた。TICCIT に参加した後は，彼はそれらのアイデアを追究するため，ワイキャット・システムズ社（WICAT Systems）のチーフ・サイエンティストを務め，アルパイン・テスティング・ソリューションズ（Alpine Testing Solutions），その他の会社を共同設立した。彼は大学，企業，非営利団体の間を行き来した。彼は，現在，非営利団体であるエデュメトリクス研究所（EduMetrics Institute）を率いている。エデュメトリクス研究所では，同僚とともに，妥当な学習到達度測定を示す進捗マップの学習中における統合について研究し，また，ゲームの文脈での進捗測定について研究している。彼は，通常実践され，教えられている方法とは異なる方法で教育測定を行おうとしている。

第 15 章 教育のドメイン理論　353

デービッド・A・ワイリー（David A. Wiley）は，ユタ州立大学の教育工学准教授であり，持続的公開学習センター長およびフラット・ワールド・ナレッジ（Flat World Knowledge）の最高公開責任者（chief openness officer）でもある。彼はブリガムヤング大学で教育心理学および教育工学の博士号を取得し，マーシャル大学で美術学士（音楽専攻）を取得している。彼はスタンフォード大学法学部のインターネットおよび社会問題センター（Center for Internet and Society）の非常勤フェローや，オランダ公開大学の客員教授を務め，全米科学財団の CAREER 資金の受給者である。彼は，自身のキャリアを全世界の人々が学習機会を増やすことに捧げている。

レオ・H・マクブライド（Reo H. McBride）は，教育心理学および教育工学の博士号と初等教育の学士号をブリガムヤング大学で取得した。彼は教育経営学の修士号をイーストカロライナ大学で取得した。彼の研究関心分野は，読解（reading）である。彼は表現豊かで流暢な音読を可能とするために必要な構成要素の学習における難易度の順序を測定し，明らかにした。彼は読みを教える対象として，子どもと大人の両方に対して，彼らに不足していた読みと理解の能力を改善する取り組みを行ってきた。マクブライ

ド博士は，従軍，小学校 6 年生の教師，アラブ首長国連邦ドバイのドバイ女子大学での教鞭，バージニア州のダブニー・S・ランカスターコミュニティカレッジでの教育工学コーディネータとしての勤務といった経験を持つ。現在は，ウィスコンシン州ミルウォーキーのヘルツィング・カレッジ・オンライン（Herzing College Online）のカリキュラムマネジメント部門で勤務している。

354　第4部　共通知識基盤を構築するためのツール

> ## 本章の概要

ビジョン

- 学習者中心で，学習の進捗状態が地図を使って可視化されているカスタマイズされた教育
- 到達度をマッピング（mapping）するツール

量的ドメインマッピング（QDM）

- ドメイン理論と妥当性中心デザインの下位概念である。
- 内部妥当性が評価と教育の連携を保証する。
- ゴールは，理論とデータに支えられた知識と専門性のドメインをマッピングする（学習の経路を図として可視化して記述する）ことである。
- ドメインマップは次のことを含む。
  - 到達の境界情報（一番やさしいものと一番難しいもの）を伴う主要な到達項目
  - 到達（経路）のカテゴリ
  - 各経路に沿った到達の系列

量的ドメインマッピングの方法

1. ドメインを分析し，その到達項目を明確にする
- 強い前提構造のあるレイヤー構造を持つドメインは，異なるドメイン分析手法を必要とする。
2. 評価の青写真としてワークモデルを統合する
- パフォーマンスのプロセスをワークモデルとして結合させ，現実の社会における関連性を持たせる。
3. テストレット（testlet）またはテスト項目セットを作成する
- これらは各ワークモデルや各到達要素（到達すべき要素）と対応している必要がある。
4. ドメインの次元性を明らかにする
- 次元または経路が専門知識の分類となる。
5. 漸進的な到達に関する検証可能な理論（ドメインのストーリー）を創造する
- 仮定された次元の数を確認する。
- 各次元において，到達が最も適切に身につけられる順序を仮定する。
- 解釈的なストーリーつきのドメインマップを作成する。
6. 漸進的な到達に関する理論を確証または反証・修正する

- テストレットを実行し，そのデータに基づいてドメインマップおよびストーリーを修正する。
7. 繰り返すために次のステップをデザインし，再度開始する
- 試行と修正の追加的サイクルを必要に応じて実行する。

インストラクショナルデザインとテクノロジへの含意

- 教育研究および実践の発展に大きな進展をもたらすことを約束する。
- インストラクショナルデザインに対して，特にドメインの範囲と系列を示すことで大きな影響を与える。
- 学習者が進捗に応じたフィードバックを得ることが可能になる。
- QDM はとても明瞭に表現された記述的システムの土台になる。

(編者)

ビジョン

　情報化社会の教育パラダイムは，教師中心というよりは，学習者中心であり，画一的というより，カスタマイズされたものになるだろう。そうすることによって，首尾一貫した解釈の枠組みの中で個々の学習者が知識やスキルを身につける経過を追っていくことが可能になるだろう。この枠組み，すなわち学習のドメイン（領域）における進捗マップは，個々の学習者が，あらかじめマッピングされた学習経路に沿って，どのくらい進んでいるのかを示すものである。経路上の位置が，学習者の能力獲得に至る最新の進捗状況を示すことになる。この解釈の枠組みは，利用者を中心に据えたものであり，学習者や教師，そしてさまざまな新たな役割を担うその他の人々の間での相互のコミュニケーションを可能にする。あらかじめフィードバックが組み込まれている進捗マップを用いて学習を進めている個人やグループに合致するような支援を行っていく新たな役割が誕生する。

　この解釈の仕組みは利用者中心という性質を持つにもかかわらず，理論ベースで，実証データと結びついているために，検証や改善を行うことが可能である。進捗を把握するためのこの明確な枠組みは，ある学習者と他の学習者のパフォーマンスを比較することにしか使えない，秀優良可いずれかの１文字だけで表された評価結果を示すだけの漠然とした成績表の科目リストに代わるものとなる。学習ドメインマップの上に示されたいくつかの明確な学習の経路のどこに立っているのかを知ることは，個々の学習者自身や学習を導く支援者に対して，何が達成できたのか，そして，次に何を学ぶことが適切なのかを識別させる助けとなるだろう。

　今は，到達度進捗マップを開発するためのツールが不足している状況にある。本章では，そのようなツールの１つとして，量的ドメインマッピングについて述べることとする。それは，進捗マップをデザインする際に中心となる，進捗の測定に関する理解をベースにしたものである。量的ドメインマッピングは，進捗マップをデザインする際に進捗の測定が中心的な役割を担っているという理解に基づいたものである。

より優れた測定法はビジョン達成の手段となる

　科学的，経済的，そして社会的な進展は，測定法と不可分の関係にある（Alder, 2002; Fisher, 2003b）。優れた測定法はすべて，理論と密接な関係を持っている（Kyburg, 1992）。これらの言説が真実であるならば，教育の進展は教育測定と理論の

両方の進展と高い相関関係があることが，当然のごとく期待できるだろう。学習測定法を進展させないまま，学習者の到達度に関する理論を発展させようとすることは，まったくの空論である。教育測定の進展は，学習理論の発展と切り離されてしまうと，意味をなさないデータとなる。

社会共通の尺度を適用することの影響についてのフィッシャー（Fisher, 2003a, 2003b）による分析は，共通の測定法の存在によって科学的資本，経済資本，社会資本の蓄積が格段に進むことを示している。彼はまた，それらの測定法を許容するプロセスが，広く社会的なものであることについても指摘している。オールダー（Alder, 2002）は，フランスにおけるメートル法の開発に至る出来事や，メートル法が世界中で広く受け入れられるまでの経緯について詳述している。度量衡の標準化が行われ，広く受け入れられたことは，科学，テクノロジ，商業そして社会生活に飛躍的な進歩をもたらす契機となった。メートル法が施行される以前，1700年代末のフランス国内だけでも 250,000 もの異なる度量衡が使われていたとオールダーは推定した。雑多な度量衡というものが，どれほどコミュニケーション，商業，そして，適切な国政運営の大きな妨げとなっていたのかを指摘した。フィッシャー（Fisher, 2003b）は，教育や医療分野における評価の仕組みの立ち後れについて，これらの業界に特有な経済につながるものとした。これら2つの業界では，会話の構成要素が，基準が不明確な大きさや順序の異なる意味のかたまりとして表現されているため，教育とヘルスケアの経済は，内部の力関係の気まぐれを超越することができないと述べた。

（彼はさらに）規模に依存する非線形の尺度で表現され，また，その基準が他の場所では用いることができないものであるため，現在評価されている人的資源は，実際のところ不生産資本であると述べている。(p. 799)

しかし，教育研究において，共通する「度量衡」をどうやって見つければよいのだろうか？ 教育の分野においては，フランス人が度量衡について行ったように，万人に共通である地球の子午線の計測によって世界的に認めてもらうことはできない（彼らは赤道から北極までの距離を計測し，それを一千万で割ることによって，1メートルを導きだした）。

ベーカー（Baker, 2000）は，学校教育の中核領域での学習到達をマッピングするというタスクの重要性について，ヒトゲノムのマッピングと比較して次のように述べている。このタスクは，

学習についての概念的および科学的な基礎についての理解を必要とする。修正

を加え続けたり，互換性に乏しい解決策をつぎはぎして増やしたりするのではなく，我々は明瞭で，完全に表出化された，記述的なシステムを必要としている。ゴールと教育の要件，そして，学習の成果として測定できる可能性を明確に記述するためには，多大な科学的な労力を必要とする。(p. 20)

　教育研究においては，共通の評価基準と，それが生み出す科学的，教育的資産が絶対的に必要とされている状況である。ビジネスや研究，そして政府部門は，活動の焦点をますます情報や知識に集中させている。そして，テクノロジは知識イノベーションの創出や導入のスピードを加速させている。これらの変化は，フリードマン（Friedman, 2005）の『フラット化する世界』の中で年代順に述べられている。同様に，教育も，一定のペースを維持できるような，標準化された測定のメカニズムを必要としている。

　本章では，学習と途切れずに連動した測定の開発手法を提案する。提案する手法は，測定結果を理論と各ドメインにおける到達度進捗マップとを結びつけるだろう。また，学習ドメインの記述法を展開させる強力で妥当性の高い議論プロセス構築の契機ともなるだろう。我々は，この理論と結びついた測定法は，教育研究を積み重ねが可能で，長期的な進歩が期待できるものにする共通の評価基準になりうるものだろうと信じている。我々は，これらの基準が社会的に受け入れられるのかどうかという課題や，起こりうる多種多様な人員配置の問題について，ここでは扱うことはしない。しかし，これらはこの後で考えるべきステップであることを指摘しておきたい。

▌量的ドメインマッピング

　ここで紹介する手法の数々は，量的ドメインマッピング（quantitative domain mapping: QDM）と呼ばれるものである。それは，ドメイン理論やドメイン固有の段階的達成に関する理論に基づいて我々が広く行っている研究のうちの一部である。QDM は，妥当性中心デザイン（validity-centered design: VCD）と呼ばれる広義のデザインアプローチの 3 つの主要な部分のうちの 1 つである。QDM を適切に実施することで，妥当性の高い内部構成を設計するための中核的な要素が得られる。つまり，開発されるシステムが内部に持っている実証的なエビデンスや理論的な根拠を用いることによって，何が学習され，何が測定されるのかを我々が知ることを意味している。QDM は，学習の進捗を表す次元，もしくは経路と，それぞれの経路上で達成されることの系列について，記述的理論とその証拠を開発することによって，それらを実現

する。QDM では，各経路の境界（つまり，それぞれの経路の上で遭遇する最もやさしい挑戦と最も困難な挑戦）も詳細に描き出される[1]。

　妥当性中心デザインは，ドメインマップや基準に関するユーザ中心的な観点，つまり魅力や使いやすさ，さらには（QDM を通じて得られた内部的な妥当性と対比させて）外的な証拠の設計や収集のガイドラインとなる。妥当性に関する外的証拠は，評価と教授が成功の外的な基準と相関関係にあることを裏付けるものであり，さまざまな学習者に対して広く適用できるものである。VCD の残り 2 つの主要な部分とは，ユーザ中心と外部的側面である。これらは QDM を通じて実現するものではない。ドメイン理論と妥当性中心デザインの手法と数学的処理の完全な記述については本章の範囲を超えてしまう。興味のある読者は，詳述されている他の出版物（Bunderson, 2006; Bunderson & Newby, 2006; McBride, 2005）を手に取ることをお勧めする。

　デザイン理論は，本書第 1 章やギボンズとバンダーソン（Gibbons & Bunderson, 2005）に あ る 記 述 理 論（descriptive theories）や，探 索 的 手 法（exploratory methods）と対比される。QDM はデザイン理論であり，特定のゴールを達成するためのツールや方法を提供するものである。学習の進捗を継続的に評価していくことは，第 1 章に書かれている教授理論の強力な土台となる。これは，第 1 章で定義されたものの中では，学習者評価設計理論という言葉によって，最も適切に特徴づけられている。しかし，これは，教授事象，教授計画，教授構築に関する設計理論に分類されるものではない。

　QDM 手法を用いる具体的なゴールは，理論と実験データの両方に裏付けられた特定領域の知識や専門性を記述することである。言い換えると，特定のドメインにおいて，段階的に難易度が上がる到達目標を連続して通りながら，どのように学習が経路に沿って進行していくのかということを説明する理論をつくり出すことがゴールなのである。この記述理論は，学習ドメインの中で進捗を評価する測定ツールと不可分の関係で結びついている。そうすることで，理論は，学ぶべき課題が何かを明確にし，そして，測定された学習レベルにいつ到達したのかを我々が知る手段となる[2]。学習者と教師の双方が容易に理解でき，利用できる，明確な解釈マップが必要とされている。

　量的ドメインマップは次のことを含む。

1. ドメイン内において学習者が習得すべき主要な到達目標，そして，ドメイン内で遭遇すると想定される最も容易なものと最も困難なものを示す明確な境界。
2. これらの到達目標（の程度や経路）のカテゴリまたはグループ。
3. それぞれの経路での難易度順の到達目標の系列。

このようなマップは，教育方法の指示（処方箋）は与えない。しかし，ドメイン内でタスクをグループ化するための具体的な情報（すなわち，ドメインの範囲に関すること）ならびに，グループ間におけるタスクの難易度の関係（すなわち，ドメインの系列に関すること）を提供している。このように，特定のドメインについてより厳密に理解した後に，それを教育方法や評価方法を処方する教授理論と結びつけることによって，学習者が個別の目標を達成することが可能になる。例えば，ワイリー（Wiley, 2000）の『学習オブジェクトデザインと順序化理論』では，QDM プロセスから得られた結果を，ヴァン・メリエンボアー（van Merriënboer, 1997）が提案した教育の処方的方法論と結びつけ，学習オブジェクトの開発プロセスのガイダンスに新たなものを追加している。教授理論とマップを結びつけることで，マップが教育や学習のプロセスに影響を与えるようになるだけではなく，デザイン研究における反復サイクルの中で，QDM プロセスにフィードバックできる貴重なデータを生成することも可能になる（Kelley, 2003）。

バンダーソンとニュービー（Bunderson & Newby, 2006）は，到達度進捗に関する優れたドメイン理論は，設計・評価・改善からなる 1 つのサイクルから次のサイクルに移る際に学習プロセスの測定が一貫していると，厳密な形でのデザイン研究が可能になることを示している。デザイン研究と同様に，QDM 研究は一連のサイクルを経ることによって明らかになっていくものであり，それぞれのサイクルで妥当性を示す根拠がだんだんと強化される。つまり，改善されたマップによって関心のあるドメインにおける進捗がより正確に表されるようになる。

次に記す我々のアプローチは，QDM を構成する手法を説明し，それぞれの手法について，主な例を 1 つ（または 2 つ）あげることとする。そして最後に，QDM 手法を適用することで得られる含意や利点について議論する。

下記に示す流暢な音読の例は，共著者であるレオ・マクブライド博士の教育心理学および教育工学分野における博士論文から引用したものである（McBride, 2005b）。小学校の音読ドメインはシンプルで，非階層構造であることを特徴とするので，それと対照的な別の例が必要なこともある。そのため，音楽の理論における事例も用いることとした。

事例：流暢な音読と表情（FORE）　この事例では，ストーリーテリング技法のように，マクブライド博士のファーストネームを使うことにする。レオは，長い間，低学年の子どもたちに，音読を教えることが個人的な関心事であった。彼は，独創的な教授であった彼の父親が，通常のやり方でうまくいかなかった子どもを対象とした教育方法について，個人的な経験を長年持っていた。その方法は，事例による強い裏づけがあっ

たものの，実証的・理論的な妥当性の議論を欠いたものであった。彼は自身の研究を，流暢な音読のドメインに絞り込み，表情豊かな音読に焦点を当てて，それを流暢な音読と表情（Fluent Oral Reading with Expression: FORE）と名づけることとした。

レオは，彼の研究（McBride, 2005a, 2005b）において，それを FORE のドメイン内における段階的到達に関するローカル学習理論と呼んだ。彼の事例を議論するにあたって，我々は，学習理論という世界共通の概念との混乱を避けるために，到達に関するローカル理論もしくは単にドメイン理論という用語を使うこととする。一般的な意味での学習理論は任意のドメインに適用可能であることを意味しており，また，異なる哲学的スタンスと強く結びついている。一方で，範囲を明確にした１つのドメインに固有な段階的な到達に関する理論は，構成主義や教示主義，その他の学習への理論的アプローチのいずれが使われるかにかかわらず，そのドメイン内での学習進捗を測定し，追跡するため，また，進捗状況を説明するフィードバックを提供するために基盤となるものである。量的という言葉を使うことによって，我々は実証主義に根ざした狭い哲学的アプローチを示唆しているわけではなく，定性的および定量的なアプローチの継続性と相互補完性を持つアプローチを示している。このような立ち位置について，哲学的，科学的なルーツに興味のある読者は，フィッシャー（Fisher, 2003a, 2003b），トラウト（Trout, 1998），そしてバンダーソン（Bunderson, 2006）を参照してほしい。

以下に記す各メソッドの説明に続いて，我々は，レオが FORE に関する妥当性を裏付けるデータと理論を生成するために，QDM 手法をどのように用いたのかについて説明していく。

量的ドメインマッピングの手法

1. ドメインの分析と到達の明確化

QDM プロセスの第一歩は，ドメインの内容，本質，境界線を明らかにすることである。それから，ドメインの内容や本質（情報や習得すべきスキル）を分析し，そのドメインを構成する到達目標を明確化することが可能となる。原理に基づくスキル分解（van Merriënboer, 1997），タスク分析，文献調査，優れた教育実践の省察，あるいはその他の手順を用いて，そのドメインに含まれる個々の専門知識が明確になる。ここで用いられる分析方法は，ドメインの特徴や既知の事柄と一致している必要がある。よい研究が蓄積され，よく確立されたドメインにおいて有用な手法であっても，

ごく新しいドメインに対しては必ずしも適用できるとは限らない。強い前提条件構造を伴う階層構造を持つドメインは，文学や歴史のようなドメインとは異なるドメインの分析手法を必要とする。

このステップが完了したときには，デザイナは，学習者がそのドメインにおける専門知識を得るために達成しなければならない到達目標を整理したはずである。そして，到達目標の中で最もやさしいものと，最も難しいものの境界を規定し始めるのである。デザイナは，これらの到達目標を達成するにあたって，異なる経路がどのくらいあるのかについても，ある程度考えているだろう。

事例　流暢さに関する研究プログラムに絞り込みを行う前に，レオは2人の博士号レベルの教育工学者とともに，既存の読み方教育プログラムに基づいてドメインのモデル化を行った。ここでのドメインのモデル化手順は，読み方および書き方の導入の両方について，音声システムと視覚的な読み／書きシステムの理解に到達するまでのふさわしい順序に並んだ到達目標のマップをつくり出した。音読を流暢にこなすことは，読みというドメインモデルの一部であり，流暢な読みの前には言葉の知識が接続し，その次には，内容の理解と接続していることをモデルは示していた。そのモデルは，最高レベルでは表現と理解が結びついていることを示していた。

その後，レオは流暢さに関する研究について，広範囲の文献調査を開始した。彼自身の経験と文献調査を組み合わせることで，彼は彼の望むような音読のプロセスが，流暢な音読の進捗を理解するために重要であることを明らかにした。彼はまた，教師や子どもにも説明や解釈が可能で，また，観察可能なパフォーマンスのプロセスについても追求した。彼が到達目標の構成要素として統合したのは，単語の知識，滑らかさ，速さ，フレーズの区切り，自信，そして表現であった。ユーザが理解しやすいものにするため，レオは，流暢な音読に関するさまざまな文献調査から見いだした重要なプロセスに名前をつけ，用語を整理した。

彼は主要な到達目標の構成に関する彼の初期の理論についてすぐに検証するために，6つの評価尺度の草案をつくり，30人の学習者の読みについて試行的な実験を行い，ビデオに収録した。彼は，4人の評価者にビデオの閲覧を依頼し，学習者それぞれを6つの評価尺度に基づいて評価した。それは，評価者たちが学習者を観察し，評価することができるのかどうかを見るためであり，学習者に対する評価の尺度の相対的難易度について，最初のアイデアを得るためであった。つまり高い評価を得ることが難しい到達目標は何か，そして，やさしいものは何かを知ることを目的としていた。この予備的な研究によって，彼は，そのドメインにおける上限と下限の境界線について理解し，読みのプロセスを観察する条件を確立した。

どの学習対象領域においても，その境界について考えるときは，我々は人々の能力とタスクの難易度の両方について，一体的に考慮する必要がある。レオは，小学校2年生の評価によって，その領域の下限の境界を固めることとした。その下のレベルには，新しい単語を学ぶことや，知らない言葉の発音方法を学ぶための多くの作業が関係していた。彼は，もしほぼ無意識に近いくらいすばやくわかる単語の割合が高くなかった場合（読むのをやめてしまうことは，流暢さを崩してしまうため），流暢さの到達目標である滑らかさ，速さ，フレーズの区切り，自信，表現は観察されないという重要な原則を示した。彼は，定められたテキストにおける単語の知識を観察するための方法を定義した。それは，学習者がすばやく単語がわかるかどうかを確かめるために，いくつかの単語を指差して聞くことであった。もしすぐにわからないようであれば，よりやさしい読み物を選ぶようにしたのである。彼は，学習者が発音しなければいけない単語が2%以下になるレベルまでこれを繰り返した。

2. ワークモデルの統合

ドメインの分析をし，ドメイン内の具体的な情報とサブスキルを詳細に理解した上で，これらの構成要素をワークモデルとして統合（元どおりに結合）する。ギボンズら（Gibbons, Bunderson, Olsen & Rogers, 1995）は，ワークモデルの統合について「タスク分析の手順を通じて低レベルで分割されたタスクや目標を，もう一度体系的に結合もしくは再結合すること」（p. 222）であると述べている。ワークモデルを用いる目的の1つは，教育経験の中に，価値観や期待との関連性を持ち込むことである。ワードプロセッサーを例にすると，余白の調整の仕方を学ぶことに，明らかな価値があるようには思えない。しかし，余白の調整と他のスキルを合わせ，レジュメを作成するというタスクを行うことには，明らかな価値がある。したがって，ワークモデルは，個々の目標の集合体である。すなわち，QDMの場合には，統一された行動として融合されるべき実行プロセスの各構成要素を集めたものである。ワークモデルは，実際に人々が現実世界で行う活動と分析結果を再結合する方法を提供する。したがって，学習者にとって明らかに価値があるとすぐにわかるものが含まれている。

このステップを正しく行うことができたとき，デザイナは，そのドメインにおいてスキルと専門知識を持つ人々がうまく行うことができる作業を検討し，分析できたといえる。つまり，この作業のシミュレーション的なモデルを統合し，ドメイン境界の内部で簡単にできることと困難な作業についての包括的なリストの草稿を作成したこととなる。

事例 レオは，彼のアドバイザの助けを得て，読みをその一部とする，言語学習ドメイン全体を，ポプラの木立にたとえた視覚的な表現として作成した。それぞれの木の幹は，読み，書き，話す，聞くを示していた。また，それらとは別に音読という木と幹をつくり，読みと話すの間にそれを置いた。彼は，話すドメインの理論を開発しているもう１人の博士課程学生の研究を検討した。ワークモデルは，枝の集まりであり，これらの作業モデルによって見いだすことのできる社会的価値観は，可視化できる「仕事」，例えば，俳優が豊かな表現力をもってシナリオを読むことや，オーディオブックのナレーションを行うこととして，表現された。価値のあるワークモデルには，他にも，政治家が原稿を書いて演説を行うこと，学生が論文を学会で発表すること，あるいは上級クラスの優秀な子どもが，自信を持って，堂々とした積極的な態度でクラスの前で大きな声で音読をすることなどが含まれていた。

　彼が対象としたドメインは，小学校２年生から６年生までの子どもたちの範囲であり，そのため，３つ目のワークモデル，つまり，堂々とした表現で，大きな声で音読した子どもの例のみが実際に使われた。音読の専門的知識を扱う，より高度でプロフェッショナルな役割については，教師が説明するために利用してもよいだろう。彼の後の研究では，音読やビデオ録画のすべてにおいて，このワークモデルが用いられた。しかし，難易度レベルは選択できるようにしておく必要があった。そのためレオは，読み物の難易度については，小学校１年生から中学校１年生までの幅を持たせることにした。彼はテキストを選ぶにあたって，レクサイル指数（Lexile scale）と照らし合わせて選択した（Stenner, 1996）。レクサイル指数は，テキストの難易度について粒度の細かい測定指標を提供しており，従来の学年別という粗い測定指標に比べて優れている。

　より強いレイヤー構造を持った事例：他のプロジェクトでは，小学校の読みの事例よりも，さらに精緻化された作業モデルを持つ可能性があることについて留意すべきであろう。大学で教えられている音楽理論のドメイン分析における例においては，デザイナは，音程の識別や３度の音の積み重ねという構成スキルをワークモデルに統合し，和音の主音と共振と転回の識別，あるいはもっと単純に，和音の識別と呼ぶだろう。和音の識別は，作曲家や編曲家，そして，現実の世界で頻繁に即興演奏を行う音楽家（ジャズ演奏家など）にとっては，価値を持つスキルである。和音の識別は一般に演奏においても重要な役割を担う。音楽教師や指揮者が「常に３度の一番高い方で歌いなさい」と指示をする場合もあるからだ。

　正確に和音を識別する能力を身につけることで，学習者は和音がどのような働きを持っているのかも理解することができる（例えば，いくつかの連続する和音を見ることによって）。このことは，音楽家が持つべき別の重要なスキルでもある。デザイナは，

そうして，和音のハーモニーとしての機能を識別するという別のワークモデルを作成していくだろう。

3. テストレットまたは項目群の作成

　ワークモデルを評価の青写真として用い，各ワークモデルの下に含まれる到達を考慮した次のステップは，回答を必要とする評価項目群を作成することである。これらの項目群は，各ワークモデルと，そして各到達点の構成要素と結びついている。評価とドメインの目標到達構造とを直接結びつけることは，目標到達およびワークモデルの難易度に関するデータ収集において構造的に妥当な方法を提供するものである。ワークモデルの中で，同じ到達度を測るために複数の項目を作成することによって，どの到達度が測定されているのかが混在してしまうという問題が改善される。もし慎重に実行した場合，この作成過程は項目のデザインやカバーする範囲についてのすべての弱点を明らかにする。

　このステップが完了したとき，デザイナは各ワークモデルに含まれるそれぞれの到達項目と結びついている「テストレット（testlet）」をつくり終えている。これは，後の作業の基礎を形づくるものである。

事例　音楽における演奏理論のプロセスは，レイヤー構造を持ち，分化している。これらは，流暢な音読の事例に比べて，個別のタスクに分割することがより容易であり，結果として，評価のタスクも幅広くバラエティに富むものになるだろう。声を出して読むという活動自体が統合されたものであることから，レオは6つの到達目標をばらばらに適用するというワークモデルのバリエーションをつくることはしなかった。より一般的な FORE のワークモデル分析からは，声を出して読む行為が人間にとっての価値ある役割であることの重要性が描き出された。しかし，そのために必要なタスクはすべて同じであった。ビデオに録画しながら，文章の一節を取り出し，そして，その一節を声に出して読むというものであった。評価者は後にこの音読を，評価基準ツールを用いて評価した。彼らは，学習者それぞれの録画された読みの中にある流暢さについての実質的なプロセスを聴いていたのである。このため，単語の知識，滑らかさ，速さ，フレーズの区切り，自信，表現といった以前分析された6項目だけで，徐々に複雑化していくワークモデルがなくても，評価基準を開発するための指針としては十分であった。

　レオは，6つのスケールそれぞれに1から5までの段階を備えたルーブリックを持つ FORE 用の評価ツールの第1バージョンをすでに開発していた。単一の評価スケー

ルだけでは，同一の到達度の評価に関わる2つから3つの指標を集めてできるテスト
レットの特性を持っていない。したがって，レオの研究テーマであるFORE教育ア
プローチに詳しい6人の評価者グループとの反復的なプロセスの中で，レオと評価者
たちは，流暢な音読に関する6つの到達度について，それぞれ2〜4の評価尺度を開
発した。彼は単語の知識については3つの，滑らかさについては4つの，フレーズの
区切りについては2つの，自信については2つの，そして，表現については2つの尺
度を用いた。この時点では，速さについては，彼と評価者たちは1つの評価尺度しか
開発しなかった。しかし，彼は後のデザインサイクルにおいて，速さに関する2つ目
の評価尺度を開発している。

　QDMデザインプロセスの中におけるこのステップには，利点がある。それは，各
テストレットすなわち2〜3項目（評価尺度）を持つことが，後のQDMプロセスの
ステップの中で，実質的な構造と妥当性に関する次の疑問についてレオが答えること
ができる経験的な目標となることである。「FOREを明確化するために，どれだけの
次元が必要とされているのだろうか？」「これらの次元のうちいずれかに沿うような
発展的な学習の連続性が存在し，それを知ることで到達の順序についての理解が深ま
るだろうか？」読み方理論の文献を書いたほとんどの学者たちは，流暢に読むことを
学習する際の発展的な連続性などは存在しないと反論し，同意しないだろう。評定尺
度のセットを用いることで，彼の研究は，文献の執筆者たちが正しいのかどうかの根
拠を提供することになる。複数の達成点があるとの仮説に基づいて，それぞれの達成
点と結びつくように慎重にデザインされた実証的なテストレットツールを用いても，
流暢な読みは分割することができない練習を経て一気に起こるものだといえるのだろ
うか？　もしくは，レオが仮定したような，到達に向けた意味のある発達の順番があ
るのだろうか？

4. ドメインの次元性の識別

　ドメインについて考えるとき，我々は一般的に，関連する情報やスキルが一枚岩に
なったものだと考えがちであるが，1つのドメインの中に専門性の下位グループやカ
テゴリが存在していることもよくある。例えば，言語学習という広いドメインの中に
は，読み，書き，話す，聞くというカテゴリがあり，読みと話すの複合体として，音
読が存在する。QDMデータは地図のように視覚化されるため，これらの専門性カテ
ゴリを専門性空間の中の次元，もしくは専門性獲得のために横断しなければならない
学習系列に存在する分化した経路であると考えることは役に立つであろう。

　QDMプロセスの最初のサイクルにおいてこれらの次元を決定していくプロセスで

は，レビューや文献調査，領域の専門家へのインタビューなど，定性的な手法を頻繁に用いる。テストレットを開発し，実行した際の結果データがあれば，ドメイン内に存在する次元の数や性質を識別するために，要因分析または最小空間分析などの定量的な手法を用いることができる。理論とデータは常に専門性ドメインの探索に向けた対等なパートナーでなければならない。理論への過度の依存は，希望的観測であり，また，データへの過度の依存は，無節操というものである。

　本来はたくさんのタイプが存在しているにもかかわらず，ドメインの中には唯一の専門性のタイプしかない，と仮定するのは問題を含んでいる。それはすなわち，本来は多次元的であるにもかかわらず，ドメインは単一の次元しか持ち得ない，と考えることであり，学習と切り離せない到達度評価を行う際に，問題になるだろう。

　このステップでは，ドメイン内の次元または経路のリストが生成される。

事例　レオは，FORE ドメインを説明するために，どのくらいの次元に分割できるのか，事前の検討を試みた。それぞれ別々に学習経路を記述して，達成の系列を明らかにするときに役立てるためである。最初，彼は，6つの到達目標はそれぞれ別個の次元になると考え，6次元という数字を置いた。その後，彼はもう少し少ない数にできるのではないか，と考えるようになった。正確さ（単語の知識）と流暢さという2つの次元にすることを理想とした。5つの流暢さに関する到達目標を，すべて，1つの流暢さという次元に収めるのである。これは，教師やチュータ，あるいは評価者たちにとっても，評価尺度ツールの理解や活用，解釈を容易にするために理想的であろう。彼は，正確さと流暢さの2つが相関しながら，しかし別々の次元であるという正当な根拠を文献の中に見いだした。しかしながら，流暢さに関するいくつかの到達項目に関するテストレットの一部については，2つの次元に分割できるかどうかは確かではなかった。

　レオは，2〜6年生202名について4人の評価者からの評価結果を得た。第6バージョンの評価尺度を用いて，14個それぞれについての評価者間の信頼性係数は高かったため，その平均値を用いて因子分析を行った。複数要因が相関可能なプロマックス回転法を採用した。なぜならばいくつの要因が絡んでいたとしても，読みという行為の性質上それらの要因はすべて相関していると考えたからだ。そこで，要因間の相関を想定しないより一般的な他の回転法は採用しなかった。

　さまざまなテストを使って，どのくらいの要因が維持できるのか，そして最も重要なこととして，結果を解釈に意味があるかどうかを確認した。その結果，レオは明確な証拠をもって，2つの要因が存在することを確定させた。彼が正確さの尺度としてデザインした3つの評価尺度は，全分散のうちわずかだけを説明する第2因子にすべ

て置かれた。他のすべての評価尺度は，最もよく全分散を説明する，流暢さの因子と関連していた。評価尺度のうち，最も高い相関（負荷）は，表現であり，その次に自信，次に速度，フレーズの区切り，滑らかさの順に続いていた。

　レオは，十分なトレーニングのない状態で実施された評価には満足していなかった。そして，評価尺度も最高の質といえる状態ではなかった。そこで，7か月後，彼は評価者トレーニングのデザインサイクルを4回にわたって繰り返して検討を行った。彼が作成した評価尺度ツールの第5バージョンには，まだ14段階の尺度が存在していたが，速度については，1つであったものが2つになった。そして語句の表現の変更はこのツールを評価者にとって使いやすいものにし，また，一貫した解釈を与えるものになった。

　次のデザイン研究のサイクルに向けて評価尺度の修正を行った後，200人の学習者が4人の評価者によって評価を受けた。これらの評価に対して，因子分析が行われた。その結果，従前と同様に，正確さと流暢さという2つの強い要因が見つかった。フレーズの区切りのテストレットにある2つの評価尺度は，これらの2つの評価尺度で定義された第3の弱い因子に分割することができるという証拠が示された。これは，流暢さの因子と高い相関関係を示したが，正確さの因子とは相関を示さなかった。

　評価尺度の1つである「繰り返しをしない」は，正確さと流暢さのいずれにおいても，指標としては使えないものだとわかった。そのため，それは指標から外され，残りの13の評価尺度を用いて再度因子分析が行われた。今回は，フレーズの区切りの因子の分割を検討するほど，大きな第3因子は出現しなかった。この二次元構造は，今，この2つの関連因子間の相関係数が.59という相関を伴って，強い妥当性を持ち得たのである。

◤ 5．検証可能な段階的到達理論の創造（ドメインのストーリー）

　このステップは，ドメインの次元が完全に確立される前に始められる。しかし，少なくともいくつかの文献や理論的根拠，または順序立った到達項目のある次元に関する実証的な証拠を持っていなければならない。ドメインの中にいくつの次元が存在しているのかという仮説は，データを用いることでそれを確認することも，また，それを改ざんすることも可能である。テストレットが作成され，すべての項目，評価尺度，または各到達項目に用いられるべくデザインされたタスクの実験データが集められたときに，次元の数についての仮説が確認できる。

　それぞれの次元において，理論は次に，それ以前にリスト化された到達の難易度の順序に関する仮説を必要とする。段階的到達理論は，まさに学習が，連続する発達の

系列を介してどのように生起するのかについての理論である。その到達は，他の到達の前提条件なのか？それは，前提となる到達にどのくらい依拠するのか？

QDM の大きなゴールは，ドメインマップを開発することである。そのマップは容易に解釈できなければならない。そのマップには，我々が取るべき道について，解釈可能なストーリーが必要である。「まずあなたはここに行く，なぜならそれが必要だから…そして，ここに行く，そのことによってあなたはこれができるようになる…」解釈とは，妥当性の本質をなすものである。学習システムをどのように解釈して，どのような評価を用いるのかということは，我々の実践が妥当なのか，そうでないのかを見分けるものである。システムそれ自体は，本質的には妥当でも妥当でなくもない。妥当性の本質とは，解釈と評価情報の使い方にある（Bunderson, 2006; Messick, 1995)。解釈可能なストーリーとは，学習経路や次元に沿って，位置や系列性を説明する手段の 1 つである。

ドメインのストーリーとは，簡単に言えば利用者（このケースでは教師や学習者）に対して，ドメイン内での進捗と何が何に依存しているのかを説明するものである。専門的な出版物ではその分野の業界用語を使用することができるとしても，ユーザが利用しやすいシンプルな言葉で表現しなければならない。ドメインのストーリーが，到達度に向けた学習がどのような段階を経ていくのかという理論に，短い根拠を与えている。しかし，すべての学習者が，一定の順序で，全員が同じ経路をたどる必要があるという主張ではない。1 つの到達が道を開き，より困難な到達にさらに近くなるという平均的な姿を示している。

このステップの終盤では，デザイナは，どのような順序で学習到達を築くことができるのか，そして，専門性の獲得に向けた学習者の進捗の順序がどのようなものかを説明するドメインのストーリーを有している。これは平均的な，または複合的な学習者のストーリーであり，個々人のバリエーションは許容されることになる。

事例　レオは，2004 年の夏に行われたツール開発研究の後，仮の「ドメインのストーリー」を開発し始めた。FORE の事例では，早期に到達する 1 つのことが，その後の到達の前提条件として必要なものになることが多い。先読みできることは，滑らかさの優れた指標であり，それは，論理的に，そして，実証的にも，表現力豊かな読みの必要前提条件でもあった。これは段階の進行中に生じる因果関係の例である。夏の研究の後，ドメインのストーリーは教師またはチュータに使いやすい方法で表現できるようになった。以下は，ドメインのストーリーの要約版である。教育へのアドバイスにはふれずに，各到達の理解に必要な意味にフォーカスしている。

370 　第4部　共通知識基盤を構築するためのツール

　これは，音読ドメインの中で，どのように流暢さを身につけるのかについての
ストーリーである。

　正確さ：流暢な音読について評価や実践をしようとするとき，あなたは，読み
物をチェックし，読者が単語と格闘することのないように，6つ程度の単語を省
くようにするべきである。子どもが，見慣れない単語を声に出して読む必要がな
くなるまで，より低学年か，もしくはより低いレクサイルレベルの読み物を選ぶ
ようにする。あまりにも知らない単語が多すぎる読み物では，滑らかさや速度，
フレーズの区切り，そして流暢さの他の側面の観察がほとんど不可能になる。

　滑らかさ：適切なレベルの読み物を選ぶことに成功したら，子どもが途中で詰
まるか否か，読み始めやポーズに誤りがないかなどの滑らかさについて観察し，
評価することができるようになる。滑らかさのスキルの中で最も重要なことは，
声を出して読みながら，先読みができるかどうかである。先読みは子どもが次の
フレーズを見ておくことを可能にし，流暢な音読のうち，フレーズの区切りの側
面にも役立つ。

　フレーズの区切り：子どもがフレーズ全体を見ているのか，そして句読点やフ
レーズの意味を反映するように話しているのかは，各フレーズと対応した発声を
しているかどうかで見分けることができる。フレーズがどうあるべきかを確かめ
るために，あなた自身も同じ文章を見ている必要がある。

　速さ：滑らかさに欠ける場合には，読みの速さも遅くなる。意味に応じて適切
なスピードに読む速さを合わせることは，読み手が先読みをしながら滑らかに読
むことができて，フレーズを見て，そしてフレーズの対話がうまくできたときに
達成される。

　自信：読み手は，自分がどのくらいうまくやれているか，気づいている。彼ら
は自分の声を聞き，そして，躊躇を感じている。自分が滑らかに話していること
や，フレーズをよく見て適切な速さでうまく言えていることがわかると，彼らは
より自信を感じ始める。自信は彼ら自身の自己評価に依存しているため，自信の
度合いは，速さ，フレーズの区切り，滑らかさといった流暢さのやさしい側面に
ついての高次の能力に依存する。

　表現：音読における優れた表現力は，高度なスキルである。俳優たちは，それ
を特別なレベルまで開発している。音読に表現力を求めすぎることは，危険であ
る。読み手が十分な自信を持っていて，それに加えて，感情や意図するところの
意味を解釈し，それを声や身振り手振りで伝える実力がなければならない。

　このドメインのストーリーは到達の順序を仮定し，また，難易度の説明を行い，

FORE の段階的到達の学習理論における熟達度レベルを伝えるものである。

このドメインのストーリーは，次の2つのステップが完了する前の段階では，ここで述べたようには十分に吟味されていなかった。すべての研究が，予備的研究，測定ツール開発プロジェクト，そして最終的な論文研究という3つのステップを踏んで段階的に進められたわけではなかった。デザイン研究パラダイムの3つのサイクルは，とても役立つものである。段階的到達理論は，これらの3つのサイクルで進化し続けるであろう。

6. 段階的到達理論の確証または反証および修正

このステップでは，対象とする母集団の中から選んだ学習者グループに対して，テストレットを実施する。これらのテストレットは，最終的には添付される指示書に基づいて（あるいは基づかずに）開発されてきたものである。結果データの分析は，到達項目の順序についての仮説が正しいのかもしくは誤っているのかを検証するために使われる。ドメインのストーリーの中で表現された仮説が確認されなかった場合，その理論とストーリーは修正を施される。

実験データを利用することが可能になるにつれて，難易度の連続性の検討のためにさまざまな方法を用いることができるようになる。レオの事例の最初の予備的研究で用いられたのは最もシンプルな方法で，テストレットや項目群が開発される前に，項目ごとの難易度の平均（評価者間の平均得点）を用いて判別していた。その後，項目応答理論手法が，各項目における量的な難易度を得るために使われた。この手法は，テストレット群と結びついた特定の到達やワークモデルの難易度を，実証的な推測値の平均で求めるものである。ニュービー，コナー，グラント，バンダーソン（Newby, Conner, Grant, & Bunderson, 2006）が詳述しているように，項目難易度の計算においてラッシュ（Rasch）による方法を用いることで，これらの次元に沿って難易度を測定できる付加的な部を提供することができる。このような手法を採用することが，ある領域が長期的に科学的な進歩を遂げるために求められる必要な基礎基準を提供することにつながるだろう。ラッシュモデルは，さまざまなプログラムに適用することができる。それは，他のより複雑な項目反応理論の方法に比べて，使いやすく，解釈も容易なものである。

QDM プロセスの中のこの時点で，数直線上または指標として，次元が適切なものであるように感じられるようになる。経路上にある低い境界線を離れていくにつれて，重要な到達目標の難易度が徐々に増していくようになる。

このステップのゴールは，データを取得することで，学習者を代表するグループの

372　第4部　共通知識基盤を構築するためのツール

到達の順序についての仮説が正しいのか，または誤りなのか確認することである。もし順序の仮説が誤っていた場合は，よりすぐれた段階的到達理論が開発され，ドメインのストーリーもそれに沿って変更されることになる。

事例　レオは，彼の2回にわたるデザイン実験から得られたデータを用いた。彼は，学習者，評価者，到達という3つの側面を用いて，ファセット（相）モデルを組み立てた。彼は与えられたデータセットに対して多相ラッシュモデルを適用するファセットプログラム（Linacre, 1995）を用いた。ラッシュモデルは一元性を前提としている。レオは因子分析から，5つの流暢さのテストレット（滑らかさ，速さ，フレーズの区切り，自信，表現）が，すべて同じ次元に含まれてもよいぐらい近接した関係にあることのエビデンスを得ていたので，流暢さという一次元とみなした。

　学習者の相は，どの学習者が最も熟達しているのか，また，熟達が少ないのかを示しており熟達度合いは正規分布を示していた。評価者の相は，評価者が厳しさという面で異なっていることを示していた。評価者Dは一番甘く，評価者Bは一番厳しかった。難易度の相は，このQDMプロセスを完成させるにあたってレオが一番興味を示していた点である。到達度の困難さの順序が，フレーズの区切り，滑らかさ，速さ，自信，そして表現の順だと示した。

　ドメインのストーリーにおいて想定されてきた順序への依存度は，ほとんどそのとおりに確認された一方で，明らかな例外が示された。フレーズの区切りは，滑らかさに依存するものだと考えられていた。滑らかさにおいて鍵となる評価尺度は，先読みと呼ばれるものである。これは，フレーズの意味についての十分な理解を得るために必要なことであり，それができるからこそ，フレーズの高低を声の抑揚やポーズで示すことができると考えられていた。データによれば，フレーズの区切りに関する2つの評価尺度の平均は滑らかさの残りの2つの評価尺度に比べて実際は簡単であった。そのうちの1つ先読みは，フレーズの区切りの2つの項目に比べてかなり難しいことをデータは示していた。この点については，理論が誤っていたことが明らかになった。

　評価尺度をつぶさに調べていくと，ドメインのストーリーで表された，フレーズの区切りはフレーズ自体のすべての意味を読み取ることだという考えが，実際のところ，2つの評価尺度が評価者に求めた観察事項には反映されていなかったことが確認された。評価者に観察を依頼した評価尺度の1つは，学習者がどのくらい句読点を意識して声に出したかであった。句読点は，フレーズを評価するために最適な指標として通常，用いられるものである。他の評価尺度は，学習者がフレーズの区切りを見ていたかどうかというものであった。フレーズ全体とその意味を先読みすることについて理論家たちが考えていたことが，これらの2つの評価指標では評価されていなかった。

簡単な先読みという行為はあり，句読点やフレーズを区切るその他の目印を見ているのは確かであるが，そのレベルの先読みでは滑らかさの評価尺度としては不十分だったのだ。「先読み」という行為が全体として意味することは，確かに，フレーズの意味を理解することに関係していた。それは，**自信**や**表現**といったより難易度の高い到達の前提となるものだった。

　これらのデータを解釈した結果，フレーズの区切りと呼ばれていた到達項目は，フレーズの境界という名称に変更された。そして，ドメインのストーリーの中では，難易度を下げ，滑らかさの前というより適切な場所に再配置された。フレーズの区切りについて，もっと意義深い評価ができるような新たな評価尺度をつくる可能性は模索しなかった。なぜならば，**表現**の到達項目がその可能性と，他の内容についてもカバーしていたからである。**自信**と**表現**は，滑らかさと速さの後にくるという仮説と合致しており，ドメインのストーリーにも適合することがわかった。

　他にもいくつかの評価尺度で問題が見つかった。それらを受けて，デザイン研究の継続的なサイクルの次の反復の中で，評価尺度の言い回しや解釈が修正された。

7. 次の反復のデザインと開始

　ついに，ドメインについて，平均的な例として，どのように進展が起こるのかを説明する解釈可能なストーリーを含んだ，かなり強固なマップができあがった。それは，学習者がそのドメインで学ばなければならない知識やスキルを統合した内容を含んでいる。それは，ドメインの専門性の空間を貫く，単純なものから複雑な到達への道筋を指し示している。テストレットのために開発された項目は，最後に集められたデータおよび幅広い研究デザインに基づいて改善されていく。そして，評価と統合された教育システム全体が，再び実行される。これにより，ドメインの経路の本質に関わる実証的なエビデンスを集めることが可能になるだけではない。異なる教育方法を比較することや，学習成果の違いを正確に評価することも可能になる。次元の妥当性の内在的エビデンスおよび順序づけられた到達項目は，新しい段階的到達理論を強化するものであり，またドメインの本質についての他の理論と対比することも可能にする。

　ドメインそのものの本質に関する妥当性，つまりドメインの範囲と構造ならびに到達の系列に関しての議論は，今や，ドメイン理論と評価ツールの支えとなっている。そして，教授理論を用いて，到達マップに基づき学習者の段階的到達をスピードアップさせる教育的介入を構築するという次のステップを指し示している。最も重要なことは（社会的許容のステップに到達したとき），研究者と実践者が同じ方法で進捗を測定することができるようになったことである。ある反復と別の反復を，またはある

研究と別の研究を同一基準で測定することができるようになった。

　このステップを完了することにより，デザイン研究プログラムにおける次の反復のデザインを行うことが可能になる。そして，現在進行中の評価と統合されたインストラクショナルデザインの調査に使うことのできる実験データを収集することが可能になるのである。

事例　レオは，最小限のフィードバックを与えることが，学習者の2つ目，3つ目の読みのパフォーマンス向上に与える効果について調査したいと考えた。先に述べたような手順に沿って，子どもの単語読解能力レベルよりも下の読み物を選択した後，レオは，1つ目の読みの後に黙って，滑らかさの癖や速さについて，あるいは自信をつけるような励ましなど，ほとんどコメントをしなかった。レオのフィードバックは，各人が到達したとレオが感じたレベルに合わせてなされていた。彼はFOREの評価ツールのバージョン4で用いた24の評価尺度を録画ビデオから得ていた。彼は，各人に合わせたフィードバックが，2つ目の読みにかなり肯定的な効果があることを見いだした。このような最小限の，しかし，理論と直結した教育上のフィードバックが大きなインパクトを与えたことは，妥当性のある評価ツール開発が教育研究に潜在的な価値を有していることを示している。

　彼は，自ら日常的に行っているマクブライド方式の読みプログラムセッションで使われているような通常の教育実践が，継続的なデザイン研究になるだろうと信じている。そのためには，ローカルなドメインにおける段階的到達理論を開発し，サイクル間での学習の伸びを比較参照可能な一貫性と妥当性のある測定システムが必要である。

┃インストラクショナルデザインとテクノロジへの含意

　QDMプロセスは，教育研究および実践に重要なインパクトを与える可能性を持っている。そして，ビジネス，工学者，そして政府組織が新たな「知識経済」に適応していく中で，多用され，享受されるものになるであろう。QDMと妥当性中心のデザインは，教育研究と実践における評価の強固な土台を提供し，それまで得られなかった進捗の積み重ねを促進するだろう。

　多種多様なドメインにおける解釈可能なドメインのストーリーを持つドメインマップの開発と公表は，インストラクショナルデザインのプロセスに大きな影響を及ぼす可能性がある。マップは実証的妥当性と理論的確実性を持つ任意のドメインについて

の範囲と系列の情報をデザイナに提供するため，教授分析やデザイン，そして系列化を大幅に促進できる。インストラクショナルデザイナは，彼らの時間を教育的メッセージのデザインや，練習の機会，あるいは役に立つフィードバックのためにもっと費やせるようになるだろう。専門職団体は，教育研究の効果に関する対話に役立つような，共通の解釈の枠組みや共通の評価基準の枠組みを会員に提供することで，彼らの領域におけるドメインマップの世話役になれるだろう。

　ドメインをマップとしてモデル化することは，学習者に到達度に応じた即時的なフィードバックとナビゲーション制御の機会を提供することに直結するだろう。FORE が与えたシンプルな例を考えてみよう。この事例には，2 つの学習経路がある。1 つは単語の知識であり，もう 1 つは流暢な音読である。学習者と教師は，流暢な音読パフォーマンスは，単語の知識レベルを超えられないのだと理解することができる。単語の知識のための練習を別個に設けることは，読んでいる途中に単語を間違えた理由が，その単語を知らなかったために声に出せなかったわけではなかったことをはっきりさせる。学習者が練習し，学び，そして彼らの学びの努力が再び評価されるとき，各経路に沿った指標によって学習者の位置，すなわち到達レベルを示すことができる。適切にラベルづけされた位置の指標と，低いまたは高いという到達度レベルの指標は，「次」や「前」といった，現在の学習管理システムで用いられている脈絡のない指標よりももっと意味のあるナビゲーションと機会を提供するものである[3]。

　最後に，QDM 手法とドメイン理論によるより大きな文脈は，ベーカー（Baker, 2000）が「明瞭で，完全に表出された，記述的システム」と呼んだような，土台になると我々は信じている。確固とした教育イノベーションがその上に構築され，それによって，研究が進んだ他領域においては常にそうであったように，詳細な評価基準によって学習科学が累積的な進歩を遂げることができるようになるだろう。

>>> 原注

- [1] 編者注：我々はこの進展が，情報時代の教育パラダイムにとって重要な意味を持つと強く信じている。
- [2] 編者注：これらは，情報時代の教育パラダイムにとって非常に重要である。
- [3] 編者注：これは，情報時代の教育パラダイムにとって大変重要である。

第16章
学習オブジェクトと教授理論

デービッド・A・ワイリー (ユタ州立大学)

デービッド・A・ワイリー（David A. Wiley）は，ユタ州立大学の教育工学部准教授であり，持続的公開学習センター長およびフラット・ワールド・ナレッジ（Flat World Knowledge）の最高公開責任者（chief openness officer）でもある。彼はブリガムヤング大学で教育心理学および教育工学の博士号を取得し，マーシャル大学で美術学士（音楽専攻）を取得している。彼はスタンフォード大学法学部のインターネットおよび社会問題センター（Center for Internet and Society）の非常勤フェローや，オランダ公開大学の客員教授を務め，全米科学財団の CAREER 資金の受給者である。彼は，自身のキャリアを全世界の人々が学習機会を増やすことに捧げている。

第 16 章　学習オブジェクトと教授理論　377

本 章 の 概 要

ビジョン

- 教授理論家がインストラクションを構築する際に基本単位となり再利用可能な構成要素の利用を支援する。

学習オブジェクトの種類

- 内容オブジェクト
- 方略オブジェクト
- 談話オブジェクト

教授理論において学習オブジェクトを活用する上での留意点

内容オブジェクトについて

- 内容の仕様の程度を決める。
  - a. 内容だけでなく通常は方略も含める。
  - b. 内容は高度に構造化される（自動処理できるもの）か規定されていない（すべてのものが対応する）。
- 内容オブジェクトの範囲を決める。
  - a. 範囲が広くなるほど教育効果は下がる。
  - b. 目的を再設定するより再利用するほうが容易である。
- 内容オブジェクトの内部や相互の系列を決める。
  - a. 標準的な教授系列の方略を適用する。

方略オブジェクトについて

- 方略オブジェクトの仕様の程度を決める。
  - a. 方略は規定が多いもの（自動処理できるもの）か，規定されていない（すべてのものがあてはまる）。
  - b. 規定が多い場合には，内容だけでなく方略も含まれる。
- 方略のオブジェクトの範囲を決める。
  - a. 範囲が広くなるにつれて教育効果は下がるため，範囲のバランスをとる。
- 方略オブジェクトの系列を決める。
  - a. 標準的なマイクロ，メゾ，マクロの 3 段階の系列化方略を用いる。

談話オブジェクトについて

- 談話オブジェクトの仕様の程度を決める。
  - a. 談話は規定が多いか規定されていない。

- 談話オブジェクトの範囲を決める。
  a. 個々のオブジェクト内部で何種類の談話を支援するかを決める。
  b. 談話オブジェクト内部で意味のあるインタラクションの構成単位を同定する。
- 談話オブジェクトの系列を決める。
  a. 標準的な系列化方略を用いて，学習オブジェクトの内部や相互の系列に着目して談話オブジェクトを系列化する。

学習オブジェクトと新しい教授理論

- 学習オブジェクトが教授設計や教授理論を変えることはない。
- しかし，学習オブジェクトを設計することによって，工業時代の教育パラダイムにおいては無視されがちだった文脈（状況）に関する問題に注意を向けさせることになる。
- オープン教育リソース（open educational resources: OERs）は，学習オブジェクトによってもたらされた変革の1つである。これによってインストラクショナルデザイナが，学習オブジェクトをローカライズし，再目的化し，再利用するような活動ごとにガイダンスを提供する必要が生じた。

（編者）

第 16 章　学習オブジェクトと教授理論　　379

　1990 年代中頃に，教授設計や教育工学分野の新しい潮流の 1 つとして「学習オブ
ジェクト (learning objects)」が登場した。しかしながら，教授設計の構成概念として，
学習オブジェクトはあまりよく理解されていない。構成概念自体の理解不足によって，
教授理論の観点から学習オブジェクトを考えることが大変困難になっている。この章
では，学習オブジェクトの理解と利用のための枠組みをインストラクショナルデザイ
ナに提供する。また，おわりには，学習オブジェクトのパラダイムが教授設計と教授
理論に与える意味について述べる。

学習オブジェクトの歴史の概要

　情報を個別の指定可能な単位に分けて利用または再利用(reuse)するという考えは，
教育工学に大きな革新をもたらした他のものと同様に，教育以外の分野にその起源を
持つ。ブッシュ（Bush, 1945）の Memex システムに格納されたデータや，ネルソン
（Nelson, 1974）の Xanadu におけるハイパーテキストがその起源として特筆される。
本章の執筆時点でも，例えば Web2.0 のマイクロフォーマットやブログコミュニティ
（blogosphere）のマイクロコンテンツのような名称で，教育領域以外のところで新し
いアイデアが生み出され続けている。

　教育工学においても，基本単位となる部品の組み合わせでインストラクションを構
成することについては，ほぼ同様の長い歴史がある。TICCIT は 1960 年代後半に開
発されたシステムであるが，さまざまな領域の内容を追加できる再利用可能な教授テ
ンプレートを用いており，このアプローチの好例といえる。さらに 1970 年代や 80 年
代にかけて，PLATO などのシステムでも似たようなアプローチがとられてきた。こ
のアイデアは，1990 年代のはじめにウェイン・ホジンス（Wayne Hodgins）がコン
ピュータ教育管理協会（Computer Education Management Association: CEdMA）
のワーキンググループの 1 つを「学習アーキテクチャと学習オブジェクト」と名づけ
たことによって再び注目されるようになった。その理由はともかく，「学習オブジェ
クト」という言葉が教育工学者の想像力をかき立てたのである。

　学習オブジェクトに基づく教育アプローチで第 1 に関心を持たれることは，学習オ
ブジェクトの再利用性である。異なる教授シナリオで再利用が可能になると，より早
い教材開発が実現する。異なる配信技術間の再利用性は，相互運用性(interoperability)
とも呼ばれる。これにより，例えば，WebCT で動作する学習オブジェクトを Sakai
や Blackboard，その他のシステムで利用できるようになる。どちらの再利用性も教
材開発のコストを下げる。まさにそれは，皆が関心を抱いていることである。

学習オブジェクトにはさまざまな捉え方があり，それぞれに固有の名前がつけられていたり，独自の意味合いをもっていたりする。ホジンス（Hodgins）の学習オブジェクト，メリル（Merrill, 1997）の知識オブジェクト（knowledge objects），ダウンズ（Downes）のリソース，ADL（Advanced Distributed Learning Initiative）のSCO（sharable content object），ユネスコのオープン教育リソースといった名称のものはすべて類似したアプローチであり，既存のリソースから教材を設計・構築しようとするものである。本章の中でこれらを参照する際には，「学習オブジェクト」という一般的な用語を用いる。また，これらのアプローチをまとめて，学習オブジェクトに基づくインストラクションと呼ぶことにする。

学習オブジェクトの技術仕様が，近年整備されてきている（例えば，IEEE/LTSC，ADL/SCORM，IMS，ARIADANEなど）。これらの仕様や標準は，学習オブジェクトのメタデータ（metadata）を記述する方法や，学習オブジェクトをパッケージ化して2つのコンピュータシステム間でやりとりする方法，その他の教育と関係のない事柄が詳細に定められている。過去10年間になされてきた学習オブジェクトについての研究では，研究リソースや努力の多くが，これらの技術仕様についての記述や，システムが仕様と適合することを保証するテストについての記述，対応するソフトウェアシステムの開発に注ぎ込まれてきた。しかし残念なことに，教育的視点から学習オブジェクトに取り組む研究は，かなり少ない状況が続いてきた。学習オブジェクトに基づくアプローチとある特定の教授設計方略をつなげようとする試みは以前からいくつか行われてきたが（Merrill, 1999; Wiley, 2000），この章ではあえて1つの教授アプローチに固執せずに，視点を上げてより広い範囲を概観していく。

▌学習オブジェクトの分類と特性

記述的科学の多くで最初に行われる研究は，関連するものをまとめて分類することを目指して，事例を観察・収集・分析するものである。処方的なデザインの分野においては，分野の性質上，研究の関心がすべて総合的にデザインされた人工物にあるため，観察や分析の対象となるような自然に生起する事象はない。このような違いがあったとしても，デザイン分野におけるタキソノミーの価値が下がることはない。少なくとも1999年以降には，教育研究者たちは，学習オブジェクトのタキソノミーの記述を試み，ある手法に基づいて学習オブジェクトを分類するための特性の定義について研究してきた（早期の例としては，Cisco, 1999があげられる）。これらの目的主導のタキソノミーには，オブジェクトの自動組み立て（例えば，Cisco, 1999; Dodds, 2001;

L'Allier, 1997），再利用性の最大化（Wiley, 2000），セマンティックウェブアプリケーションの実現（Dingley & Shabajee, 2002）といったような，さまざまな目的を達成するための学習オブジェクトの異なる分類がある。

学習オブジェクトは一般的に，個々に指定可能（addressable）な内容のまとまりであり，さまざまな教授シナリオに再利用できるものだと考えられている。この概念はかなり簡素であるが，このテーマについての通常の会話をするためのニーズは満たしている。しかしながら，学習オブジェクトの設計・選択・再利用を行う際には，少なくとも，(1) 内容オブジェクト（content objects），(2) 方略オブジェクト（strategy objects），(3) 談話オブジェクト（discourse objects）の 3 種類に分けることが有用である。以降では，これら 3 種類のオブジェクトについてそれぞれ考察する。そして，インストラクショナルデザイナや開発者に関連する次の問題について議論する。

- オブジェクトの仕様の程度に関する問題：デジタルリソースを学習オブジェクトとみなすための基準の数
- 範囲の問題：つまり，学習オブジェクトのあるべき大きさ
- オブジェクト内部やオブジェクト間の系列化の問題：学習オブジェクトどうしの系列や，個々のオブジェクト内の活動や情報の系列に関連する問題

なお，内容オブジェクトについての議論が最も長くなる。なぜならば，内容オブジェクトに適用される原理のうちのいくつかは，方略や談話オブジェクトにも関係するからである。

1. 内容オブジェクト

内容オブジェクトは，一般に自己完結した情報のまとまりである[1]。情報は，文字，画像，音声，動画として提供される。以降では，内容オブジェクトの仕様の程度，範囲，系列について考察する。

仕様の程度 「学習オブジェクトとは何か？」という質問は，学会参加者や大学院生だけでなく，専門家たちからも頻繁に尋ねられることである。この質問への答えは，およそ回答者の数だけの異なるものが存在するようである。それは仕様を規定しないもの（例えば「すべてのものは学習オブジェクトである」）から，厳密な仕様（例えば「デジタルで，特定の方法で構造化され，特定のフォーマットで蓄積され，特定の形式のメタデータでインデックス化されているものだけが学習オブジェクトである」）

382 第4部 共通知識基盤を構築するためのツール

までの考え方が存在する。学習オブジェクトメタデータ（目録）標準の文書において
IEEE/LTSC は，次のように述べている。

　　学習オブジェクトとは，デジタルであるかどうかにかかわらず，情報技術を利
　用した学習の中で，利用，再利用，もしくは参照されるエンティティである，と
　定義する…学習オブジェクトには，情報技術を利用した学習の中で参照されるマ
　ルチメディアコンテンツ，教授内容，学習目標，教育用ソフトウェアやそのツー
　ル，人，組織，事象が含まれる。(IEEE/LTSC, 2000, n.p.)

　この定義よりも制約が少ない定義を想像することは難しい。「スクールハウスロッ
ク」という番組で流れていた古い歌が浮かんでくる。「とてもおもしろいことに気づ
いたよ。名詞というのは人・場所・物のことなんだ」と。IEEE の定義に従えば，す
べての名詞は学習オブジェクトということになる。ワイリーとエドワーズ（Wiley &
Edwards, 2002）は，ほんの少しだけ制限を加え，「学習を支援するために再利用で
きるデジタルリソース」と定義することを提案している。さらに厳密な仕様として，
NETg では学習オブジェクトの定義を学習目標，目標に到達するための教材，目標
を習得したかを確かめる評価項目の三角構造で構成している。一方で，ほぼ完全に構
造化される定義としては，メリル（Merrill, 1997）の知識オブジェクトがあげられる。
知識オブジェクトは，エンティティやアクティビティ，プロセス，プロパティとして
内容を構造化し，知識基盤に蓄積されるものとして規定されている。
　内容オブジェクトの仕様において，特に重要な2つの留意点がある。1つ目は，ほ
とんどの内容オブジェクトが，単なる内容オブジェクトではなく，内容と教授方略の
両方を含んでいるということである。例えば，NETg 形式の内容オブジェクトについ
て考えてみよう。彼らのモデルによると，内容オブジェクトは特定の目標について教
える教材を含んでいる。目標が設定されているとすれば，その学習オブジェクトは単
なる内容だけではないとみなしても差し支えないだろう。なぜならば，学習者の目標
への到達を支援するよう設計者が意図した教授方略と対応する形で内容を含んでいる
と考えられるからである。実際のところ，教授方略を内容から完全に切り分けること
はかなり難しい。メリルの知識オブジェクトのように完全に文脈と切り離し，内容を
構造的にマークアップするようなかなり厳密なアプローチだけが，内容と教授方略を
本当に分離することを可能にする。ギボンズ（Gibbons）のデザインレイヤーについ
ての論考（第14章参照）が，この点に関して特に価値のある研究であるといえよう。
　2つ目の重要な点は，内容オブジェクトの仕様の程度に関する，「すべてを許容する」
対「自動処理できるもの」という難しい問題である。「すべてを許容する」というのは，

仕様の規定をしないほうの極限を表している。この極限では，インターネット上に公開されている10数兆テラバイト以上の内容が，教授シナリオで利用もしくは再利用可能な内容オブジェクトとみなされる。しかしながら内容の構造をあらかじめ想定しておく手段がないので，オブジェクトの構築や提示を自動で行うことはほとんどできない。「自動処理できるもの」というのは仕様のもう一方の極限を表し，そこでは内容が高度に構造化されている。あらかじめ内容の構造の仕様を把握できれば，設計者は学習オブジェクトの選択・構築・提示の大半を自動化することができる。しかし対象となるすべての内容が，一定の方法を用いて構造化される必要が生じることになるので，このモデルに従う場合には，内容オブジェクトがきちんと準備されるまで役に立たなくなる。広大な情報空間を探索するアプローチにおける幅と深さの問題と同様に，「すべてを許容する」対「自動処理できるもの」の問題に対する万能な答えはない。適切なレベルを選択するためには，いつでもきわめて文脈依存的となる。

範囲　「学習オブジェクトの大きさはどのくらいにすべきか？」という質問が頻繁に出てくる。これはあきらかに，教授設計にとって中心的な，範囲に関する問題である。しかしながら，内容オブジェクトの大きさについての質問に答える以前に，「大きさ（size）」という概念を操作化しなければならない。学習オブジェクトの仕様と同じように，「大きさ」の解釈についてもさまざまな意見がある。実践の中でよく見られる例としては，インストラクションの完了までに必要となる平均時間，対象としている目標数，ユーザに表示される画面の数，手続きのインストラクションのステップ数，キロバイトやメガバイトといった単位を用いたデジタルファイルのサイズがあげられる。

　内容オブジェクトを設計する上で考慮すべき第1の原則は，再利用のパラドックスである。それは「個々の学習オブジェクトの教授シナリオにおける有用性は，その再利用性に反比例する」という矛盾である。この原則は，内容オブジェクトがどのように機能するのかを決定する上での文脈の役割をはっきりさせる。学習オブジェクト内の膨大な文脈が存在することによって，すなわち1つのオブジェクトの中で並列に扱われているさまざまな概念，事例，イメージや，その他のメディアによって，学習オブジェクトは教育的により意味のある形で機能することができる。一方で，このようにオブジェクト内の複数の概念やメディアを並列に扱うことは，オブジェクトを再利用できる教授シナリオの数を制限することにもなってしまう。よって，教育効果のある学習オブジェクトのほとんどは，あまり再利用性が高くなく，逆に再利用性が高い学習オブジェクトはほとんど何も教えない。この2つが再利用のパラドックスの両端である。筆者のアプローチは，図16.1に示すちょうど中央左側の点を最適点として

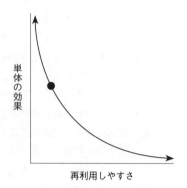

図16.1 学習オブジェクト単体の教育効果と再利用しやすさとの関係

ねらっている。つまり、その学習オブジェクトのもともとの対象者にとって教材を効果的に機能させられるようにし、将来想定される再利用者に対応するための犠牲はほどほどにすべきである。

例えば、筆者らが提案している学習オブジェクトの利用ための O_2 アプローチ(Wiley et al., 2004)は課題中心型のアプローチであり、この「中央左側の」アプローチを使ったものである。

O_2 は学習オブジェクトを利用するプロジェクト型のモデルであり、段階的な複雑化の系列に注目して学習経験を考えている。このモデルは、ワイリー(Wiley, 2000)の学習オブジェクトの設計と系列化(Learning Object Design and Sequencing: LODAS)アプローチやギボンズら(Gibbons et al., 1983)によるワークモデル統合(Work Model Synthesis)手法に基づいている。学習オブジェクトは、プロジェクトの課題やゴールの達成を支援するためにコース設計者に選択され、学習者に利用される。このアプローチでは、コース設計者がプロジェクトのタスクや目標の達成に必要な学習オブジェクトを選び、それらを学習者に利用可能にする。この学習オブジェクトの利用は、先行研究で述べた「タコ足手法(Octopus Method)」に基づいている。その手法ではプロジェクトを学習経験の中心に配置し、学習オブジェクトをタコの足のように「プロジェクトにぶらさがる」ようにする(Wiley, 2001)。O_2 はまた、ハナフィンとヒル(Hannafin & Hill, 2002)のリソース基盤型学習環境(Resource-based Learning Environments: RBLEs)研究に強く影響を受けている。(p. 513)

これらの内容オブジェクトは，特定の知識・スキル・態度を教えるための十分な内容と教授方略を含むものである。しかし，なぜその教材が大切であるのか，それがどのように自分と関連するのかについての学習者の理解を助ける文脈的な足場かけ（scaffold）が含まれていない。これらの文脈的な足場かけは，内容オブジェクトの内部にはなく，外部から，プロジェクトやシナリオの説明によって提供される。このアプローチでは，内容オブジェクト単体としてはかなり効果的であるが，再利用は困難になる（再利用をするためには常に新しいプロジェクトやシナリオの創出を必要とするからである）。

少し脱線するが重要なことなので，ここで再利用と再目的化（repurposing）の区別をしておきたい。技術的に見ると，「再利用する」とは学習オブジェクトをそのまま利用することを示し，「再目的化する」とは学習オブジェクトを修正して利用することを示している。あきらかに再利用することよりも再目的化をすることのほうが，かなりコストが高くなり時間もかかる。再目的化のコストには，さまざまな種類のマルチメディアを開いて編集するために必要とされる時間や才能だけでなく，教材に変更を加えるために出版社から許可を得るのに必要な時間，才能，リソースも含まれる。それゆえに，多くのアプローチ（O_2も含む）は学習オブジェクトの**再利用**を促進する方法を見いだすことに重点を置いている。日常会話においては，学習オブジェクトを利用前に修正するかどうかに関係なく，**再利用**という言葉が必ずと言っていいほど使われている。よって，誰かが再利用という言葉を使っているときには，それが本当に学習オブジェクトの再利用についてなのか，あるいは再目的化であるのかを見極める必要が常にある。

単体での効果と再利用のしやすさは，内容オブジェクトに固有のものではなく，後述する方略オブジェクトと談話オブジェクトにも同様にあてはまる。

系列 設計者（あるいはシステム）にとって最も重要な作業は，適切な内容オブジェクトを選択した後で，それらの中身を教育的に意味のある系列に配置することである。それには，教授設計の標準的な系列が例外なく適用される。ライゲルースの精緻化理論（elaboration theory）などによる単純なものから複雑なものへの系列や，ヴァン・メリエンボアーによる4要素教授設計（four component instructional design: 4CID）モデルによるマイクロレベルでのランダム化や，ガニェの前提条件優先（prerequisites-first）方略などがあげられる。

複数の概念やスキルを教えるような，より大きな内容オブジェクトについては，オブジェクトの内部を系列化することになる（再度強調しておくが，内容オブジェクトは内容だけで構成されることはほとんどない）。内容オブジェクトは，内容を含みか

386 第4部 共通知識基盤を構築するためのツール

つそれ自体も内容を表すため，学習オブジェクト内の系列化と学習オブジェクト相互の系列化とにおいて考えるべきことに違いはない。いずれにしても，内容オブジェクトは「単なる教授メディアの1つ」であり，学習オブジェクトで構成された効果的なインストラクションは，他のメディアで開発された効果的なインストラクションと同様の系列化に関する特徴を持つだろう。

2. 方略オブジェクト

　方略オブジェクトは，いかなる内容も含まない。これは純粋にロジックだけであり，教授の手続きやプロセス，パターンを含む[2]。また，内容を提示する方法や，フィードバックを提供する方法，練習や評価項目を生成するための方法を含んでいる場合もある。これを理解するよい例として，コンピュータプログラミングにおけるデータとアルゴリズムの関係があげられる。この場合，内容オブジェクトはデータに，方略オブジェクトはアルゴリズムに対応する。方略オブジェクトは内容オブジェクトを機械的に操作するので，方略オブジェクトがうまく働くかどうかは，内容オブジェクトの構造を設計者が事前に決定できるかどうかに大きく依存している[3]。

　方略オブジェクトは，教授方略を決められたとおりに常に正確に実行してくれる。これが設計者にとっては魅力的である。設計者が特定の内容に対するかなり効果的な教授法を見つけた場合には，その手法をいつでも忠実に再現する方略オブジェクトとして具体化することができる。そして，その教授法をさまざまなトピックやスキルを教える多くの機会で再利用することができる。これは，設計者がその内容をアルゴリズムの構造的仮定を満たすオブジェクトに変換しているからである。

　前述した効果と再利用しやすさとの関係についてのコメントを心に留めておいてほしい。これが内容オブジェクトとまったく同様に方略オブジェクトにも適用されるからである。ある教授の文脈において有効な教授方略だというだけで，他の文脈においても有効であるという保証はない。もちろん，実際に方略オブジェクトがある系列に組み込まれて「利用される」かもしれないが，その学習オブジェクトが新しい文脈でも同じように有効であるという保証はないのである。以降では，方略オブジェクトの仕様の程度，範囲，系列について考察する。

仕様の程度　内容オブジェクトと同様に，方略オブジェクトも規定される程度の厳格さは異なる。最も厳格に規定されないものとしては，デザインパターンやテンプレートがある。例えば，オンライン教育の設計者は，後で内容を埋めるだけですむHTMLテンプレートをよく用意している。テンプレートは特定の教授方略やアプロー

チを組み込んだものであり（設計者がそのことを認識するかどうかにかかわらず），さまざまな教授シナリオにおいて再利用できる。DreamweaverやFlashのようなオーサリングツールも，この種のテンプレートを含んでいるのが一般的である。

　一方，非常に厳格に構造化された方略オブジェクトは，非常に厳格に構造化された内容オブジェクトといつも組み合わされている。このような方略オブジェクトは，実質的には内容を処理するコンピュータのアルゴリズムである。したがって，アルゴリズムが適切に処理できるためには，一定の書式に従って記述されたデータ（内容オブジェクト）が必要である。

　メリルの教授トランザクション理論における知識オブジェクトと教授トランザクションは，非常に厳格に規定された内容オブジェクトと方略オブジェクトが対になっている例である。メリル（Merrill, 1997）は，知識オブジェクトの種類，構造，相互関係について次のように述べている。

　　　知識オブジェクトは，エンティティ，アクティビティ，プロセス，プロパティの4種類に分けられる（Jones & Merrill, 1990を参照）。エンティティは，この世の中にあるオブジェクトを表し，それには機器，人，生物，場所，シンボルなどが含まれる。アクティビティは，学習者がそのようなオブジェクトに対して行うことができる行動を表す。プロセスは，この世の中にあるオブジェクトのプロパティに生じる変化を表す。プロセスは，この世の中で起こる事象，つまりエンティティの変化を表す。プロセスは，アクティビティもしくは他のプロセスが引き金となって生じる。プロパティは，エンティティの質的あるいは量的な属性を表す。(Merrill, 1997, n.p.)

　これらの知識オブジェクトは，教授トランザクションの「アルゴリズム」によって処理される「入力データ」である。教授トランザクションは現在のところ約13種類がある。メリルはトランザクションの種類の1つである「同定（identify）」について，以下のように述べている。

　　　提示　「同定」トランザクションの提示モードは，次のようなものである。対象となっている知識オブジェクトの名前と描写を示しなさい。［我々の事例では，名前はタイトルバーに表示され，バルブの背景（パイプ，バルブの底のプレート，スイッチのプレートを含む）は対象となる知識オブジェクトの描写である。］対象となっている知識オブジェクトの各部の描写を示しなさい。［我々の事例では，各部のイラストがその描写にあたる。例えば，バルブ自体，フランジボルト，空

気ホース接続部，空気ホースなどである。］もし探索モードが有効になっている場合には，マウスをクリックすると各部の名前が表示される。右クリックでは各部の説明が表示される。講義モードが要求された場合［「いくつかの部品について教えなさい」］には，選択項目一覧にある各部品が強調表示され，その名前と説明が表示される。動的な描写（動画や音声）では，部品が表示されているときに同定するために，動的な描写と合わせて画像の描写も伴うことが多い。

　　練習　「同定」トランザクションのための練習モードは，次のようなものである。「部品の位置を示す」が選択された場合，部品の名前を提示し，学習者が部品のどれかをクリックすると，正解か不正解かと正答のフィードバックを提供する。もし不正解なら，練習問題のリストにその問題が残される。「部品の名前を述べる」が選択された場合には，ある部品が強調表示され，部品の名前のリストが提示される。学習者が部品の名前をクリックすると，正解か不正解かと正答のフィードバックを提供する。もし不正解なら，練習問題のリストにその問題が残される。「機能を同定する」が選択された場合には，機能の説明を1つ提示する。学習者が部品のどれかをクリックすると，正解か不正解かと正答のフィードバックが提供される。もし不正解なら，練習問題のリストにその問題が残される。（Merrill, 1997, n.p.）

教授システムがこれらの非常に厳格に規定された方略オブジェクトを実行できるかどうかは，内容オブジェクトが同じように非常に構造化されているかどうかに完全に依存している。

範囲　範囲の問題は，内容オブジェクトのみの問題のように思われるが，方略オブジェクトにとっても重要な問題である。特に，方略オブジェクトが教授プロセスのうちのどの程度までを扱うべきなのだろうかという問題である◆4。学習者の注意の獲得？情報の提示？　練習？　フィードバック？　評価？　これらのすべて，あるいはそれ以上？　加えて，方略オブジェクトは，どのくらいの種類のインストラクションを扱うべきなのかという問題もある◆5。単なる対連合に関するインストラクション？　概念のインストラクション？　手続きのインストラクション？　これらのすべて，あるいはそれ以上？

　繰り返しになるが，ここでも再利用のパラドックスに突き当たる。すべてを1つですませようと統合された大きな学習オブジェクトは，少数の教授シナリオでしか使えない。逆に，対連合の練習だけを提供する方略オブジェクトは，かなり多くのシナリオで再利用可能であろう（普通は他の方略オブジェクトとの組み合わせになる）。設

計者は，役に立つ十分な機能性を提供するようにバランスをとるべきであり，オブジェクトの適用性に制限をかけてしまうほど機能を詰め込むべきではない。設計者はバランスに配慮し，役に立つために十分な機能性を提供する一方で，オブジェクトの適用性に制限をかけてしまうほどまでには機能を詰め込むべきではない。

系列 系列化は方略オブジェクトがどのようにふるまうのかの重要な部分であるため，方略オブジェクトの系列についての議論は「劇中劇」のように混乱して行き詰まってしまいがちである。どの内容や練習項目を最初に提供するのかというような，小さめの学習オブジェクトに対するマイクロレベルの問題は，第1の検討事項である。小さめの学習オブジェクトであれば，どの内容説明や練習を先に提示するかといったマイクロレベルの問題が主な検討事項である。情報を提供し，練習とフィードバックも提供するようなより大きなオブジェクトになると，練習と情報提示をどう系列化するかというメゾレベルの問題が決定されなくてはならない。どのくらい頻繁に練習を情報提示の中に割り込ませるべきか？　練習機会の提供の中でフィードバックをどのくらいの頻度で割り込ませるべきか？　方略オブジェクトにより多様な方略が組み込まれるにつれて，オブジェクト内の系列化問題がより複雑になっていく。オブジェクト内部の系列化問題とオブジェクト相互の系列化問題は，内容オブジェクトについて本章で述べたことと同様である。情報提示・練習・評価のオブジェクトを1個にまとめるか3個に分けて用意するかにかかわらず，誰かがある時点でこれらを系列化する必要がある。

　大小の方略オブジェクトからどの大きさを設計者が選ぶかは，前述のように再利用性に影響してくる。例えば，方略の系列として「ルールの説明を提示し，ルールの事例を提示し，ルールを用いた練習の機会を提供する」ことを選択し，この流れをけっして変更しない場合には，これら3つの方略を実装する1つの大きな方略オブジェクトを採用することが適切であろう。しかしながら，ルールの説明の提示や事後に練習を提供することなく，事例だけを提示したくなる場合があると設計者が事前に予測できる場合は，これら3つのそれぞれを別々の方略オブジェクトとして構築したほうがよい。

3．談話オブジェクト

　談話オブジェクトは特殊な方略オブジェクトであり，その内容の作成や追加をインストラクショナルデザイナや自動化システムが行うことはないタイプのものである。内容の作成や追加を行うのは学習者である。つまり談話オブジェクトは，学習者間の

インタラクションに足場かけを行う，特別な種類の方略オブジェクトだといえる◆6。以降ではこれまでと同様に，仕様の程度，範囲，系列について考察する。

仕様の程度　内容オブジェクトや方略のオブジェクトと同様に，談話オブジェクトについても，規定が厳格なものからそうでないものまである。最も厳格でない規定としては，可能な限り制約を少なくしてインタラクションを促進するツールがある。例えばウィキはよい例である。ウィキはウェブベースの協同環境であり，誰でも好きなように内容の作成を行い，また誰でも好きなように内容の編集を行うことができる。その結果として，ウィキはかなり混沌としてしまうこともある。ニュースグループやウィキペディアのページ編集の仕方にあるネチケットの説明のように「その場での慣習」を成文化して共有することで，インタラクションは若干構造化される。ウィキペディアでは，「中立的に記述しなさい」「情報源を引用しなさい」「次のようにあなたの書き込みを始めなさい」のようなインストラクションを提供している。一方で，厳密な規定があるものとしては，インタラクションを完全に制約し構造化するツールがある。コンピュータによる協同議論支援ツールは，非常に厳密に規定された談話オブジェクトのよい例である。これらのツールは，ユーザに強制的に，特定の種類の発言をさせたり（例えば論拠や主張），ある順序に必ず従って，あるいは他者の特定の発言に対して応答させる（例えば，何らかの資格があることを述べてからしか主張させない）。

範囲　談話オブジェクトの「サイズ」はどのように把握すればよいだろうか？　談話オブジェクトが扱う範囲については2つの論点がある。まず，オブジェクトで支援する会話の種類を決めること，次に，その支援する会話の中で意味のあるインタラクションの構成単位を同定することである。前者は，方略オブジェクトが扱う範囲の問題と同一であり，その考察はここでは繰り返さない。後者のほうがより興味深い（「困難である」からこそ「興味をひく」という意味で）。（トールミンの討論モデルのような）談話文法が存在する領域においては，文法内の機能的な働きは談話オブジェクトにおけるインタラクションの個別の機会に分離することができる。例えば，立論する，論拠を示す，反論することはすべて，討論の過程における個別の構成単位である。協調や共同などのように特定のモデルが存在しないインタラクションのシナリオでは，談話オブジェクトの設計は談話分析から開始しなければならない。その分析においては，インタラクションの最小要素を同定するために，設計者が支援を望む種類のインタラクションの成功事例についての談話分析をいくつか行うことになる。その後で，範囲の決定は他の方略オブジェクトと同様に進められて，1つの談話オブジェクトに含まれる個別の要素がいくつになるかを決定する。

系列 談話オブジェクトは，学習オブジェクトの内部や相互の系列に実質的な差があるという点においても他のオブジェクトと異なっている。オブジェクト内で想定される学習者のふるまいの系列は，教育目的に対して望ましい会話がどのように展開されるべきかに関する既存のモデルや新しい分析によって得られた情報を基にして構成される。これらの系列は主に手順的であり，初心者が専門家になる過程で典型的な，単純なものから複雑なものへと進んでいくこととは無関係かもしれない。例えば，会話が用語の共通理解を促進する螺旋型の動きであったり，あるいは，ある設計問題の一時的な解決策の選択のために繰り返される社会的選択メカニズムを使用することもある。談話オブジェクト間の系列は，内容や方略オブジェクトにおけるオブジェクト間系列と類似している。それには精緻化理論（elaboration theory）における単純から複雑への系列やその他の系列，4CID のマイクロレベルのランダム化，あるいは前提条件優先の系列化といったものが含まれている。

◤ 4. 学習オブジェクトと新しい教授理論

「学習オブジェクトがどのように教授設計（ひいては教授理論）を変えるのか？」という質問がよくなされる。私はこの質問への答えは単純に，ノーである（変えない）と思っている。教授設計は，どのような物理的，政治的，哲学的，予算的な環境におかれていたとしても，その場合に最も学習を促進すると予測されるものを選択する実践である。教授設計に対する学習オブジェクトに基づくアプローチは，このような制約下で選択を行う実践を変えることはないので，教授設計の実践における基本的な部分を変えたりはしない。

学習オブジェクトが設計者に新たな制約を加えることもない，と主張する人もいるかもしれない。結局のところ，1 世紀以上もの間，我々はインストラクションを設計するときに教科書や論文，新聞などの資源から教材を見つけて利活用してきた。なぜこのリストに「ウェブ」と「データベース」を加えることが何らかの変化につながるのだろうか？　いや，何も変わるわけではない。インストラクションを設計するときに既存の学習オブジェクトに依存するとしても，我々が以前から行ってきたこととほとんど変わることはない。

しかしながら，インストラクショナルデザイナである我々が学習オブジェクト自体の設計も担当するとなれば，実際には新しい仕事が実践に付加されることになる。さまざまな状況に対して幅広く再利用できるように教材を設計するという考え方は，インストラクショナルデザイナが普段は無視しているような文脈に関する問題を浮き彫りにする。インストラクションを設計するための最良のアプローチが 1 つだけ存在す

るわけではない。すべての内容領域やすべての人々に等しく有効な技術があるわけでもない[7]。だから，大きな研修会社がインストラクションの設計や実施において1つの教授法やシステムだけを採用してしまうと，教育効果を犠牲にしているといえる（財政上の利益は明らかにあるとは認めるが）。

学習オブジェクトと密接に関係する分野では，設計者が直面する制約を大きく増やしもしたし，減らしもしてきた。例えば，RFP（提案依頼書）でSCORMのような学習オブジェクト関連標準にシステムを従わせるように要求する場合がある。これは設計者に対する制約としては，とても新しく，とても大きいものである。一方では，まだ歴史の浅い関連領域として「オープン教育リソース（open educational resources: OERs）」があり，これは学習オブジェクトのアプローチで実現可能になるイノベーションの好例である。OERsは知的財産権が明確かつ意図的に表示され，ライセンスされている学習オブジェクトである。したがって，設計者が自由に利用・修正・再配布でき，著作権の許諾を得ようと努力したり著作権料を支払う必要はない。もし今までにOERを見たことがなければ，MITやユタ州立大学，そのほかhttp://www.ocwconsortium.org/からリンクされる世界中の何百もの大学から利用可能になっている3000もの科目群を見てほしい。ここで公開されている科目に含まれているすべての教材は，利用許諾を得たり利用料を払ったりせずに翻訳，修正，再利用，再配布を自由に行うことができる。リソースを再目的化し同僚教員や学生と共有する手段を常に窮屈に制限してきた法律上の制約があたりまえのように蔓延しているので，これらの公開資源の活用を意識して検討するようなインストラクショナルデザイナはほとんどいない。

OERsは，法的に変更・抽出・翻訳を含む教材への変更と再配布が可能となるようにライセンスされている。このため，次のような教授設計において日の目を見てこなかったことが，OER運動の中心となってきている。ローカライズ（localization）は，言語・文化・慣習などの観点で対象ユーザにより適切となるように，教材を適合させるプロセスである。これまでの伝統的な著作権がインストラクショナルデザイナによる学習オブジェクトの**再利用**（reusing）を制限してきた一方で，OERsの存在がインストラクショナルデザイナに**再目的化**（repurposing）に関する展望を大きく切り開いた。次の10年間で我々は，多くの教材をさまざまな対象に利活用できるようにするための標準プロセスの確立と実践を目にすることになるだろう。OER運動の主要なゴールの1つは，発展途上国への教育機会の提供にある。頑健な教授理論があれば，次のような質問に答えることができるはずである。「英語を話すある先進国で効果的であったインストラクションを，中国語を話す発展途上国でも効果的に機能するようにするためには，何を行うべきか？」。ローカライズの分野は，オープン教育運

第 16 章 学習オブジェクトと教授理論　393

動の出現によって新しい関心事となっており，この先何年にもわたって，教授理論の
活発な対象分野となるべきだろう。

結論

　インストラクショナルデザイナが行う主たる選択は，範囲と系列についての決定で
ある。そのため，これらの選択に学習オブジェクトに基づくアプローチがどのような
影響を与えるかを明らかにしようと試みてきた。私は，デザイン分野のタキソノミー
（taxonomy）が，記述的な分野のものとは異なっていると述べた。なぜならば，我々
の設計ゴールがまず分類スキーマを開発することに直結することが多いからであり，
その後で分類されるべき人工物が吟味されることになる。私はまた，学習オブジェク
トもしくはその他のテクノロジや教授設計アプローチの導入によって，制約の下で目
的に基づいた選択を行うという教授設計の実践の基本は変わらないということを述べ
た。しかし，制約を追加したり取り除くことは，オープン教育リソースの事例に見て
とれるように，我々が行える選択の種類を変えることになる。これらの主張をまとめ
て考えることで，よりよい教授理論の開発に貢献し，とりわけ今日求められている学
習オブジェクトの教育利用についての対話の触媒となることを期待したい。私自身，
何年も前に学習オブジェクトのための教授理論と呼べそうなものを開発してはみた
が，今では教授理論に対する学習オブジェクトの最大の貢献は，教授理論の最前線に
ローカライズの問題を浮上させることにあると確信している。

▶▶▶　原 注

- ◆1　編者注：内容は何を教えるべきかという問題なので，この種の意思決定はどちらかといえばカ
リキュラム設計理論（第1章）に該当する。
- ◆2　編者注：この性質の決定は教授事象理論の領域となる傾向がある。
- ◆3　編者注：これは内容の性質が，教授法の選択にとってかなり強い影響を与える状況性であるこ
とを示している。
- ◆4　編者注：これは第1章で取り上げた「範囲」の問題と同じである。
- ◆5　編者注：これと同様の「一般性」の問題が第1章で述べられており，方略に推奨される状況の
広さについて取り上げている。
- ◆6　編者注：これらは，制御，表現，メディア論理のデザインレイヤーの中にある。
- ◆7　編者注：これは情報時代の教育パラダイムにとって重要な原理である。教授理論にとって重要
な示唆の1つとして，さまざまな内容や学習者に対して，異なる学習オブジェクトを設計ある
いは選択することの両面からインストラクショナルデザイナを支援する機会を増やす必要があ
るということである。

第17章

理論の構築

チャールス・M・ライゲルース（インディアナ大学）
ユン＝ヨ・アン（テキサスＡ＆Ｍ大学テクサーカナ校）

チャールス・M・ライゲルース（Charles M. Reigeluth）はハーバード大学で経済学士を取得した。ブリンガム大学において教授心理学で博士号を取得する前の３年間は，高等学校の教員だった。1988年からブルーミントンにあるインディアナ大学教育学部の教授システム工学科で教授を務めている。1990年から1992年まで学科長の職にあった。彼の社会貢献・教育・研究における専門分野は，公立学校システムに学校群単位のパラダイム変化を促進するプロセスについてである。研究の主目的は，学校群が学習者中心のパラダイムに教育を変換する過程を成功裏に導く指針についての知見を前進させることにある。これまでに９冊の本と120を超える論文や書籍の章を出版している。そのうちの２冊は，米国教育コミュニケーション工学会（AECT）から「年間優秀書籍賞」を受けている。また，AECTの優秀貢献賞やブリンガム大学の優秀同窓生賞も受賞している。

ユン＝ヨ・アン（Yun-Jo An）は，インディアナ大学ブルーミントン校で教授システム工学の博士号を授与された。その後，彼女はオプションシックス（Option Six）というeラーニングに関する会社でインストラクショナルデザイナとして働いていた。現在，彼女はテキサスＡ＆Ｍ大学テクサーカナ校で教授工学の助教授をしている。彼女の関心は，デジタル学習環境の設計，問題解決型学習（PBL），ゲームやシミュレーション，および教授理論の構築などである。

第 17 章 理論の構築　395

> **本章の概要**

ビジョン

- 教授理論を開発するための指針を提供すること

理論と研究についての基礎

1. 構築することが必要な知識の種類
- 設計理論と記述的理論の両方
2. 教授理論を構築するための枠組み
- さまざまな視点を活用した機能的文脈主義（折衷主義）
3. 記述的理論と設計理論を構築するために必要な研究の種類
- 記述的理論は妥当性と信憑性を重視している。
- 設計理論は好ましさと有用性を重視している。
- 設計理論は（確認的に）検証していく研究と（探索的または開発的に）改善していく研究によって進歩する。
4. 設計理論を改善させるために研究を用いるとき
- 理論開発の S カーブ
- 開発の初期段階においては，改善のための研究，つまり形成的研究とデザイン研究（design-based research）を用いる。
- 開発の後半段階においては，検証のための研究と改善のための研究の両方を利用する。

設計理論を構築するためのアプローチ

1. データ中心型（data-based）理論開発
- 開発している教授理論の範囲を同定する。
- どの方法をいつ利用できるか観察する（状況性）。
- 理論を改善するための研究に取り組む。
2. 価値中心型（value-based）理論開発
- 開発している教授理論の範囲を同定する。
- インストラクションの中で具体化したい価値観を明確にする。
- 価値観を具体化するためのあいまいな方法を調査する。
- 適切な状況性とともに，構成要素・種類・基準を明確にしていくことで，その方法を精緻化する。
- 理論を改善するための研究に取り組む。

3. 方法中心型（methods-based）理論開発
- 一般的な方法を1つ選択し，あいまいなレベルでもその方法を説明する。
- 開発している教授理論の範囲を明確にする。
- 適切な状況性とともに，構成要素・種類・基準を明確にしていくことで，その方法を精緻化する。
- 理論を改善するための研究に取り組む。

4. 実践者主導型（practitioner-driven）理論開発
- 教授理論の範囲を明確にする。
- 過去の事例を想起することで暗黙知を詳しく説明する。
- 再び過去の事例を思い出しながら，適切な状況性とともに構成要素・種類・基準を明確にすることで，その方法を精緻化する。
- その方法の中にある変動要素を同定し，それぞれに求められる状況性を明確にする。
- 理論を改善するための研究に取り組む。

設計理論を研究するためのアプローチ

1. グラウンデッド理論開発
- 事前に仮説を立てずに帰納的プロセスに焦点を当てる理論開発である。
- グレイザーのアプローチには，（先行研究調査はせずに）データ収集（質的・量的のどちらか，もしくは両方），オープンコーディング，継続的比較，選択的コーディング，理論的コーディング，理論的メモ，分類と記述が含まれる。
- ストラウスとコービンのアプローチには，先行研究の調査を行い量的なデータのみを収集し，異なるコーディングプロセス（オープンコーディング，軸足コーディング，選択的コーディング）が含まれる。

2. デザイン研究（DBR）
- 特徴：理論や過去の研究をきっかけとし，実利的・協働的・文脈的であり，従属変数を複数利用し，統合的であり，体系的で包括的な文書化を必要とし，反復的であり，順応的・柔軟的であり，一般化を追及するものである。
- 原理：研究によってデザインを支援し，実践的な目的と初期の計画を設定し，現実の文脈の中で取り組み，参加者と親密に協働し，体系的かつ意図的に実行し，即時的かつ継続的にデータを分析し，デザインを継続的に洗練し，文脈的な影響を記述し，デザインの一般化可能性を検証する。
- ガイドライン：現実の課題を同定し，先行文献を調査して理論開発の目的を設

第 17 章　理論の構築　　397

　　定し，実践者とのパートナーシップを構築し，独立・従属変数を同定し，初期
　　の研究計画を開発し，デザインを考案・実装し，デザインプロセスを記録し，デー
　　タを収集し，デザインを評価し，デザインを改変し，そのプロセスを繰り返し，
　　結果をまとめる。
3.　形成的研究
- 目的：特定の事例とその事例に関係する教授理論，そして教授理論に関連する
  記述的理論の３点を改善することを意図する。
- 活動：上記３点の長所，短所，改善点となりそうなことを明確にするために事
  例を評価する。方法の中の変動要素とそれに伴う状況性を見つけ出す。その事
  例において改善できそうなことを実施し評価する。因果関係を探求する。そして，
  デザインと記述的理論において可能な改善を提案する。
- 新しい設計理論を構築したり既存の理論を改善したりするためにも利用できる。
  さらに，デザインされた事例や過去の自然発生的な事例，そして現在の自然発
  生的な事例においても用いることができる。それぞれの利用場面では，形成的
  研究の方法を変化させることが必要となる。

　　　　　　　　　　　　　　　　　　　　　　　　　　　　　　　（編者）

398 第4部 共通知識基盤を構築するためのツール

　共通の知識基盤を構築するには，理論の本質と設計理論の構築に役立つ研究の種類を深く理解することが求められる。本章では，理論と研究の基礎について議論するところから始めていく。次に，設計理論を構築するために用いることができる4つのアプローチについて説明し，続けて設計理論を開発するための研究に用いられる3つのアプローチを説明する。

理論と研究の基礎

　この節では以下の4点について議論していく。(1) どのような種類の知識を構築することが必要か，(2) どのようなフレームワークが教授理論を構築するために役立つか，(3) どのような種類の研究が記述的または設計理論を構築するのに必要か，そして，(4) 設計理論を検証するためではなく改善するための研究をいつ行うべきか。

■ 1. どのような種類の知識を構築することが必要か？

　第1章では，設計理論と記述理論の違いについて説明した。設計理論（design theory）は，与えられた状況の中で与えられた目標を達成するために利用できる最善の方法を明確にするための知識であると説明した。つまり，道具的な知識である。一方で，記述理論（descriptive theory）は，与えられた状況における因果関係を明らかにするための知識であると第1章で説明した。つまり，記述的な知識である。サイモン（Simon, 1996）は，これらの2つの知識をそれぞれシステムの科学と自然科学と呼んでいる。類似した区別には，応用研究と基礎研究，工学と科学，そして（広義の意味での）テクノロジと科学などがある。

　しかし，第1章では，これら2種類の知識は密接に関連しており，多くの教授理論家は2つの知識を同時に構築することに価値を見いだしていると説明した。デューイ（Dewey, 1900）は，設計理論を学習理論と教育実践とを「結びつける科学（linking science）」だと説明している。設計理論は，ある目的を達成するための直接的な手引きとなる。記述理論はその手引きを利用するとなぜうまくいくのかという理解や原理を提供する。理論家たちは，目的を達成するための強力な手段（設計理論）を開発することは重要な因果関係（記述理論）を同定することに役立ち，また逆に，重要な因果関係を見つけ出すことはある目的を達成するためのより強力な手段を同定することに役立つことに気づいている。

　よって，インストラクションに関する知識に貢献したい人（研究者だけでなく実践

者も含む）には，両方の知識を同時に構築することを推奨する。記述的知識の構築方法についてはすでに多くの記述が存在するので，本章では設計知識の構築方法について焦点を当てる。

2. 教授理論を構築するためにどのようなフレームワークが役立つか？

　過去10年間以上にわたり教授理論の理論的フレームワークとしての行動主義，認知主義，構成主義について多くの議論が行われてきた。この議論は一般的には本分野を発展させていく上で肯定的なインパクトを与えてきたといえる。しかし，最善の理論的な見解が1つだけ存在するという極端な考え方は，教授理論に負の影響を与えてきたと我々はみている。この極端な考え方は，構成主義者が強く主張してきたさまざまな捉え方を否定するものである。すべての理論的見解はいくらかの価値ある貢献をしており，そうでなければ，支持されないことがわかっている。複数の理論的見解を持つことは，実践者が遭遇するいかなる教授状況にも効果的に対応できるように，道具箱に入れる多種多様な教授「手段」を提供することといえる。

　つまり，筆者らは複数の観点からアプローチを見つけ出す折衷主義（eclecticism）が最善のアプローチであると信じている。これは，設計理論の機能主義者的な（functionalist）見方である。それは，役に立つものは何でも支持するという見方である。また，これは，設計理論の文脈的（contextual）な見方でもある。その時々の状況によって最もうまく作用するものが異なることを認めるという見方である。ゆえに，教授理論の構築を支援する理論的または哲学的フレームワークとして，機能的文脈主義（functional contextualism）を採用することを強く支持している。

　機能的文脈主義は，インストラクションと教授理論を理解するための，したがって教授理論を構築するための，「理論的な明確性と哲学的な一貫性を提供する」（Fox, 2006, p. 6）。ライゲルースとアン（Reigeluth & An, 2006）によると，機能的文脈主義は，類似した状況に応用可能な実践知を生み出し，さらに，目的指向の設計理論のための哲学的基盤とフレームワークを提供することも促す。機能的文脈主義は，「人間の学習や発達を育む手段を改善しようと試みている目的指向の学問領域のニーズによく適している」（Reigeluth & An, 2006, p. 52）。

3. 各種知識を構築するためにどのような種類の研究が必要とされているか？

記述的理論の第1の研究上の関心事は妥当性である。これは，その記述（一般的には複雑な因果関係）がどの程度現実と合致しているのかということである。対して，設計理論の第1の研究上の関心事は好ましさ（preferability）である。これは，与えられた状況下において与えられた目標を達成するためにどの方法が他に比べてよりよいのかを示すことである（第1章を参照）。学習者の中には，教授方法がどんなにだめなものでも，ほとんどどんな方法を用いても学習できてしまう者もいる。よって，論点はその方法が「妥当である」かどうかではなく，他のよく知られている方法よりも好ましいものであるかどうかにある。リチャード・スノウ（Snow, 1977）が，設計理論は実用性（usefulness）を重視しているのに対して記述的理論は信憑性（truthfulness）を重視したものだと述べた理由がこの点にある。

設計理論が好ましさを重視していることによって，妥当性を重視する記述的理論とは異なる方法論的課題が生じることがポイントである。記述的理論を構築するための研究方法や方法論的課題については，多くの記述が存在する。ここでは，設計理論構築の方法とその課題について焦点を当てていく。ここでのリサーチクエスションは，ある方法がちゃんと作用するかどうかではなく，それがどれくらいうまく作用し，さらに，どのようによりよくすることができるかである。つまり，設計理論には主に2種類の研究が存在する。それは，検証する（prove）ための研究と改善する（improve）ための研究である。改善するための研究は，与えられた状況において与えられた目的を達成するための方法の効果を高めるための知識に焦点を当てている。それに対して，検証するための研究は，与えられた方法が相対的あるいは絶対的に質が高いと評価できることを確認することに焦点を当てている。質の絶対的な評価はある基準に対してその方法を評価し，一方で相対的な評価は既知の他の選択肢に対してその方法を評価する。改善するための研究は，探索的または発展的である。一方で，検証するための研究は確認的である。前者は理論を開発することに着目しており，後者は理論をテストすることに着目している。

4. 設計理論を検証するための研究よりも設計理論を改善するための研究を行うべきときはいつか？

すべての設計理論は（広く言えば，どんなシステム，またはテクノロジでも），「Sカーブ」（Branson, 1987）で特徴づけられる開発パターンで成長することが予測でき

る。その効果はしばらくの間，加速的に増加し，その上限に近づくにつれて，ゆっくりと増加する（図17.1を参照）。理論（またはシステム）ごとに,その上限は異なる。ある方法が開発の初期段階にあるとき（図17.1の理論2がT1にある部分を参照），より進んだ開発段階にある代替可能な方法（図17.1の理論1のT1）と比較するのは時期尚早である。なぜなら，この比較は，理論2が代替的な方法である理論1よりも優れた方法となる可能性を断ち切ってしまうことにつながるからである。

　よって，ある方法が他の方法よりもよりよい方法であることを**検証する**研究は，一般的に両者の開発段階が類似しており,かつ成熟期にあるときに行われるべきである。実験的デザインは，このような種類の研究にとても適している。それに対して，方法や設計理論を**改善する**ための研究は，方法や理論の開発初期段階で最も生産的な研究方法である（図17.1の理論2がT1にある段階）。評価研究デザイン，特に形成的研究やその他のデザイン研究は，このような種類の研究にとても適している。それゆえ，今日の我々の分野において求められる重要なことは，共通言語を用いた共通知識を構築する活動だけではなく，形成的またはデザイン研究を通じて共通知識を継続的に改善していくことである。

　本章の残りの部分では，まず教授理論を発展させていくためのさまざまなアプローチについて紹介し，その次に教授理論を継続的に改善するデザイン研究や形成的研究について説明していく。記述的理論を発展させるための手引きについては，アイゼンハード（Eisenhardt, 1989），ルイスとグリムス（Lewis & Grimes, 1999），そしてウィック（Weick, 1989）によるものがある。

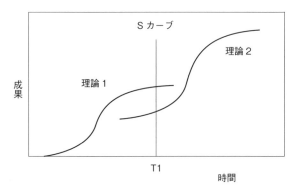

図17.1　2つの教授理論開発のSカーブ

402　第 4 部　共通知識基盤を構築するためのツール

設計理論を構築するためのアプローチ

　おそらく教授理論を構築する方法は，無数に存在するであろう。この節では，データ中心型（data-based）（またはグラウンデッド型（grounded）），価値中心型（values-based），方法中心型（methods-based），そして実践者主導型（practitioner-led）の 4 つの理論構築アプローチについて議論する。本節に続けて，これらの理論構築のアプローチに役立つ手段となる 3 種類の研究方法について議論していく。

1. データ中心型理論開発

　設計理論を開発する最も一般的なアプローチの 1 つは，何がうまく作用するかというデータをもとに帰納的に理論を構築することである。一般に，このアプローチでは次節で詳細に説明する「グラウンデッド理論開発」（Glaser & Strauss, 1967）と呼ばれる研究方法が用いられる。しかしながら，理論を検証するのではなく改善することが研究の焦点である場合には，このデータ中心型理論開発プロセスでは，観察のための手法であるグラウンデッド理論開発の指針を超えることが求められる。その場合には，異なる方法を（または方法を変形して）試行し，形成的データを用いてこれらの方法を修正し，そして再試行すべきである。試行と改善を繰り返すことは，いかなる設計理論の改善に焦点を当てた研究でも成功の鍵となる。デザイン研究や形成的研究については次節で詳しく説明するが，繰り返しのサイクルを実施する上で，価値のある研究方法である。ここでは，インディアナ大学において本アプローチを用いた経験をふまえて，データ中心型理論形成のための一般的なガイドラインを以下に提供する。

範囲を明確にする　教授理論を適用する範囲を明確にすることから始める。この教授理論はどのような状況（内容の種類，学習者，そして学習環境）で利用されることが意図されているのか？　どのような状況は意図されていないのか？　このことは，理論の一般性を限定する（第 1 章を参照）。データ中心型のアプローチでは通常，厳しい限定（狭い条件）の下で始め，その領域において高いレベルの有用性を達成した後で，徐々にその境界を広げて新しい条件に適応するための方法や状況性を試し，修正していく。

どのような方法がいつ作用するのか観察する　次の段階では，グラウンデッド理論を用いた開発法を指針として用いつつ，構築している理論の範囲内で行われているイン

ストラクションを観察する。そのインストラクションは他の誰かが彼ら自身の目的のために設計したものかもしれないし，あなたの理論を発展させる目的のためにあなた自身が設計したものかもしれない。観察では，どの方法がより（または最も）うまくいっているのかを特定すべきであり，必ずしもうまくいかない場合があるときには，どのような状況性が方法の成否に影響しているのかを検討する必要がある。普通の実践者がその方法をじょうずに利用するために必要な程度まで，詳細に記述する必要がある。その後で，実践者がその方法を選択・適用しようとした際に何を考えたかを明らかにするために，インタビューを行うとよいだろう。

改善のための研究に取り組む　最後はその方法を改善するやり方を探す。形成的研究やその他のデザイン研究を指針として，その方法を改善するやり方を特定したり，いつ（どんな状況で）その方法を使うべきか，使わないべきかをさらに明確にするために観察やインタビューを行うべきである。

▶ 2. 価値中心型理論開発

　価値観は設計理論の中心的役割を果たし（第1章を参照），理論開発においても重要な役割を担う。つまり，個々の教授理論でその対象とする学習ゴールを選定する際の指針となるとともに，その方法が（効果・効率・魅力において）どれくらいよいのかを判断する際の基準を選択する指針を示す。これを第1章では「優先順位」と定義した。価値観は，その方法がどれくらいよいのかを（哲学的観点から）判断するために用いるその他の評価基準を選択する指針も示している。そして，ここに列挙された選択肢から選ぶ際に，またはインストラクション実施中に出現してくる選択肢を決定する際に，その権限を誰に持たせるかを決める指針も示す（第1章を参照）。価値中心型の理論開発プロセスについて書かれた文献を十分に確認できていない。そこで筆者らの経験に基づいて，価値中心型のアプローチを用いるための指針を以下に提供する。

範囲を明確にする　理論の適用範囲を明確にすることから始める。どのような状況（内容の種類，学習者，学習環境）で利用されることが意図されているのか？　どのような状況が意図されていないのか？　このことは理論の一般化を限定する（第1章を参照）。

価値観を明確にする　次に，インストラクションの中に具体化したいと思う価値観を

明確にする。これには学習ゴール（例えば，学習プロセスを振り返る能力を開発することは重要である），優先順位（例えば，インストラクションが効率的であるよりもやりがいがあることのほうがより重要である），方法（例えば，学習者に多くの支援や足場かけを提供することが重要である），権限（例えば，何を学ぶかとそれをどう学ぶかについての制御権を学習者にある程度委ねるのが重要である）というような価値観を含むべきである（第1章を参照）。

方法を探索する　次に，これらの価値観を具体化する一般的なアプローチ（第1章ではあいまいな方法と呼んだもの）について調査する。この段階では，方法についてあまり詳細にまたは精密になりすぎないようにしなければいけない。大筋に関して検討し，価値観をどのくらい具体化し，状況にどれくらい適切であるかに基づいて代替方法の優先順位を決めるとよい。

方法を精緻化する　あいまいな方法は，この段階で，より精密に精緻化される必要がある。第1章で述べたように，これは（1）その方法を構成する構成要素，（2）その方法全体または部分の種類，または，（3）その方法を適用するための基準，の3つを同定することで行われる。この精緻化は，対象となる方法を構成するすべての部分を対象として，比較的あいまいな記述から始め，よりいっそう精密になるように，何回も繰り返して行うことを推奨する。システム思考の観点から，その方法の構成要素は他の構成要素を考慮して設計されなければならない。そうすれば，構成要素はそれぞれ相乗的に作用するようになる。したがって，方法の一部分における精密さの程度が他の部分よりもかなりかけ離れて精緻化されないほうがよい。さらに，方法がいくつかの種類に分割されるときはいつも，それらの種類のうちからどれかをデザイナが選択しなければならなくなる。よって，選択のための基準となる状況性（状況的変数）を明確に示す必要があり，そうすることで，各種類の方法をいつ利用し，いつ使うべきでないかについてのガイドラインを構築することができる。

改善のための研究に取り組む　最後に，これらの方法がどれくらいうまく作用するかを判断し，さらに改善する方法について検討する。形成的研究とその他の種類のデザイン研究はこれを行うために有効な手段である。

3. 方法中心型理論開発

いかなる教授理論においても，教授方法は最も重要な部分である。なぜなら教授方

第 17 章 理論の構築 405

法の中から最善の選択を行い，利用することは教授理論の目的そのものであるからである（第 1 章を参照）。よって，教授方法が理論構築において重要な役割を担っている。方法中心型の理論開発プロセスは，ある意味で，価値中心型とデータ中心型アプローチの組み合わせとして考えられる。なぜなら理論構築の出発点として方法を選んだ場合には，価値観と経験に依存する度合いがかなり高くなるからである。方法中心型の理論開発プロセスについての文献を十分に確認できていないため，我々の経験を基に本アプローチを用いたいくつかのガイドラインを以下に提示する。

一般的な方法を選択する　重要または役立ちそうだと思う一般的な方法を 1 つ，あるいは複数個，選択することから始める。上述のように，この選択にはあなたの価値観や経験の影響を強く受ける傾向がある。価値中心型アプローチと同じように，この段階で方法についてはあまり細かさや精密さを求めすぎないように意識してほしい。大筋で検討するのがよい。

範囲を明確にする　次に，その理論を適用する範囲を明確にする。そのためには，一般的な方法を利用したい状況（これを前提条件と呼ぶ），もしくはしたくないと思う状況を想像するとよい。ここで設定した範囲については，後に実証的に検証していく必要がある。

方法を精緻化する　ここで設定したあいまいな方法を，次により精密なものへと変化させる必要がある。その方法は価値中心型アプローチに関して述べたのと同じであり，方法を複数の種類に分割するときはいつもその状況性を明確化することが含まれている。

改善のための研究に取り組む　最後に，これらの方法がどれくらいうまく作用するのかを見極め，さらに改善する手段について検討する。この場合もやはり，形成的研究やその他の種類のデザイン研究が改善に有用な手段となる。

◢ 4. 実践者主導型理論開発

　実践においてある教授方法を実際に用いている人たちは，どの方法をいつ用いるとうまくいくかについて強力な洞察を持っていることがある。彼らは直感的に，彼らのこれまでの実践を基に教授理論を構築している。しかし，たいていの場合は暗黙知であり，他の実践者や研究者と共有されることはほとんどない。このことは，強力なイ

ンストラクションを生み出すための知識を集め，発展させる機会の多大な損失である といえる。ゆえに，我々はすべての実践者に下記のような理論開発のアプローチを用 いることで知識を集積することに貢献するように強く勧めたい。

範囲を明確にする　インストラクションの手引きを提供したいと思う状況の範囲を明 確にすることから始める。この範囲は「インターネットを介して9歳に代数を教える」 ことのように狭いことや，「子どもと大人における理解を深める」ことのように広い こともありうる。

暗黙知を明示化する　次に，構築する理論の適用範囲の中で，かなり普通に起こりう る特定の状況にいる自分を想像してみよう。例えば，ある具体的なトピックやスキル をあるひとりの学習者，あるいはある具体的な状況にいる学習者に教える場面を想定 する。そして，その状況で教えることを仮定して，プロセスの初めから最後までを頭 の中で組み立てて，プロセスの各段階における方法を書き出してみる。また，そのプ ロセスの特定の段階において用いる方法の中に，より広い範囲に適用できる一般的な 原理が存在するかどうかを検討する。

方法を精緻化する　価値中心型アプローチで述べた方法と同じやり方で，方法をより 精密にする。ここでは方法が種類に分解されるときには必ず，そのときの状況性を明 確にすることが重要であることは価値中心型アプローチと同じであるが，ただし，そ れを同じ特定の具体的な状況にいる自分を想像し続けながら行うこと。

方法と状況を拡張する　構築している理論の守備範囲内で，最初とは異なる状況（内 容，学習者または学習環境）を想定し，もとの方法を変更するべきときとそのための 手段を明確にする。方法を変化させるやり方とそれが求められる状況が何かの両方を 記述する。そして，最初の方法のときと同じように，それらの変化についても精緻化 していく。

改善のための研究に取り組む　最後は，これらの方法をテストし，さらに改善するた めの手段について検討する。ここでも，形成的研究や他の種類のデザイン研究はこの ための重要な手段となる。

第 17 章　理論の構築　407

表 17.1　教授理論開発の 4 つのアプローチ

グラウンデッド理論開発	範囲を明確にする		何がいつうまく作用するのかを観察する		理論を改善するために研究する
価値中心型理論開発	範囲を明確にする	価値観を明確にする	方法を調査する	方法を精緻化する	理論を改善するために研究する
方法中心型理論開発	一般的な方法を選択する		範囲を明確にする	方法を精緻化する	理論を改善するために研究する
実践者主導型理論開発	範囲を明確にする	暗黙知を明示化する	方法を精緻化する	方法と状況を拡張する	理論を改善するために研究する

5. 本節のまとめ

　まとめると，教授理論を開発する方法として，数多くの方法が存在する。ここで取り上げた 4 つの方法は，筆者らが最も有効だと思うものであるが，いろいろと試してみて，自分たちのアプローチをつくり上げることに躊躇しないでほしい。これらの 4 つのアプローチには同じような活動が数多く含まれているが，活動の順序や焦点を当てている活動は異なっている。どのアプローチを選択するかは，個人の経験と好みを第 1 に重視すべきである。例えば，ある哲学や価値観が理論に影響を与えるべきだと感じている人には，価値中心型アプローチが最も合ったものであると考えられる。ある特定の方法を好む人であれば，方法中心型アプローチをおそらく選択することになるだろう。もし，ある特定の領域において多くの教育経験がある人の場合には，実践者アプローチが最も合うだろう。そして，あまり経験がなく，どのようなインストラクションが好ましいかについて先入観をあまり持っていない人の場合には，帰納的であるグラウンデッド理論アプローチが最も適している。表 17.1 は，4 つのアプローチの主な活動を整理したものである。

設計理論に関する研究のアプローチ

　教授理論を構築する際に有効な研究方法が多く存在している。本節では，グラウン

408　第4部　共通知識基盤を構築するためのツール

デッド理論開発，デザイン研究，そして形成的研究の3つの方法について議論していく。

▣ 1. グラウンデッド理論開発

　グラウンデッド理論はバーニー・グレイザーとアンセルム・ストラウスによって開発された研究手法であり，帰納的と演繹的の両方の推論プロセスを通じて実証データから理論構築を追求していく。グラウンデッド理論においては，研究者は何度も概念化されたデータを比較する。データの比較の繰り返しによって生成された仮説を検証しようと試みることもある（Glaser & Strauss, 1967）。グラウンデッド理論は，仮説を前もって立てずに，理論開発の帰納的プロセスを重んじる。このことが，他の研究方法と違う点である。

　グレイザーとストラウスの間には，グラウンデッド理論を実施する方法について意見の相違があり（Glaser, 1992; Strauss, 1987; Strauss & Corbin, 1990），2つの異なるアプローチが生まれた。

グレイザーのアプローチ　グレイザーによると，グラウンデッド理論は質的研究法ではなく，あらゆる種類のデータも用いることができる一般的な方法である（Glaser, 2001, 2003）。彼のアプローチは，実証データから概念的仮説の「創発（emergence）」を強調している。主な特徴は下記のとおりである。

　先行研究の調査は行わない　グレイザーは，研究者は行う研究に対して先入観を与えるような先行研究の調査を避け，分類の段階でデータのコード化をするために文献を読むことを推奨している。彼は，「研究中の実質的な領域において，いかなる先行研究レビューも行うべきでない」（Glaser, 1992, p. 31）と主張している。

　データ収集　グレイザーによると，すべてはデータである。研究者は，得られるいかなる種類のデータも利用することができる（Glaser, 2001）。テレビ番組やインフォーマルな会話でさえも，グラウンデッド理論においてはデータとして利用することができる。収集したデータは，データコーディングのためにフィールドノートに記録される。

　オープンコーディング　研究の初期段階では，研究者はオープンコーディングから着手する。フィールドノートに書かれたデータを1行ずつ概念化していく。たいていの場合，コーディングはフィールドノートの余白に書かれる。オープンコーディングを実施している間に，実質的コード（substantive code）（カテゴリまたは特性）がその場でつくられる（Glaser, 1978）。

　継続的な比較　研究者は，より多くのデータをコーディングするたびに，概念化さ

れたデータと継続的に比較する。この過程において，コード化されたデータの名前を変更したり，新しいカテゴリに統合したりする（Glaser & Strauss, 1967）。データを繰り返し比較することによって，システム的なデータ分析を通じた理論の創出が可能になる。

選択的コーディング 中心的カテゴリを明確にした後に，研究者は中心的カテゴリと他のカテゴリとの関連づけをシステム的に行う。この選択的コーディングの段階では，研究者は中心的カテゴリを意識しながら新しいデータを選択的にサンプリングする（理論的サンプリング）。これはグラウンデッド理論の演繹的部分にあたる（Glaser, 1998）。教授理論では，中心的カテゴリは教授方法であり，その他のカテゴリには，その方法が利用される状況やどの程度うまく作用するかということが含まれるだろう。

理論的コーディング 理論的コーディングとは，データに対して理論的モデルを適用することである。グレイザーは，理論的モデルは，強制されることなく，データを継続的に比較するプロセスを通じて自然に浮かび上がってくる（emerge）べきであると強調している。理論的コードは，「理論の中に統合される仮説として，実質的コードがどのように他のコードと関連しているのかを概念化する」（Glaser, 1978, p. 72）ためのものである。教授理論では，ある方法がどの程度うまく作用したかについてのデータは，その方法がどの状況下で用いられるべきかについてのガイドラインを提供するために利用できるだろう。

理論的メモ 理論的メモの作成は，データ収集，コーディング，そして分析と並行に行われる継続的なプロセスである。メモは，カテゴリや特性，そして，それらの関係性に関して研究者が持っている何らかの仮説についての記録といえる。教授理論では，方法を「1つにまとまったパッケージ」のように統合するための正確な情報がない限り，メモはどの方法を組み合わせるべきか，そしてそれらをどのように組み合わせるべきかについての仮説を含むだけになるだろう。

分類と記述 カテゴリが理論的に飽和したら，メモの分類を開始する。分類化されたメモは理論の概略を描き出し，それはグラウンデッド理論の生成物を書き出したものに近い（Glaser, 1978）。これが輝かしい姿の教授理論となる。

ストラウスとコービンのアプローチ ストラウスとコービン（Strauss & Corbin, 1990）は，グラウンデッド理論を，「現象に関する帰納的に導き出されたグラウンデッド理論を開発するためのシステム的な一連の手続きを用いる質的研究法」（p. 24）であると定義している。より焦点化した彼らのアプローチは，グラウンデッド理論が質的研究方法の領域に制限されないというグレイザー（Glaser, 2001, 2003）の見解と相

反する。ストラウスとコービン（1990）は，カテゴリを設定するために先行研究を行い，それらのカテゴリどうしを有意義な方法で結びつけることも提案しており，「あらゆる種類の文献を調査研究を始める前に利用することができる」（p. 56）と言及している。彼らが提案するコーディングプロセスもまた，グレイザーのアプローチとは異なっている。

オープンコーディング　研究者はまず，フィールドノートや他の資料を1行ずつ，あるいは1文字ずつにも確認しながらカテゴリと特性を明確にする。

*軸足*コーディング　オープンコーディングを行った後，カテゴリと特性を明確に関係づけることによって軸足コーディング（axial coding）を行う。

*選択的*コーディング　選択的コーディング（selective coding）では，中心的カテゴリを明確にし，そして他のカテゴリをその中心的カテゴリと関連づける。教授理論の場合は，中心的カテゴリは教授方法になる可能性が高い。

軸足コーディングにおいて，ストラウスとコービンはとても明確に定義されたコーディングの理論的枠組み（paradigm）を提供しており，それは「現象」「因果的条件」「コンテクスト」「中間的状況」[1]，「行動戦略」[2]，「結果」[3] で構成される（Strauss, 1987, p. 32）。このコーディングの理論的枠組みは，研究者が理論を構築するための「軸足」をつくり，「データをシステム的に捉え，それらをかなり複雑な方法で関連づける」ことに役立つ（Strauss & Corbin, 1990, p. 99）。

グレイザー（Glaser, 1992）は，カテゴリは自然に「浮かび上がってくる」ようにすべきものであり，「軸足コーディング」や「コーディングの理論的枠組み」のような概念を使って「強制」的にカテゴリ化してはいけないと警告している。しかし，このコーディングの理論的枠組みは，データの構造化の方法に関する明確なガイダンスを必要とする経験が少ない研究者には最も役立つものであるかもしれない（Kelle, 2005）。

グラウンデッド理論開発に関するこれらの2つのアプローチ（グレイザー版とストラウス＆コービン版）は，データ中心型の理論開発にとても有用であり，特に「何がいつ効果があるのかを観察する」段階で有用である（表17.1を参照）。

◣ 2. デザイン研究（DBR）

DBR（design-based research）は「分析，設計，開発そして実施の繰り返しを通じて教育的実践を改善するシステム的かつ柔軟性を持つ方法論である。現実の場面において研究者と実践者が協働して，文脈に影響を受けた（contextually-sensitive）デザイン原理と理論を導き出す」（Wang & Hannafin, 2005, pp. 6-7）ものである。ここ

では，DBR の特徴とその根拠となる原理，そして DBR を実行するためのガイドラインについて説明する。

特徴

DBR は次のような特徴を持つ。

- DBR は，理論と先行研究に導かれて始められる（Cobb, Confrey, deSessa, Lehrer, & Schauble, 2003; DBRC, 2003; Edelson, 2002; Wang & Hannafin, 2005）。DBR では，研究者が最初に選択した理論を修正し洗練する可能性を求め，先行研究の結果を利用する。
- DBR は，実用主義的である（Cobb et al., 2003; Collins, Joseph, & Bielaczyc, 2004; DBRC, 2003; Reigeluth & Frick, 1999; Wang & Hannafin, 2005）。理論と実践の両方を洗練することを意図したものであり，理論の価値は，その理論が示す原理や概念が実践に影響を与え，実践を改善する度合いで評価される。
- DBR は，協働的である（Barab & Squire, 2004; Cobb et al., 2003; Collins et al., 2004; DBRC, 2003; Wang & Hannafin, 2005）。DBR の研究者は，研究の設計，実施そして分析の側面において，実践者と協働し，社会的に互いに影響し合う。
- DBR は，文脈的である（Collins et al., 2004; DBRC, 2003; Wang & Hannafin, 2005）。DBR は，実験的な空間ではなく，現実の文脈において行われる。ゆえに，研究成果は真正な場面に結びついている。また，つくられた原理を適用するためのガイドラインも開発される。
- DBR は，複数の従属変数を用いる（Barab & Squire, 2004; Collins et al., 2004）。DBR では，心理的な環境変数や成果変数，そしてシステム変数などの複数の従属変数を用いる。
- DBR は，統合的である（Wang & Hannafin, 2005）。DBR は，「新しいニーズや課題が出現し，研究の焦点が進展していくに伴って変化する」（p. 10）さまざまな研究方法を用いる。
- DBR は，システム的でかつ包括的な文書化を必要とする（Cobb et al., 2003; Edelson, 2002; van den Akker, 1999）。「デザイン研究の重要な要素である回顧的分析（retrospective analysis）の支援のために，デザインプロセスを徹底的かつシステム的に文書化しなければならない」（Edelson, 2002, p. 116）。
- DBR は，反復的である（Cobb et al., 2003; Collins et al., 2004; DBRC, 2003; Wang & Hannafin, 2005）。DBR プロセスは，分析・デザイン・実施そして再設計の反復サイクルである。形成的評価は，DBR における重要な要素である

412　第 4 部　共通知識基盤を構築するためのツール

(Edelson, 2002; Reigeluth & Frick, 1999; van den Akker, 1999)。

- DBR は，順応性・柔軟性がある（Barab & Squire, 2004; Cobb et al., 2003; Collins, 2004; DBRC, 2003; Edelson, 2002; Schwartz et al., 1999; Wang & Hannafin, 2005）。初期の設計計画は，実施中に新たに現れてくる状況の特徴に対応できるように，必要に応じて修正される。計画は柔軟で適応的であるべきだが，他方で，設計は重要な学習原理に対して首尾一貫しているべきである。
- DBR は，一般性を求める（DBRC, 2003; Edelson, 2002; Wang & Hannafin, 2005）。DBR 研究者は，現在のデザイン文脈を超えて他の文脈へと一般化できるような拡張に関心を持っている。もちろん，方法や因果関係には状況的なものもあり，それらは他の文脈まで一般化できない。ゆえに，一般性を探し求める鍵は，状況性を探し求めることである（一般化を制限する文脈的要因があるかもしれない）。特に重要な要因がないようであれば，一般化が成立する。もし重要な要因があれば，一般化したい他の状況に適用できる他の方法（または方法の変形）か，因果関係を探し，それらの文脈にも研究を広げるように試みるのがよい。

DBR の原理

DBR の原理を以下にあげる（Wang & Hannafin, 2005）。

1. 最初から設計を理論で支える。
2. 理論開発と初期計画の開発のための現実的なゴールを立てる。
3. 典型的な現実場面で研究を行う。
4. 参加者と密に協力して行う。
5. システム的かつ意図的に研究方法を実行する。
6. データを即時に，継続的に，そして回顧的に分析する。
7. デザインを継続的に洗練させる。
8. デザイン原理と一緒に文脈的な影響を記述する。
9. デザインの一般化可能性を検証する（pp. 15-19）。

DBR を実践するためのガイドライン

DBR を実践するためのガイドラインを以下に示す。

1. 現実世界の問題を 1 つ取り上げる（Cobb et al., 2003; Collins et al., 2004; DBRC, 2003; Wang & Hannafin, 2005）。
2. 先行研究の調査を行い，理論開発のゴールを立てる（Edelson, 2002; Wang &

Hannafin, 2005)。学習と教授に関する理論を採用，適応，または創出し，その理論的意図を明らかにする。

3. 実践者と協働的な関係を築く（Barab & Squire, 2004; Cobb et al., 2003; Collins et al., 2004; DBRC, 2003; Wang & Hannafin, 2005）。

4. 独立変数と従属変数を明確にする（Collins et al., 2004）。関心を寄せる従属変数に影響を及ぼすと考えられるすべての変数を明確に洗い出すことを目指す一方で，それらを制御しようとはしてはいけない。

5. 初期の研究計画を立てる（Wang & Hannafin, 2005）。

6. 最低１つ，またはそれ以上の実践場面において，計画を設計・開発・実践する（Collins et al., 2004; DBRC, 2003; Wang & Hannafin, 2005）。

7. 包括的かつシステム的にデザインプロセスを記録する（Cobb et al., 2003; Edelson, 2002; van den Akker, 1999）。

8. 複数の情報源からデータを収集する（Cobb et al., 2003; Wang & Hannafin, 2005）。観察やインタビュー，アンケート調査，あるいは文書解析などから複数の方法を用いる。

9. データを分析しデザインを評価する（Wang & Hannafin, 2005）。デザインの改善と理論の生成というゴール達成を目指して，データ収集およびコーディングと並行してデータを分析する。

10. デザインを修正し，洗練させる（Collins et al., 2004; DBRC, 2003; Wang & Hannafin, 2005）。

11. 分析・設計・実施・再設計のプロセスを繰り返す（Cobb et al., 2003; Collins et al., 2004; DBRC, 2003; Wang & Hannafin, 2005）。

12. 結果をレポートにまとめる。コリンズら（Collins et al., 2004）は，レポートに次の５項目を含めることを提案している。

  a. デザインのゴールと要素

  b. 実施される場面の設定

  c. 各フェーズの記述

  d. 確認できた成果

  e. 実践から得られた知見

ワンとハナフィン（Wang & Hannafin, 2005）は，DBR の報告書に一般的に次の内容を盛り込むことを提案している。

  a. ねらいとゴール

414 第4部　共通知識基盤を構築するためのツール

b.　デザインフレームワーク
c.　デザインの場面とプロセス
d.　成果
e.　デザイン原理

　デザイン研究は，表17.1に示した教授理論を構築するための4つのアプローチにおいて，それぞれの最後の活動にとても適している。

3. 形成的研究

　形成的研究（formative research）とは，次の3つを改善することを目標とする開発研究またはデザイン研究である。その3つとは，特定の事例（成果物，事象，またはその両方），その事例に関連する教授理論，そしてその教授理論に関連する記述的理論である。主たる焦点は，検証することよりも改善することに当てられているが，既存の設計理論を改善するためだけではなく，新しい設計理論をつくり上げるためにも用いることができる。形成的研究では，事例研究プローチに従い，形成的評価技法を用いる。形成的研究は，機能的文脈主義に合致している。なぜならば，3つの事柄（事例，設計理論，記述的理論）を改善するための方法を探るためのものであり，何がうまく作用するのかどうかに影響する状況的変数なのかを調べるものだからである。

　形成的研究の背景にある基本原理は，ある事例が教授理論を用いて設計されたものである場合，その事例を改善するための方法は何でも教授理論をも改善するための方法を浮き彫りにするものになりうるということである。さらに，事例や理論を改善するための方法について学ぶことは，これらの改善の基盤となっている因果関係（記述的理論）をも明らかにすることにもなると考えられている。

　形成的研究の主要素としては，以下のものがあげられる。

- インストラクションの**強み**（変更すべきではない点），**弱み**（変更すべき点），そして改善点（どのように変更すべきか）を明確にするためにインストラクションを観察し，参加者（学習者や教師）にインタビューする。
- 学習者やインストラクションの構成要素（内容や教師など）の違いに左右されない信憑性や一般化性を調べるために，個々の知見に関して観察とインタビューを繰り返す。
- ある方法の効果にどのくらいの幅があるのか，そして，重大な変化があるのはどのようなところかを探すために，どの**状況性**がその変化の主な要因になるのかを

探索する。

- 同じような形式でテストするために，できる限りすばやくその事例の中で可能性のある改善を実施する。
- インタビュー質問で「なぜ」と聞き，異なる状況における異なる方法を利用した効果の差異の原因となる因果関係を見抜く。
- その事例の中で得られた知見をもとに，対象としている教授理論にある方法と状況性に関して考えられうる改善の提案をする。
- 教授理論に関連する記述理論における因果関係に関して見込みのある改善を提案する。

ライゲルースとフリック（Reigeluth & Frick, 1999, 本シリーズ第2巻第26章）は，形成的研究をどのように実施するかについて注目すべきガイダンスを提供している。彼らは，方法論的な手続きは，その事例が（教授理論に基づいて）設計されたものか，それとも（教授理論に基づいて設計されたものではなく）「自然発生的（naturalistic）」なものであるかによって異なると報告している。さらに，自然発生的な事例においては，その事例の実施中または事後に観察が実施されるかによってその方法論は異なる。これによって，次の3種類に形成的研究を分類することができる。

1. 設計された事例：その研究のために理論が意図的に具体化されているもの
2. 事中（in vivo）自然発生的事例：実施している中である具体的な事例の形成的評価が実施されるもの
3. 事後（post facto）自然発生的事例：実施後にある具体的な事例の形成的評価が実施されるもの

これらの形成的研究の種類の中で，方法論のプロセスは，その研究が既存理論を改善するものか，それとも新しい理論を構築するものか，どちらを意図したものであるかによって異なるため，6つのバリエーションがある（表17.2を参照）。下記は，ライゲルースとフリックによるそれぞれの方法論を簡潔にまとめたものである。

既存理論を改善するために設計された事例

1. 設計理論を1つ選択する。改善が必要な既存の設計理論を1つ選ぶことから始める。
2. 理論に基づく事例を1つ設計する。その設計理論が適用可能な場面の範囲内で，状況を1つ選ぶ。そして，その設計理論を具体的に適用した事例（case）を1

416 第4部 共通知識基盤を構築するためのツール

表17.2 形成的研究の種類

	既存の理論のために	新しい理論のために
設計された事例	既存理論のために設計された事例	新しい理論のために設計された事例
事中自然発生的事例	既存理論のための事中自然発生的事例	新しい理論のための事中自然発生的事例
事後自然発生的事例	既存理論のための事後自然発生的事例	新しい理論のための事後自然発生的事例

つ設計する。

3. その事例において記述的・形成的なデータを収集して分析する。事例を改善する方法とともにその事例に含まれている要因間の因果関係を理解することに焦点を当てて，設計事例の形成的評価を実施する。観察，文書化，そしてインタビューという3つの技法は，記述的・形成的データを収集することに役立つ。データ収集プロセスの間にデータ分析を実施する。

4. 事例を修正する。形成的データをふまえて，設計理論に基づく事例を修正する。

5. データ収集と事例修正のサイクルを繰り返す。データ収集，分析，そして改善を複数回繰り返すことを推奨する。改善を繰り返す中で，理論の範囲内で理論適用にあたって変えることが可能な状況性をシステム的に変化させることが重要である。

6. 事例で用いた設計理論に暫定的な修正を加えていく。研究から得られた知見をふまえて，設計理論の改善についての仮説を立てる。

新しい理論を開発するために設計された事例

1. 設計理論を生み出すために役立つ事例を1つ作成する。新しい設計理論の適用が期待できる一般的な状況の範囲内で，適している状況を1つ選択することから始める。そして，経験や直観を用い，試行錯誤しながら，その状況に合う事例を1つ設計する。事例をつくり出すことと並行して，暫定的な設計理論（複数の教授方法とそれぞれを利用すべきときについてのガイドライン）を同時に開発すべきである。

2. その事例において，記述的・形成的なデータを収集して分析する（上記と同じ）。

3. 事例を修正する（上記と同じ）。

4. データ収集と事例修正のサイクルを繰り返す（上記と同じ）。

5. 暫定版の理論を完成させる。研究知見をふまえて，暫定版の設計理論を修正し

精緻化する。

既存理論を改善するための自然発生的な事例

1. 設計理論を 1 つ選ぶ。改善の必要性がある既存の設計理論を 1 つ選ぶことから始める。

2. 事例を 1 つ選ぶ。事例を新たに創造する代わりに，(事中研究には) 開始されようとしている事例，または (事後研究には) すでに完成している事例を 1 つ選ぶ。選択する事例は，その理論を適用できる一般的な状況の範囲に含まれている必要がある。

3. 対象事例の記述的・形成的データを収集して分析する。対象としている理論と事例に存在している，または不足している要素をふまえて，収集するデータは次の 3 種類に分類できる。(a) 理論と事例の両方に存在する要素，(b) 理論には存在しているが事例に不足している要素，(c) 理論には不足しているが，事例には存在している要素の 3 つである。これらの 3 種類のデータは，観察やインタビュー，そして文書化を通じて集めることができる。

4. 事例で用いた設計理論に暫定的な修正を加えていく。研究から得られた知見をもとに，設計理論の改善についての仮説を導き出す。

新たな理論を開発するための自然発生的事例

1. 事例を 1 つ選択する (上記と同じ)。

2. 対象事例の記述的・形成的データを収集して分析する。事例を調査し，教授方法を特定するために (グレイザーまたはストラウスとコービンどちらかの) グラウンデッド理論を利用する。また，可能であれば状況性も合わせて特定する。方法と状況性の分類は，直観や経験，そして関係する記述的理論についての知識に大きく依存することになるだろう。しかし，教授方法や (もしあれば) それらの状況性を改善する方法を模索するために，(インタビューを通じて得られた) 参加者の提案を特定して記述的データの域を超える必要がある。

3. 暫定版の理論を完成させる。研究から得られた知見をふまえて，暫定版の理論を修正し精緻化する。

証明するというよりも改善するということが形成的研究の第 1 の目的であることを考えれば，暫定版理論をつくることは，表 17.1 に示した教授理論を構築するための 4 つのアプローチそれぞれの最後の活動として理想的である。

結論

　本章では，どのような知識を構築する必要があるのかから議論を始めた。設計理論と記述的理論の両方が有用であるが，実践者たちにとって最も有用性が高いのは設計理論であると結論づけた。次に我々は「パラダイム戦争」が教授理論にとっていかに非生産的であるかを述べ，教授理論を構築するための役立つ枠組みとして，機能的文脈主義の利用を主張した。3番目に，設計理論のための2種類の研究手法として，検証するための研究（確認的）と改善するための研究（探索的）をあげた。両者において，好ましさ（有用性）は，最も重要な研究基準として，妥当性（信憑性性）に取って代わるべきである。4番目に，我々は教授理論開発の「Sカーブ」について説明し，理論を検証するための研究は理論を改善しきったときに行われるべきであると述べた。そうでなければ，設計理論改善のための研究を行う方がはるかに有益である。

　そして，我々は設計理論を構築するときに用いられる4種類のアプローチ，(1) データ中心型，(2) 価値中心型，(3) 方法中心型，(4) 実践者主導型，について説明し，読者に自ら独自のアプローチを試し，構築していくことを推奨した。最後に，我々は設計理論を開発するための3つの研究方法，(1) グラウンデッド理論開発，(2) デザイン研究，(3) 形成的研究，について説明した。

　我々は教授理論を構築するすべての人に対し，共通の知識基盤を継続的に改善することを目指して，インストラクションに関する共通の知識基盤を拡大させるという文脈の中に自分の研究を位置づけるように勧めることで本章を締めくくりたい。あなたの研究はどこでどのように利用することが適していて，どの部分が他の理論家によって提供されていない独自の貢献であるのかを示してほしい。そして，既存の用語が持つ意味があなたが考えているものと同じときは，それらを用いてほしい。このことによって，実践者や大学院生，そして研究者がより活動しやすくなり，この分野が発展の初期段階を超えてさらに進歩していくことに役立つと我々は考えている。

≫≫ 原注

- ◆1　編者注：教授理論におけるインストラクションの状況に相当する。
- ◆2　編者注：教授方法に相当する。
- ◆3　編者注：学習成果と教授成果に相当する。

第 18 章
情報時代の教育のための教授理論

チャールス・M・ライゲルース（インディアナ大学）

チャールス・M・ライゲルース（Charles M. Reigeluth）はハーバード大学で経済学士を取得した。ブリンガム大学において教授心理学で博士号を取得する前の3年間は，高等学校の教員だった。1988年からブルーミントンにあるインディアナ大学教育学部の教授システム工学科で教授を務めている。1990年から1992年まで学科長の職にあった。彼の社会貢献・教育・研究における専門分野は，公立学校システムに学校群単位のパラダイム変化を促進するプロセスについてである。研究の主目的は，学校群が学習者中心のパラダイムに教育を変換する過程を成功裏に導く指針についての知見を前進させることにある。これまでに9冊の本と120を超える論文や書籍の章を出版している。そのうちの2冊は，米国教育コミュニケーション工学会（AECT）から「年間優秀書籍賞」を受けている。また，AECTの優秀貢献賞やブリンガム大学の優秀同窓生賞も受賞している。

420　第 4 部　共通知識基盤を構築するためのツール

> **本 章 の 概 要**

ビジョン
- 教授理論と教育の情報時代パラダイムとの間の関連を描き出すこと

教育システムとその上位システムからのニーズ
- 情報時代の教育ニーズは，工業時代の教育ニーズと本質的に異なっている。
- 我々の教育システムは（標準化・選別中心のパラダイムから）カスタマイズされた学習中心のパラダイムに変換されなければならない。

教授システムとその上位システムからのニーズ
- 情報時代の教育ニーズは，工業時代の教育ニーズと本質的に異なっている。
- 学習経験を新しいニーズに適合するように設計しなければならない。
- 教授理論は，これらの学習経験を培うように設計されなければならない。

情報時代の教育システムについてのビジョン

基盤的原理
- カスタマイズ化と多様性
- イニシアチブと自己主導
- 協働と感情的発達
- 全体論と統合

主な特徴
- 達成準拠の進捗
- 達成の個別記録
- 基準準拠アセスメント
- カスタマイズされた柔軟な進捗
- カスタマイズされた柔軟な目的
- カスタマイズされた柔軟な方法
- 個別の学習計画
- 新しい教員の役割（例えば，思いやりのあるメンター，学習作業の設計者，学習プロセスのファシリテータ）
- 新しい学習者の役割（例えば，作業者，自己主導学習者，教員）
- 学習パートナーとしての両親
- コミュニティにおける学習

第 18 章　情報時代の教育のための教授理論　　421

- テクノロジの新しい役割

テクノロジの主な役割

- 学習の記録保持（標準項目リスト，個別の達成項目リスト，個別の特徴項目リスト）
- 学習の計画（目的，プロジェクト，チーム，両親と教員の役割，各プロジェクトの締め切りを特定した契約をつくる）
- 学習の指示書（例えば，シミュレーション，チュートリアル，ドリル演習，研究ツール，コミュニケーションツール，学習オブジェクト）。教授事象理論が最大の役割をここで果たす。
- 学習の（に向けた）アセスメント（教授と統合され，真正な課題を用い，直後に形成的フィードバックを与え，学習の達成を認定する総括的アセスメント）
- 上記の4つの主要な役割がつなぎ目なく統合され，包括的学習管理システム（LMS）が他の役割も同時に果たす。

教授理論がどのように役立つか

- 教員の役割すべて（メンター，設計者，ファシリテータ）に役立つガイダンスが必要である。
- テクノロジの教育的利用をデザインするために役立つガイダンスが必要である。
- これらの共通知識基盤は，教育の手段（アプローチ）と目的（成果）とに基づく方法の体系を描く必要がある。
- テクノロジの他の3つの主要な役割についても，役に立つガイダンスが必要である。つまり，記録保持・計画・アセスメントがすべてつなぎ目なく教授システムと統合される必要がある。

(編者)

422　第4部　共通知識基盤を構築するためのツール

　本書の主たるテーマは，教授についての共通知識基盤を構築する必要があるということにある。その目的に向けて，本書では教授理論一式とその概念枠を示し，また，共通言語のための用語をいくつか提案して，共通知識基盤をめぐっての会話を開始することを目指した。しかし，システム理論の重要な原則として，いかなるシステムも，その上位システムのニーズを満たす必要がある◆1。本章では，教授システムについての共通知識基盤と，それが貢献すべきより大きな教育システムとの関係を探っていく。

▌教育システムとその上位システムからのニーズ

　システム理論は，いかなる社会システムもその上位システムのニーズを満たさなければ，自己を長期にわたって維持できないことを示してきた（Banathy, 1996; Checkland & Scholes, 1990）。例えば，あるビジネスがコミュニティからのリソース（資金）を受け続けるためには，（そのコミュニティの規模はともかくとして）コミュニティのニーズを満たす必要がある。同様に，学校システムも属する地域から税金と学習者を獲得し続けるためには，地域コミュニティのニーズを満たす必要がある。

　今日的な問題は，社会全体とそれを構成する地域コミュニティがきわめて大きく重大な変化を経験したことである。工業時代から情報時代への進化である（Reigeluth, 1999 の第1章や本書の第1章を参照）。知識関連の仕事が肉体労働にとって代わり，主たる労働の形態となった。それに伴い，生涯続く自己主導型の学習へのニーズが，とても大きくなった。社会システムとテクノロジがその複雑さを増すにつれて，高度の思考力，問題解決力，システム的思考力，協働力，感情的発達，あるいは人格の発達などに関わる学習へのニーズがとても高まっている。

　我々の教育システムは，異なる時代に向けて設計されたものである。工業時代には，何にも増して，標準化と従順さが求められていた。社会から教育に対するニーズの大変化という点では，農業時代から工業時代への変化に伴う輸送機関に対するニーズの大転換が思い出される。大容量の原材料を工場に送り，製品を輸送する必要が生じた。馬車による輸送を改良して新しいニーズに対処しようとすることでは，不十分であった。新しい輸送パラダイムにシフトして，新しいニーズにこたえるだけの規模の飛躍的な向上を果たすためには，鉄道が必要であった。それと同じように，単一手段ですべてを賄おうとする選別中心の構造（第1章参照）を特徴とする工業時代の教育システムを改善しようと試みたとしても，情報時代に求められる新しいニーズを満たすためには不十分な結果しか得られないだろう。新しい教育へのニーズを満たすために必要な規模の改善を果たすためには，カスタマイズされた学習中心の教育システムへの

第 18 章　情報時代の教育のための教授理論　　423

大転換が必要である。このことは，教授理論に重要な示唆を与える。次にそれを見て
いこう。

教授システムとその上位システムからのニーズ

　教授システムは教育（研修）システムの中に組み込まれている。したがって，その
上位システムの要求を満たす必要がある。バナシー（Banathy, 1991）は，いかなる
教育システムにも存在するレベルと捉えることが可能な４つの下位システムを同定し
た。各サブシステムには，主要なプロセスとそれを実施する主体が設定されている。
第１の学習経験システムは主として学習者とともにあり，学習中に展開するプロセス
に焦点を当てる。第２の教授システムは，教育エージェント（教員・教科書・コンピュー
タなど）とともにあり，学習経験を支援するための教授を与えるプロセスに焦点を当
てる。第３の管理システムは，運営管理者（校長や本部人事担当職員など）とともに
あり，財務や出張管理システムなどの他の下位システムとともに，教授システムの管
理プロセスを司る。そして，第４の統治（ガバナンス）システムは，教育委員会やそ
の他の（国・県・市町村レベルの）政策立案者とともにあり，管理運営や教授システ
ムの方向性を示す政策を立案する。バナシーは，求められるべき学習経験によって教
授システムの設計が決定され，それが次の管理運営システムの設計を促し，これらの
すべてが統治システムの設計につなげられるべきであると主張している。
　学習経験の設計にあたっては，より大きい教育システムのニーズを満たすようにし
なければならない。その教育システムは，情報時代の社会一般のニーズと個々の地域
コミュニティや学習者のニーズを満たすように設計される必要がある。そうしなけれ
ば，教育システムに関する不満や混乱が続くことになる。教授理論は，これらの学習
経験を実現するためにデザインされなければならない。次に，本章では，情報時代の
教育パラダイムについてのビジョンを，（1）情報社会における教育ニーズに基づく原
理と，（2）それらの原理を実行するために必要な情報時代の教育パラダイムの特徴の
両面から述べる。最後に，カスタマイズされた情報時代の教育パラダイムを支持する
ためには教授理論はどうあるべきかを述べる。

情報時代の教育システムについてのビジョン

　情報時代に新たに生まれつつある教育ニーズに基づいて，教育の新しいパラダイム

は以下の「基盤的原理」に従うべきであると提案する。

カスタマイズ化と多様性　第1に，個々の学習者は異なるスピードで学ぶ。学び終えた者をクラスの他の学習者が完了するまで待たせておくことは，人間の可能性を無駄にすることになる。同様に，まだ学び終えていない者を次に進ませることも無駄を生む。第2に，情報社会の複雑性が高まることを考えると，工業時代に求められていた専門性に比べてより広範な専門性を有する市民を必要とするようになる。したがって，学習者を個々に異なる達成に向けて教える必要があり，共通の「必須事項」に加えて，それぞれに特異な才能や長所が生かされなければならない。第3に，異なる学習者は異なる方法で学ぶのが最も効果的である。したがって，個々の学習者には異なる教授方法を提供する必要がある。本書の第2部で提示したさまざまなアプローチのように，大きく異なる教え方である。つまり，学習者ごとの多様性が必要であり（違うことを学び，それぞれの才能や長所に応じてカスタマイズする），インストラクションも多様性が必要である（異なる方法やペースで学ぶことを認め，学習者ごとの長所や知能の多様なプロフィールに合わせてカスタマイズする）。

イニシアチブと自己主導　今日の学習者は生涯に10以上の仕事をするという状況をふまえ（http://www.bls.gov/news.release/pdf/nlsoy.pdf），また，多くの知識労働にテクノロジや情報が急速な変化をもたらす状況をふまえると，生涯学び続ける人を社会は必要としている。このことは，学ぶことの喜びと学習スキルを育てる必要性を示唆している。学習者が自己主導学習者になることを手助けし，問題解決や自分自身の学習についてのイニシアチブを取っていこうとするマインドセットを醸成することが求められている。この原理は，本書で取り上げた教授理論の多くに組み入れられてきたものである。

協働と感情的発達　情報時代の雇用者が知識労働者をチームとして組織化することが増えており，また，多くの研究によって人生の成功を収めるためには認知的な知能よりは感情的知能が重要であることが明らかになっている（第12章参照）。このことから，学習者は対人および自己内の関係スキルや知識を高める必要がある。工業時代のパラダイムでは，従順さや順応さに対する価値観や習慣が「隠れたカリキュラム」として教えられてきた。それと同じように，新しいパラダイムの隠れたカリキュラムとして，他者とうまくやることや自分の感情や長所・短所を理解することが重要であり，また習慣化すべきこととして教えられるべきである。これらの特性を発達させる手助けとなる方法が，学習経験（さらに教授理論）として考えられる必要がある。

第 18 章　情報時代の教育のための教授理論　　425

全体主義と統合　情報時代にはあらゆるシステムの複雑性が増していることを考えると，システム思考，つまり，生物・社会・生態・組織・物理的・技術的なシステムのふるまいの背景にある因果関係の力学への理解を深めることがこれまで以上に重要である。学校で教えられるすべての教科は，密接に相互関連している。それぞれをバラバラなものとして教えることは，学習者にとって深刻な害をもたらす。認知的発達のみを取り上げることも深刻な害をもたらす。認知的発達のみならず，社会的・感情的・心理的・物理的，その他の人間発達の全側面はそれぞれ重要であり，互いに関連しているからである。例えば，肥満・麻薬の利用・いじめ・暴力・十代の妊娠などは，人間発達の全側面を扱ってこなかったことから導かれた帰結の一端に過ぎない。また，認知的な学習を成功させるために感情が重要な役割を果たしていることは，研究で明らかにされてきた（Greenspan, 1997）。情報時代の教育パラダイムでは，学習者も教育内容も全体的に捉えていく必要がある。この原理を実現していくためには，統合学習の方法（第 13 章参照）が重要なガイダンスを提供する。

情報時代の教育システムの主な特徴

　これらの基盤的原理を考慮すると，情報時代の教育パラダイムではどのような教授を実現すべきだろうか？　このことが教授理論の中心的関心事である。以下に述べることは，私が提案したい主な特徴であり，このことについて，積極的な対話を開始したい。

達成準拠の進捗　選抜に焦点化したシステムから学習に焦点化したシステムに変えていくために最も重要な特徴は，おそらく，学習者の進捗を時間準拠から達成準拠に変化させることだろう。月曜日が来たから新しいトピックに進むのではなく，現在のトピックがマスターできたときにだけ次のトピックに進むようにすることである。

達成の個別記録　達成準拠の進捗を実現するためには，個々の学習者がどこまで学習を進めたかを記録しておくことが重要なのは明らかである。達成の個別記録では，各項目を達成したときに「チェックマーク」をつけ，何が学習されたかのリストをつくっていく。達成項目の多くは証拠を伴い，e ポートフォリオを構築するなどして多様な成果物が蓄積される。達成の個別記録は，ヴィゴツキー（Vygotsky, 1978）の「発達の最近接領域」で示されるような次に学習すべき範囲を決定する際の重要な基礎資料を提供する。

基準に基づくアセスメント　達成の個別記録という考え方は，これまでの学習者相互を比較して評価するという平均に基づくアセスメント（相対評価）から，ある標準値や基準に基づいて学習を評価するという異なるパラダイムでのアセスメント（絶対評価）への変化を要求する。それぞれの達成基準（ときには複数の段階的な達成基準）を設定し，それぞれの基準を評価する方法も必要となる。

カスタマイズされた柔軟な進捗　達成準拠の進捗においては，個々の学習者はあるトピックをマスターする前に次に移ることを強いられることはない。また，マスターしたらすぐに，新しいトピックに進むことが許される。このやり方では，たとえ深刻な学習困難児であっても，すべての子どもが成功する。他の子どもより少し長くかかり，1年間の中での学びが少ない子どもがいることはあっても，その子の最大限の能力までそれぞれが学習を進める。この特徴についての主要な心配事としては，管理運用が大変で，費用がかかりすぎるという指摘がある。すべての学習者の進捗を効率的に管理することを可能にするためにテクノロジをどのように活用すべきかについては，以下で述べる。

カスタマイズされた柔軟な目的　すでに述べたように，（1）社会は，とても多様な専門性を有する人を求めており，（2）個々の学習者は，それぞれの才能や興味を伸ばすことを求めている。一方で，すべての学習者（市民）が有すべき共通の中核的知識があることは確かである。他方で，情報時代の教育システムでは，かなり多くの時間をかけて，個々の学習者や両親が重要だと考える目的に取り組むことが許容されるべきである。

カスタマイズされた柔軟な方法　学習者は異なる方法で学ぶのが最適であることから，教員は異なる種類の学習機会（異なる種類の教授方法）を提供する。個々の学習者の長所に応じた方法を採用するのが一般的ではあるが（Levine, 2002などを参照），新たな長所を伸ばすために，あえて異なる学習スタイルや方式をガイダンスや支援つきで採用することもある。ここでは教授事象理論（第1章参照）が最も重要な役割を果たす必要がある。教員は，どの方法をいつ採用するかについて，適切なガイダンスを切に望んでいる。

個別の学習計画　カスタマイズされた目的や方法に向けての達成の進捗状況を管理するためには，個々の学習者が個別の学習計画を立てる必要がある。これは現在の特別支援教育で採用されている個別教育計画（individualized education plans: IEP）に類

第 18 章　情報時代の教育のための教授理論　　427

似したものである。この計画は，契約の形をとり，おそらく 2 か月ごとぐらいに学習
者本人と両親，そして担当教員で交わされることになる。共同で目的を設定し，その
方法と期日を決め，マイルストーンを立てる。この方法では，学習者がプロジェクト
計画を立てること，期日を厳守すること，そして自己主導学習を進めることに精通す
る手助けとなる。

新しい教員の役割　この種のカスタマイズされた教育を提供するためには，教員の
役割を「壇上の賢者 (sage on the stage)」から「側方からのガイド (guide on the
side)」へと変化させる必要がある。ガイドとなるためにはいくつかの役割がある。
第 1 に，教員は思いやりのあるメンターになる必要がある。子どもの全人格的で調和
のとれた発達に関心を寄せる人である。メンターとしての教員は，年齢の異なる 25
人ぐらいの子どもの責任者となり，子どもの発達段階の一区切り（通常 3 ～ 4 年間）
の面倒をみる。第 2 に，教員は，学習作業の設計者となる (Schlechty, 2002)。学習
作業には，プロジェクト学習，経験学習，討議学習，スキルチュートリアルなど，本
書の第 2 部と第 3 部で説明したようなさまざまな方法を含むだろう。第 3 に，教員は
学習プロセスのファシリテータになる。この役割には，個別の学習計画立案の支援，
適切なタイミングでの学習のコーチングや足場かけ，討議や省察の支援，あるいは多
様な人的・物的資源が利用できるように確保することなどが含まれる。これらの 3 つ
の役割は，教員が果たすべき新しい役割の最も重要なものであるが，すべての教員が
すべての役割を果たすとは限らない。異なる種類や程度の研修を受け，異なる専門性
を有するさまざまな教員が関与することになる（学習者が演じる教員の役割を含む。
次項を参照）。

新しい学習者の役割　第 1 に，学習は能動的なプロセスである。学習者は努力をつぎ
込まなければならない。教員がそれを学習者のためにしてあげることはできない。こ
のことが，シュレイティー (Schlechty, 2002) が新しいパラダイムの特徴として，教
員ではなく学習者が作業者であり，教員は学習作業の設計者であるとした理由である。
第 2 に，学習者を生涯学習に備えるために，教員は学習者それぞれが自己主導で自ら
を動機づけられる学習者になることを助ける。学習者は，学校に行き始めたころは学
ぶことに自ら動機づけられている。工業時代のパラダイムでは，その内なる学習意欲
をシステム的に破壊している。すべての自己主導的要素を取り除き，学習者の生活に
関連が乏しい退屈な作業を課すことによって。それに対して，情報時代のシステムは，
自己主導で能動的な学習を通して，内なる学習意欲をはぐくむように設計される。学
習意欲は教育の生産性向上に鍵となり，学習者自身の潜在的可能性を自覚させる手助

けとなる。しつけ上の問題や麻薬の利用，そのほか多くの問題を大幅に減少させる。第3に，学ぶための最良の方法はそれを教えることだ，としばしば言われる。学習者は，学校システムの中において，おそらく最も活用されていない資源だろう。さらに，あることを学んだばかりの者は，それをずいぶん前に学んだ者よりもよい手助けを提供できることが多い。少し年長の学習者が年下の学習者を教えることだけでなく，同級生どうしが協働プロジェクトで互いに学び合うことが可能だし，同輩チュータ（peer tutors）として貢献することもできよう。したがって，新しい学習者の役割には，作業者，自己主導学習者，そして教員が含まれる。

学習パートナーとしての両親　両親は，自分の子どもが学習する手助けとしてかなりのことができる。両親がそうしている家庭がある一方で，その役割を果たせていない家庭も多い。このことは，ある子どもにとってのハンディとなるが，工業時代の教育システムではどうしようもすることができなかった。情報時代の教育システムでは，両親は教員と子どもとで面談し，個別の学習計画についての契約を結ぶことを要求される。子どもの学習を支援するための両親の役割はその契約に特定されている。場合によっては，両親が子どもたちと共に作業を行うことが計画に盛り込まれ，彼ら自身の教育を進める設計になることもあろう。メンターとなる教員は，学習者の全人格的で調和が取れた発達に関心を寄せるため，両親の養育スキルも支援の対象となる。テレビ番組で「ベビーシッター」を扱ったものを見たことがある人であれば，両親にとってこの支援がどれほど助けになり感謝されるものかは想像がつく。この支援を行うには特別な研修を受けることが必要であろう。そしてテレビ番組で扱うような極端なケースの場合には，教員が地域のサービス機関とパートナー契約を結ぶ必要も生じよう。

コミュニティにおける学習　地域コミュニティはさまざまな形で関与する。例えば，地域の問題への対策を模索するプロジェクトを行うこと。地域の組織や個人がサービス学習プロジェクトのボランティアとして関わること。メンターとなる教員とパートナー契約を結び，学習者のメンターとなること。博物館，動物園，図書館，病院，少年・少女クラブ，市や郡の役所，矯正施設，警察，消防署などの地域組織と特定の関係を構築すること，などが考えられる。

テクノロジの新しい役割　カスタマイズされた学習が新しい役割を教員，学習者，両親，そして地域コミュニティに求めるのと同様に，テクノロジにも新しい役割が求められる。実際，ここで述べられているようなカスタマイズ化はテクノロジの助けを借

りない限り，ほぼ不可能に近いものである。情報時代の教育パラダイムにとって，テクノロジが果たす役割は非常に重要なので，次節で詳しくそのことを述べてみたい。

情報時代の教育システムにおけるテクノロジの主たる役割

これまでに述べたようなカスタマイズ化と学習への焦点化を実現可能でコスト効果があるものにするためには，少なくとも 4 つの機能がテクノロジに求められるだろう。次に 1 つずつ述べていく。

学習の記録保持　これまでに述べたような個々の学習者の達成記録を維持することは，教員にとっての悪夢になりかねない。テクノロジはここで理想的な役割を演じることができ，教員の莫大な時間を節約することに寄与できる。現行の記録帳を置き換えるものとして，3 つの部分から構成される。第 1 の要素は，標準リスト（standard inventory）である。教育標準の必須項目（国・州・地方自治体レベル）と任意項目を含み，教員・学習者・両親からのアクセスを可能とする。領域理論（第 15 章参照）は，このツールを設計するためにとても有用である。学ぶべき，あるいは学ぶことができる項目をリスト化し，そのレベル・標準・基準を示す。第 2 の要素は，個別達成リスト（personal attainment inventory）である。それぞれの学習者が何を知っているかの記録である。簡潔に言えば，これは標準リストにリストされた項目（おそらくそれ以外のものも含む）に対する各学習者の進捗状況をマッピングしたものである。達成したときはいつか，どれが必須項目か，同じ領域で次に取り組むべき必須項目は何かなどを示し，それぞれの達成項目が，その証拠（要約データかもとの成果物）へリンクされている。第 3 の要素は，個別の特徴リスト（personal characteristic inventory）である。学習スタイルや多元知能プロフィール，学習への興味，あるいはこれまでの主な生活上の出来事など，個々の学習者の特徴について学習に影響を与えそうなものを記録している。

学習の計画　個別の学習計画（契約）を学習者すべてに立案することも，教員にとってとても難しいことになりかねない。ここでも，テクノロジが果たすべき役割がある。学習者と両親と教員が以下のことをする手助けになる。(1) 長期的な目的を決める，(2) 学習者にとって手の届く範囲にあるすべての達成項目を見つける，(3) その中から，今取り組みたい項目（短期的な目的）を要求事項・長期的目的・興味・機会などを考慮して決める，(4) 短期的な目的を達成するためのプロジェクト（あるいは他の方法）を見つける，(5)（必要に応じて）同じプロジェクトに興味を持っている他の

430 第4部 共通知識基盤を構築するためのツール

学習者を見つける，(6) 学習者がプロジェクトから学ぶ上で手助けとなるように教員・両親・そのほかの者が果たすべき役割を特定する，そして，(7) 目的・プロジェクト・チーム・両親と教員の役割・各プロジェクトの期限を明記した契約書を作成する。

学習への指示　工業時代のパラダイムではあたりまえであったように，教員が1人で25人の学習者に指示を与え続けることを想像すると，個別の学習者がいつでもまったくバラバラなことに取り組んでいる状態はとても困難に思えるだろう。しかし，テクノロジはさまざまな形でそれを支援できる。学習者(あるいは小チーム)にプロジェクトを紹介する，シミュレーションや個別教授，ドリル演習，研究ツール，コミュニケーションツール，あるいは学習オブジェクトなどの教育ツールを提供してプロジェクトの進行を支援する，プロジェクトの進捗状況をモニターして支援するツールを提供する，あるいは，教員やその他の人が新しいプロジェクトや教育ツールを開発すること自体を支援するツールを提供することもできよう。教授事象理論（第1章参照）がここでは大活躍する。教授計画理論や教授構築理論も同様である。

学習のための（についての）アセスメント　もう1つ，学習者の形成的・総括的アセスメントを実施することは教員にとっての悪夢となろう。用意した1つのテストを全員が同時に受けるわけではないので。ここでも，テクノロジが偉大なる軽減策となる。第1に，アセスメントが教授と統合される。スキルや理解をはぐくむために，豊富な実行機会が用意される。それは同時に，形成的・総括的アセスメントにも用いることができる。第2に，学習者の知識・理解・スキルを確かめるために，アセスメントが真正な課題として用意される。第3に，シミュレーションであれ，個別教授であれ，ドリル演習であれ，テクノロジによって各実行結果が基準を満たすものであったかどうかが評価され，すぐに形成的なフィードバックが学習者に与えられる。このことが学習者に最大の影響を及ぼす。直近のy回のうちx回成功したという基準が満たされたときに，総括的アセスメントが完了し，該当する達成項目が「達成された」という記録が学習者の個別達成項目リストに自動的に残る。テクノロジによる自動採点ができないケースにおいては，観察者が記録装置を手に持って学習者の実行をチェックし，ルーブリックに基づいて，その場で個別にフィードバックを与える。記録装置からの情報がコンピュータシステムにアップロードされ，学習者の個別達成項目リストが更新される。最後に，教員がアセスメント方法を開発し，それを基準にリンクすることも，テクノロジで支援することができる。教授評価理論は，テクノロジがこの役割を果たす可能性を最大限にする上で，不可欠である。

　上記の4つの役割は，互いに継ぎ目なくシームレスに統合されていることに注目し

てほしい。記録保持ツールからは，計画ツールに自動的に情報が送られる。計画ツールは，利用可能な教授ツールを見つけ出す。アセスメントツールは，教授ツールの中に統合される。そして，アセスメントツールは記録保持ツールに自動的に情報を転送する。このような複雑で統合されたツールの名称に最も近いものは，学習管理システム（learning management systems: LMS）（Reigeluth et al., 2008; Watson, Lee, & Reigeluth, 2007）。学習管理システムなどには，この他にも果たすべき役割や機能が多くあることにも注意してほしい。それらの二次的な機能には，次のものが含まれる。コミュニケーション（電子メール，ブログ，ウェブサイト，掲示板，ウィキ，ホワイトボード，インスタントメッセージング，ポッドキャスト，ビデオキャストなど），LMS管理機能（情報へのアクセス権限を付与したり，役割や情報の種類に応じて情報入力の権限を付与すること），一般的な学習者データ（住所，両親・保護者の情報，メンター役の教員名と学校名，学校の所在地，出席状況，健康情報），学校の人事情報（住所，認証や表彰，所在地，所属学習者，ツール開発歴，学習者評価，教員の職能開発計画と記録，教育用ツールのリポジトリ，所属学習者の受賞歴），などがある。

　情報時代の教育パラダイムが成功するためには，テクノロジが果たす役割が決定的に大きいことはここまでで明らかだろう。学習に飛躍的な向上を達成させ，おそらく現在の工業時代のパラダイムよりも年間学習者あたりのコストも下がるだろう。表計算ソフトが会計士の仕事をより速く，簡単に，そしてより安価にしたのと同じように，ここで述べたような機能を持つLMSが教員の仕事をより速く，簡単に，そしてより安価にする。テクノロジが貢献する可能性を現実のものとするために，教授理論が不可欠なのである。

▶ 教授理論がどのように貢献できるか

　ここに述べたことは，情報時代の教育パラダイムについての未来像の1つに過ぎない。新しいパラダイムがこのようになる，という確かな姿であるというにはほど遠いものかもしれない。しかし1つだけ確かなことは，教育がカスタマイズされるというパラダイム変化は必ず起きる，ということである。それは，農業時代のパラダイム（一教室学校）から工業時代の幕開けに現在のパラダイムに変化することが不可避的であったことと同様である。今日のパラダイムが1教室学校と比較してどれほど異なり，どれほどより複雑かを考えてほしい。新しいパラダイムは，今日のものよりもさらに複雑で，相当異なるものになるだろう。我々の今日のパラダイムと比べれば，そこにはより大きな多様性が存在するだろう。

　ここで述べたビジョンは確かなものとはいえないが，一方で，情報時代の社会に求

432　第4部　共通知識基盤を構築するためのツール

められる教育についてのニーズ分析に確かな根拠を置いている。その教育へのニーズ
は，今日の工業時代のそれとは大きく異なるものである。それらのニーズについては，
前述した基盤的原理に表現されている。その基盤的原理に直接的に対応した形で，機
能の特徴を述べた。もちろん，他の特徴が同じ基盤的原理に対応するものとして生起
する可能性はある。それは，新しいパラダイムの多様性を反映したものになるだろう。
読者諸氏においては，基盤的原理によりよく対応した機能が他にないか，探索するこ
とをお勧めしたい。

　情報時代の教育パラダイムについてのビジョンを考えてもらいたいと思うのは，す
でに過ぎ去ったパラダイムについてではなく，この新しいパラダイムのための共通知
識基盤に貢献する教授理論研究者が必要だからである。我々は，メンター，設計者，ファ
シリテータを含むすべての教員の役割を果たすための適切なガイダンスを必要として
いる。テクノロジをいかに教育利用するかを設計するための適切なガイダンスも必要
となる。両方の種類のガイダンスが，教育のあらゆる目的と手段をカバーしなければ
ならない。直接教授法を用いたアプローチ（第5章），ディスカッションを用いたアプ
ローチ（第6章），経験を用いたアプローチ（第7章），問題を用いたアプローチ（第8章），
そしてシミュレーションを用いたアプローチ（第9章）のような手段と，記憶，スキル（第
10章），理解（第11章），情意（第12章），そして総合的学習（第13章）という目的
を含むものが求められる。個々の独立した教授理論を越えて，情報時代のパラダイム
の要求に答えられるような教授のための共通知識基盤を開発する必要がある。

　さらに，我々は，テクノロジの3つの機能（記録保持・計画・アセスメントシステム）
が教授システムとつなぎ目なく統合されるための設計ガイダンスも必要としている。

　「インストラクショナルデザインの理論とモデル」三部作の最後となる本書におい
て，教授理論の本質（第1章），教授の本質（第2章），あらゆる教授に共通する「第
一原理」（第3章），教授の状況依存性（第4章），デザインレイヤーを伴う教授理論
のアーキテクチャ（第14章），達成をマッピングするためのドメイン理論（第15章），
学習オブジェクト（第16章），そして理論構築へのアプローチ（第17章）について，
我々の理解するところを述べてきた。共編者のアリソン・カー＝シェルマンと私は共
に，我々の本書での試みが，情報時代の教育パラダイムを現実のものとするという切
迫したニーズを満たすことに貢献したいと考えている読者諸氏の手助けになることを
望んでいる。

≫≫ 原注

◆1　上位システムとは，あるシステムがその一部を構成する（下位システムとなる），より大きな
システムのことである。

人名索引

● A

アドラー（Adler, J. D.）　224
オールダー（Alder, K.）　357
アレッシー（Alessi, S. M.）　186
アレクサンダー（Alexander, C.）　343
アンダーソン（Anderson, A. S.）　176
アンダーソン（Anderson, J. R.）　74, 346, 347
アンダーソン（Anderson, L. W.）　73
アンダーソン（Anderson, T.）　186
アンドリュース（Andrews, D. H.）　336
アネット（Annett, J.）　233
アン（An, Y.-J.）　399
アラゴン（Aragon, S.）　143
オーズベル（Ausubel, D.）　13, 74, 75, 88, 242

● B

バジェット（Baggett, P.）　228, 229
ベーカー（Baker, E. L.）　357, 375
ボールドウィン（Baldwin, C. Y.）　207, 337
バナシー（Banathy, B. H.）　423
バンデューラ（Bandura, A.）　231, 232
バーネット（Barnett, B.G.）　146
バルオン（Bar-On, R.）　294
バロウズ（Barrows, H. S.）　159, 161, 162, 164, 167–169, 172, 173, 175
ベイツ（Bates, J. E.）　293
バティスチッチ（Battistich, V.）　279
ビーン（Beane, J. A.）　278
ベンダリー（Benderly, B. L.）　277, 287
ベルリナー（Berliner, D.）　91
バーキスト（Berquist, W. H.）　109
ビチェルマイヤー（Bichelmeyer, B. A.）　331
ブルーム（Bloom, B. S.）　73-75, 86, 100, 102, 275
ボビット（Bobbitt, L. M.）　137
ボエラー（Boehrer, J.）　114, 116
ボーリング（Boling, E.）　331
バウド（Boud, D.）　134, 152, 177

● C

ボイヤー（Boyer, E. G.）　349
ブレイディ（Brady, M.）　85
ブランド（Brand, S.）　337–339
ブランスフォード（Bransford, J. D.）　13, 163, 190
ブリュー（Breaux, R.）　186
ブレナー（Brenner, E. M.）　293
ブリューワー（Brewer, E. K.）　342
ブリッグス（Briggs, L. J.）　275, 276
ブルックフィールド（Brookfield, S. D.）　108, 111, 114, 116, 119
ブラウン（Brown, A. L.）　190
ブラウン（Brown, J. S.）　259
ブルーナー（Bruner, J.）　9, 109, 335
ブラード（Bullard, L. G.）　151
バンダーソン（Bunderson, C. V.）　197, 198, 359–361, 371
バートン（Burton, R. R.）　194

● C

カファレラ（Caffarella, R.S.）　146
ケイン（Caine, G.）　280
ケイン（Caine, R.）　280
カー＝シェルマン（Carr-Chellman, A. A.）　122, 331
キャロル（Carroll, J.）　84, 86, 101
キャロル（Carroll, W. R.）　232
チェイニー（Cheney, R.）　144
クリステンセン（Christensen, C. R.）　108, 112–114, 116, 120
クラーク（Clark, K. B.）　207, 337
クローソン（Clawson, D. M.）　193
クッキング（Cocking, R. R.）　190
コール（Cole, P. M.）　290
コリンズ（Collins, A.）　168, 346, 413
コナー（Conner, G.）　371
コンウェイ（Conway, J. F.）　176
クーレイ（Cooley, W. W.）　85
コービン（Corbin, J.）　409, 410, 417
コーネリアス（Cornelius, J.）　144
クロフォード（Crawford, C.）　200, 201, 349

カミングス（Cummings, E. M.）　292
カニンガム（Cunningham, D. J.）　163
カレー（Curry, J.）　203
ダマシオ（Damasio, A. R.）　277, 287

●D
デイ（Day, M.）　143, 147
ドゥ・ジョン（de Jong, T.）　186
デカルト（Descartes, R.）　276, 277
デューイ（Dewey, J.）　13, 109, 131–134, 163,
　261, 398
ディアス（Dias, K. L.）　153
ディーナー（Diener, E.）　292
ディホフ（Dihoff, R.）　95
ディレハント（Dillehunt, H.）　281
ディロン（Dillon, J.）　115, 120
ディルクス（Dirkx, J. M.）　307, 308, 310
ドレイク（Drake, L.）　203
ドレイク（Drake, S.）　315, 316
デュブロー（Dubrow, H.）　112
ダッチ（Duch, B. J.）　176, 178
ダフィ（Duffy, T. M.）　163, 165

●E
エドガートン（Edgerton, H. E.）　206
エドワーズ（Edwards, E. K.）　382
アイゼンハード（Eisenhardt, K. M.）　401
エリアス（Elias, M.）　281
エンゲルマン（Engelmann, S.）　101

●F
フェイガン（Fagan, E.）　91
フェアウェザー（Fairweather, P. G.）　186,
　345, 349
フェルダー（Felder, R. M.）　151
フェレッティ（Feletti, G.）　177
フェンスターマッハ（Fenstermacher, G. D.）
　72
フェンウック（Fenwick, T. J.）　134
フィッシャー（Fisher, C.）　86
フィッシャー（Fisher, W. P. Jr.）　357, 361
フレミング（Fleming, M. L.）　349
フォックス（Fox, B. A.）　202
フレデリクセン（Frederiksen, J.）　194
フレイレ（Freire, P.）　113

フリック（Frick, T. W.）　415
フリードマン（Friedman, T.）　358

●G
ガバード（Gabbard, C. P. ）　235
ゲイジ（Gage, N. L.）　91, 335
ガニェ（Gagné, R. M.）　9, 13, 32, 71, 74, 75,
　335, 348, 385
ガルウェイ（Gallwey, W. T.）　240
ガンジェル（Gangel, K. O.）　124
ガードナー（Gardner, H.）　252, 304
ガービン（Garvin, J.）　124
ゲントナー（Gentner, D. R.）　224
ガーステン（Gersten, R.）　97
ギボンズ（Gibbons, A. S.）　6, 13–15, 29, 89,
　186, 189, 197, 207, 209, 331, 340, 342, 345, 348,
　349, 359, 363, 382, 384
ジェセラルス（Gijselaers, W. H.）　166
ギルバート（Gilbert, M.）　240
ギルバート（Gilbert, T.）　240
グレイザー（Glaser, B. G.）　408–410, 417
グレイサー（Glaser, R.）　163
ゴールドバーグ（Goldberg, E.）　303
ゴールド（Gold, J.）　147
ゴールマン（Goleman, D.）　277, 278
グッドラッド（Goodlad, J.）　264
グッドソン（Goodson, L. A.）　336
ゴットマン（Gottman, J.）　293
グラント（Grant, C.）　371
グレドラー（Gredler, M. E.）　186
グリーンバーグ（Greenberg, M. T.）　281,
　286
グリーンスパン（Greenspan, S. I.）　277, 287
グリムス（Grimes, A. J.）　401
ガンター（Gunter, M. A.）　72

●H
ハキーム（Hakeem, S. A.）　144
ハラピ（Halapi, M.）　139
ハラー＝パーマー（Haller Parmer, J.）　281
ハナフィン（Hannafin, M. J.）　349, 384, 413
ハンセン（Hansen, A. J.）　115
ハリス（Harris, R. L.）　349
ハート（Hart, L. A.）　303
ハットン（Hatton, N.）　140

人名索引　435

ヒギンズ（Higgins, G. A.）　193
ハーシュ（Hirsch, E. D.）　101
ホジンス（Hodgins, W.）　379
ホールマン（Holman, D.）　147
ホーン（Horn, R. E.）　349

●I
イトウ（Ito, C.）　292

●J
ジェイコブズ（Jacobs, H. H.）　315, 316
ジェフリー（Jeffery, R. W.）　231
ジョンソン（Johnson, S.）　143
ジョイス（Joyce, B.）　72

●K
ケースリー（Kearsley, G. P.）　197
ケラフ（Kellough, R. D.）　312, 315
クラクジンスキ（Klaczynski, P. A.）　292
コルブ（Kolb, D. A.）　131, 133, 310
コペンハーバー（Koppenhaver, G.）　144
コヴァリック（Kovalik, S. J.）　303, 304, 310, 311
クラスウォール（Krathwohl, D. R.）　73, 275, 276

●L
ラーセン（Larsen, R. J.）　292
ラザン（Lathan, C. E.）　193
レイヴ（Lave, J.）　196, 261
ローレス（Lawless, K.）　203
レイトン（Layton, E.）　345
リーチ（Leach, L.）　146
リー（Lee, P.）　146
レーラー（Lehrer, R.）　195
レインハルト（Leinhardt, G.）　85
レスゴールド（Lesgold, A.）　193
レヴィン（Lewin, K.）　136
ルイス（Lewis, C. C.）　279
ルイス（Lewis, M. W.）　401
リトル（Little, P. J.）　176
ロング（Long, A.）　153

●M
マクドナルド（MacDonald, P. J.）　166
マッキントッシュ（Mackintosh, C.）　140
マクリ（Macri, C. J.）　144
マーティン（Martin, B. L.）　275, 276
マーティン（Martin, J. A.）　84
メイソン（Mason, R. ）　349
マスターズ（Masters, J. C.）　290
マシューズ（Matthews, G.）　294
メイヤー（Mayer, J. D.）　277, 283
メイヤー（Mayer, R. E.）　51, 205, 349
マクブライド（McBride, R. H.）　198, 360
マッカーシー（McCarthy, B.）　89, 90
マックラウド（McCloud, S.）　340
マコームズ（McCombs, B.）　13, 18
マッコイ（McCoy, C. L.）　290
マッキーチ（McKeachie, W. J.）　72
マクタイヤ（McTighe, J.）　171
メリアム（Merriam, S. B.）　134
メリル（Merrill, M. D.）　63, 66, 71, 74-76, 103, 142, 146, 153, 186, 203, 322, 335, 349, 350, 380, 382, 387
メサ＝バンス（Mesa-Bains, A.）　121
ミルズ（Mills, R.）　203
ミルター（Milter, R. G.）　165, 176
モナハン（Monahan, G. W.）　124
ムーン（Moon, J.）　131
ムンロ（Munro, A.）　186, 207

●N
ンドイ（Ndoye, A.）　140
ニール（Neill, J. T.）　153
ネルソン（Nelson, H. G.）　8
ニュービー（Newby, V. A.）　360, 371
ニコルソン（Nicholson, B.）　152
ノッディングス（Noddings, N.）　279

●O
オルセン（Olsen, J. B.）　197
オルセン（Olsen, K. D.）　303, 304, 310, 311
オズワルド（Oswald）　335

●P
パルトレー（Paltrey, J.）　186
パーカー（Parker, J.）　294

パスク（Pask, G. S.）　232, 233
パーキンス（Perkins, D. N.）　89, 92, 95
フィリップス（Phillips, S. R.）　109
ピアジェ（Piaget, J.）　133, 163
ピジニ（Pizzini, Q.）　207
プラトン（Plato）　276
ポランニー（Polanyi, M.）　344
ポールトン（Poulton, E. C.）　221, 228
プレンジャー（Prenger, S. M.）　307, 308,
　310
プレスキル（Preskill, S.）　108, 111, 114, 116,
　119

● Q
クアミ（Qaymi, A. K.）　150

● R
ライゲルース（Reigeluth, C. M.）　19, 62, 63,
　75, 83, 84, 122, 143, 175, 186, 193, 197, 331,
　335, 385, 399, 415
レズニック（Resnick, L. B.）　162
ロバーツ（Roberts, P. L.）　312, 315
ロジャース（Rogers, P. C.）　6, 13-15, 29,
　189, 209
ロミゾウスキー（Romiszowski, A.）　349
ローゼンシャイン（Rosenshine, B.）　58, 86
ロスバート（Rothbart, M.）　293
ロウェ（Rowe, M.）　91

● S
サーニ（Saarni, C.）　277, 288
セージ（Sage, S.）　162, 171
サロベイ（Salovey, P.）　277, 283, 293
サウンダーズ（Saunders, D.）　139
サヴェリー（Savery, J. R.）　165
ソーヤー（Sawyer, R. K.）　348
サクソン（Saxon, J.）　93
シャンク（Schank, R.）　132
ショイブレ（Schauble, L.）　195
シェトラー（Schettler, J.）　149
シッケダンツ（Schickedanz, J. A.）　294
シュレイティー（Schlechty, P.）　39, 427
シュミット（Schmidt, R. A.）　224, 235
ショーン（Schön, D. A.）　113, 231, 234, 341
シャンク（Schunk, D. H.）　160

シュワルツ（Schwartz, E.）　186, 193
セブレッツ（Sebrechts, M. M.）　193
シールズ（Seels, B.）　349
シーモア（Seymour, W. D.）　224, 230
シャスビー（Shasby, G.）　231
シェルドン（Sheldon, B.）　186
シラダー（Shrader, C.）　144
シュルマン（Shulman, J. H.）　121
シルバーマン（Silverman, R.）　116, 117
サイモン（Simon, A.）　349
サイモン（Simon, H. A.）　8, 23, 334, 335,
　337, 398
シンガー（Singer, R. N.）　230, 236
スキナー（Skinner, B. F.）　13
スミス（Smith, C. A.）　149
スネルベッカー（Snelbecker, G. E.）　335
スネル（Snell, J. L.）　286
スノウ（Snow, R.）　400
ソクラテス（Socrates）　276
ソルティス（Soltis, J. F.）　72
スピロ（Spiro, R.）　19
スタンニー（Stanney, K. M.）　349
ステッドマン（Steadman, R. H.）　148
スティンソン（Stinson, J. E.）　165, 176
ストルターマン（Stolerterman, E.）　8
ストルロウ（Stolurow, L. M.）　349, 350
ストーン＝マッカウン（Stone-McCown, K.）
　281
ストラウス（Strauss, A.）　408, 409, 410, 417
ストロング＝クラウス（Strong-Krause, D. ）
　198
シューモン（Surmon, D.）　207
サザーランド（Sutherland, P.）　145

● T
ティアガラヤン（Thiagarajan, S.）　173
トープ（Torp, L）　162, 171
トレーシー（Tracey, M. R.）　193
トローリップ（Trollip, S. R.）　186
トラウト（Trout, J. D.）　361
タフティ（Tufte, E. R.）　206, 349

● V
ヴァン・ジョリンゲン（van Joolingen, W. R.）
　186

人名索引　437

ヴァン・メリエンボアー(van Merriënboer, J. J. G.)
　55, 198, 360, 385
ヴィンセンティ（Vincenti, W. G.）　331, 332,
　335, 343, 344
ヴィゴツキー（Vygotsky, L. S.）　94, 198,
　261, 425

●W
ウォルバーグ（Walberg, H.）　93, 95
ウォーカー（Walker, D.）　134
ワン（Wang, F.）　413
ウォーターズ（Waters, S.）　342
ワトキンス（Watkins, C. L.）　96
ウィック（Weick, K. E.）　401

ウェルティ（Welty, W.）　114, 117
ウェンガー（Wenger, E.）　196, 261, 349, 350
ウィートクロフト（Wheatcroft, E.）　222
ウィスラー（Whisler, J. S.）　18
ホワイト（White, B. Y.）　194
ウィギンズ（Wiggins, G.）　171
ワイリー（Wiley, D. A.）　198, 360, 382, 384
ウィルカーソン（Wilkerson, L.）　166
ウィルキンソン（Wilkinson, J.）　112
ウィリアムズ（Williams, S. M.）　161
ワーマン（Wurman, R. S.）　206, 349

●Z
ゼプケ（Zepke, N.）　146

事項索引

●あ

ID 原理　21
ID 理論　9, 20, 332, 345
悪構造問題　163
アクティブ・ラーニング　16
足場かけ　44, 94, 168, 174, 188, 261, 385
新しい経験　148, 152
新しいテクノロジを用いた教育　268
ADDIE モデル　336
アビリティ　219
暗記　74

●い

錨をおろした教授　41
移行対象　289
イニシアチブと自己主導　424
意味的ネットワーク　191
意味論　342
インストラクション　6, 7, 22
インストラクションの改善点　414
インストラクションの構成要素　35
インストラクションの強み　414
インストラクションの文法　32
インストラクションの弱み　414

●う

運動および精神的なスキル　74

●え

影響　70
エール大学・ニューヘイブン社会的能力促進プ
　ログラム　280
SCO　380
演繹的系列化　44

●お

応用　53, 73
応用の原理　48, 52, 103, 110, 285
オープン教育リソース（OERs）　380, 392
行うことによる学習　41
オブジェクト・モデル　191

●か

外化　169
解決指向　85
回顧的分析　411
解説　90
解説的　42
解説的教授　41
改善するための研究　400
改善の実施　415
改善の提案　415
階層的系列化　44
ガイダンス　8, 59
開発　69
学習オブジェクト　379, 380
学習オブジェクトの設計と系列化（LODAS）
　アプローチ　384
学習ガイド的機能　194
学習科学　12, 22
学習環境　27
学習管理システム（LMS）　431
学習経験システム　423
学習者　7, 27, 389
学習者ガイダンス　49
学習者が現実の問題に関わること　109
学習者がモデルを構築する　187
学習者間の協同作業　52
学習者間の議論　49
学習者間の社会構造　144
学習者間の相互批評　59
学習者中心教授　42
学習者中心の教授パラダイム　18, 19
学習者の共同体　108
学習者配置の原則　85
学習従事時間（ALT）　86
学習進行中の評価　251, 256, 260, 265
学習成果　26, 71, 73
学習前提条件系列　44
学習対象　89
学習の科学　18
学習の責任　111
学習・パフォーマンステクノロジ　20

事項索引　439

学習目的に関する価値観　26
学習目標　137
学習理由　90
学習理論　361
拡張性の基準　187
過剰学習　235
カスタマイズ化と多様性　424
カスタマイゼーション　43
仮説・演繹的　161
家族リテラシー　308
課題中心　54
課題中心の原理　48, 54, 103, 283
課題に取り組む時間　85
課題の集合　63
課題分析　85
価値観　26, 275, 317
価値中心型　402
価値中心型理論開発　403
活性化の原理　48, 57, 103, 110, 283
活用方法　59
過程－産出研究　84
カリキュラムと教授方法　12
カリキュラムの一貫性　85
カリフォルニア州オークランド市の子どもの発
　達プロジェクト　280
観察　414
感情　275, 276
感情的経験を蓄積する能力　292
感情的知能（EQ）　277
感情の日記　293
完全習得学習　72
管理システム　423
管理レイヤー　340

●き
記述的な教授原理　76
記述理論　7, 359, 398
基礎技能標準試験　83
きっかけと手がかり　94
機能主義者的な見方　399
帰納的系列化　44
機能的文脈主義　399
基本スキル　226
基本的な知識内容　225
教育　22

教育ゲーム　41
教育シミュレーション　42
教育制度における行政機構　305
教育的増強　194
教育の一貫性　110
教科横断的なテーマ中心型単元（ITUs）　301
教科融合段階　315
教科連携段階　315
教材設計理論　9
教師　7
教師が持つべき力量　112
教師主導のインストラクション　86
教師中心　41
教師中心教授　42
教示的インストラクション　135, 144
教授　28, 332
教授アプローチ　35, 72, 73
教授ガイドライン　76
教授開発制約　28
教授開発設計理論　20
教授科学　12
教授計画　331
教授計画設計理論　9
教授構成要素　42
教授構築設計理論　9
教授ゴール　301
教授事象　68, 83, 331
教授事象設計理論　9
教授事象理論　323
教授システム　423
教授システム設計（ISD）　10, 69
教授システム設計モデル　336
教授実施設計理論　9
教授状況　21, 24, 26, 33, 143
教授成果　26
教授の文脈　24
教授評価設計理論　9
教授プログラム設計理論　9
教授方策　35
教授方法　13, 24, 33, 67
教授方法に関する価値観　27
教授方法の一貫性　25
教授方法の一般性　25
教授方法の影響力　25
教授方法の精密さ　25

教授方法の範囲　24
教授目標　137
教授モデル　20
教授様式　48
教授理論　6, 13, 20, 22, 331, 332, 344, 345
教壇からの授業　264
協調活動と多面的な観点　112
協調作業　42, 43
協調的な問題解決型学習　16
共同　72
協働　72
共同作業　32, 42, 43
協働と感情的発達　424
興味　275
共有する　57

●く
具体−抽象系列化　44
具体的な概念　74
具体的な描写　49
工夫の理論　344
グラウンデッド理論開発　402, 408

●け
経験　73
経験学習理論　131-133
経験的教授　131
経験的知識　8
経験の活性化　136, 138-140, 145-151
経験の省察　136, 140-142, 151, 152
経験の枠組みづくり　135-138, 143-145
形成的研究　414
形成的評価　89, 93
結果の知識（KOR）　234
決定する過程　332
決定的な事象　146
権威主義的な親　294
権威的な親　294
権限に関する価値観　27
言語　345
言語情報　74
現実の問題　109
検証する　400, 401
原理　48

●こ
行為　219
行為の実行　224
行為中の省察　113, 134, 228, 231
行為中の知　231
効果　84
講義形式　41, 42
好奇心　275
高次の学び　114
構成　6
構成概念　20, 28
構成主義の学習環境　41
構成要素　25, 67
構造　59
「構造−ガイダンス−コーチング−省察」サイ
　　クル　58
構築主義　188
効率　84
コーチング　42, 52, 54, 59
ゴールベース学習　132
個々に指定可能な内容　381
心の動揺　163
語根　342
個人化　43
個人化学習　19
個性　275
子ども中心のアプローチ　84
個別教育計画（IEP）　426
個別教授　43
個別教授法　66
個別指導　41
個別達成リスト　429
個別の特徴リスト　429
個別練習　92
コミュニティ構築　141
コンテンツレイヤー　14, 340
コンピテンス　218, 219
コンピュータ教育管理協会（CEdMA）　379
コンフォートコーナー　280
根本にある問題　162

●さ
サービスラーニング　138
再現セッション　198
最終プロジェクト　111, 153

事項索引　441

再生的スキル　218
最短経路系列　44
最適な難易度　139
再目的化　385, 392
再利用　379, 385, 392
再利用のパラドックス　383
サンフランシスコ・ヌエバ校における自分を科学する教育プログラム　280

●し
シアトル社会性開発プロジェクト　280
シェイピング　44
自我の発達　275
識別特性　50
軸足コーディング　410
事後　415
自己概念　275
事後自然発生的事例　415
自己主導　132
自己成長　275
自己評価　44
自信　370, 372, 373
システム　70
システム科学　22
システムダイナミクスモデル　191
システム的アプローチ　336
システム的開発モデル　336
自然言語　342
自然発生的　415
自尊心　275
事中自然発生的事例　415
実験室　136
実施　69
実施中　415
実質的コード　408
実践者主導型　402
実践者主導型理論開発　405
実践する能力　249
実践的な学習　41
実用性　400
指導すること　49
指導付き練習　43, 92
シミュレーション　73
シミュレーションの範囲　197
社会意識向上と社会課題解決プロジェクト

（ISA/SPSP）　280, 281
社会構造を定義する　138
社会性と感情の学習（SEL）　280
社会的経済地位（SES）　27
社会的構成主義　134
収穫逓減　236
充実した環境　311
修正的フィードバック　95
集団力学　275
自由討論　72
熟達　227
主体的な学習としての読書　72
手段中心的　72
手法　8
種類　25, 49, 50, 53, 54, 67, 323
情意領域　275
生涯学習者　307
状況依存原理　287, 313
状況依存性　313
状況性　24, 70, 103, 414
状況的学習　41
状況認知理論　163
条件　24, 27
情報　49
情報処理理論　12
初等中等教育（K-12）　39, 90, 280
初等中等教育（P-12 schools）　15
処方的　48
処方的な教授原理　76
自立　275
事例に基づく学習　41
事例／非事例　43
人工物の設計科学　334
真正　132, 164
真正性　41
真正なアセスメント　320
真正な学習環境　41
真正な課題　42, 165
真正な環境　148
真正な経験　138
真正な成果　139
心的イメージ　275
信念　275
信憑性　400

●す

遂行能力　218
スキーマ理論　12
スキル　218
スキルの自動化　225
スキルサイクル　221, 237
スキルスキーマ　221
スキルの般化　225
ストーリーテリング　147

●せ

成果　317
正確さ　370
生活経験　109, 113
制御レイヤー　14
制作物　177
省察　43, 59, 220
省察的日誌　146
省察のプロセス　141
生産的スキル　218
正常構造　343
生成性の基準　187
生成的トピック　251, 252, 258, 262
生態学的状況　138
精緻化　43, 89, 197
精緻化系列　44
精緻化理論　385, 391
責任の共有　111
設計　22, 69
設計された事例　415
設計の構築単位　332
設計理論　7, 8, 333, 398
折衷主義　399
折衷的なアプローチ　100
説明提示　88
説明的学習　228
説明的方法　225
説明に基づく同意　145
宣言的な知識　74
先行オーガナイザー　42, 88
先行経験　57, 146
先行知識　57
漸進的部分法　230
漸進的弁別化系列　44
全体課題の進行　54

●そ

全体主義と統合　425
全体タスク法　229
全体をガイドするテーマ　307
選択的コーディング　410
前提条件優先方略　385

総括的な評価　89, 94, 321
総合的あるいは学際的カリキュラム　301
相互運用性　379
相互教授　43
相互の例示　49
操作可能物　36
操作原理　343
操作的定義　13
創造性　275
創発　408
創発的な現象　198
促進的教授　100
測定と評価　93
側方からのガイド　427
素朴概念　141

●た

第一次的経験　132
態度　275
第二言語としての英語（ESL）　307
第二次的経験　132
対比事例　50
台本に基づく授業　96
対立を創造的に解決するプログラム　280
タキソノミー（分類体系）　73, 224, 393
多教科段階　315
タコ足手法　384
多重知能理論　233, 302, 304
達成準拠　425
達成の個別記録　425
達成欲求　275
妥当性　400
妥当性中心デザイン（VCD）　358
多様性練習　235
戯れること　254
段階的到達に関するローカル学習理論　361
段階的到達理論　368, 371
探求学習　41

事項索引 443

探求活動　228
探求的実践　228
探究的な方法　66
探索的手法　359
単純−複雑系列化　32
壇上の賢者　427
談話オブジェクト　381, 389

●ち
チームワーク　44
逐次的部分法　230
知識　73, 218
知識オブジェクト　380, 387
知識基盤　6, 323
知識の獲得　224
知的技能　74
知的コンセプト　343
チュートリアル　42
調査参加者　20
調節　133
直接教授法　34, 41, 72, 83

●て
定義された概念　74
定期的な復習　92
提示　387
ディスカッション　73, 146
定着　98
データ管理レイヤー　15, 341
データ中心型　402
データ中心型理論開発　402
テーマ中心型教授　301, 304-306, 313, 317
テーマ中心型総合的教授（ITB）　301, 308, 310
テーマ中心型単元　301
テーマに関する総合的教授（ITI）　301, 303, 306, 307, 309
適応性の基準　187
出来事　49, 51, 53, 54
テクニック　8
テクノロジ　8, 266, 429
デザイン　332
デザイン研究（DBR）　410-414
デザイン言語　332, 341-344
デザイン手段　343

デザイン領域　332
デザインレイヤー　13, 332
テストレット　365
手続き的系列化　44
手続き的な知識　74
デルファイ調査　20-23, 32
転移　235
伝達指向　42

●と
問いと応答　91
同化　133
統括的テーマ　306
動機づけ　275
統合　73
統合主題授業　280
統合の原理　48, 59, 103, 111, 287
統語論　342
動作原理　344, 345
統制の移動　225
統制の所在　275
到達に関するローカル理論　361
統治（ガバナンス）システム　423
同定　387
道徳感　275
同輩チュータ　428
独立した練習　43
徒弟学習　41
ドメイン　366
ドメインのストーリー　369
ドメイン理論　334, 361
トランザクショナルモデル　87
ドリルと練習　41

●な
内省的で協同的なコミュニティ　251, 257, 260, 266
内的矛盾　163
内部　385
内部活動　344
内容　27
内容オブジェクト　381
滑らかさ　370, 372, 373
ナラティブ・アプローチ　147
難易度別系列　44

難問　95

●に
日誌　140, 151
認知的柔軟性理論　19, 163
認知的知能（IQ）　277
認知的徒弟制　41, 347
認知的方略　74
認知の衝動　277

●の
脳科学に基づく学習　19
能動的に協議する交渉者　131
脳の構造に基づいた教育　280

●は
発見学習　41, 228
発想の転換方策促進プログラム（PATHS）
　280
発達の最近接領域　94
パフォーマンス　218
パフォーマンスの知識（KOP）　234
速さ　370, 372, 373
般化　235
判断基準　25, 67, 68
万物の理論　335

●ひ
ピア学習　72
ピアチュータリング　43
人前で例示する　59
批判的思考　108
批判的省察　140
比喩　32, 42
ヒューリスティクス　68
評価　69, 73
評価基準　137, 170
表現　370, 372, 373
表現レイヤー　14, 341
描写　49
標準　68
標準リスト　429
ヒント集　111

●ふ
ファシリテーション　42, 141
フィードバック　43, 52, 132, 233
フィードバックのはしご　256
フェーディング　44
復習　88
物理的環境　115
フレーズの境界　373
フレーズの区切り　368, 370, 372, 373
プレビュー　43
ブレンディッドなアプローチ　143
ブログコミュニティ　379
プロジェクト学習／教授　42
プロダクションルール　191, 200
プロフェッショナルの芸術性　113
雰囲気・規則・行動・期待　144
分化型学習　19
分散練習　230
分析　69, 73
文脈　24, 27
文脈的な見方　399
文脈に影響を受けた　410
分野横断的あるいは全体論的学習　301

●へ
米軍事後検討会　141
米国学術研究会議　18
米国心理学会（APA）　18
ベイジアンネットワーク　191
変数名　350
変性レベル　192
弁別　74

●ほ
報告会　115
報告活動　140
法則－例－法則アプローチ　90
方程式　191
方法中心型　402
方法中心型理論開発　404
方略　8
方略オブジェクト　381, 386
方略レイヤー　14, 340
ポートフォリオ　151

事項索引　445

●ま
マイクロ　24
マイクロコンテンツ　379
マイクロフォーマット　379
前向き連鎖　44
マクロ　25
マクロな方略　35
学びほぐし　319
マルチレベル教室　311

●み
民主的な学びの共同体　115

●む
結びつける科学　398

●め
メゾ　24
メタデータ　380
メッセージレイヤー　14, 340
メディア　49
メディア論理レイヤー　15, 341
メリルの第一原理　48-63, 70, 71, 109-111,
　124, 258-262, 282-287, 306-313
メンタリング　42
メンタルヘルス　275
メンタルリハーサル　231

●も
目的中心的　72
モデル　8, 43
モデルの細かさ　192, 193
モデルの忠実さ　192
モニタリングとフィードバック　94
問題解決　73, 74
問題解決型学習（PBL）　35, 42, 72, 162, 179,
　236
問題解決型課題　149
問題解決型教授（PBI）　32, 42, 159, 160, 164
問題指向　133, 139

●や
野外体験研修（OBET）　149
やり方　49, 51, 53, 54
「やり遂げる」と名づけられたプロジェクト

96

●ゆ
有意味学習　74
優先順位に関する価値観　26, 102

●よ
予期せぬ失敗　132
弱さ　112
4要素教授設計（4CID）モデル　385

●ら
螺旋型カリキュラム　44

●り
理解　73
理解に基づくパフォーマンス　251, 254, 259,
　264
理解のゴール　251, 252, 258, 263
理解のための教育　249
理解の多面性　171
リソース　380
リソース基盤型学習環境（RBLEs）研究
　384
流暢な音読と表情（FORE）　360
量的　361
量的ドメインマッピング（QDM）　358, 361
理論　8, 9, 335
理論的枠組み　410
倫理的環境　145

●る
ルール　74

●れ
例示　32, 43
例示の原理　48, 49, 103, 110, 284
レイヤー　333, 337, 340, 345
レイヤー群　333, 337
レクサイル指数　364
レビュー　44
練習　32, 43, 53, 92, 388

●ろ
ローカライズ　392

ロールプレイ 42

●わ
ワークモデル 89, 197, 363

ワークモデル統合手法 384
和音の識別 364
枠組み 221

監訳者あとがき

　本書は，1983年からライゲルースが編集してきたシリーズ第3巻の全訳です。読者の皆さんは，「教える」ことや「他者の学びの支援」に関わっている方だと思います。例えば，学校の先生や塾の講師，テキストやeラーニング教材をつくっている方，そして，学びの支援についての研究者，他にもさまざまな立場の方がいらっしゃると思います。さまざまな本が出版されている中で，本書を手に取ったのは何に惹かれてのことでしょうか。本書を読む際にカギになるのが，本書が他の「インストラクショナルデザイン」の本とどう違うのか，そして，なぜ第1巻，第2巻の翻訳がなく，いきなり第3巻なのかという問いでしょう。

　皆さんは「インストラクショナルデザイン」という言葉から，何を思い浮かべるでしょうか？　日本でも2000年代に入ってから，「インストラクショナルデザイン」に関連する書籍が多く出版されています。その中でも代表的なものは，ガニェらによる『インストラクショナルデザインの原理』（北大路書房）やディックらによる『はじめてのインストラクショナルデザイン』（ピアソンエデュケーション）です。これらはインストラクショナルデザインに関する古典といえる書籍であり，原著は現在まで版を重ねて更新されています。『インストラクショナルデザインの原理』は，学習の原理に基づいてインストラクションをデザインすることの重要性を説き，原理に基づき改善可能であるシステム的なデザインの手順（教授システム設計（instructional system design: ISD））があることを示しています。そして，『はじめてのインストラクショナルデザイン』は，このISDを掘り下げて，各プロセスを詳細化し，それぞれで何を行うかを示しています。

　一方で，本書はISDの成果物となるインストラクションとしてどのようなものがあるのかを幅広く紹介するものであり，これが他の書籍との違いです。本書では，原理の上で展開できるインストラクションにはどのようなものがあるか，ISDプロセスを通じて設計・開発・実施されるインストラクションにはどのようなものがあるかを，主要な5種類のアプローチと4種類の成果の2つの軸で整理し，現状の知識をまとめています。扱っているのは抽象的な理論やモデルであり，ハウツー本ではなく，新しい枠組みを提案する目的で書かれたものです。難解さを補うために，各章にはライゲルースによる「本書の概要」や「編者注」が付与されており，皆さんがこの本の中からまずは自分に役立つと思われる部分を探し出すヒントになるでしょう。

　本書を『インストラクショナルデザインの原理』や『はじめてのインストラクショ

ナルデザイン』に加えて読むことで，インストラクションの原理から，どのような学びとその支援がありうるのか，そして，それらをどのように設計するかまで概観できると考えています。つまり，本書はこれらの本と立ち位置が違うとともに，互いに相補的なものであると言えます。

さて，今回このシリーズで初めて翻訳された本書が第3巻目であることについてです。1983年に発刊された1巻目は *An Overview of Their Current Status* という副題で，古典的な教授理論を比較したものでした。1999年に発刊された2巻目は *A New Paradigm of Instructional Theory* という副題で，出版前年の1998年までに提案された理論やモデルの中から比較的新しいものをできるだけ多く集めることを目的にしたものでした。そして，2009年に発刊された本巻には *Building a Common Knowledge Base* という副題がつけられ，共通の知識基盤を構築することを目的としたものになっています。

今回，この第3巻を翻訳したのは，最新巻であるからということもありますが，それに加えて本書の形式が第1巻，第2巻と異なるためでもあり，それが本書で扱っている教授理論やモデルだけではなく，他のさまざまな理論やモデルを学ぶためのガイドラインになっているからでもあります。

各巻に共通するのは，ISDの工程（どういう手順でインストラクションを構築するのか）ではなく，構築されるものに含まれているべき特徴は何かを扱ってきたことです。ライゲルースはこれを青写真（blueprint）と呼んできました。本巻では，それをさらに発展させ，各章で紹介しているさまざまな教授のアプローチや成果に対して，デザイン理論という観点から理論やモデルを整理するための項目を設定し，教授理論に関する知識の共通基盤を模索した結果がまとめられています。

第2巻までは，教授理論の分野がしっかりとした共通の知識基盤を持たない発展途上の段階にとどまっており，次の成熟した段階に進むために成果を蓄積・整理するための共通知識基盤が必要であるという問題意識から挑戦したのが本書です。そして，本書の第1章で取り上げているデザイン理論という設計一般に関わる概念によって教授理論を位置づけ，教授理論を理解するためのフレームワークを提案し，実際に整理してみるという大きな試みをしています。個々の理論やモデルをフラットに扱っていた第1巻，第2巻とは違い，それらをより明確に関連づけることができるようになっており，さまざまな教授理論を理解するためのガイドラインがより明確になっています。よって，第3巻を読むことが，このシリーズを編集してきたライゲルースの意図をより明確に理解することにつながると考えました。

本書は終着点ではなく，共通知識基盤を構築するための出発点です。残念ながら，ライゲルースは定年を迎えて一線を退いてしまいましたが，彼の提示した共通の用語

を使った知識基盤という概念を継承して，本書を手に取った皆さんと一緒に我々がそれを実際に構築していければと思っています。

　翻訳を担当していただいた皆さんには，監訳の歩みが遅く，日本語版が具体化するまでに長い間待たせてしまいました。しかし，北大路書房の奥野浩之さんの激励に支えられて，何とか出版にこぎつけることができて安堵しています。本書の発行を契機に，我が国における教授理論研究が新しい段階に入る一助となることを願っています。

　　2016 年 1 月

監訳者　鈴木克明・林　雄介

訳者一覧（執筆順）

林　雄介	広島大学大学院工学研究院情報部門	第1章，監訳
今野 文子	東北大学高度教養教育・学生支援機構	第2章，第5章
中嶌 康二	熊本大学大学院社会文化科学研究科教授システム学専攻	第3章，第12章
稲垣　忠	東北学院大学教養学部	第4章，第8章
野田 啓子	武蔵野大学企画・広報課／熊本大学大学院社会文化科学研究科 教授システム学専攻博士後期課程	第6章，第15章
桑原 千幸	京都文教短期大学幼児教育学科	第7章，第13章
村上 正行	京都外国語大学マルチメディア教育研究センター	第9章，第11章
市川　尚	岩手県立大学ソフトウェア情報学部	第10章，第16章
根本 淳子	愛媛大学 e-Learning 教育支援センター四国愛媛分室	第14章，第17章
鈴木 克明	熊本大学大学院社会文化科学研究科教授システム学専攻	第18章，監訳

監訳者紹介

鈴木克明（すずき　かつあき）

国際基督教大学教養学部（教育学科），同大学院を経て，

米国フロリダ州立大学大学院教育学研究科博士課程を修了，Ph.D（教授システム学）

東北学院大学教養学部助教授，岩手県立大学ソフトウェア情報学部教授などを経て，

現在：熊本大学大学院社会文化科学研究科教授システム学専攻　教授

専門：教育工学・教育メディア学・情報教育

主著：教材設計マニュアル　北大路書房

　　　授業設計マニュアル（共編著）　北大路書房

　　　教育工学を始めよう（共訳・解説）　北大路書房

　　　インストラクショナルデザインの原理（監訳）　北大路書房

　　　学習意欲をデザインする（監訳）　北大路書房

　　　研修設計マニュアル　北大路書房

　　　e ラーニングファンダメンタル（編著）　日本イーラーニングコンソシアム

　　　放送利用からの授業デザイナー入門　日本放送教育協会

　　　最適モデルによるインストラクショナルデザイン（共編著）　東京電機大学出版局

　　　ストーリー中心型カリキュラムの理論と実践（共編著）　東信堂

林　雄介（はやし　ゆうすけ）

大阪大学基礎工学部（システム工学科），同大学院基礎工学研究科システム人間系専攻博士前期課程および博士後期課程を修了，博士（工学）

北陸先端科学技術大学院大学助教，大阪大学産業科学研究所特任助教，名古屋大学情報基盤センター准教授を経て，

現在：広島大学大学院工学研究院情報部門　准教授

専門：人工知能，学習工学

主要論文：理論の組織化とその利用への内容指向アプローチ：オントロジー工学による学習・教授理論の組織化と Theory-aware オーサリングシステムの実現（AI フロンティア論文）（共著）　2009　人工知能学会論文誌，24 (5)，351-375.

　　　　　学習・教授知識の組織化とシステム開発（共著）　2012　日本教育工学会（監修）教育工学とシステム開発（教育工学選書 4），ミネルヴァ書房，27-54.

　　　　　Ontological Modeling Approach to Blending Theories for Instructional and Learning Design.（共著）　2006　Proc. of the 14th International Conference on Computers in Education（ICCE2006），37-44.（Best Paper Award 受賞）

インストラクショナルデザインの理論とモデル
共通知識基盤の構築に向けて

2016 年 2 月 10 日　初版第 1 刷印刷
2016 年 2 月 20 日　初版第 1 刷発行

定価はカバーに表示
してあります。

編　者	C．M．ライゲルース
	A．A．カー＝シェルマン
監訳者	鈴　木　克　明
	林　　　雄　介
発　行	㈱北大路書房

〒 603-8303　京都市北区紫野十二坊町 12-8
電話　　（075）431-0361 ㈹
FAX　　（075）431-9393
振替　　01050-4-2083

©2016

検印省略
ISBN978-4-7628-2914-7

印刷・製本／亜細亜印刷㈱
落丁・乱丁本はお取り替えいたします。
Printed in Japan

・ JCOPY 〈㈳出版者著作権管理機構 委託出版物〉
本書の無断複写は著作権法上での例外を除き禁じられています。
複写される場合は，そのつど事前に，㈳出版者著作権管理機構
（電話 03-3513-6969,FAX 03-3513-6979,e-mail: info@jcopy.or.jp）
の許諾を得てください。